अंतर्राष्ट्रीय
बेस्टसेलर

नवीन
एवं संशोधित
संस्करण

गेटिंग टू यस

आपसी सहमति बनाने के लिए बिना हार माने सौदेबाज़ी करना

रॉजर फिशर और विलियम यूरी
और संशोधित संस्करण के लिए ब्रूस पैटन

गेटिंग टू यस

आपसी सहमति बनाने के लिए बिना हार माने सौदेबाज़ी करना

प्रकाशक : वॉव पब्लिशिंग्ज् प्रा. लि. पुणे

मुद्रक : ट्रिनिटी अकादमी, फॉर कॉर्पोरेट ट्रेनिंग लि., पुणे

प्रथम आवृत्ती : अप्रैल 2022

रीप्रिंट : मार्च 2025

अनुवादक : **अभिषेक शुक्ला**

ISBN : 978-93-90607-62-4

'Getting to yes' **इस अंग्रेजी पुस्तक का हिंदी अनुवाद**

Getting To Yes

by Roger Fisher and Willi'am Ury

प्रशंसा

'गेटिंग टू यस विवाद सुलझाने संबंधी साहित्य की दुनिया में एक बेजोड़ स्थान रखती है। सौदेबाजी के प्रति पेशेवरों, शिक्षकों, शोधकर्ताओं और आम लोगों के दृष्टिकोण पर जितना प्रभाव इस किताब का है, उतना इस विषय पर प्रकाशित किसी अन्य पुस्तक का नहीं है।'

- नेशनल इंस्टीट्यूट फॉर डिस्प्यूट रेज़ोल्यूशन फोरम

'गेटिंग टू यस सौदेबाजी के मूल सिद्धांतों पर आधारित अत्यंत पठनीय और व्यावहारिक किताब है। हम सबको व्यक्तिगत, सामुदायिक और व्यावसायिक समस्याओं से लगातार जूझना पड़ता है। ऐसे में हमें एक सौदेबाज के रूप में विवादों को सुलझाने और आपसी समझौते तक पहुँचने का अपना हुनर निखारने की ज़रूरत है। इसकी शुरुआत करने के लिए यह संक्षिप्त संस्करण सबसे अच्छा विकल्प है।'

- जॉन टी. डनलप

'ये शानदार किताब कठिनाईयों और संघर्षों से कुशलतापूर्वक निपटने में आपकी मदद करेगी और आप समस्याओं का समाधान खोजने में सफल होंगे।'

- एवेरेल हेरिमैन

'गेटिंग टू यस हर प्रकार के संघर्षों से निपटने में काम आनेवाली अत्यंत पठनीय और सरल मार्गदर्शिका है। ये आपको सिखाती है कि दोस्ती और संबंधों को जोखिम में डाले बिना विजय कैसे हासिल की जाए। काश इसे मैंने लिखा होता!'

- एन लैंडर्स

'गेटिंग टू यस एक शक्तिशाली, प्रभावशाली व प्रेरक किताब है। ये आपको सिर्फ कुछ तरकीबें नहीं सुझाती बल्कि एक समग्र दृष्टिकोण उपलब्ध कराती है। आपने अपने पूरे जीवन में इससे अधिक उपयोगी किताब पहले कभी नहीं पढ़ी होगी।'

- इलियट रिचर्डसन

‘इस किताब में हम सभी के लिए उन सरल पर शक्तिशाली विचारों को एक साथ उपलब्ध कराया गया है, जो अंतर्राष्ट्रीय स्तर पर अपना योगदान पहले ही दे चुके हैं। सौदेबाजी से जुड़ी किसी समस्या को सुलझाने के लिए कैसा दृष्टिकोण रखना चाहिए, इस बारे में ये किताब उत्कृष्ट परामर्श देती है।

- साइरस वेंस

हमारे पिताओं
वॉल्टर टी. फिशर, मेल्विन सी. यूरी
और विलियम ई. पैटन को समर्पित
जिन्होंने अपने जीवन का उदाहरण पेश कर
हमें सिद्धांतों की शक्ति से परिचित कराया।

पुस्तक परिचय

अधिकांश लोगों के लिए सौदेबाजी करना एक जीवन पद्धति है। चाहे हम अपने ऑफिस में हों, घर पर हों या बाहर जा रहे हों, हम हर जगह उन निर्णयों में भाग लेना चाहते हैं, जो हमें प्रभावित करते हों। आजकल शायद ही कोई व्यक्ति हो, जिसका कोई दिन बिना किसी सौदेबाजी के बीतता हो। वहीं कुछेक लोग ऐसे भी हैं, जिनके पास सशक्त और प्रभावशाली ढंग से सौदेबाजी करने का हुनर होता है, जिससे वे तीखे भाव-तोल से बच जाते हैं, साथ ही दोनों पक्षों की समस्याओं का समाधान भी सुनिश्चित हो जाता है।

ये पुस्तक आपके सामने शब्दों का जाल नहीं बिछाती बल्कि आसानी से याद होनेवाले कुछ ऐसे सिद्धांत प्रस्तुत करती है, जो सफलता पाने के लिए आपके मार्गदर्शक का काम करेंगे, भले ही सामनेवाला पक्ष आपके खिलाफ कोई गंदी चाल चले या कुछ भी करे।

पुस्तक की सामग्री :

पोजिशन पर मोलभाव न करें
लोगों और समस्याओं को अलग-अलग रखें
वस्तुनिष्ठ मानदंड पर ज़ोर दें
अगर वे आपके अनुसार न चले, तो क्या?

इस पुस्तक की दुनियाभर में 20 से अधिक भाषाओं में दो मिलियन से अधिक प्रतियाँ बिक चुकी हैं और यूके में इसकी 1 लाख 70 हज़ार प्रतियाँ बिक चुकी हैं। जिसके चलते ये सौदेबाजी के विषय पर सबसे ज़्यादा बिकनेवाली पुस्तक बन गई है। इसे दुनियाभर में सौदेबाजी की सबसे प्रभावशाली और व्यावहारिक मार्गदर्शिका के रूप में मान्यता प्राप्त है और इसने रचनात्मक सौदेबाजी में दोनों पक्षों के लिए लाभप्रद परिणाम हासिल करने में लाखों लोगों की सहायता की है।

रॉजर फिशर हार्वर्ड लॉ स्कूल के सेवामुक्त प्रोफेसर और हार्वर्ड नेगोसिएशन प्रोजेक्ट के निर्देशक हैं। विलियम यूरी अंतर्राष्ट्रीय स्तर पर विख्यात सौदेबाजी विशेषज्ञ हैं, साथ ही हार्वर्ड लॉ स्कूल में प्रोग्राम ऑन नेगोसिएशन के सहयोगी निर्देशक भी हैं। ब्रूस पैटन हार्वर्ड नेगोसिएशन प्रोजेक्ट के उप-निर्देशक हैं।

लेखक परिचय

इस पुस्तक के लेखक सन 1977 से एक-दूसरे के साथ काम कर रहे हैं।

रॉजर फिशर हार्वर्ड लॉ स्कूल के सेवामुक्त प्रोफेसर और हार्वर्ड नेगोसिएशन प्रोजेक्ट के संस्थापक व सेवामुक्त निर्देशक हैं। साथ ही वे हार्वर्ड लॉ स्कूल में प्रोग्राम ऑन नेगोसिएशन के संस्थापक अध्यक्ष भी हैं। इलिनॉस में पले-बढ़े रॉजर द्वितीय विश्वयुद्ध में अमेरिकी वायुसेना में कार्यरत थे। इसके साथ ही वे पेरिस में मार्शल प्लान को और वॉशिंग्टन डी.सी. में डिपार्टमेंट ऑफ जस्टिस को भी अपनी सेवाएँ दे चुके हैं। वॉशिंग्टन में कानूनी सेवाएँ देने के साथ ही रॉजर डिपार्टमेंट ऑफ डिफेंस के लिए सलाहकर्ता के रूप में भी काम कर चुके हैं। इसके अलावा वे पुरस्कार विजेता टीवी सीरीज 'द एडवोकेट्स' के प्रवर्तक और कार्यकारी संपादक भी रह चुके हैं। उन्होंने सरकारों, निगमों और विभिन्न व्यक्तियों को सलाहकर्ता के तौर पर व्यापक रूप से अपनी सेवाएँ दी हैं। वे कई पुस्कार विजेता शैक्षिक और लोकप्रिय पुस्तकों का लेखन और सहलेखक भी कर चुके हैं, जिनमें उनकी हालिया पुस्तक 'बियॉड रीज़न: यूजिंग इमोशंस एज यू नेगोशिएट' भी शामिल है।

विलियम यूरी हार्वर्ड के प्रोग्राम ऑन नेगोसिएशन के सहयोगी सह-संस्थापक और हार्वर्ड नेगोसिएशन प्रोजेक्ट के विशिष्ट सदस्य हैं। कैलीफोर्निया और स्विट्ज़रलैंड में पले-बढ़े यूरी ने येल और हार्वर्ड यूनिवर्सिटी से स्नातक किया है, साथ ही सामाजिक मानव-शास्त्र में डॉक्टरेट की उपाधि भी प्राप्त की है। यूरी ने दुनियाभर में कर्मचारी यूनियनों की सहमति के बिना होनेवाली हड़तालों और विभिन्न देशों में गृह युद्धों के चलते शुरू हुई समझौता वार्ताओं में मध्यस्थ और सलाहकार के रूप में अपनी सेवाएँ दी हैं। वे वॉशिंग्टन और मॉस्को में परमाणु जोखिम न्यूनीकीरण केंद्रों की स्थापना के लिए व्हाइट हाउस के सलाहकार भी रह चुके हैं। उनका सबसे हालिया प्रोजेक्ट है अब्राहम पाथ, जो मध्य-पूर्व में स्थित एक बहु-सांस्कृतिक यात्रा-मार्ग है, जिसे कई संस्कृतियों और धर्मों के पूर्वज अब्राहम के पदचिन्हों के अनुसार निर्मित किया गया है। यूरी द्वारा लिखी गई सबसे हालिया पुस्तक का शीर्षक है, 'द पॉवर ऑफ ए पॉजिटिव नो: सेव द डील, सेव द रिलेशनशिप एंड स्टिल से नो।'

ब्रूस पैटन हार्वर्ड नेगोसिएशन प्रोजेक्ट के सह-संस्थापक और विशिष्ट सदस्य हैं। वे हार्वर्ड लॉ स्कूल के प्रोग्राम ऑन नेगोसिएशन के सह-संस्थापक भी हैं। साथ ही वे वैंटेज पार्टनर्स, एलएलसी के संस्थापक व भागीदार भी हैं। यह एक कंसल्टिंग फर्म है और ग्लोबल 2000 कंपनियों को सौदेबाजी करने और उनके सबसे महत्वपूर्ण संबंधों के प्रबंधन में मदद करती है। एक मध्यस्थ के रूप में उन्होंने अमेरिकी-ईरानी हॉस्टेज कॉन्फ्लिक्ट (बंधक संघर्ष) को निपटाने में मदद की, नोबेल शांति पुरस्कार विजेता ऑस्कल एरियस के साथ एरियस पीस प्लान फॉर सेंट्रल अमेरिका की सफलता सुनिश्चित करने के लिए काम किया और दक्षिण अफ्रीफा में उन सभी दलों के साथ काम किया, जो रंगभेद समाप्त करनेवाली संवैधानिक प्रक्रिया के निर्माण में मदद कर रहे थे। हार्वर्ड कॉलेज और हार्वर्ड लॉ स्कूल से स्नातक करनेवाले पैटन न्यूयॉर्क टाइम्स बेस्टसेलर किताब 'डिफिकल्ट कन्वर्सेशन्स: हाउ टू डिस्कट व्हाट मैटर्स मोस्ट' के सह-लेखक भी हैं।

विषय सूची

तीसरे संस्करण की प्रस्तावना

गेटिंग टू यस के शुरुआती प्रकाशन को तीस वर्ष बीत चुके हैं। हमारे लिए ये बड़ी ही खुशी और संतोष की बात है कि दुनियाभर के बहुत से लोगों के लिए अपने प्रतिद्वंदों को सुलझाने और पारस्परिक रूप से संतोषजनक समझौतों तक पहुँचने में ये किताब मददगार साबित होती आई है। इसके प्रकाशन के समय हमने सोचा भी नहीं था कि ये पतली सी किताब एक शांतिपूर्ण क्रांति का संदर्भ-बिंदु बन जाएगी। पिछले तीस वर्षों की अवधि में इसने परिवारों, संगठनों और समुदायों में हमारे निर्णय लेने के तरीकों को बदलकर रख दिया है।

सौदेबाजी की क्रांति

एक पीढ़ी पहले तक अधिकांश स्थानों पर निर्णय लेने को एक हाईरार्कल (पदानुकृमित या वर्गीकृत) प्रक्रिया के तौर पर देखा जाता था। निर्णय लेना शक्ति के पिरामिड के शीर्ष पर बैठे लोगों का काम था, फिर चाहे बात ऑफिस की हो, परिवार की हो या राजनीति की। जबकि जो लोग इस पिरामिड के सबसे निचले दर्जे पर होते थे, उनका सिर्फ एक काम था, आदेशों का पालन करना। बेशक, वास्तविक जीवन में ये चीज़ इससे कहीं अधिक जटिल थी।

कर्मचारियों को बराबरी की नज़र से देखनेवाले संगठनों, तेज नवाचार और इंटरनेट के विस्फोट जैसी विशेषताओंवाली आज की दुनिया में ये बात बिलकुल स्पष्ट हो चुकी है कि अपना काम निपटाने और अपनी जरूरतें पूरी करने के लिए हमें अक्सर दर्जनों, सैकड़ों और कभी-कभी तो हज़ारों ऐसे लोगों व संगठनों पर निर्भर रहना पड़ता है, जिन पर हमारा कोई सीधा नियंत्रण नहीं होता। ऐसे में हम सिर्फ लोगों को आदेश देकर अपने काम नहीं करवा सकते - यहाँ तक कि अगर वे लोग हमारे कर्मचारी हों या फिर बच्चे ही क्यों न हों, पर तब भी हमेशा ऐसा करना संभव नहीं होता। हमें जो चाहिए, उसे पाने के लिए सौदेबाजी करना हमारी मजबूरी है। शक्ति का पिरामिड कहीं तेजी से, तो कहीं धीरे-धीरे सौदेबाजी के नेटवर्क में तब्दील होता जा रहा है। इस शांतिपूर्ण क्रांति को - जिसके साथ मशहूर ज्ञान की क्रांति भी जुड़ी हुई है - दूसरे शब्दों में 'सौदेबाजी की क्रांति' भी कहा जा सकता है।

हमने गेटिंग टू यस के पहले संस्करण की शुरुआत इस वाक्य के साथ की थी, '**आपको पसंद हो या नहीं, पर आप एक सौदेबाज हैं।**' उस समय ये वाक्य कई पाठकों के लिए आँखें खोलनेवाला था। जबकि अब ये एक जानी-मानी सच्चाई बन गई है। उस समय 'सौदेबाजी' शब्द को मुख्य रूप से श्रम वार्ता, बिक्री और संभवतः अंतर्राष्ट्रीय कूटनीति जैसी विशेष गतिविधियों से जोड़कर देखा जाता था। जबकि अब करीब-करीब हम सब इस बात से परिचित हैं कि सुबह से शाम तक हम जिससे भी मिलते हैं, उनमें से लगभग हर किसी के साथ अनौपचारिक अर्थों में सौदेबाजी करते हैं।

एक पीढ़ी पहले तक 'सौदेबाजी' शब्द को प्रतिकूल अर्थ के रूप में लिया जाता था। किसी सौदेबाजी पर विचार करते समय लोगों के मन में आमतौर पर यही सवाल उठता था कि 'जीतेगा कौन और हारेगा कौन?' आखिर किसी सहमति या समझौते तक पहुँचने के लिए किसी एक को तो 'हार माननी' ही होगी। यानी ये कोई सुखद चीज़ नहीं थी। अधिकांश लोग इस विचार से बिलकुल अनजान थे कि लाभ दोनों पक्षों को हो सकता है और दोनों ही पक्ष 'जीत' सकते हैं। अब लोगों के बीच इस बात को बड़ी तेजी से मान्यता मिल रही है कि अपने मतभेदों के बावजूद सौदेबाजी करने के ऐसे तरीके भी मौजूद हैं, जो आपसी सहयोग पर आधारित होते हैं; जैसे कि अगर कोई ऐसा समाधान नहीं निकलता, जिसे दोनों पक्ष अपनी जीत की तरह देख सकें, तब भी आपस में एक ऐसी व्यावहारिक सहमति बनाई जा सकती है, जो दोनों पक्षों के लिए बेहतर साबित हो सके।

जब हम ये किताब लिख रहे थे, तब ऐसे पाठ्यक्रमों की संख्या बहुत ही कम थी, जिनमें सौदेबाजी सिखाई जाती हो। जबकि अब बहुत से लॉ स्कूलों, बिजनेस स्कूलों, सरकारी शिक्षा संस्थानों और यहाँ तक कि प्राइमरी और हाईस्कूलों के कई पाठ्यक्रमों में भी अच्छी तरह सौदेबाजी करना सीखने को एक मुख्य हुनर के रूप में स्वीकार्यता मिल चुकी है।

संक्षेप में कहें, तो 'सौदेबाजी की क्रांति' अब पूरी दुनिया में हो रही है और हम दिल से ऐसा मानते हैं कि सैद्धांतिक सौदेबाजी के सरल व सहज सूत्रों का प्रसार प्रभावशाली ढंग से चारों ओर हो रहा है।

आगे का काम

इस मामले में प्रगति तो बहुत हुई है, लेकिन अभी काम पूरा होना बाकी है।

इसमें कोई दोराय नहीं कि अगर पिछले तीस सालों पर गौर करें, तो आज के समय में वैध मानकों और पारस्परिक लाभ के लिए सौदेबाजी करना जितना ज़रूरी हो गया है, उतना पहले कभी नहीं था।

अगर आप किसी दिन समाचारों पर गौर करेंगे, तो पाएँगे कि मतभेदों से निपटने के लिए एक बेहतर तरीके की ज़रूरत कितनी ज़्यादा बढ़ गई है। न जाने कितने लोग, संगठन और देश अपनी-अपनी पोजिशंस पर अड़े हुए हैं और एक-दूसरे से मोलभाव करने में जुटे हुए हैं। न जाने कितने बार विनाशकारी ढंग से बात बढ़ने का परिणाम कटुतापूर्ण पारिवारिक झगड़ों, अंतहीन मुकदमों और कभी न खत्म होनेवाले युद्धों के रूप में सामने आता है। दोनों पक्षों के लिए बेहतर समाधान खोजने के न जाने कितने अवसर एक अच्छी प्रक्रिया के अभाव में गंवा दिए जाते हैं।

जैसा कि हमने देखा है, टकराव या संघर्ष किसी विकासशील उद्योग से कम नहीं होते। निश्चित ही सौदेबाजी की क्रांति आने से टकरावों की संख्या में कमी नहीं आई है बल्कि वृद्धि ही हुई है। हाईरार्की (पदानुक्रम) अक्सर टकरावों को दबाकर रखती है। ये टकराव तब सामने आते हैं, जब हाईरार्की (पदानुक्रम) नेटवर्क्स को बनने का मौका देती है। वहीं लोकतंत्र टकरावों को दबाने के बजाय उन्हें सामने ले आता है, इसीलिए अथॉरटेरियन (सत्तावादी) समाजों के मुकाबले लोकतांत्रिक समाज कहीं अधिक कलहपूर्ण और अशांत नज़र आते हैं।

लक्ष्य टकराव को समाप्त करना नहीं हो सकता और न ही होना चाहिए। टकराव जीवन का अनिवार्य और उपयोगी हिस्सा है। यह अक्सर बदलाव लेकर आता है और गहन समझ व अंतर्दृष्टि भी देता है। गंभीर टकराव के बिना खत्म होनेवाला अन्याय बिरला ही होता है। जब टकराव व्यावसायिक प्रतिस्पर्धा का रूप ले लेता है, तो समृद्धि लाने में सहायक साबित होता है। ये लोकतांत्रिक प्रक्रिया का केंद्र होता है, जहाँ सर्वश्रेष्ठ निर्णय सतही सहमति का नहीं बल्कि विभिन्न दृष्टिकोणों और रचनात्मक समाधानों की खोज का परिणाम होते हैं। भले ही ये बात ज़रा अजीब लगे लेकिन दुनिया को कम नहीं बल्कि अधिक टकरावों की ज़रूरत है।

चुनौती टकराव को खत्म करने की नहीं है बल्कि उसका रूपांतरण करने की है। मतभेदों से निपटने के हमारे तरीके में बदलाव लाना ही हमारी असली चुनौती है। हमें विनाशकारी, विरोधात्मक संघर्ष से समस्या का व्यवहार-कुशल समाधान

करने की दिशा में जाना है। लेकिन हमें इस कार्य की कठिनता को कम करके नहीं आँकना चाहिए। सच तो ये है कि आज के समय में ये कार्य बहुत ज़रूरी हो गया है।

हम एक ऐसे युग में जी रहे हैं, जिसे भविष्य के मानवविज्ञानी जब पीछे मुड़कर देखेंगे तो इसे मानव जाति का पहला फैमिली रीयूनियन कहेंगे। इतिहास में पहली बार ऐसा हो रहा है, जब संचार क्रांति की बदौलत पूरी मानव जाति हर वक्त एक-दूसरे के संपर्क में है। पृथ्वी पर मौजूद करीब-करीब सभी 15000 'जनजातियाँ' या भाषा-समुदाय अब दुनियाभर में एक-दूसरे से परिचित हैं। और अधिकांश फैमिली रीयूनियन की तरह ही यह भी पूरी तरह शांतिपूर्ण या सद्भावनापूर्ण नहीं है बल्कि गहन मतभेदों, अन्याय व असमानता से उपजी कटुता से भरी हुई है।

आज के परमाणु युग में दुनिया में तेजी से बढ़ती जनसंख्या के बीच हम एक-दूसरे के साथ मिलकर रहने की चुनौतियों का सामना कर रहे हैं। ऐसे में हमें अपने लिए और आनेवाली पीढ़ियों के लिए ये सीखना ही होगा कि टकराव के मूल खेल को कैसे बदला जाए।

संक्षेप में कहें, तो 'हाँ' तक पहुँचने की कड़ी मेहनत अब शुरू हुई है।

यह संस्करण

हमने अक्सर अपने पाठकों से सुना है कि ये किताब उनके लिए विभिन्न क्षेत्रों में सहयोगात्मक सौदेबाजी की एक सुलभ मार्गदर्शिका बनी हुई है। साथ ही हमें इस बात का भी एहसास है कि आज युवा पाठक अक्सर उन किस्सों और उदहरणों को लेकर ज़रा भ्रमित हो जाते हैं, जो तीस साल पहले इतने आम थे कि उनसे हर कोई परिचित था। साथ ही बहुत से पाठक समकालीन मामलों को लेकर भी काफी उत्सुक रहते हैं। इसलिए इस संस्करण में हमने सावधानीपूर्वक कुछ संशोधन किए हैं, कई उदाहरणों को अपडेट किया है और जहाँ उपयुक्त था, वहाँ कुछ नए उदाहरण भी प्रस्तुत किए हैं।

पिछले तीस वर्षों में हमने अपने टूलबॉक्स में काफी कुछ जोड़ा है, जो कि गेटिंग पास्ट नो, डिफिकल्ट कन्वर्सेशन, बियॉन्ड रीज़न और द पावर ऑफ ए पॉजिटिव नो जैसी किताबों में भी बताया गया है। इन सभी किताबों में गंभीर मतभेदों से सहयोगात्मक और प्रभावशाली ढंग से निपटने की चुनौती पर चर्चा की गई है।

गेटिंग टू यस की एक प्रमुख खासियत है, इसका संक्षिप्त और स्पष्ट होना, लेकिन इसका अर्थ ये नहीं है कि इसमें सभी चीज़ों का सार प्रस्तुत करने की कोशिश की गई है। बल्कि हमने तो इस संशोधित संस्करण में उन स्थानों पर कुछ नए व प्रासंगिक विचार जोड़े हैं, जहाँ वे हमारे इरादों को स्पष्ट करने में सहायक हों। साथ ही कुछ स्थानों पर हमने अपनी सोच को अपडेट करने के लिए कुछ मामूली संशोधन भी किए हैं। उदाहरण के लिए इस किताब के अंतिम सवाल का जवाब – जो शक्ति की सौदेबाजी के बारे में है – हमने 'सौदेबाजी के सात तत्त्वों' वाले उस फ्रेमवर्क के अनुसार ही रखा है, जो हम हार्वर्ड लॉ स्कूल में पढ़ाते हैं।

हमने एक और संशोधन पर विचार किया था पर अंततः उसे खारिज कर दिया। यह संशोधन था सैद्धांतिक सौदेबाजी के पहले शक्तिशाली कदम 'लोगों और समस्याओं को अलग-अलग रखें' में 'अलग-अलग रखें' शब्द की जगह 'सुलझाएँ' लिखना। दरअसल कुछ पाठकों ने इस वाक्यांश का ये मतलब समझ लिया : सौदेबाजी के व्यक्तितग आयाम को किनारे रखकर सिर्फ वास्तविक समस्या पर ध्यान केंद्रित करना या भावनात्मक मुद्दों को अनदेखा करना और 'तर्कसंगत बने रहना।' जबकि हमारा ऐसा कोई इरादा नहीं है। सौदेबाजों को किसी भी सौदेबाजी की शुरुआत से लेकर अंत तक विभिन्न मसलों से निपटने को प्राथमिकता देनी चाहिए। जैसा कि इस सबक की शुरुआत में ही कहा गया है, 'सौदेबाज सबसे पहले एक इंसान होता है।'

हमारा मानना है कि लोगों और समस्याओं को अलग-अलग रखने से आप 'लोगों के प्रति नर्म रवैया' रखते हुए भी 'समस्याओं को सुलझाने के लिए कठोर कदम' उठा सकते हैं। जब तक आप लोगों की समस्याओं के प्रति चौकस रहेंगे और सम्मानजनक व्यवहार करेंगे, तब तक आपको उनसे अपना संबंध और मजबूत करने में कोई मुश्किल नहीं आएगी, भले ही आपके और उनके बीच गंभीर असहमतियाँ हों।

अंत में हमने सौदेबाजी में संचार साधनों के प्रभाव पर भी कुछ सामग्री जोड़ी है। ई-मेल व टेक्स्ट मैसेज के विकास और ग्लोबल 'वचुर्अल' संगठनों की रचना ने इसे और महत्वपूर्ण बना दिया है, विशेषकर अगर हम इसे उन शोध-कार्यों के प्रकाश में देखें, जिनमें सौदेबाजी के विभिन्न आयामों और परिणामों पर इसके प्रभाव को दर्शाया गया है।

हमारा मानवीय भविष्य

हम सब सौदेबाजों की अग्रणी पीढ़ी का हिस्सा हैं। यूँ तो निर्णय लेने की प्रक्रिया के तौर पर सौदेबाजी मानव जीवन की शुरुआत से ही व्यवहार में लाई जाती रही है, लेकिन हमारी प्रजाति के अस्तित्व और मानवीय जीवन के लिए यह इतनी महत्वपूर्ण पहले कभी नहीं रही है।

जैसे-जैसे सौदेबाजी की क्रांति आगे बढ़ेगी, हमारी आकांक्षा है कि इस किताब में प्रस्तुत सिद्धांत, लोगों के जीवन की असंख्य दुविधाओं को सुलझाने के लिए ज़रूरी सौदेबाजी करने में मददगार साबित होते रहेंगे - व्यक्तिगत रूप से भी और सामूहिक रूप से भी। कवि वॉलेस स्टीवेंस के शब्दों में कहें, तो 'अंतिम ना' के बाद ही 'हाँ' आता है और उस 'हाँ' पर ही दुनिया का भविष्य निर्भर है।

'हाँ' तक पहुँचने के लिए हम आपकी सफलता की कामना करते हैं!

रॉजर फिशर
विलियम यूरी
ब्रूस पैटन

दूसरे संस्करण की प्रस्तावना

पिछले दस वर्षों में अकादमिक और व्यावसायिक सरोकारों के क्षेत्र के रूप में सौदेबाज़ी में नाटकीय वृद्धि हुई है। नए सैद्धांतिक-कार्य प्रकाशित किए गए, केस स्टडी तैयार की गई और अनुभवजन्य शोध-कार्य किए गए। दस वर्ष पहले तक ऐसी पेशेवर शिक्षण संस्थाओं की संख्या बहुत कम थी, जहाँ सौदेबाज़ी के पाठ्यक्रम उपलब्ध हों; जबकि अब ऐसे पाठ्यक्रम सार्वभौमिक रूप से उपलब्ध हैं। विभिन्न यूनिवर्सिटीज़ ने सौदेबाज़ी में विशेषज्ञता रखनेवाली फैकल्टी की नियुक्ति शुरू कर दी है। इसी तरह कॉरपोरेट जगत में कंसल्टिंग फर्में भी यही कर रही हैं।

इस बदलते बौद्धिक परिवेश में 'गेटिंग टू यस' में प्रस्तुत विचार पूरी हिम्मत से डटे हुए हैं। इन विचारों ने एक व्यापक पाठक-वर्ग का ध्यान खींचा व स्वीकार्यता प्राप्त की। साथ ही इन्हें अन्य कार्यों के लिए अक्सर एक प्रारंभिक बिंदु के रूप में भी दिखाया जाता है। खुशी की बात ये है कि ये लेखकों के लिए भी महत्वपूर्ण बने हुए हैं। पाठकों के अधिकांश सवाल और टिप्पणियाँ उन क्षेत्रों पर केंद्रित होते हैं, जिनमें ये किताब या तो अस्पष्ट साबित हुई है या फिर जिनमें पाठक और अधिक विशिष्ट परामर्श प्राप्त करना चाहते हैं। हमने इस संस्करण में इनमें से सबसे महत्वपूर्ण विषयों को संबोधित करने की कोशिश की है।

किताब की सामग्री के साथ छेड़छाड़ करने के बजाय (और पाठकों से इन बदलावों को खोजने के लिए कहने के बजाय) हमने नई सामग्री को इस दूसरे संस्करण के अंत में एक अलग खंड के रूप में जोड़ दिया है। मुख्य सामग्री अपने मूल रूप में ही प्रस्तुत की गई है और उसमें कोई बदलाव नहीं किया गया है। बस कुछ उदाहरणों में दिए गए आँकड़ों को महंगाई के अनुसार अपडेट किया गया है और सेक्सिस्ट (लैंगिकतावादी) भाषा से छुटकारा पाने व अर्थ को स्पष्ट करने के लिए कुछ वाक्यों की अभिव्यक्ति अलग ढंग से की गई है। हम उम्मीद करते हैं कि 'हाँ तक पहुँचने के लिए लोगों द्वारा पूछे जानेवाले दस सवाल' के जो जवाब हमने इसमें दिए हैं, वे पाठकों के लिए मददगार साबित होंगे।

हमने जिन विषयों से जुड़े सवालों के जवाब दिए हैं, वे हैं (1) सैद्धातिक

सौदेबाज़ी का अर्थ व सीमाएँ (ये नैतिक नहीं बल्कि व्यावहारिक परामर्श देता है), (2) किसी ऐसे व्यक्ति से निपटना, जो विवेकहीन लगे या जिसके जीवन-मूल्य ही अलग हों, (3) रणनीतियों से जुड़े सवाल, जैसे कहाँ मिलना है, पहला प्रस्ताव किसे देना चाहिए और विकल्प तैयार करने से प्रतिबद्धता दर्शाने की ओर कैसे जाएँ और (4) सौदेबाज़ी में शक्ति की भूमिका।

कुछ विषय ऐसे भी हैं, जिनके बारे में विस्तार से जानने के लिए अन्य किताबों का इंतजार करना होगा। जो पाठक सौदेबाज़ी में 'लोगों से जुड़ी समस्याओं' से निपटने के उन तरीकों के बारे में विस्तार से जानने के इच्छुक हैं, जिनसे प्रभावी व्यावसायिक संबंध बनते हैं, उन्हें रॉजर फिशर और स्कॉट ब्राउन की किताब 'गेटिंग टुगेदर: बिल्डिंग रिलेशनशिप्स एज वी नेगोशिएट' पढ़नी चाहिए। ये किताब पेंग्विन बुक्स द्वारा प्रकाशित की गई है। अगर जिद्दी लोगों और जटिल परिस्थितियों से निपटना आपकी प्रमुख चिंता है, तो आपको विलियम यूरी की किताब 'गेटिंग पास्ट नो: नेगोशिएटिंग विद डिफिकल्ट पीपल' पढ़नी चाहिए, जिसे बैंटम बुक्स ने प्रकाशित किया है। ऐसी ही और भी कई किताबें हैं जो आपके काम आ सकती हैं। शक्ति, बहुपक्षीय सौदेबाज़ी, बहुसांस्कृतिक लेन-देन, व्यक्तिगत शैली और ऐसे ही कई अन्य विषयों पर निश्चित ही अभी बहुत कुछ कहना बाकी है।

इस किताब की नई सामग्री पर अपनी पैनी नज़र डालने और अपनी तेज कलम का उपयोग कर उसे बेहतर बनाने के लिए हम एक बार फिर से मार्टी लिंसकी को धन्यवाद देना चाहते हैं। साथ ही डग स्टोन को उनकी विचारशील आलोचना, संपादन और किताब में जोड़ी गई नई सामग्री के ड्राफ्ट्स का पुनर्लेखन करने के लिए विशेष रूप से धन्यवाद। उसकी खास बात ये है कि वे हमारे अस्पष्ट अनुच्छेदों और विचारों को फौरन पकड़ लेते हैं।

रॉजर फिशर
विलियम यूरी
ब्रूस पैटन

इस किताब में प्रस्तुत विचारों को गढ़ने और अभिव्यक्त करने के काम में ब्रूस पैटन पिछले करीब 12 सालों से हमारा साथ दे रहे हैं। पिछले एक साल में उन्होंने हमारी संयुक्त सोच को एक ऐसी सामग्री के रूप में तैयार करने के लिए कड़ी मेहनत की है, जिससे हम आपस में सहमत हों। पहले संस्करण के संपादक ब्रूस को इस दूसरे संस्करण के सह-लेखक के रूप में पाकर हमें बड़ी खुशी हो रही है।

रॉजर फिशर
विलियम यूरी

आभार

इस किताब की शुरुआत एक सवाल के रूप में हुई थी: लोगों के लिए आपसी मतभेदों से निपटने का सर्वश्रेष्ठ तरीका क्या है? उदाहरण के लिए तलाक ले रहे एक पति-पत्नी, जो बिना किसी लड़ाई-झगड़े के एक निष्पक्ष और पारस्परिक रूप से संतोषजनक समझौते पर पहुँचने का तरीका जानना चाहते हैं, उनके लिए सर्वश्रेष्ठ सलाह क्या होगी? इससे भी अधिक मुश्किल सवाल शायद ये होगा कि आप उस पति-पत्नी में से किसी एक को क्या सलाह देंगे, जो खुद भी ठीक ऐसा ही चाहता है? परिवार, पड़ोसी, शादीशुदा जोड़े, कर्मचारी, बॉस, व्यवसाय, उपभोक्ता, सेल्समेन, वकील से लेकर देशों तक, हर कोई हर दिन इसी दुविधा से घिरा होता है कि बिना किसी लड़ाई-झगड़े और संघर्ष के 'हाँ' तक कैसे पहुँचा जाए। चूँकि हमारी पृष्ठभूमि अंतर्राष्ट्रीय कानून और मानव-विज्ञान जैसे विषयों की रही है और हम विभिन्न पेशेवरों, सहकर्मियों और छात्रों के साथ मिलकर बहुत सा काम कर चुके हैं इसलिए हमने बिना हार माने सौहार्दपूर्ण ढंग से आपसी सहमति या समझौते तक पहुँचने के लिए सौदेबाज़ी का एक व्यावहारिक तरीका विकसित किया है।

हमने अपने विचारों को वकीलों, व्यवसाईयों, सरकारी अधिकारियों, न्यायाधीशों, जेल प्रबंधकों, राजनयिकों, बीमा प्रतिनिधियों, सैन्य अधिकारियों, कोयला खनिजों और तेल खनन अधिकारियों पर आज़माकर देखा है। हम उन सभी लोगों का आभार व्यक्त करते हैं, जिन्होंने इस पर अपनी आलोचनात्मक प्रतिक्रिया दी और साथ ही अपने अनुभवों के आधार पर महत्वपूर्ण सुझाव भी दिए... जो हमारे लिए बहुत ही लाभप्रद सिद्ध हुए।

सच कहें, तो पिछले कई वर्षों के दौरान इस विषय पर हमारी जानकारी और समझ बढ़ाने में इतने सारे लोगों का योगदान रहा है कि अब ये कह पाना असंभव है कि हम अपने किस विचार के लिए किस व्यक्ति से मिली सीख के ऋणी हैं। जिन लोगों ने सबसे अधिक योगदान दिया है, वे इस बात को समझते हैं कि किताब के फुटनोट्स इसलिए नहीं हटाए गए हैं क्योंकि हम ये मानते हैं कि हमारा हर विचार मौलिक है बल्कि ऐसा इसलिए किया गया है ताकि किताब की सामग्री पढ़ने योग्य बनी रहे। हम इसमें प्रस्तुत किए गए विचारों के लिए बहुत सारे लोगों के ऋणी हैं।

हालाँकि हम इस बात का उल्लेख ज़रूर करना चाहेंगे कि हम हार्वर्ड राइफा के कितने ऋणी हैं। उनकी विनम्र लेकिन स्पष्ट आलोचना ने हमारे लेखकीय दृष्टिकोण में बार-बार सुधार किया। साथ ही आपसी मतभेदों का लाभ उठाकर और मुश्किल समस्याओं से निपटने के लिए कल्पनाशील प्रक्रियाओं का उपयोग करके दोनों पक्षों द्वारा संयुक्त फायदा हासिल करने से जुड़ी उनकी धारणाओं ने इन विषयों के कई पहलुओं को प्रेरित भी किया है। असाधारण वसीयतकर्ता और सौदेबाज लुई सोन हमें लगातार प्रेरित करते, हमेशा रचनात्मक नज़रिया बनाए रखते और हमेशा बेहतर करने को उत्साहित रहते हैं। हम उनके बहुत ऋणी हैं। सौदेबाज़ी के एकल सूत्र का उपयोग करने के विचार से हमें उन्होंने ही परिचित कराया था, जिसे हम एक-सूत्रीय प्रक्रिया कहते हैं। साथ ही हम माइकल डॉयल और डेविड स्ट्रॉस को विचार-मंथन सत्र चलाने के रचनात्मक तरीके साझा करने के लिए भी धन्यवाद देना चाहते हैं।

अच्छे उदाहरण और किस्से खोजना बड़ा मुश्किल काम है। हम जिम सेबेनियस के बड़े ऋणी हैं, जिन्होंने लॉ ऑफ द सी सम्मेलन से जुड़े अपने किस्से हमसे साझा किए (साथ ही इस प्रणाली की विचारशील आलोचना के लिए भी हम उनके आभारी हैं)। इसके अलावा हम टॉम ग्रिफिथ के भी ऋणी हैं, जिन्होंने एक बीमा प्रतिनिधि से सौदेबाज़ी करने के अपने अनुभव हमें बताए। इसके अलावा लाइब्रेरी में दो लोगों के बीच हुए झगड़े की कहानी हमसे साझा करने के लिए हम मैरी पार्कर फॉलेट के भी बहुत आभारी है।

हम उन सभी लोगों को विशेष रूप से धन्यवाद देना चाहते हैं, जिन्होंने इस किताब के विभिन्न ड्राफ्ट्स को पढ़कर हमें अपनी आलोचना का लाभ दिया। इन लोगों में जनवरी 1980 और 1981 में हार्वर्ड लॉ स्कूल में आयोजित नेगोसिएशन वर्कशॉप के छात्र और फ्रैंक सैंडर, जॉन कूपर और विलियम लिंकन भी शामिल हैं, जिन्होंने हमारे साथ उन वर्कशॉप्स में छात्रों को पढ़ाया। हार्वर्ड नेगोसिएशन सेमिनार के उन सदस्यों को भी हमारा विशेष धन्यवाद जिनका उल्लेख हमने अब तक नहीं किया है; उन्होंने धैर्यपूर्वक हमें सुना और कई उपयोग सुझाव दिए: जॉन डनलप, जेम्स हीली, डेविड कोशले, थॉमस शेलिंग और लॉरेंस ससकिंग। उन दोस्तों और सहयोगियों को भी हमारा धन्यवाद जिन्होंने हर कदम पर हमारा साथ दिया। इस किताब की सामग्री की मुख्य जवाबदेही इसके लेखकों की है; अगर अब भी इसमें कोई कमी रह गई हो, तो इसके लिए हमारे सहकर्मी नहीं बल्कि सिर्फ हम जिम्मेदार हैं।

परिवार और दोस्तों के बिना लेखक असहनीय हो जाएगा। हम कैरोलिन

फिशर, डेविड लैक्स, फ्रांसिस टर्नबुल और जेनिस यूरी को उनकी रचनात्मक अलोचना और नैतिक समर्थन के लिए धन्यवाद देते हैं। फ्रांसिस फिशर के बिना ये किताब कभी अस्तित्व में नहीं आ पाती। वे फ्रांसिस ही थे, जिन्होंने करीब चार साल पहले हम दोनों का एक-दूसरे से परिचय कराया था।

हमें डेबोरा रीमेल से बेहतर सचिव नहीं मिल सकती थी। उनकी अचूक क्षमता, नैतिक समर्थन और दृढ़ लेकिन विनम्र रिमांडर्स के लिए हमारी ओर से धन्यवाद। साथ ही डेनिस ट्रिबुला को भी धन्यवाद, जिनके परिश्रम और उत्साहवर्धन में कभी कोई कमी नहीं आती। साथ ही सिंथिया स्मिथ के नेतृत्ववाली वर्ड प्रॉसेसिंग की टीम को भी हमारी ओर से विशेष धन्यवाद, जो किताब के विभिन्न ड्राफ्ट्स की अंतहीन श्रृंखलाओं और असंभव समय-सीमाओं की कसौटी पर पूरी तरह खरी उतरी।

फिर आते हैं हमारे संपादक। मार्टी लिंस्की ने इस किताब को काटकर आधा कर दिया और इसे एक नया रूप देकर पहले से अधिक पठनीय बना दिया। किताब के पाठकों का अनुभव बेहतर बनाने की प्रक्रिया में उन्होंने गहन समझ का परिचय दिया और हमारी भावनाओं के ज़्वार में नहीं फँसे। पीटर किंडर, जून किनोशिता और बॉब रॉस को भी हमारा धन्यवाद। जून ने किताब की भाषा को कम से कम सेक्सिस्ट (लैंगिकतावादी) बनाने के लिए बहुत मेहनत की। अपनी इस कोशिश में अगर हम पूरी तरह सफल न हो पाए हों, तो इससे आहत होनेवाले से हम क्षमा माँगते हैं। हम अपनी सलाहकार एंड्रिया विलियम्सन, अपने एजेंट जूनियन बाक और डिक मैकॉडू व ह्यूटन मिफ्लन में उनके सहयोगियों के प्रति भी आभार व्यक्त करते हैं, जिन्होंने इस किताब को न सिर्फ संभव बल्कि आनंददायक भी बनाया।

अंततः हम अपने दोस्त और सहयोगी, संपादक और मध्यस्थ ब्रूस पैटन को धन्यवाद देना चाहते हैं। इस किताब में उनसे अधिक योगदान और किसी का भी नहीं है। उन्होंने शुरुआत से ही इस किताब की सामग्री पर विचार-मंथन करने और इसे न्यायसंगत बनाने में मदद की। उन्होंने करीब-करीब इसके हर अध्याय को पुनर्गठित किया और हर शब्द का संपादन किया। अगर ये किताब के बजाय एक फिल्म होती, तो इसे पैटर्न प्रोडक्शन के नाम से जाना जाता।

रॉजर फिशर

विलियम यूरी

भूमिका

आपको पसंद हो या नहीं पर आप एक सौदेबाज़ हैं; सौदेबाज़ी जीवन का सच है। अपना वेतन बढ़ाने के लिए बॉस से बात करना... अपना घर बेच रहे एक अजनबी से उसके घर की आखिरी कीमत पर सहमति बनाने की कोशिश करना... एक कार दुर्घटना के चलते शुरू हुए मुकदमे को निपटाने के लिए दोनों पक्षों के वकीलों द्वारा आपसी समझौते की कोशिश करना... तेल कंपनियों के एक समूह द्वारा ऑफ्शोर (अपतटीय) तेल की खोज के लिए एक संयुक्त उपक्रम की योजना बनाना... सार्वजनिक वाहनों की हड़ताल रोकने के लिए एक सरकारी अधिकारी द्वारा यूनियन लीडर्स के साथ बैठक करना या फिर यूनाइटेड स्टेट्स के सेक्रेटरी ऑफ स्टेट द्वारा अपने सोवियत समकक्ष के साथ बैठकर परमाणु हथियारों पर रोक लगाने के लिए आपसी सहमति बनाने की कोशिश करना... ये सब सौदेबाज़ी के ही उदाहरण हैं।

हर कोई हर दिन कोई न कोई सौदेबाज़ी करता है। 17वीं शताब्दी के महान फ्रांसीसी नाटककार मॉलिएर द्वार रचित किरदार मिस्टर जॉर्डेन की तरह ही कई बार लोग सौदेबाज़ी कर रहे होते हैं और उन्हें यह आभास भी नहीं होता कि वे ऐसा कर रहे हैं। मिस्टर जॉर्डेन ये जानकर बहुत खुश हुआ था कि वह हमेशा से ही ऐसे बोलता रहा है, मानों उसके शब्द पहले से लिखकर रखे गए हों। आप अपने जीवनसाथी से इस विषय पर सौदेबाज़ी करते हैं कि आज डिनर के लिए किस रेस्त्रां में जाना है। इसी तरह आप अपने बच्चों से इस बारे में सौदेबाज़ी करते हैं कि वे अपने कमरे की लाइट बंद करके सोने कब जाएँगे। दरअसल सौदेबाज़ी दूसरों से वह प्राप्त करने का एक बुनियादी साधन है, जो आप चाहते हैं। ये ऐसा दो-तरफा संवाद है, जो आपके और दूसरे पक्ष के बीच साझा हितों या विरोधी हितों की स्थिति में आपसी सहमति बनाने के लिए उपयोग किया जाता है।

सौदेबाज़ी की ज़रूरत बहुत से मौकों पर पड़ती है; टकराव या संघर्ष अपने आपमें किसी विकासशील उद्योग से कम नहीं होते। हर कोई वे निर्णय लेने की प्रक्रिया में शामिल होना चाहता है, जो उसे प्रभावित करते हों; दूसरों द्वारा लिए गए निर्णयों को कम ही लोग स्वीकार करते हैं। लोगों में मतभेद होता है और वे इन मतभेदों से निपटने के लिए आपस में सौदेबाज़ी का उपयोग करते हैं। मामला चाहे

व्यावसायिक हो, सरकारी हो या पारिवारिक, लोग सौदेबाज़ी करके ही अधिकांश निर्णयों तक पहुँचते हैं। यहाँ तक कि जब वे कोर्ट जाते हैं, तब भी ट्रायल पर जाने से पहले आपस में समझौता करने के लिए वे एक-दूसरे से सौदेबाज़ी करते हैं। हालाँकि ये सौदेबाज़ी हर रोज होती है पर इसे अच्छी तरह करना आसान नहीं होता। सौदेबाज़ी की मानक रणनीतियों के चलते लोग अक्सर असंतुष्ट, क्लांत और विरक्त रह जाते हैं।

सौदेबाजी के तरीके

लोग दुविधा में रहते हैं। उन्हें सौदेबाज़ी के सिर्फ दो ही तरीके नज़र आते हैं – पहला नरम तरीका और दूसरा कठोर तरीका। नरम सौदेबाज़ व्यक्तिगत टकराव से बचना चाहता है इसलिए आपसी सहमति तक पहुँचने के लिए आसानी से रियायतें (विशेष सुविधा) दे देता है। वह मसले का सौहार्दपूर्ण समाधान चाहता है; इसके बावजूद अक्सर ही उसका शोषण हो जाता है, जिससे उसके अंदर कड़वाहट का भाव आ जाता है। दूसरी ओर कठोर सौदेबाज़ हर स्थिति को एक ऐसी प्रतियोगिता की तरह देखता है, जिसमें जो पक्ष जितनी चरम या कठोर पोजिशन लेता है और देर तक अपनी बात पर अड़ा रहता है, वह ज़्यादा लाभप्रद स्थिति में रहता है। कठोर सौदेबाज़ जीतना चाहता है; उसके कठोर रवैये के चलते अक्सर दूसरा पक्ष भी उतनी ही कठोर प्रतिक्रियाएँ देता है, जिससे कठोर सौदेबाज़ थक जाता है, उसके संसाधन तेजी से खर्च होने लगते हैं और दूसरे पक्ष के साथ उसके संबंधों को नुकसान पहुँचता है। सौदेबाजी से जुड़ी अन्य मानक रणनीतियाँ नरम और कठोर रवैये के बीच से निकलती हैं। लेकिन ऐसी हर रणनीति में भी कोशिश यही होती है कि सौदेबाज़ जो चाहता है, वह प्राप्त कर ले और दूसरे पक्ष के साथ उसके संबंध भी बने रहें।

सौदेबाज़ी का एक तीसरा तरीका भी है, जो न तो नरम है और न ही कठोर बल्कि दोनों है यानी थोड़ा नरम और थोड़ा कठोर। सैद्धांतिक सौदेबाज़ी की ये प्रणाली हार्वर्ड नेगोसिएशन प्रोजेक्ट में इस उद्देश्य से विकसित की गई थी कि मुद्दों को उनकी श्रेष्ठता के आधार पर तय किया जाए, न कि भाव-तोल की उस प्रक्रिया द्वारा, जिसमें सारा फोकस दोनों पक्षों की इस बात पर होता है कि वे क्या करने को कह रहे हैं और क्या नहीं करने को। ये प्रणाली कहती है कि जब भी संभव हो, आपको पारस्परिक लाभ प्राप्त करने की कोशिश करनी चाहिए और जहाँ आपके हित टकराएँ, वहाँ आपको इस बात पर जोर देना चाहिए कि जो भी परिणाम निकले, वह न्यायसंगत मानकों पर आधारित हो और किसी भी पक्ष की इच्छाओं

के दबाव से मुक्त हो। सैद्धांतिक सौदेबाज़ी की यह प्रणाली श्रेष्ठता के प्रति कठोर और लोगों के प्रति नरम रवैया रखती है। इसमें छल-कपट या दिखावे की कोई जगह नहीं होती। सैद्धांतिक सौदेबाज़ी ये दिखाती है कि आप जिस चीज़ के हकदार हैं, उसे गरिमापूर्ण ढंग से कैसे हासिल करें। ये आपको निष्पक्ष रहने में सक्षम बनाती है और साथ ही आपको उन लोगों से बचाती है, जो आपकी निष्पक्षता का फायदा उठा सकते हैं।

ये किताब सैद्धांतिक सौदेबाज़ी की प्रणाली के बारे में है। पहले अध्याय में पोजिशन संबंधी मोलभाव की मानक रणनीतियों के उपयोग के दौरान पैदा होनेवाली समस्याओं का वर्णन किया गया है। फिर अगले चार अध्यायों में इस प्रणाली के चार सिद्धांतों के बारे में बताया गया है। जबकि आखिरी तीन अध्यायों में इस प्रणाली से जुड़े उन सवालों के जवाब दिए गए हैं, जो सबसे आम हैं – तब क्या, जब दूसरा पक्ष आपसे अधिक शक्तिशाली हो? अगर दूसरा पक्ष आपसे सहमति जताते हुए आगे न बढ़े तो? और तब क्या, जब दूसरा पक्ष आपके सामने चालबाज़ी करे?

सैद्धांतिक सौदेबाज़ी का उपयोग यूनाइटेड स्टेट्स के राजनयिकों द्वारा परमाणु हथियारों पर रोक लगाने के लिए सोवियत यूनियन के साथ होनेवाली वार्ता में किया जा सकता है... एंटी-ट्रस्ट केसेस में फॉर्च्यून 500 कंपनियों का प्रतिनिधित्व करनेवाले वकीलों द्वारा किया जा सकता है... और शादीशुदा जोड़ों द्वारा अपने जीवन के हर प्रकार के निर्णयों में किया जा सकता है, जैसे छुट्टी पर कहाँ जाना है या तलाक की स्थिति में संपत्ति का बँटवारा कैसे करना है... यानी इस प्रणाली का उपयोग कोई भी कर सकता है।

हर सौदेबाज़ी अलग किस्म की होती है, लेकिन उसके मूल तत्त्व समान ही रहते हैं, वे कभी नहीं बदलते। सैद्धांतिक सौदेबाज़ी का उपयोग हर स्थिति में किया जा सकता है, फिर चाहे मुद्दा एक हो या एक से ज़्यादा; चाहे पक्ष एक हो या एक से ज़्यादा; चाहे निर्धारित औपचारिक रस्म हो। जैसा कि सामूहिक मोलभाव में होता है या फिर कोई अकस्मात गतिविधि, जिसमें कोई भी कुछ भी कर सकता है, जैसे अपहरणकर्ताओं से बात करना। सामनेवाला पक्ष कम अनुभवी हो या ज़्यादा, तगड़ा मोल-भाव करनेवाला हो या दोस्ताना रवैयेवाला, ये प्रणाली हर स्थिति में लागू होती है। सैद्धांतिक सौदेबाज़ी एक बहु-उद्देशीय रणनीति है। अगर दूसरा पक्ष भी ये रणनीति सीख लेता है, तो बाकी रणनीतियों की तरह इसका उपयोग करना मुश्किल होने के बजाय और आसान हो जाता है। इसलिए अगर दूसरा पक्ष भी ये किताब पढ़ता है, तो ज़्यादा बेहतर रहेगा।

समस्या

1. पोजिशंस को लेकर मोलभाव न करें

1
समस्या

1. पोजिशंस को लेकर मोलभाव न करें

बात चाहे किसी अनुबंध पर होनेवाली सौदेबाजी की हो, पारिवारिक झगड़े की हो या दो देशों के बीच के शांति समझौते की, लोग नियमित रूप से पोजिशन को लेकर मोलभाव करते हैं। दो पक्ष एक पोजिशन लेते हैं, उसके लिए तर्क-वितर्क करते हैं और फिर एक-दूसरे को रियायतें देकर ऐसे नतीजे पर पहुँचते हैं, जिससे दोनों सहमत हों। इसका एक आम उदाहरण है, सेकेंड हैंड सामान बेचनेवाले दुकानदार और ग्राहक के बीच होनेवाली सौदेबाज़ी :

ग्राहक	दुकानदार
इस पीतल के बर्तन का कितना लोगे?	ये एंटीक पीस है और कितना सुंदर भी है! है ना? चलिए, आप 75 डॉलर में ले लीजिए।
अरे छोड़ो भी। ये पिचका हुआ है। मैं तुम्हें इसके 15 डॉलर दूँगी।	दुकानदार : क्या? 15 डॉलर्स? आप मज़ाक कर रही हैं? ये तो बहुत कम है।
देखो, इसके लिए 75 डॉलर देने का तो सवाल ही पैदा नहीं होता। सही दाम लगाओ। मैं तुम्हें इसके 20 डॉलर दे सकती हूँ।	आप बहुत मोलभाव कर रही हैं मैडम। चलिए 60 डॉलर में ले लीजिए।
नहीं। 25 डॉलर!	इससे ज़्यादा में तो मैंने खुद इसे खरीदा हैं। कम से कम इतना तो दीजिए कि मुझे भी कुछ फायदा हो।
37.50 डॉलर। बस, मैं इससे एक डॉलर भी ज़्यादा नहीं दूँगी।	ज़रा इसकी नक्काशी देखिए मैडम। अगले साल ऐसी नक्काशीवाला बर्तन इससे दोगुने दाम में बिकेगा।

और बस यही सिलसिला चलता रहता है। संभवत: इस तरह वे दोनों एक ऐसे नतीजे (दाम) पर पहुँच जाएँ, जिससे दोनों सहमत हों; या फिर शायद ऐसा न हो।

सौदेबाज़ी के किसी भी तरीके का निष्पक्ष आंकलन तीन प्रकार से हो सकता है : पहला, अगर संभव हो तो इससे एक व्यावहारिक नतीजा निकलना चाहिए। दूसरा, यह कुशल होना चाहिए और तीसरा यह कि इससे दोनों पक्षों के आपसी संबंध बेहतर होने चाहिए या कम से कम उनमें कोई खटास नहीं आनी चाहिए। (व्यावहारिक नतीजे को कुछ इस तरह परिभाषित किया जा सकता है: एक ऐसा नतीजा जो – जहाँ तक संभव हो – दोनों पक्षों के तर्कसंगत हितों को साध सके, जो परस्पर विरोधी हितों को निष्पक्ष रूप से हल करे, जो टिकाऊ हो और सामुदायिक हितों का ध्यान रखे।)

उपरोक्त उदाहरण में दर्शाया गया सौदेबाज़ी का सबसे सामान्य रूप मसले को आगे बढ़ानेवाली निरंतर बातचीत पर और फिर अपनी कुछ पोजिशंस को छोड़ देने पर निर्भर करता है।

एक पोजिशन लेना सौदेबाज़ी के दौरान उपयोगी साबित होता है – जैसा कि दुकानदार और ग्राहक करते हैं। इससे सामनेवाले को स्पष्ट पता चल जाता है कि आप क्या चाहते हैं; ये एक अनिश्चित व दबावपूर्ण स्थिति में आपको सहारा देता है; और इससे अंतत: आप एक ऐसे नतीजे पर पहुँच सकते हैं, जिससे दोनों पक्ष सहमत हों। हालाँकि ये सारे उद्देश्य अन्य तरीकों से भी पूरे किए जा सकते हैं। और पोजिशन संबंधी मोलभाव एक व्यावहारिक नतीजे पर पहुँचने के बुनियादी मानदंडों को कुशलतापूर्वक और सौहार्दपूर्ण ढंग से पूरा करने में असफल रहता है।

पोजिशंस पर वाद-विवाद करने से अव्यावहारिक नतीजे निकलते हैं

जब सौदेबाज़ पोजिशंस को लेकर मोलभाव करते हैं, तो वे अक्सर उन पोजिशंस में खुद ही उलझ जाते हैं। आप अपनी पोजिशन को जितना स्पष्ट करते हैं और उसका जितना बचाव करते हैं, आप उसके प्रति उतने ही अधिक प्रतिबद्ध हो जाते हैं। आप दूसरे पक्ष के सामने ये जितना स्पष्ट करते हैं कि आपकी शुरुआती पोजिशन को बदलना असंभव है, आपके लिए ऐसा करना उतना ही मुश्किल होता जाता है। आपका अहंकार आपकी पोजिशन से जुड़ जाता है। फिर अपना 'सम्मान बचाने' में आपकी दिलचस्पी बढ़ जाती है – यानी पिछली पोजिशंस के साथ भविष्य के एक्शन का सामंजस्य स्थापित करने में। जिससे इस बात की संभावना

बहुत कम हो जाती है कि जो भी नतीजा निकलेगा, वह दोनों पक्षों के मूल हितों के अनुसार होगा।

पोजिशन संबंधी मोलभाव सौदेबाज़ी में बाधा खड़ी करता है, यह जोखिम राष्ट्रपति केनेडी के नेतृत्व में परमाणु परीक्षणों पर व्यापक प्रतिबंध लगाने से जुड़ी एक उच्च स्तरीय राजनीतिक वार्ता में बड़े ही स्पष्ट ढंग से जाहिर हुआ था। इस वार्ता में एक महत्वपूर्ण प्रश्न उठाः यूएसए और सोवियत यूनियन को एक-दूसरे के क्षेत्र में भूकंप (परमाणु परीक्षण के परिणामस्वरूप लगनेवाले भूकंप के झटके) की संदिग्ध घटनाओं का ऑन-साइट निरीक्षण प्रति वर्ष कितने बार करने की अनुमति होगी? अंततः सोवियत यूनियन प्रति वर्ष तीन निरीक्षणों की अनुमति देने के लिए राज़ी हो गया, लेकिन यूएसए प्रति वर्ष दस निरीक्षणों से कम में तैयार नहीं था। और इस बिंदु पर आकर यह उच्च स्तरीय राजनीतिक वार्ता दोनों देशों की पोजिशंस के चलते विफल हो गई। जबकि तब तक यह भी स्पष्ट नहीं था कि यह 'निरीक्षण' किस प्रकार का होगा। क्या एक व्यक्ति संदिग्ध साइट पर दिनभर चारों ओर निरीक्षण करेगा या फिर सौ लोगों की एक टीम महीने भर तक साइट का निरीक्षण करेगी? दोनों ही पक्षों ने एक ऐसी निरीक्षण प्रक्रिया तैयार करने की कोई कोशिश नहीं की, जिसका यूएसए के हितों के साथ सामंजस्य बैठ सके और जिससे दोनों देशों की यह इच्छा भी पूरी हो सके कि उनके यहाँ दूसरे पक्ष की घुसपैठ कम से कम हो।

पोजिशंस पर जितना ध्यान दिया जाता है, दोनों पक्षों की अंतर्निहित चिंताओं के निवारण पर उतना ही कम ध्यान रहता है। इस तरह एक व्यावहारिक नतीजे पर पहुँचने की संभावनाएँ कम हो जाती हैं। फिर दोनों पक्ष जिस भी नतीजे पर पहुँचते हैं, वह दोनों के मतभेदों के यांत्रिक विभाजन को दर्शाता है, न कि दोनों पक्षों के वैध हितों को पूरा करने के लिए सावधानीपूर्वक निकाले गए समाधान को। परिणामस्वरूप दोनों पक्ष जिस नतीजे पर पहुँचे होते हैं, वह दोनों के लिए नियमित रूप में कम संतोषजनक साबित होता है।

पोजिशंस पर बहस करना बेकार है

सौदेबाज़ी के मानक तरीके का उपयोग करने से दोनों पक्ष एक नतीजे पर भी पहुँच सकते हैं - जैसे पीतल के बर्तन का अंतिम दाम। या फिर यह पूरी प्रक्रिया विफल भी हो सकती है - जैसा कि ऑन-साइट निरीक्षण के मामले में हुआ। तो

परिणाम जो भी हो पर इस प्रक्रिया में काफी समय लगता है।

पोजिशन पर मोलभाव करने से आपसी सहमति को टालनेवाले प्रलोभन पैदा हो जाते हैं। पोजिशन संबंधी मोलभाव करके आप ये संभावना बढ़ाने की कोशिश कर रहे होते हैं कि जो भी सहमति बनेगी, वह आपके लिए फायदेमंद होगी। आप एक चरम पोजिशन लेकर इस मोलभाव की शुरुआत करते हैं, फिर आप अपनी उस पोजिशन पर अड़े रहते हैं। आप जो सचमुच चाहते हैं, उसे लेकर दूसरे पक्ष को धोखे में रखते हैं और ज़रूरत पड़ने पर छोटी-मोटी रियायतें भी देते हैं, ताकि सौदेबाज़ी चलती रहे। दूसरा पक्ष भी ठीक यही कर रहा होता है। ये सारी चीज़ें तत्काल सहमति बनने की प्रक्रिया में हस्तक्षेप करती हैं। शुरुआती पोजिशन जितनी चरम होगी और रियायतें जितनी छोटी होंगी, उतना ही अधिक समय और मेहनत यह स्पष्ट करने में लगेगी कि दोनों पक्षों के बीच सचमुच कोई सहमति बनना संभव है या नहीं।

कोई भी सौदेबाज़ जब यह तय करता है कि उसे सामनेवाले को क्या प्रस्ताव देना है, किस चीज़ को खारिज करना है और कितनी रियायत देनी है, तो मानक रूप से इसके लिए कई सारे निर्णय लेने की ज़रूरत पड़ती है। निर्णय लेने की प्रक्रिया न सिर्फ मुश्किल होती है बल्कि इसमें समय भी खर्च होता है। जहाँ प्रत्येक निर्णय लेते समय दूसरे पक्ष के प्रति न सिर्फ लचीलापन रवैया रखना होता है बल्कि कई बार और अधिक लचीलापन दिखाने का दबाव भी होता है, उस स्थिति में एक सौदेबाज़ के लिए तेजी से आगे बढ़ना फायदेमंद नहीं रह जाता। ऐसे में सौदा छोड़कर जाने की धमकी देना, बीच में उठकर जाने का दिखावा करना, दूसरे पक्ष की बात पर कोई खास प्रतिक्रिया न देना और ऐसी ही अन्य रणनीतियाँ आम हो जाती हैं। जिसके चलते दोनों पक्षों के बीच सहमति बनने का समय और खर्च दोनों बढ़ जाते हैं। साथ ही यह जोखिम भी बढ़ जाता है कि दोनों के बीच कोई सहमति बन ही नहीं पाएगी।

पोजिशन पर बहस करना संबंधों में खटास ला सकता है

पोजिशन संबंधी मोलभाव दोनों पक्षों की इच्छाओं की प्रतिस्पर्धा में तब्दील हो जाता है। प्रत्येक सौदेबाज़ दृढ़तापूर्वक यह स्पष्ट कर देता है कि वह क्या करेगा या क्या नहीं करेगा। इस तरह संयुक्त रूप से एक स्वीकार्य समाधान निकालने का कार्य एक किस्म के संघर्ष में बदल जाता है। हर पक्ष अपनी इच्छाशक्ति का

उपयोग कर सामनेवाले को उसकी पोजिशन बदलने के लिए मजबूर करने का प्रयास करता है। 'देखो, साफ-साफ सुन लो। अगर तुम सचमुच मेरे साथ फिल्म देखने जाना चाहते हो, तो हम द माल्टीज फैल्कन ही देखेंगे या फिर जाएँगे ही नहीं।' इसी तरह दोनों पक्षों के बीच गुस्सा और द्वेष जैसे भाव तब उभरते हैं, जब एक पक्ष को ऐसा लगने लगे कि उसे दूसरे पक्ष की दृढ़ इच्छा के आगे झुकना पड़ रहा है और उसकी अपनी जायज चिंताओं पर ध्यान नहीं दिया जा रहा है। इसीलिए पोजिशन संबंधी मोलभाव दोनों पक्षों के बीच तनाव पैदा कर देता है, जिससे कभी-कभी आपसी संबंधों में खटास आ सकती है। तभी तो सालों से एक-दूसरे के साथ काम कर रहे व्यावसायिक प्रतिष्ठान अचानक एक-दूसरे से अलग हो जाते हैं और पड़ोसी एक-दूसरे से बोलचाल बंद कर देते हैं। ऐसी किसी स्थिति से पैदा हुई कड़वाहट कई बार जीवनभर बनी रहती है।

सौदेबाज़ी कई पक्षों के बीच हो तो पोजिशन संबंधी मोलभाव और बदतर होता है

हालाँकि दो पक्षों के संदर्भ में सौदेबाज़ी पर चर्चा करना काफी सुविधाजनक है क्योंकि ऐसे में सिर्फ आपकी और 'दूसरे पक्ष' की ही बात करनी होती है। लेकिन वास्तविकता ये है कि करीब-करीब हर सौदेबाज़ी में दो से ज़्यादा लोग शामिल होते हैं। हो सकता है कि कई अलग-अलग पक्ष सौदेबाज़ी के लिए एक टेबल पर बैठे या फिर हो सकता है कि हर पक्ष के अपने निर्वाचक, वरिष्ठ अधिकारी, निर्देशक-समूह या समितियाँ हों, जिनसे निपटना उनके लिए ज़रूरी हो। किसी सौदेबाज़ी में जितने अधिक लोग शामिल होते हैं, पोजिशन संबंधी मोलभाव के नुकसान भी उतने ही गंभीर होते हैं। संयुक्त राष्ट्र के विभिन्न सम्मेलनों की तरह अगर 150 देश आपस में सौदेबाज़ी कर रहे हों, तो पोजिशन संबंधी मोलभाव बिलकुल असंभव होगा। क्योंकि ऐसे में आपसी सहमति के लिए हर किसी की सहमति ज़रूरी होगी, लेकिन असहमत होने के लिए सिर्फ एक देश का असहमत होना ही काफी होगा। पारस्परिक रियायतें भी मुश्किल होती हैं: भला आप किसे रियायत देंगे? फिर भी हज़ारों द्विपक्षीय समझौते बहुपक्षीय समझौतों से कमतर ही साबित होते हैं। ऐसी स्थिति में, पोजिशन संबंधी मोलभाव उन पक्षों को आपसी गठबंधन की दिशा में ले जाता है, जिनके साझा हित अक्सर वास्तविक कम और प्रतीकात्मक ज़्यादा हों। संयुक्त राष्ट्र में ऐसे गठबंधनों से उत्तर (विकसित देशों) और दक्षिण (विकासशील देशों) के बीच या पूर्व (पूर्वी और मध्य यूरोप के साम्यवादी देशों) और पश्चिम (बाकी के यूरोपीय देशों) के बीच सौदेबाज़ी के अवसर पैदा होते हैं। क्योंकि हर

एक समूह में कई सदस्य हैं और ऐसे में एक संयुक्त पोजिशन लेना अधिक मुश्किल हो जाता है। इससे भी बदतर ये कि एक बार जब वे किसी तरह एक पोजिशन लेकर आपसी सहमति बनाते हैं, तो उसे बदलना और भी मुश्किल हो जाता है। किसी पोजिशन को बदलना तब और मुश्किल हो जाता है, जब समूह के अतिरिक्त सदस्य ऊँची हैसियतवाले हों और टेबल से अनुपस्थित होने के बावजूद उनकी सहमति लेना अनिवार्य हो।

अच्छा व्यवहार करना कोई जवाब नहीं है

अधिकांश लोग ये बात अच्छी तरह समझते हैं कि पोजिशन संबंधी मोलभाव कितना महँगा पड़ सकता है – खासकर विभिन्न पक्षों और उनके आपसी संबंधों के लिए। इसीलिए पोजिशन संबंधी मोलभाव से बचने की उम्मीद में वे सौदेबाज़ी की नरम शैली अपना लेते हैं। दूसरे पक्ष को विरोधी के रूप में देखने के बजाय वे उसे अपने दोस्त के रूप में देखना पसंद करते हैं। फिर वे अपने जीतने का लक्ष्य पूरा करने के बजाय आपसी सहमति बनाने पर ज़ोर देने लगते हैं। नरम सौदेबाज़ी के खेल की मुख्य चालें होती हैं, दूसरे पक्ष को विभिन्न प्रस्ताव और रियायतें देना, उस पर भरोसा करना, दोस्ताना रवैया रखना और टकराव से बचने के लिए ज़रूरत के अनुसार दूसरे पक्ष के सामने झुकना।

आगे दी गई तालिका पोजिशन संबंधी मोलभाव की दो शैलियों – नरम व कठोर – को दर्शाती है। अधिकांश लोग सौदेबाज़ी की अपनी रणनीतियों को इन दो शैलियों के बीच की शैली के रूप में देखते हैं। इस तालिका को देखकर आपको क्या लगता है? क्या आपको पोजिशन संबंधी नरम मोलभाव करना चाहिए या कठोर मोलभाव? या फिर आपको इन दोनों के बीच की शैली को अपनी रणनीति बनाना चाहिए?

समस्या

पोजिशन संबंधी मोलभाव: आपको इन दोनों में से कौन सा खेल खेलना चाहिए?

कठोर	नरम
एक-दूसरे के विरोधी हैं।	प्रतिभागी आपस में दोस्त हैं।
जीत हासिल करने का लक्ष्य।	आपसी सहमति बनाने का लक्ष्य।
संबंध बनाने के लिए रियायतें पाने की शर्त रखना।	संबंध बनाने के लिए रियायतें देना।
लोगों और समस्या दोनों के प्रति कठोर रवैया रखना।	लोगों और समस्या दोनों के प्रति नरम रवैया रखना।
दूसरों पर विश्वास न करना।	दूसरों पर विश्वास करना।
अपनी पोजिशन पर अड़े रहना।	अपनी पोजिशन आसानी से बदल लेना।
धमकियाँ देना।	प्रस्ताव देना।
अपनी बॉटम लाइन को लेकर दूसरे पक्ष को गुमराह करना।	अपनी बॉटम लाइन का खुलासा करना।
सहमति बनाने की कीमत के रूप में एकतरफा फायदों की माँग करना।	आपसी सहमति बनाने के लिए एकतरफा नुकसान स्वीकार करना।
एक जवाब ढूँढ़नाः जिसे आप स्वीकार करें।	एक जवाब ढूँढ़नाः जिसे दूसरा पक्ष स्वीकार कर ले।
अपनी पोजिशन पर ज़ोर देना।	आपसी सहमति पर ज़ोर देना।
इच्छाओं की प्रतिस्पर्धा में जीतने की कोशिश करना।	इच्छाओं की प्रतिस्पर्धा से बचना।
दबाव बनाना।	दबाव पड़ने पर झुक जाना।

नरम सौदेबाज़ी का खेल संबंध बनाने और उन्हें बनाए रखने की महत्ता पर ज़ोर देता है। परिवार में या दोस्तों में इस तरह की सौदेबाज़ी खूब होती है। यह प्रक्रिया अक्सर सफल साबित होती है। कम से कम इससे जल्द परिणाम तो हासिल होते ही हैं। जब दोनों पक्ष एक-दूसरे के साथ अधिक से अधिक उदारता और स्पष्टता दिखाने की प्रतिस्पर्धा करते हैं, तो दोनों के बीच आपसी सहमति बनने की संभावना बढ़ जाती है। पर हो सकता है कि ये व्यावहारिक न हो। भले ही इसका परिणाम महान अमेरिकी साहित्यकार ओ. हेनरी की उस कहानी जितना त्रासद न हो, जिसमें एक पत्नी सिर्फ इसलिए अपने बाल बेच देती है ताकि अपने प्यारे पति की घड़ी

के लिए एक सुंदर चेन खरीद सके और इस बात से अंजान उसका पति अपनी वह घड़ी बेच देता है ताकि अपनी प्यारी पत्नी के सुंदर बाल काढ़ने के लिए नई कंघियाँ खरीद सके। आपसी संबंधों को ज़्यादा महत्त्व देनेवाली सौदेबाज़ी में लापरवाही भरी सहमति बनने का जोखिम होता है।

अगर इसे और गंभीरता से देखें, तो पोजिशन संबंधी मोलभाव की नरम व दोस्ताना शैली आपको उस व्यक्ति के सामने कमजोर बना सकती है, जो इस मोलभाव की कठोर शैली पर विश्वास करता हो। यह कठोर शैली, नरम शैली पर हावी हो जाती है। अगर कठोर शैली में मोलभाव करनेवाला पक्ष रियायतें पाने पर जोर देते हुए धमकियाँ देने लगे तो इसके प्रतिक्रिया स्वरूप नरम शैलीवाला टकराव से बचने के लिए अपने घुटने टेक देता है व आपसी सहमति बनाने पर जोर देने लगता है। इसका अर्थ हुआ कि सौदेबाज़ी का खेल कठोर शैलीवाले के पक्ष में झुक गया है। इस प्रक्रिया से एक सहमति तो बन जाएगी, लेकिन यह व्यावहारिक सहमति नहीं होगी। यह निश्चित रूप से नरम शैलीवाले पक्ष के मुकाबले कठोर शैलीवाले पक्ष के ज़्यादा अनुकूल होगी। अगर पोजिशन संबंधी कठोर मोलभाव पर आपकी प्रतिक्रिया नरम मोलभाव की है, तो संभवत: आपको भारी नुकसान उठाना पड़ेगा।

पर इसका एक विकल्प भी है

अगर आप पोजिशन संबंधी मोलभाव की कठोर और नरम शैली में से किसी एक का चुनाव करना नहीं चाहते, तो आप इस पूरे खेल को बदल भी सकते हैं।

सौदेबाज़ी का खेल दो स्तरों पर चलता है। एक स्तर पर सौदेबाज़ी मूलभूत चीज़ पर केंद्रित होती है; दूसरे स्तर पर ये - आमतौर पर परोक्ष रूप से - मूलभूत चीज़ से निपटने की प्रक्रिया पर फोकस करती है। पहले स्तर की सौदेबाज़ी आपके वेतन, किसी लीज़ की शर्तों या किसी चुकाए जानेवाले दाम से संबंधित हो सकती है। जबकि दूसरे स्तर की सौदेबाज़ी का संबंध इस बात से होता है कि आप मूल प्रश्न से कैसे निपटेंगे: पोजिशन संबंधी नरम मोलभाव करके या कठोर मोलभाव करके या फिर किसी अन्य तरीके से। दूसरी सौदेबाज़ी एक ऐसा खेल है, जो एक खेल के बारे में ही है - यानी ये एक मेटा-गेम है। इस सौदेबाज़ी के खेल में आप जो भी कदम उठाएँगे, वह न सिर्फ आपके किराए, वेतन या ऐसे ही किसी मूल सवाल से जुड़ा होगा बल्कि ये खेल के नियम गढ़ने में भी सहायक होगा। आपका

कदम या तो सौदेबाज़ी को उसी ढंग से चलने देगा या फिर एक ऐसा कदम साबित होगा, जो खेल को बदलकर रख देगा।

कुल मिलाकर ये दूसरी सौदेबाज़ी नज़र में आने से बच जाती है क्योंकि ऐसा प्रतीत होता है कि ये बिना किसी सचेत निर्णय के ही हो जाती है। पर हाँ, अगर आपके सामने किसी दूसरे देश का व्यक्ति हो, खासकर 'कोई ऐसा जो बिलकुल अलग सांस्कृतिक पृष्ठभूमि से आता हो,' तो संभवत: एक सार्थक सौदेबाज़ी करने के लिए आपको एक वैध या मान्यता प्राप्त प्रक्रिया अपनाने की ज़रूरत महसूस होगी। आप ऐसा जानबूझकर करें या नहीं, पर आप हर कदम पर प्रक्रियात्मक नियमों पर सौदेबाज़ी कर रहे होते हैं, फिर भले ही आपको ऐसा लगे कि आपके कदम सिर्फ मूलभूत चीज़ से ही संबंधित हैं।

पोजिशन संबंधी मोलभाव में नरम शैली का उपयोग करना चाहिए या कठोर शैली का, इस सवाल का जवाब है, 'दोनों में से कोई भी नहीं।' आप खेल को ही बदल दें। हार्वर्ड नेगोसिएशन प्रोजेक्ट में हम पोजिशन संबंधी मोलभाव का एक विकल्प विकसित कर रहे हैं: सौदेबाज़ी की ऐसी प्रणाली, जिससे स्पष्ट रूप से कुशल और सौहार्द्रपूर्ण ढंग से व्यावहारिक परिणाम प्राप्त हों। सैद्धांतिक सौदेबाज़ी अथवा श्रेष्ठता (या गुण) आधारित सौदेबाज़ी नामक इस प्रणाली को मूल रूप से चार बुनियादी बिंदुओं में बाँटा जा सकता है।

ये चारों बिंदु सौदेबाज़ी की एक सीधी प्रणाली परिभाषित करते हैं, जिसे हर स्थिति में उपयोग कर सकते हैं। हर बिंदु सौदेबाज़ी के मूल तत्त्व से जुड़ा है और बताता है कि उसे लेकर आपको क्या करना चाहिए।

लोग : लोगों और समस्याओं को अलग-अलग रखें।

हित : हितों पर ध्यान केंद्रित करें, न कि पोजिशंस पर।

विकल्प : क्या करना है, ये तय करने से पहले विभिन्न संभावनाएँ तलाशें।

मानदंड : इस बात पर ज़ोर दें कि परिणाम वस्तुनिष्ठ मानदंड पर आधारित हों।

इनमें से पहला बिंदु इस तथ्य से जुड़ा है कि इंसान कंप्यूटर नहीं होते। हम प्रबल भावनाओंवाले प्राणी हैं, जिनकी धारणाएँ अक्सर एक-दूसरे से मौलिक रूप से भिन्न होती हैं और जिन्हें स्पष्ट संवाद करने में मुश्किल होती है। आमतौर पर हमारी भावनाओं का टकराव समस्या के वस्तुनिष्ठ गुणों से होता है और अपनी एक

पोजिशन लेना, इसे और बदतर बना देता है क्योंकि पोजिशन तत्काल लोगों के अहंकार का विषय बन जाती है। इसलिए मूलभूत समस्या पर काम करने से पहले 'लोगों की समस्या' को उससे अलग कर देना चाहिए और उसका निपटारा अलग से होना चाहिए। वास्तव में न सही, तो कम से कम लाक्षणिक रूप से ही, प्रतिभागियों को खुद को ऐसे देखना चाहिए, जैसे वे कंधे से कंधा मिलाकर समस्या पर धावा बोल रहे हैं, न कि एक-दूसरे पर। इसीलिए पहला बिंदु है: लोगों और समस्याओं को अलग-अलग रखें।

दूसरे बिंदु को, लोगों की घोषित पोजिशन पर फोकस करने की समस्या निपटाने के लिए बनाया गया है, खासकर जब सौदेबाज़ी का उद्देश्य अंतर्निहित हित साधना हो। आप क्या चाहते हैं, यह सौदेबाज़ी संबंधी पोजिशन दूसरे पक्ष के लिए अक्सर अंधेरे में रखती है। एक-दूसरे की पोजिशंस के साथ सुलह-समझौता करने से ऐसी सहमति की संभावना नहीं बनती, जो उन पोजिशंस के पीछे की इंसानी ज़रूरतें पूरी करे। इसीलिए इस प्रणाली का दूसरा मूल तत्त्व है: हितों पर ध्यान केंद्रित करें, न कि पोजिशंस पर।

तीसरा बिंदु, दबाव के बावजूद सर्वोत्तम समाधान निकालने की कठिनाई के निपटारे से जुड़ा है। विपरीत परिस्थिति में निर्णय लेने पर आपकी दृष्टि संकुचित हो सकती है। बहुत कुछ दाँव पर लगा हो, तो रचनात्मकता बाधित होने लगती है। सही समाधान ढूँढ़ने पर भी ऐसा ही होता है। साझा हित साधनेवाले और परस्पर विरोधी हितों के बीच रचनात्मक ढंग से सामंजस्य स्थापित करनेवाले विभिन्न समाधानों पर विचार करने का समय निकालकर आप इन बाधाओं को दूर कर सकते हैं। इसीलिए तीसरा बुनियादी बिंदु है: आपस में सहमति बनाने की कोशिश करने से पहले पारस्परिक लाभ के विकल्प तलाशें।

जब हितों का सीधा टकराव हो, तो संभव है कि एक सौदेबाज़ सिर्फ जिद्दी रवैया अपनाकर अपने अनुकूल परिणाम हासिल कर ले। यह प्रणाली जिद के लिए फलदायी है और इससे मनमाने परिणाम निकलते हैं। हालाँकि ऐसे किसी भी जिद्दी सौदेबाज़ का सामना करने के लिए आप इस बात पर जोर दे सकते हैं कि सिर्फ उसके कहने भर से कुछ नहीं होनेवाला और आपसी सहमति ऐसी होनी चाहिए, जो निष्पक्ष मानकों पर आधारित हो और किसी भी पक्ष की इच्छाओं के दबाव से स्वतंत्र हो। हालाँकि इसका मतलब इस बात पर जोर देना कतई नहीं है कि मामले की शर्तें आपके द्वारा चुने गए मानकों पर आधारित हो। बल्कि उनका आधार बाज़ार

मूल्य, विशेषज्ञ की राय, प्रचलित रिवाज या कानून जैसे न्यायसंगत मानक ही होने चाहिए और उन्हीं के आधार पर परिणामों का निर्धारण होना चाहिए। हर पक्ष क्या करने या न करने का इच्छुक है, इसके बजाय इन न्यायसंगत मानदंडों पर चर्चा करने से एक पक्ष को दूसरे पक्ष के सामने झुकने की ज़रूरत नहीं पड़ती; बल्कि दोनों ही न्यायसंगत समाधान स्वीकार कर सकते हैं। इसीलिए चौथा बुनियादी बिंदु है: इस बात पर ज़ोर दें कि परिणाम वस्तुनिष्ठ मानदंड पर आधारित हों।

आगे दी गई तालिका में सैद्धांतिक सौदेबाज़ी की प्रणाली और पोजिशन संबंधी नरम व कठोर मोलभाव के बीच का अंतर रेखांकित किया गया है। तालिका में इस प्रणाली के चारों बुनियादी बिंदुओं को विशेष रूप से (बोल्डफेस टाइप में) दर्शाया गया है।

समस्या पोजिशन संबंधी मोलभाव : आपको कौन सा खेल खेलना चाहिए?		**समाधान** खेल को बदल दें: श्रेष्ठता या गुणों के आधार पर सौदेबाज़ी करें।
कठोर	**नरम**	**सैद्धांतिक**
एक–दूसरे के विरोधी हैं।	प्रतिभागी आपस में दोस्त हैं।	प्रतिभागी समस्याएँ सुलझाने वाले हैं।
जीत हासिल करने का लक्ष्य।	आपसी सहमति बनाने का लक्ष्य।	कुशल और सौहार्दपूर्ण ढंग से व्यावहारिक परिणाम हासिल करने का लक्ष्य।
संबंध बनाने के लिए रियायतें पाने की शर्त रखना।	संबंध बनाने के लिए रियायतें देना।	**लोगों और समस्याओं को अलग-अलग रखना।**
लोगों और समस्या दोनों के प्रति कठोर रवैया रखना।	लोगों और समस्या दोनों के प्रति नरम रवैया रखना।	लोगों के प्रति नरम और समस्या के प्रति कठोर रवैया रखना।
दूसरों पर विश्वास न करना।	दूसरों पर विश्वास करना।	विश्वास के विचार से स्वतंत्र होकर आगे बढ़ना।
अपनी पोजिशन पर अड़े रहना।	अपनी पोजिशन आसानी से बदल लेना।	**हितों पर ध्यान केंद्रित करना न कि पोजिशन पर।**

धमकियाँ देना।	प्रस्ताव देना।	अपने हित साधना।
अपनी बॉटम लाइन को लेकर दूसरे पक्ष को गुमराह करना।	अपनी बॉटम लाइन का खुलासा करना।	अपनी बॉटम लाइन तय करने से बचना।
सहमति बनाने की कीमत के रूप में एकतरफा फायदों की माँग करना।	आपसी सहमति बनाने के लिए एकतरफा नुकसान स्वीकार करना।	**पारस्परिक लाभ के विकल्प तलाशना।**
एक जवाब ढूँढ़ना: जिसे आप स्वीकार करें।	एक जवाब ढूँढ़ना: जिसे दूसरा पक्ष स्वीकार कर ले।	अपने लिए कई विकल्प तलाशना और फिर तय करना कि किसका चुनाव करना है।
अपनी पोजिशन पर ज़ोर।	आपसी सहमति पर ज़ोर।	**वस्तुनिष्ठ मानदंड के उपयोग पर ज़ोर।**
इच्छाओं की प्रतिस्पर्धा में जीतने की कोशिश करना।	इच्छाओं की प्रतिस्पर्धा से बचना।	हर पक्ष की इच्छाओं के दबाव से मुक्त मानकों पर आधारित परिणाम हासिल करने की कोशिश करना।
दबाव बनाना।	दबाव पड़ने पर झुक जाना।	तर्क-वितर्क करना और तर्क के प्रति खुला रवैया रखना। सिद्धांतों के आगे झुकना, न कि दबाव पड़ने पर।

सैद्धांतिक सौदेबाज़ी के चारों बिंदु, सौदेबाज़ी पर सोच-विचार शुरू करने से लेकर तब तक प्रासंगिक रहते हैं, जब तक दोनों पक्षों के बीच आपसी सहमति नहीं बन जाती या फिर आप वह सौदा करने का इरादा छोड़ नहीं देते। इस अवधि को तीन चरणों में विभाजित किया जा सकता है: विश्लेषण, योजना और चर्चा।

विश्लेषण के चरण में आप बस स्थिति को समझने की कोशिश करते हैं - ताकि उसके बारे में जानकारी इकट्ठी कर सकें, उसे व्यवस्थित कर सकें और फिर उस पर विचार कर सकें। पक्षपाती धारणाओं, शत्रुतापूर्ण भावनाओं और अस्पष्ट संवाद जैसी लोगों की समस्याओं पर विचार करें, साथ ही अपने और दूसरे पक्ष के

हितों की पहचान करें। उन सभी विकल्पों को नोट करें, जो पहले से उपलब्ध हैं। साथ ही ऐसे किसी मानदंड की पहचान भी करें, जिसे आपसी सहमति बनाने के लिए पहले से ही एक आधार के रूप में सुझाया गया हो।

योजना के चरण में आपको एक बार फिर उन्हीं चारों तत्त्वों पर फोकस करना होता है, नए विचारों के लिए भी और ये तय करने के लिए भी कि आपको क्या करना है। आप लोगों की समस्याओं से निपटने का कौन सा तरीका सुझाएँगे? आपके हितों में से सबसे महत्वपूर्ण हित कौन से हैं। और आपके कुछ यथार्थवादी उद्देश्य क्या हैं? आपको अतिरिक्त विकल्प तैयार करने हैं और उनमें से सर्वश्रेष्ठ का चुनाव करने के लिए अतिरिक्त मानदंड भी तय करने हैं।

चर्चा के चरण में, जब सारे पक्ष आपसी सहमति बनाने के लिए निरंतर संवाद करेंगे, तो वहीं चारों तत्त्व चर्चा का सर्वश्रेष्ठ विषय होंगे। धारणाओं के बीच के अंतर, निराशा व क्रोध की भावनाओं और संवाद में कठिनाई जैसी समस्याओं को स्वीकार करके उनसे निपटा जा सकेगा। हर पक्ष को दूसरे पक्ष के हितों का ध्यान रखना होगा। तभी दोनों पक्ष संयुक्त रूप से ऐसे विकल्प तैयार कर पाएँगे, जो उनके लिए पारस्परिक रूप से लाभप्रद हों। साथ ही इससे विरोधी हितों के समाधान के लिए वस्तुनिष्ठ मानकों पर सहमति भी बन सकेगी।

संक्षेप में कहें, तो पोजिशन संबंधी मोलभाव के विपरीत, बुनियादी हितों, पारस्परिक रूप से संतोषजनक विकल्पों और निष्पक्ष मानकों पर आधारित सैद्धांतिक सौदेबाज़ी का परिणाम आमतौर पर व्यावहारिक आपसी सहमति के तौर पर सामने आता है। अपनी-अपनी पोजिशन पर अड़े रहकर कीमती समय, ऊर्जा और धन व्यर्थ किए बिना, ये प्रणाली आपको एक संयुक्त निर्णय के प्रति कुशलतापूर्वक एकमत बनाती है। साथ ही लोगों व समस्या को अलग-अलग रखना, आपको सामनेवाले सौदेबाज़ से सीधे और सहानुभूतिपूर्ण ढंग से निपटने में सक्षम बनाता है और इससे सौहार्दपूर्ण आपसी सहमति बनना संभव हो जाता है।

अगले चारों अध्यायों में एक-एक करके इन चारों बुनियादी बिंदुओं के बारे में विस्तार से बताया गया है। अगला अध्याय पढ़ते समय अगर कभी आप संशय में पड़ जाएँ, तो उसे कुछ देर के लिए बीच में छोड़कर अंतिम तीन अध्यायों पर जा सकते हैं, जो इस प्रणाली पर आमतौर पर उठाए गए सवालों के जवाब देते हैं।

प्रणाली

2. लोगों और समस्याओं को अलग-अलग रखें

3. हितों पर ध्यान केंद्रित करें, न कि पोजिशंस पर

4. पारस्परिक लाभ के विकल्प तलाशें

5. वस्तुनिष्ठ मानदंड के उपयोग पर ज़ोर दें

2
प्रणाली

2. लोगों और समस्याओं को अलग-अलग रखें

हम सब जानते हैं कि एक-दूसरे को गलत समझे बिना, गुस्सा या परेशान हुए बिना और चीज़ों को व्यक्तिगत रूप से लिए बिना किसी समस्या से निपटना कितना मुश्किल होता है।

एक यूनियन लीडर अपने समूह से कहता है, 'तो बताओ, हड़ताल किसने बुलाई थी?'

जोन्स सामने आता है। 'मैंने बुलाई थी। वह निकम्मा फोरमैन कैंपबेल फिर से मेरे पीछे पड़ गया था। पिछले दो हफ्तों में ये पाँचवीं बार था, जब उसने मुझे एक रिप्लेसमेंट के तौर पर समूह से बाहर भेजा था। वह हर बार मेरे साथ ऐसा ही करता है और मैं उससे तंग आ चुका हूँ। आखिर सारा गंदा काम मैं ही क्यों करूँ?'

यूनियन लीडर जाकर कैंपबेल से मिलता है। 'तुम जोन्स के पीछे क्यों पड़े हो? उसका कहना है कि तुमने उसे पिछले दो हफ्तों में पाँच बार रिप्लेसमेंट बनाकर भेजा। आखिर चल क्या रहा है?'

जवाब में कैंपबेल ने कहा, 'मैं जोन्स के पीछे पड़ा हूँ क्योंकि वो सबसे अच्छा काम करता है। मैं जानता हूँ कि उस पर भरोसा किया जा सकता है। जब किसी समूह का प्रतिनिधि उपलब्ध न हो, तो जोन्स उस समूह में कोई गड़बड़ होने से रोक सकता है। मैं उसे रिप्लेसमेंट बनाकर तभी भेजता हूँ, जब कोई महत्वपूर्ण कर्मचारी किसी वजह से काम पर नहीं आता। वरना मैं स्मिथ को या किसी और को रिप्लेसमेंट बनाकर भेज देता हूँ। बात बस ये है कि आजकल चारों ओर फ्लू का प्रकोप है और बहुत से प्रतिनिधि कर्मचारी बीमारी के चलते काम पर नहीं आ पाते। मुझे नहीं पता था कि जोन्स को रिप्लेसमेंट बनने में आपत्ति है। मुझे लगा कि उसे ये जिम्मेदारी निभाना पसंद है।'

इसी तरह एक अन्य मामले में बीमा कंपनी की वकील राज्य बीमा कमिश्नर से कहती है:

'कमिश्नर थॉमसन, आपका धन्यवाद जो आपने इसके लिए अपना कीमती समय निकाला। दरअसल मैं स्ट्रिक्ट-लायबिलिटी रेगुलेशंस के प्रिज़म्शन क्लॉज के साथ आ रही समस्याओं पर आपसे बात करना चाहती थी। हमें लगता है कि जिस तरह से ये क्लॉज लिखा गया है, उससे उन बीमा कंपनियों पर अनुचित प्रभाव पड़ता है, जिनकी वर्तमान पॉलिसियों में रेट एडजस्टमेंट की कुछ सीमाएँ हैं। इसलिए हम कुछ ऐसे तरीके आपके सामने रखना चाहते हैं, जिनकी मदद से इन्हें संशोधित किया जा सकता है...।'

कमिश्नर बीच में ही उसकी बात काटते हुए कहता है, 'मिस मॉन्टेरो, इन नियमों को लागू करने से पहले मेरे विभाग ने जो सुनवाईयाँ रखी थी, उसमें आपकी कंपनी के पास अपनी आपत्तियाँ दर्ज कराने का पूरा अवसर था। उन सुनवाईयों का संचालन मैंने ही किया था मिस मॉन्टेरो। मैंने सारे बयानों और गवाहियों का एक-एक शब्द खुद सुना था और इसके बाद ही स्ट्रिक्ट लायबिलिटी रेगुलेशंस को खुद तैयार कर उन्हें अंतिम रूप दिया था। क्या आप ये कहने की कोशिश कर रही हैं कि मैंने इन नियमों को तैयार करने में कोई गलती की है?'

'जी नहीं, लेकिन...'

'तो क्या आप ये कहना चाहती हैं कि मैंने अपना काम ठीक से नहीं किया?'

'बिलकुल नहीं सर, पर मुझे लगता है कि इन नियमों के परिणाम इतने अप्रत्याशित थे, जिनका पूर्वानुमान हममें से कोई नहीं लगा सका और...'

'देखो मॉन्टेरो, इस पद पर आने के लिए अपना प्रचार करते समय मैंने जनता से वादा किया था कि मैं कार की शक्ल में आनेवाले 10 हज़ार डॉलर के बमों को और लोगों की मौत का कारण बननेवाले हत्यारे हेयर ड्रायर्स का अस्तित्व मिटा दूँगा। और इन नियमों ने ठीक ऐसा ही किया है।

'आपकी कंपनी ने अपनी स्ट्रिक्ट लायबिलिटी पॉलिसीज़ के जरिए पिछले साल 50 मिलियन डॉलर का मुनाफा कमाया है। आप मुझे बेवकूफ समझती हैं, जो यहाँ आकर अनुचित नियम-कायदों और अप्रत्याशित परिणामों का रोना रो रही हैं? अब मैं आपसे इसके बारे में एक शब्द भी नहीं सुनना चाहता। आप जा सकती हैं मिस मॉन्टेरो, गुड डे।'

तो अब क्या? क्या बीमा कंपनी की वकील अब भी डटी रहेगी और कमिश्नर

को गुस्सा दिलाएगी, जिससे संभवत: कोई हल नहीं निकलेगा? उसकी कंपनी इस राज्य में काफी व्यापार करती है। ऐसे में उसके लिए कमिश्नर के साथ अच्छे संबंध बनाकर रखना ज़रूरी है। तो क्या उसे इस मामले को और आगे नहीं बढ़ाना चाहिए, भले ही वह इस बात को लेकर आश्वस्त हो कि ये नियम-कायदे अनुचित हैं और पूरी संभावना है कि इनके दूरगामी प्रभाव जनता के हित में नहीं होंगे और कोई भी विशेषज्ञ सुनवाईयों के दौरान इससे पैदा होनेवाली समस्याओं का पूर्वानुमान लगाने में सफल नहीं रहा?

इन दोनों मामलों में वास्तव में क्या हो रहा है?

सौदेबाज़ सबसे पहले इंसान होते हैं

सौदेबाज़ी के बारे में एक बुनियादी तथ्य - ये है कि आपका सामना दूसरे पक्ष के अमूर्त प्रतिनिधियों के साथ नहीं हो रहा है बल्कि जीते-जागते इंसानों के साथ हो रहा है। इस तथ्य को कॉरपोरेट और अंतर्राष्ट्रीय लेनदेन के दौरान भुला देना काफी आम है। उनकी अपनी भावनाएँ हैं, अलग-अलग पृष्ठभूमियाँ व दृष्टिकोण हैं और ऐसे मूल्य हैं, जिन पर वे गहन विश्वास करते हैं; उनके स्वभाव के बारे में कोई पूर्वानुमान नहीं लगाया जा सकता। आप खुद भी ठीक उनके जैसे ही हैं।

सौदेबाज़ी का ये मानवीय पहलू या तो मददगार साबित हो सकता है या फिर विनाशकारी। आपस में सहमति बनाने की प्रक्रिया द्वारा पारस्परिक रूप से संतोषजनक परिणाम हासिल करने के प्रति एक मनोवैज्ञानिक प्रतिबद्धता बन सकती है। एक ऐसा व्यावसायिक संबंध - जिसमें समय के साथ आपसी विश्वास, समझ, सम्मान और दोस्ती प्रगाढ़ हुई हो - हर सौदेबाज़ी को कहीं अधिक आसान और कुशल बनाया सकता है। अपने बारे में अच्छा महसूस करने की लोगों की इच्छा व यह चिंता कि अन्य लोग उनके बारे में क्या सोचेंगे, उन्हें सामनेवाले सौदेबाज़ के हितों के प्रति अक्सर और अधिक संवेदनशील बना देती है।

दूसरी ओर कभी-कभी लोग गुस्सा, उदास, भयभीत, शत्रुतापूर्ण, निराश और आहत हो जाते हैं। उनके अहं को चोट पहुँचाना बड़ा आसान होता है। वे दुनिया को अपने व्यक्तिगत दृष्टिकोण से देखते हैं और अपनी धारणाओं को अक्सर वास्तविकता समझ बैठते हैं। आप जो भी कहते हैं, उसके पीछे के इरादों को वे हमेशा गलत समझ लेते हैं। साथ ही उनकी बातों का अक्सर वह मतलब नहीं होता, जो आप समझ लेते हैं। ऐसी गलतफहमी पूर्वाग्रहों को मजबूत कर सकती

है और ऐसी प्रतिक्रियाओं को जन्म दे सकती है, जिनके बदले में भी वैसी ही प्रतिक्रियाएँ सामने आती हैं। इस तरह प्रतिक्रियाओं का एक दुश्चक्र शुरू हो जाता है; फिर तर्कसंगत ढंग से संभावित समाधान ढूँढ़ना असंभव हो जाता है और अंततः सौदेबाज़ी विफल हो जाती है। ऐसे में इस खेल का उद्देश्य बन जाता है, अपना स्कोर बढ़ाना, नकारात्मक धारणाओं की पुष्टि करना और दोनों पक्षों के वास्तविक हितों की कीमत पर एक-दूसरे पर दोषारोपण करना।

चूँकि हम इंसानों का झुकाव इंसानी प्रतिक्रियाएँ देने की ओर होता है, ऐसे में दूसरों के साथ संवेदनशील ढंग से निपटने में विफल रहना सौदेबाज़ी के लिए विनाशकारी हो सकता है। किसी सौदेबाज़ी के दौरान आप चाहे जो भी कर रहे हों – शुरुआती तैयारी से लेकर फॉलो-अप तक – खुद से ये सवाल पूछना तो बनता है कि 'क्या मैं लोगों की समस्या पर पर्याप्त ध्यान दे रहा हूँ?'

हर सौदेबाज़ के हित दो चीज़ों से जुड़े होते हैं : मूल सार से और दूसरे पक्ष के साथ उसके संबंधों से

हर सौदेबाज़ ऐसी आपसी सहमति बनाना चाहता है, जिससे वह अपने मूल हित साध सके। इसीलिए तो व्यक्ति सौदेबाज़ी करता है। इसके अलावा एक सौदेबाज़ के हित दूसरे पक्ष के साथ उसके संबंधों से भी जुड़े होते हैं। एंटीक सामान बेचनेवाले के हित भी दो चीज़ों से जुड़े होते हैं: ग्राहक से लाभ कमाने से और उससे ऐसे संबंध बनाने से कि वह उसका नियमित ग्राहक बन जाए। एक सौदेबाज़ कम से कम ऐसा व्यावसायिक संबंध तो बनाकर रखना चाहता ही है कि पारस्परिक हितों को पूरा करनेवाली एक आपसी सहमति बन सके। आमतौर पर बहुत कुछ दांव पर लगा होता है। अधिकांश सौदेबाजियाँ किसी ऐसे वर्तमान संबंध के संदर्भ में ही संभव होती हैं, जहाँ हर सौदेबाज़ी से संबंध और मजबूत हों, बजाय भविष्य के संबंधों और सौदेबाज़ी को नुकसान पहुँचाने के। वास्तव में कई दीर्घकालिक ग्राहकों, व्यावसायिक भागीदारों, परिवार के सदस्यों, पेशेवर साथियों, सरकारी अधिकारियों और दूसरे देशों के साथ वर्तमान संबंध बनाकर रखना किसी भी सौदेबाज़ी के परिणामों से कहीं अधिक महत्वपूर्ण होता है।

आपसी संबंध अक्सर समस्या के साथ उलझकर रह जाते हैं

सौदेबाज़ी में 'लोगों की समस्या' का एक मुख्य परिणाम अक्सर ये होता है कि दोनों पक्षों के संबंध मूल सार पर होनेवाली चर्चा में उलझकर रह जाते हैं। हम

अक्सर लोगों और समस्याओं को एक ही इकाई के रूप में देखते हैं और उनसे वैसा ही व्यवहार करते हैं। 'ये रसोई कचराघर बन चुकी है' या 'बैंक अकाउंट खाली होनेवाला है', परिवार के अंदर ऐसे किसी कथन का उद्देश्य सिर्फ समस्या की पहचान करना भी हो सकता है, लेकिन संभव है कि इसे व्यक्तिगत हमले की तरह लिया जाए। अगर किसी स्थिति को लेकर आपके अंदर गुस्सा भरा हुआ है, तो हो सकता है कि आप उस गुस्से को किसी ऐसे इंसान पर निकाल दें, जिसे आप अपने मन में उस स्थिति से जोड़कर देखते हैं। व्यक्ति का अहं अक्सर मूल पोजिशंस के साथ जुड़ जाता है।

मूल मुद्दों के साथ मनोवैज्ञानिक मुद्दों के उलझने के पीछे एक और कारण ये है कि लोग मूल विषय पर दूसरे पक्ष की टिप्पणी को हस्तक्षेप की तरह देखते हैं। फिर वे अपने बारे में दूसरे पक्ष के दृष्टिकोण और इरादों पर शक करने लगते हैं। अगर हम सावधान न रहें, तो यह प्रक्रिया करीब-करीब स्वचालित ढंग से होती है; हम इस बात से लगभग अनभिज्ञ ही रहते हैं कि इस मामले का कोई और स्पष्टीकरण भी हो सकता है। इसीलिए यूनियन की हड़तालवाले मामले में जोन्स ने ये सोच लिया कि फोरमैन कैंपबेल उसे परेशान कर रहा है, जबकि कैंपबेल को लगा कि जोन्स को अतिरिक्त जिम्मेदारी देकर वह दरअसल उसकी योग्यता को मान्यता दे रहा है।

पोजिशन संबंधी मोलभाव संबंधों और मूल सार के बीच टकराव पैदा करता है

सौदेबाज़ी को, अपनी-अपनी पोजिशंस पर अड़े रहने की प्रतिस्पर्धा के रूप में लेने से ये पूरी ही प्रक्रिया उलझकर रह जाती है। मैं आपकी पोजिशन को इस बात की अभिव्यक्ति के रूप में देखता हूँ कि आप इस सौदेबाज़ी को किस प्रकार पूरा करना चाहेंगे; मेरे दृष्टिकोण से देखने पर ऐसा लगता है कि आपको हमारे संबंधों की कोई फिक्र ही नहीं है। अगर मैं एक ऐसी दृढ़ पोजिशन ले लूँ, जो आपके अनुसार अनुचित हो, तो आप मान लेंगे कि मैं भी उसे एक चरम पोजिशन के रूप में देखता हूँ; इससे आप स्वत: ही ये निष्कर्ष निकाल लेंगे कि मेरे लिए आप या हमारे संबंध ज़्यादा मायने नहीं रखते।

पोजिशन संबंधी मोलभाव, सौदबाज़ के दोनों प्रकार के हितों - मूल सार और अच्छे आपसी संबंधों - से जुड़ा होता है और एक के बदले दूसरे हितों को साधता है। जैसे अगर बीमा कमिश्नर के साथ संबंध बनाकर रखना आपकी कंपनी

के लिए दीर्घकालिक रूप से अधिक मायने रखता है, तो संभवत: आप इस मामले को ज्यादा बढ़ाएँगे नहीं और बात को यहीं खत्म कर देंगे। या फिर अगर आपको दूसरे पक्ष से सम्मान पाने या पसंद किए जाने से ज़्यादा परवाह, अपने लिए अनुकूल परिणाम हासिल करने में होगी, तो आप संबंधों के बदले मूल चीज़ पाने का प्रयास कर सकते हैं। 'अगर अब भी तुमने मेरी बात नहीं मानी, तो फिर देख लेना! ये हमारी आखिरी मुलाकात होगी।' फिर भी हो सकता है कि मूल चीज़ को छोड़ देने के बदले आपको दूसरे पक्ष की दोस्ती न मिले; संभवत: आपके मूल सार छोड़ने से दूसरे पक्ष को यही लगेगा कि आपका फायदा उठाया जा सकता है।

संबंधों को मूल सार से अलग रखें : 'लोगों की समस्या' से सीधे निपटें

अगर दोनों पक्ष प्रतिबद्ध हों और सौदेबाज़ी से परे एक-दूसरे को उनकी उचित खूबियों के आधार पर देखने के लिए मनोवैज्ञानिक रूप से तैयार हों, तो ये ज़रूरी नहीं है कि मूल समस्या से निपटना और अच्छे कामकाजी संबंध बनाए रखना, दोनों परस्पर विरोधी लक्ष्य हों। स्पष्ट संवाद, सही धारणाओं, उपयुक्त भावनाओं और एक दूरदर्शी व उद्‌देशीय दृष्टिकोण को दोनों पक्षों के बीच के संबंधों का आधार बनाएँ। 'लोगों की समस्याओं' को महत्वपूर्ण रियायतें देकर सुलझाने की कोशिश न करें बल्कि उनसे सीधे तौर पर निपटें।

मनोवैज्ञानिक समस्याओं से निपटने के लिए मनोवैज्ञानिक तकनीकों का उपयोग करें। अगर कुछ गलत धारणाएँ बन गई हैं, तो अपनी जानकारी व समझ बढ़ाने के तरीके खोजें। अगर भावनाएँ प्रबल हों, तो मामले से जुड़े हर व्यक्ति के गुस्से को अभिव्यक्ति देकर उन्हें शांत महसूस कराने के तरीके ढूँढ़ें। जहाँ गलतफहमियाँ पैदा हों, वहाँ आपसी संवाद को बेहतर बनाने की कोशिश करें।

'लोगों की समस्याओं' के बीच से अपना रास्ता निकालने के लिए तीन श्रेणियों के संदर्भ में सोचना आपके लिए उपयोगी साबित होगा: धारणा, भावना और संवाद। लोगों की विभिन्न समस्याएँ इन्हीं तीन श्रेणियों में आती हैं।

सौदेबाज़ी में ये भूल जाना आम है कि आपको न सिर्फ दूसरे पक्ष की 'लोगों की समस्याओं' से निपटना है बल्कि अपनी समस्याओं से भी निपटना है। हो सकता है कि आपका गुस्सा या निराशा किसी ऐसी सहमति या समझौते के रास्ते का रोड़ा बन जाए, जो आपके लिए लाभप्रद है। इस बात की संभावना ज़्यादा है कि आपकी धारणाएँ एकतरफा होंगी और हो सकता है कि आप पर्याप्त संवाद न कर रहे हों

और सामनेवाले की बात ठीक से न सुन रहे हों। आगे जो तकनीकें बताई जा रही हैं, वे आपकी 'लोगों की समस्याओं' और दूसरे पक्ष की समस्याओं, दोनों पर ही अच्छी तरह लागू होती हैं।

धारणा

दूसरे पक्ष की सोच को समझने से आपको अपनी समस्या सुलझाने में मदद नहीं मिलेगी। दरअसल उनकी सोच ही तो असली समस्या है। चाहे आप कोई सौदा कर रहे हों या फिर कोई विवाद सुलझा रहे हों, मतभेदों का अर्थ है, आपकी और दूसरे पक्ष की सोच में अंतर। जब दो लोग झगड़ते हैं, तो वे आमतौर पर किसी चीज़ के लिए झगड़ रहे होते हैं – हो सकता है कि वे दोनों किसी घड़ी पर अपना दावा कर रहे हों – या फिर किसी घटना पर – हो सकता है कि वे किसी सड़क दुर्घटना के लिए एक-दूसरे को दोषी ठहरा रहे हों। लोगों की तरह ही ठीक यही बात देशों पर भी लागू होती है। मोरक्को और अल्जीरिया अक्सर पश्चिमी सहारा के एक हिस्से को लेकर झगड़ते रहते हैं। भारत और पाकिस्तान के बीच इस बात को लेकर झगड़ा लगा रहता है कि दोनों देश परमाणु हथियार विकसित कर रहे हैं। इन हालातों में लोग ये मान लेते हैं कि दरअसल उन्हें सचमुच किसी चीज़ के बारे में और ज़्यादा जानने की जरूरत है, तो वह है वो चीज़ या घटना, जिसे लेकर उनका झगड़ा चल रहा है। वे उस घड़ी का गहन अवलोकन करेंगे या फिर जिस सड़क पर दुर्घटना घटी है, वहाँ टायरों के निशान का अवलोकन करेंगे। वे पश्चिमी सहारा के बारे में जानकारी जुटाएँगे या भारत और पाकिस्तान में परमाणु हथियारों के विकास का विस्तृत इतिहास खंगाल डालेंगे।

हालाँकि टकराव का अस्तित्व वस्तुनिष्ठ वास्तविकता में नहीं बल्कि सिर्फ लोगों के दिमाग में होता है। सच कुछ और नहीं बल्कि एक अतिरिक्त तर्क मात्र है, जो शायद एक अच्छा तर्क होता है और संभवत: वह मतभेदों से निपटने के लिए नहीं होता। मतभेद भी इसलिए होते हैं क्योंकि सोच में अंतर होता है। इसी तरह डर, भले ही निराधार हो पर उसका अपना एक अस्तित्व होता है और उससे निपटना ज़रूरी होता है। इसी तरह अपेक्षाएँ भले ही अवास्तविक हो, पर वे युद्ध का कारण बन सकती हैं। इसी तरह तथ्य, जो भले ही पहले से स्थापित हों, वे शायद समस्या को हल करने के काम न आ सकें। दोनों पक्ष इस बात से सहमत हो सकते हैं कि एक पक्ष ने घड़ी खो दी और दूसरे पक्ष को मिल गई, लेकिन फिर भी

वे इस बात पर असहमत हो सकते हैं कि अंतत: वह घड़ी किसे मिलनी चाहिए। हो सकता है कि आखिरकार यह स्पष्ट हो जाए कि सड़क दुर्घटना टायर के फटने से हुई थी, जो कि 31,402 मील चल चुका था, पर फिर भी दोनों पक्ष इस बात को लेकर असहमत हो सकते हैं कि इससे हुए नुकसान की भरपाई कौन करेगा। भले ही पश्चिमी सहारा के विस्तृत इतिहास और भूगोल का अध्ययन व प्रलेखन कितनी भी गहनता से किया जाए, लेकिन इससे मोरक्को और अल्जीरिया के बीच चल रहा क्षेत्र संबंधी विवाद खत्म नहीं होनेवाला। इसी तरह किसने कौन सा परमाणु हथियार कब विकसित किया, इस बारे में किया गया कोई भी अध्ययन भारत और पाकिस्तान के बीच का टकराव खत्म नहीं कर सकता।

वस्तुनिष्ठ वास्तविकता का पता लगाना भले ही कितना भी उपयोगी हो पर अंतत: हर पक्ष के लिए वास्तविकता सिर्फ वही होती है, जो उसे नज़र आ रही है। इसी से सौदेबाज़ी में समस्या भी खड़ी होती है और इसी से समाधान का रास्ता भी खुलता है।

खुद को उनकी जगह रखकर देखें

दुनिया आपको कैसी नज़र आती है, ये इस बात पर निर्भर होता है कि आप दुनिया को किस बिंदु से देख रहे हैं। लोग अक्सर सिर्फ वही देख पाते हैं, जो वे देखना चाहते हैं। लोगों की प्रवृत्ति ऐसी है कि वे सूचनाओं के विस्तृत संग्रह में से सिर्फ उन्हीं तथ्यों का चुनाव करते हैं और सिर्फ उन्हीं पर ध्यान केंद्रित करते हैं, जो उनकी पूर्वधारणाओं की पुष्टि करते हों। जबकि जो तथ्य उनकी पूर्वधारणाओं पर सवाल उठाते हैं, उनकी वे अवहेलना कर देते हैं या उन्हें गलत समझ लेते हैं। एक सौदेबाज़ी में हर पक्ष को अपनी ओर सिर्फ खूबियाँ दिखाई पड़ती हैं और दूसरे पक्ष की ओर सिर्फ दोष।

किसी सौदेबाज़ के लिए सबसे महत्वपूर्ण हुनर है, स्थिति को वैसे देखने की क्षमता, जैसे दूसरा पक्ष देखता है – भले ही ऐसा करना कितना भी मुश्किल हो। सिर्फ ये जानना ही काफी नहीं है, दूसरा पक्ष चीज़ों को अलग नजरिए से देखता है। अगर आप उन्हें प्रभावित करना चाहते हैं, तो आपको उनके दृष्टिकोण की शक्ति को सहानुभूतिपूर्वक समझना होगा और साथ ही वह भावनात्मक प्रबलता भी महसूस करनी होगी, जिससे वे उसे महसूस करते हैं। जिस तरह माइक्रोस्कोप में देखकर कीट-पतंगों का अध्ययन किया जाता है, उस तरह दूसरे पक्ष का बारीक अध्ययन

करना ही काफी नहीं है बल्कि आपको यह भी पता होना चाहिए कि कीट-पतंगों को कैसा महसूस होता है। तो उनके विचारों को 'आज़माते' समय आपको खुद को उनका आंकलन करने से रोकना होगा। हो सकता है कि वे भी अपने विचारों को उतनी ही प्रबलता से 'सही' मानते हों, जितनी प्रबलता से आप अपने विचारों को सही मानते हैं। जैसे हो सकता है कि टेबल पर रखे पानी के गिलास को आप एक आधे भरे हुए गिलास की तरह देखेंगे। जबकि आपका जीवनसाथी शायद उसे एक ऐसे गंदे और आधे खाली गिलास की तरह देखे, जो टेबल पर गिरकर उस पर रखी अन्य वस्तुओं को खराब कर सकता है।

अब ज़रा मकान की लीज रीन्यू कराने के लिए एक किराएदार और मकान मालकिन के बीच हो रही सौदेबाज़ी में दोनों की परस्पर विपरीत धारणाओं पर विचार करें।

किराएदार की धारणाएँ	**मकान मालकिन की धारणाएँ**
किराया पहले से ही बहुत ज़्यादा है।	किराए में लंबे समय से कोई बढ़ोत्तरी नहीं हुई।
महँगाई के चलते हर चीज़ के दाम आसमान छू रहे हैं। ऐसे में मकान के किराए पर और खर्च नहीं कर सकता।	महँगाई के चलते हर चीज़ के दाम आसमान छू रहे हैं। ऐसे में किराए से होनेवाली मेरी आमदनी भी बढ़नी चाहिए।
मकान की दीवारों पर पेंट करने की ज़रूरत है।	किराएदार ने मकान की हालत बिगाड़ दी है।
मेरे कई परिचित ऐसे ही मकान का कम किराया दे रहे हैं।	मेरे कई परिचित ऐसे ही मकान का ज्यादा किराया दे रहे हैं।
मेरे जैसे युवा लोग इतना अधिक किराया देने में सक्षम नहीं हैं।	इसके जैसे युवा किराएदार अक्सर बहुत शोर करते हैं और मकान का सही रखरखाव भी नहीं करते।
किराया कम होना चाहिए क्योंकि आस-पड़ोस का इलाका बड़ा ही मामूली है।	आस-पड़ोस का इलाका बेहतर बनाने के लिए हम मकान मालिकों को ज़्यादा किराया वसूलना चाहिए।
मैं एक अच्छा किराएदार हूँ क्योंकि मैं कोई पालतू कुत्ते या बिल्लियाँ नहीं रखता।	इसके हाई-फाई म्यूजिक सिस्टम की तेज आवाज से मैं तंग आ चुकी हूँ।

मकान मालकिन जब भी किराया माँगती है, मैं बिना देर किए फौरन दे देता हूँ।	मैं जब तक इससे नहीं माँगती, तब तक इसकी जेब से किराया नहीं निकलता।
मकान मालकिन बड़े रूखे स्वभाव की है। कभी मेरी अच्छी-भलाई तक नहीं पूछती।	मैं एक विचारशील महिला हूँ और किराएदार की निजी जिंदगी में कोई दखल नहीं देती।

उनका दृष्टिकोण समझना और उससे सहमत होना, दो अलग-अलग चीज़ें हैं। ये भी सच है कि अगर आप उनकी सोच को अच्छी तरह समझते हैं, तो शायद स्थिति की महत्ता को लेकर आप खुद अपने विचार बदल लेंगे। लेकिन ये उनके दृष्टिकोण को समझने की कीमत चुकाना नहीं है बल्कि एक किस्म का लाभ ही है। इससे आपके बीच टकराव की संभावना कम हो जाती है और साथ ही आपको अपने वे हित साधने में मदद भी मिलती है, जिनके बारे में आप हाल ही में जागरूक हुए हैं।

अपने डरों के आधार पर उनके इरादों का अनुमान न लगाएँ। लोग अक्सर ये धारणा बना लेते हैं कि वे जिस चीज़ से घबराते या डरते हैं, दूसरा पक्ष वही करने का इरादा रखता है। न्यू यॉर्क टाइम्स की इस खबर को ही ले लीजिए: 'एक लड़के और लड़की की मुलाकात किसी बार में हुई। लड़के ने लड़की को उसके घर तक छोड़ने का प्रस्ताव दिया। वह लड़की को एक सुनसान रास्ते से ले गया और बोला कि ये शॉर्टकट है। फिर उसने लड़की को इतनी जल्दी उसके घर पहुँचा दिया कि तब तक रात का दस भी नहीं बजा था।' इस खबर का अंत थोड़ा आश्चर्यजनक है? पर क्यों? क्योंकि हमने अपने डर के आधार पर लड़के के बारे में पहले से ही एक धारणा बना ली।

दूसरा पक्ष जो भी कहता या करता है, उसका सबसे बदतर अर्थ निकालने के चक्कर में पड़ जाना बहुत आम है। ऐसा कोई संदिग्ध अर्थ निकालने के पीछे व्यक्ति की अपनी धारणाएँ जिम्मेदार होती हैं। इसके अलावा ऐसा करना 'सुरक्षित' भी लगता है और इससे अन्य लोगों के सामने ये दर्शाने में मदद मिलती है कि दूसरा पक्ष वास्तव में कितना बुरा है। लेकिन दूसरे पक्ष की बातों या कार्यों का सबसे बदतर अर्थ निकालने के चलते, आप उन नए विचारों को ठुकरा देते हैं, जो दोनों पक्षों को आपसी सहमति की दिशा में ले जा सकते हैं। और इस तरह पोजिशन में आए सूक्ष्म बदलावों को अनदेखा या अस्वीकृत कर दिया जाता है।

अपनी समस्या के लिए उन्हें दोष न दें। अपनी समस्या के लिए दूसरे पक्ष को जिम्मेदार ठहराने का विचार बड़ा लुभावना होता है। 'आपकी कंपनी भरोसे के लायक नहीं है। हर बार जब आप हमारी फैक्ट्री के रोटरी जनरेटर की सर्विस करते हैं, तो इतनी बुरी तरह करते हैं कि वह फिर से बंद पड़ जाता है।' दोषारोपण करना बहुत आसान होता है, खासकर जब आपको ऐसा लगता हो कि दूसरा पक्ष उसके लिए निश्चित रूप से जिम्मेदार है। लेकिन भले ही सामनेवाले की गलती हो और आपका उसे दोषी ठहराना उचित हो, लेकिन ऐसा करने पर अक्सर उल्टे परिणाम ही हाथ लगते हैं। जब आप दूसरे पक्ष पर हमला बोलेंगे, तो वह रक्षात्मक हो जाएगा। फिर आप जो भी कहेंगे, वह उसका विरोध करेगा। वह आपकी बात सुनना बंद कर देगा या फिर खुद ही आप पर हमला बोलने लगेगा। याद रखें कि दोष देने से कोई लाभ नहीं होता। बल्कि इससे लोग अपनी समस्याओं में और ज़्यादा उलझ जाते हैं।

इसलिए जब भी समस्या के बारे में बात करें, तो उसके लक्षणों को उस व्यक्ति से अलग रखें, जिससे आप बात कर रहे हैं। 'आपने हमारे जिस रोटरी जनरेटर की सर्विस की थी वह फिर से बंद पड़ गया है। पिछले एक महीने में तीसरी बार ऐसा हुआ है। पहली बार तो ये पूरा एक हफ्ता खराब पड़ा रहा। देखिए, हमारी फैक्ट्री का काम बिना रोटरी जनरेटर के नहीं चल सकता। अब आप ही बताइए कि हम इसके बार-बार खराब होने का जोखिम कैसे कम करें? क्या हमें इस सर्विस कंपनी को छोड़कर किसी दूसरी कंपनी की सेवाएँ लेनी चाहिए या निर्माता कंपनी पर मुकदमा करना चाहिए या फिर कुछ और करना चाहिए?'

एक-दूसरे की धारणाओं पर चर्चा करें

एक-दूसरे की अलग-अलग धारणाओं से निपटने का एक तरीका है, उन्हें दूसरे पक्ष के सामने स्पष्ट करके उन पर चर्चा करना। जब समस्या के लिए एक-दूसरे पर दोषारोपण किए बिना स्पष्ट और ईमानदार ढंग से ऐसा किया जाता है, तो ये चर्चा दोनों पक्षों को वह समझ प्रदान कर सकती है, जो एक-दूसरे की बात को गंभीरता से लेने के लिए जरूरी है।

सौदेबाज़ी में दूसरे पक्ष की उन चिंताओं को महत्वहीन मान लेना एक आम बात है, जिन्हें आपसी सहमति के रास्ते में बाधा के रूप में नहीं देखा जाता। इसके विपरीत आप जो कहना चाहते हैं और दूसरा पक्ष जो सुनना चाहता है, उन चीज़ों

के बारे में स्पष्ट और ऊँचे स्वर में प्रभावी संवाद करना, एक सौदेबाज़ के रूप में आपका सर्वोत्तम निवेश साबित हो सकता है।

अब लॉ ऑफ द सी कॉन्फ्रेंस में प्रौद्योगिकी के आदान-प्रदान से जुड़ी सौदेबाज़ी को ही लें। समुद्र में मछली पकड़ने के अधिकार से लेकर गहरे पानी में मैग्नीज के खनन तक से जुड़े नियमों का खाका तैयार करने के लिए सन 1974 से 1981 तक 150 देशों के प्रतिनिधि न्यू यॉर्क और जिनेवा में इकट्ठे हुए। यहाँ विकासशील देशों के प्रतिनिधियों ने प्रौद्योगिकी के आदान-प्रदान में गहरी दिलचस्पी दिखाई; वे समंदर की गहराई में खनन करने के लिए औद्योगिक रूप से विकसित देशों का तकनीकी ज्ञान और उपकरण प्राप्त करना चाहते थे।

अमेरिका और अन्य देशों को उनकी ये इच्छा पूरी करने में कोई कठिनाई नज़र नहीं आई और इसलिए उन्होंने प्रौद्योगिकी के आदान-प्रदान के मसले को ही महत्वहीन मान लिया। हालाँकि ये एक तरह से उनके लिए महत्वहीन ही था, लेकिन इस पूरे मसले को ही एक महत्वहीन मसले की तरह देखना उनकी एक बड़ी भूल थी। इस आदान-प्रदान के लिए जरूरी व्यावहारिक इंतजाम करने का पर्याप्त समय देकर वे विकासशील देशों के लिए अपने प्रस्ताव को कहीं अधिक विश्वसनीय और आकर्षक बना सकते थे। पर उन्होंने इसे महत्वहीन मानकर सोच लिया कि वे इससे बाद में निपटेंगे। लेकिन ऐसा करके विकसित देशों ने विकासशील देशों को एक प्रभावशाली उपलब्धि हासिल करने का अवसर देने और अन्य मामलों में आपसी सहमति तक पहुँचने का लाभ प्राप्त करने का एक आसान मौका गँवा दिया।

उनकी धारणाओं के साथ असंगत रूप से पेश आने के अवसर तलाशें

शायद उनकी धारणाओं को बदलने का सबसे अच्छा तरीका ये है कि उन्हें उनकी अपेक्षा से अलग संदेश दिया जाए। नवंबर 1977 में मिस्र के राष्ट्रपति अनवर अल-सादत की यरुशलम यात्रा इस कार्य का एक उत्कृष्ट उदाहरण प्रस्तुत करती है। इजराइली लोग सादत और मिस्र को अपने दुश्मन की तरह देखते थे क्योंकि चार साल पहले सादत की अगुवाई में ही मिस्र ने उन पर अचानक हमला कर दिया था। इस धारणा को बदलने के लिए और इजराइली लोगों को ये विश्वास दिलाने के लिए कि वे भी शांति चाहते हैं, सादत अपने दुश्मनों की राजधानी आए थे, जो दरअसल एक विवादित राजधानी थी, जिसे इजराइल के सबसे अच्छे दोस्त अमेरिका तक ने मान्यता नहीं दी थी। एक दुश्मन की तरह बर्ताव करने के बजाय सादत ने एक

साझेदार जैसा बर्ताव किया। उनके इस नाटकीय कदम के बिना मिस्र-इजराइल शांति संधि पर हस्ताक्षर होने की कल्पना करना भी मुश्किल है।

प्रक्रिया में उनकी भागीदारी सुनिश्चित कर उन्हें परिणाम का हिस्सेदार बना दें

सीधी सी बात है कि अगर दूसरा पक्ष प्रक्रिया में शामिल ही नहीं है, तो वह शायद ही उससे निकले परिणाम को अपनी मंजूरी दे। जैसे आप एक लंबी जाँच के बाद राज्य बीमा कमिश्नर से बहस और वाद-विवाद करने के लिए उसके पास जाते हैं और वह इसे एक धमकी की तरह लेता है व आपके निष्कर्षों को मानने से इंकार कर देता है, तो फिर आपको हैरानी नहीं होनी चाहिए। अगर आप अपने कर्मचारी को एक जिम्मेदारी भरा काम सौंपने से पहले उससे ये पूछने में विफल रहते हैं कि उसे ये जिम्मेदारी अपने कंधों पर लेनी है या नहीं, तो फिर उसकी नाराजगी पर हैरान न हों। अगर आप चाहते हैं कि दूसरा पक्ष एक अप्रिय निष्कर्ष को स्वीकार कर ले, तो ये जरूरी है कि आप उसे उस निष्कर्ष पर पहुँचने की प्रक्रिया में शामिल करें।

और यही वह चीज़ है, जो लोग अक्सर नहीं करते। जब किसी कठिन मुद्दे से निपटना हो, तो लोगों की आदत होती है कि वे उसके सबसे मुश्किल पहलू को सबसे अंत में संभालने के लिए छोड़ देते हैं। 'कमिश्नर से संपर्क करने से पहले हमें सुनिश्चित कर लेना चाहिए कि हमने इस पूरे मामले को अच्छी तरह जाँच-परख और समझ लिया है।' जब कमिश्नर को ये लगेगा कि नियमों के संशोधन का मसौदा तैयार करने में उसकी भी सक्रिय भूमिका रही है, तो संशोधन के लिए राज़ी होने की उसकी संभावना बढ़ जाएगी। क्योंकि इस तरह ये संशोधन, नियमों को अंतिम रूप देने की उस लंबी प्रक्रिया का एक छोटा का कदम मात्र बन जाएगा, जो उसके मूल नियमों को लागू करेगा, न कि उसके नियमों को धारहीन और कमजोर बनाएगा।

दक्षिण अफ्रीका में एक समय पर श्वेत नरमपंथी उन भेदभावपूर्ण कानूनों को समाप्त करने की कोशिश कर रहे थे, जो काले लोगों के खिलाफ बनाए गए थे। पर कैसे? संबंधित प्रस्तावों पर चर्चा करने के लिए एक ऐसी संसदीय समिति की बैठक करके, जिसके सदस्यों में एक भी काला व्यक्ति नहीं था बल्कि सिर्फ श्वेत लोग थे। ये सारे प्रस्ताव चाहे जितने सराहनीय रहे हों, लेकिन वे अपर्याप्त साबित होनेवाले थे। इसलिए नहीं क्योंकि उनके मूल सार में कोई समस्या थी बल्कि इसलिए क्योंकि वे एक ऐसी प्रक्रिया का परिणाम थे, जिसमें एक भी काला व्यक्ति शामिल नहीं था। इसके चलते काले लोगों को लगा, मानो श्वेत लोग उनसे कह रहे हों कि 'हम

श्वेत लोग, जो तुमसे श्रेष्ठ हैं, यह पता लगाएँगे कि तुम लोगों की समस्याओं का समाधान कैसे किया जाए।' यानी ये एक बार फिर 'व्हाइट मैन्स बर्डन'[1] का मामला हो जाता, जो कि वास्तव में समस्या की जड़ था।

दो पक्षों के बीच बनी आपसी सहमति की शर्तें भले ही अनुकूल हों, पर दूसरा पक्ष उन्हें केवल इसलिए खारिज कर सकता है क्योंकि वह उनका मसौदा तैयार करने की प्रक्रिया में शामिल नहीं था इसलिए वह उन्हें संदेह की नज़र से देखेगा। जब दोनों पक्षों को ये लगता है कि मामले के मूल विचार उनके अपने हैं, तो आपसी सहमति बनाना आसान हो जाता है। जब हर पक्ष समाधान खोजने की दिशा में आगे बढ़ते हुए उस पर थोड़ा-थोड़ा करके अपनी मुहर लगाता जाता है, तो सौदेबाज़ी की पूरी प्रक्रिया और मजबूत हो जाती है। शर्तों की हर आलोचना व उनके बाद होनेवाला बदलाव और हर रियायत, सौदेबाज़ द्वारा प्रस्ताव पर छोड़ी गई व्यक्तिगत छाप जैसी होती है। दोनों पक्षों के पर्याप्त सुझावों को शामिल करने से प्रस्ताव बेहतर होता है और साथ ही दोनों को ही ये महसूस होने लगता है कि वह उनका अपना प्रस्ताव है।

दूसरे पक्ष को जोड़ने के लिए उन्हें जल्द ही प्रक्रिया में शामिल करें। उनसे सलाह लें। जब भी संभव हो, उन्हें उदारतापूर्वक श्रेय दें, जिससे उन्हें महसूस होगा कि इसमें उनकी व्यक्तिगत हिस्सेदारी है, फिर वे उन विचारों का बचाव करने के लिए हमेशा तैयार रहेंगे। उन विचारों के लिए खुद श्रेय लेने के लोभ से बचना भले ही आपके लिए ज़रा मुश्किल हो, लेकिन ऐसे में धैर्य रखना और सहिष्णुता दिखाना बहुत फायदेमंद सिद्ध होता है। मूल खूबियों या महत्ता के अलावा प्रक्रिया में भागीदारी होने की भावना संभवत: वह सबसे महत्वपूर्ण कारक है, जो ये निर्धारित करता है कि सौदेबाज़ किसी प्रस्ताव को स्वीकार करेगा या नहीं। एक तरह से देखें, तो प्रक्रिया ही उत्पाद है।

फेस-सेविंग (इज्ज़त बचाना): अपने प्रस्तावों को उनके मूल्यों के अनुरूप बनाएँ

अंग्रेजी भाषा में फेस-सेविंग ज़रा अपमानजनक शब्द है। लोग कहते हैं कि 'हम सिर्फ इसलिए ऐसा कर रहे हैं ताकि वे अपनी इज्ज़त बचा सकें।' ऐसा कहकर वे यह जता रहे होते हैं कि सामनेवाले को बुरा महसूस कराने से बचने के लिए थोड़ा ढोंग किया जा रहा है। इस बात में उपहास का पुट है।

---

[1] श्वेत व्यक्ति का बोझ - यूरोपीय उपनिवेशों के काले निवासियों पर पश्चिमी संस्कृति थोपने का कार्य, जिसे श्वेत उपनिवेशवादी अपनी जिम्मेदारी मानते थे।

यह भूमिका और इज़्ज़त बचाने के महत्त्व को लेकर एक बड़ी गलतफहमी है। सौदेबाज़ी में व्यक्ति ने जो स्टैंड लिया, इज़्ज़त बचाना दरअसल उससे सामंजस्य स्थापित करने या अपने सिद्धांतों, अतीत के शब्दों व कर्मों के साथ सहज होने की उसकी जरूरत को दर्शाता है।

न्यायिक प्रक्रिया भी इसी विषय से संबंधित है। जब एक जज अदालत के फैसले में अपनी राय दर्ज करता है, तब वह दरअसल सिर्फ अपनी या न्यायिक प्रणाली की ही नहीं बल्कि संबंधित पक्षों की भी इज़्ज़त बचा रहा होता है। एक पक्ष से सिर्फ ये कहने के बजाय कि 'आप केस जीत गए' और दूसरे पक्ष से सिर्फ ये कहने के बजाय कि 'आप केस हार गए' वह ये स्पष्ट करता है कि उसका फैसला कैसे सिद्धांत, कानून और पिछली मिसालों के अनुरूप है। वह खुद को मनमाने निर्णय लेनेवाले के तौर पर नहीं बल्कि उचित व्यवहार करनेवाले के तौर पर दर्शाना चाहता है। एक सौदेबाज़ भी ऐसा ही होता है।

सौदेबाज़ी में लोग अक्सर अपना प्रतिरोध इसलिए जारी नहीं रखते क्योंकि उन्हें जो प्रस्ताव दिया जा रहा है, वह उन्हें पूरी तरह अस्वीकार्य है बल्कि सिर्फ इसलिए क्योंकि वे दूसरे पक्ष के सामने अपना दावा छोड़ने या पीछे हटने के एहसास से बचना चाहते हैं और चाहते हैं कि दूसरों को भी ऐसा न लगे कि वे पीछे हट रहे हैं। अगर मूल सार को ज़रा अलग ढंग से परिभाषित या अवधारणाबद्ध किया जा सके कि वह एक उचित परिणाम जैसा प्रतीत होने लगे, तो वे इसे स्वीकार कर लेंगे। एक प्रमुख शहर और उसके हिस्पैनिक समुदाय के बीच सरकारी नौकरियों के बारे में तय हुई शर्तों को वहाँ के महापौर ने स्वीकार नहीं किया। वह उनके लिए तभी राज़ी हुआ, जब इस समझौते को वापस लिया गया और उसे ये मौका दिया गया कि वह उन्हीं शर्तों को सार्वजनिक रूप से अपने निर्णय के तौर पर प्रस्तुत कर सके। क्योंकि अपने निर्वाचन अभियान में उसने जनता से इसका वादा किया था।

इज़्ज़त बचाने में, किसी समझौते को सिद्धांतों और सौदेबाज़ों की आत्म-छवि के साथ सहज बनाना भी शामिल होता है। इसके महत्त्व को कम करके नहीं आंकना चाहिए।

भावना

एक सौदेबाज़ी में, विशेष रूप से एक कटु विवाद में भावनाएँ आपसी बातचीत से कहीं ज़्यादा महत्वपूर्ण हो सकती हैं। विवाद में शामिल सारे पक्ष एक-दूसरे के

साथ मिलकर समस्या का समाधान ढूँढ़ने से ज़्यादा एक-दूसरे से झगड़ने के लिए तैयार होते हैं। ऐसे मामलों में लोग सौदेबाज़ी के लिए अक्सर तब तैयार होते हैं, जब वे नुकसान उठाने के डर से ग्रस्त हों या उन्हें ये एहसास हो जाए कि उनका काफी कुछ दाँव पर लगा हुआ है। एक पक्ष की भावनात्मकता दूसरे पक्ष की भावनाओं को सक्रिय कर देती है। डर गुस्से का और गुस्सा डर का कारण बन सकता है। भावनाएँ किसी भी सौदेबाज़ी को फौरन खत्म कर सकती हैं या उसमें गतिरोध पैदा कर सकती हैं।

पहले अपनी व दूसरे पक्ष की भावनाओं को पहचानें और उन्हें समझें

सौदेबाज़ी के दौरान खुद पर गौर करें। क्या आप नर्वस महसूस कर रहे हैं? क्या आपका पेट खराब हो रहा है? क्या दूसरे पक्ष के प्रति आपके अंदर गुस्सा भरा हुआ है? उनकी बातों को गौर से सुनें और ज़रा समझने की कोशिश करें कि वे किन भावनाओं के प्रभाव में हैं। आप खुद जो महसूस कर रहे हैं - जैसे डर, चिंता, गुस्सा - और फिर आप जो महसूस करना चाहेंगे - जैसे आत्मविश्वास और सहजता - उसे एक कागज पर दर्ज करना आपके लिए उपयोगी साबित हो सकता है। ठीक ऐसा ही दूसरे पक्ष की भावनाओं के साथ भी करें।

जब आपका वास्ता ऐसे सौदेबाजों से पड़ता है, जो अपने संगठनों का प्रतिनिधित्व कर रहे हों, तो उन्हें एक भावनाहीन प्रवक्ता मान बैठना बड़ा आसान होता है। ऐसे में ये याद रखना जरूरी हो जाता है कि आपकी तरह उनकी भी कुछ व्यक्तिगत भावनाएँ, डर, उम्मीदें और सपने होते हैं। हो सकता है कि उनका कॅरियर दांव पर लगा हो, हो सकता है कि वे कुछ चीज़ों को लेकर विशेष रूप से संवेदनशील हों और कुछ चीज़ों को लेकर गर्व की भावना से भरे हुए हों। ऐसा नहीं है कि भावनात्मक समस्याएँ केवल सौदेबाजों तक ही सीमित होती हैं। भावनाएँ प्रतिनिधियों में भी होती हैं और हो सकता है कि स्थिति को लेकर एक प्रतिनिधि का दृष्टिकोण कहीं अधिक एकपक्षीय और प्रतिकूल हो।

खुद से पूछें कि वह क्या है, जिसकी वजह से ये भावनाएँ उमड़ रही हैं। आप गुस्से में क्यों हैं? दूसरा पक्ष गुस्से में क्यों है? क्या वे अतीत की शिकायतों पर प्रतिक्रिया दे रहे हैं और बदला लेना चाहते हैं? क्या इन भावनाओं का विस्तार एक से दूसरे और दूसरे से तीसरे मसले पर हो रहा है? क्या व्यक्तिगत और घरेलू समस्याएँ व्यवसाय के रास्ते में बाधा बन रही हैं? मध्य-पूर्व की सौदेबाज़ी में

इजराइल और फिलिस्तीन, दोनों ही अपने अस्तित्व पर खतरा महसूस करते हैं और उनके अंदर शक्तिशाली भावनाएँ विकसित हो गई हैं। जो अब वेस्ट बैंक में पानी के वितरण जैसे ठोस और व्यावहारिक मसलों पर भी हावी हैं ताकि इस मसले पर चर्चा करना और इसका समाधान ढूँढ़ना करीब-करीब असंभव हो जाए। क्योंकि अगर सभी पहलुओं को ध्यान में रखकर देखें, तो पता चलेगा कि दोनों ही ओर के लोगों को अपना अस्तित्व संकट में लगता है और वे हर मसले को, अपना अस्तित्व बचाने का मसला मान लेते हैं।

भावनाओं को स्पष्ट करें, उन्हें जायज मानें

दूसरे पक्ष के लोगों से उनकी भावनाओं के बारे में चर्चा करें। अपनी भावनाओं के बारे में भी चर्चा करें। ये कहने में कोई हानि नहीं है कि 'हमारे पक्ष के लोगों को लगता है कि उनके साथ गलत व्यवहार किया गया है, जिसके चलते वे बहुत नाराज हैं। हमें लगता है कि आपस में समझौता होने के बाद भी आपका पक्ष उस समझौते का पालन नहीं करेगा। भले ही ये तर्कसंगत लगे या नहीं, पर हमारी चिंता यही है। व्यक्तिगत रूप से मेरा मानना है कि संभवतः हम गलत सोच रहे हैं और हमारा ये डर सच साबित नहीं होगा। लेकिन बाकी लोग तो यही मानते हैं। क्या आपके पक्ष के लोग भी ऐसा ही मानते हैं?' अपनी या उनकी भावनाओं को स्पष्ट रूप से चर्चा का केंद्र बिंदु बनाना न सिर्फ समस्या की गंभीरता को रेखांकित करेगा बल्कि सौदेबाज़ों को कम प्रतिक्रियावादी और अधिक 'सक्रिय' बना देगा। अव्यक्त भावनाओं के बोझ से मुक्त होने के बाद, इस बात की संभावना बढ़ जाएगी कि लोग समस्या का समाधान ढूँढ़ने की दिशा में केंद्रित हो जाएँ।

दूसरे पक्ष को अपना गुस्सा जाहिर कर शांत होने का मौका दें

लोगों के गुस्से, हताशा और अन्य नकारात्मक भावनाओं से निपटने का एक प्रभावी तरीका है, उन भावनाओं को बाहर निकालने में उनकी मदद करना। अपनी शिकायतों और तकलीफों को सिर्फ याद करके ही लोगों को एक किस्म की मनोवैज्ञानिक मुक्ति मिल जाती है। मान लीजिए आप शाम को घर लौटकर पति को उन गड़बड़ियों के बारे में सब कुछ बताना चाहती हैं, जो दिनभर आपके ऑफिस में हुईं। ऐसे में अगर आपके पति कह दें कि 'मुझे ये सब मत बताओ। निश्चित ही तुम्हारा दिन बड़ा मुश्किल रहा होगा। लेकिन अब इस बात को यहीं विराम दो।' तो आप और अधिक हताश हो जाएँगी। ठीक यही बात सौदेबाज़ों पर भी लागू होती

है। उन्हें अपना गुस्सा जाहिर कर शांत होने का मौका देने से, उनके साथ बाद में तर्कसंगत बातचीत करना आसान हो सकता है। इसके अलावा जब एक सौदेबाज़ गुस्से से भरा भाषण देता है और अपने पक्ष के लोगों के सामने यह दर्शाता है कि उसका रवैया 'नरम' नहीं है, तो हो सकता है कि इससे प्रभावित होकर उसके पक्ष के लोग उसे सौदेबाज़ी में सब कुछ अपने हिसाब से करने की पूरी आज़ादी दे दें। फिर अगर वह अंतत: दूसरे पक्ष के साथ सहमत हो जाता है, तो आलोचना से बचने के लिए कठोर रवैया अपनाने की अपनी छवि पर निर्भर रह सकता है।

इसलिए दूसरे पक्ष के शिकायती भाषण के दौरान बीच में टोकने या उसे बीच में छोड़कर चले जाने के बजाय आप खुद पर संयम रखें, वहीं बैठे रहें और उन्हें अपनी शिकायतें सामने रखने का मौका दें। जब उसके पक्ष के लोग ये सब सुन रहे होते हैं, तो सौदेबाज़ के साथ-साथ उनकी निराशा भी दूर होने लगती है। जब दूसरा पक्ष अपना गुस्सा ज़ाहिर कर रहा हो, तो संभवत: सबसे अच्छी रणनीति यही है कि उनके हमलों पर कोई प्रतिक्रिया दिए बिना आप उन्हें शांति से सुनें और कभी-कभी उनसे ये भी कह दें कि वे अपनी पूरी बात खुलकर कहें। इस तरह आप भड़काऊ मूल सार को बाहर निकालने में थोड़ा सहयोग देते हैं, सामनेवाले को अपनी बात कहने के लिए प्रोत्साहित करते हैं और ऐसा कोई अवशेष नहीं छोड़ते, जो बाद में किसी और बदतर रूप में सामने आए।

दूसरे पक्ष द्वारा भावनात्मक भड़ास निकालने पर कोई प्रतिक्रिया न दें

अगर सामनेवाले की भावनाएँ बाहर आने पर आप भी भावनात्मक प्रतिक्रिया देंगे, तो मामला बिगड़ सकता है। अगर इसे नियंत्रित न किया जाए तो इसके परिणाम स्वरूप हिंसक झगड़ा भी हो सकता है। भावनाओं का प्रभाव सीमित करने के एक असामान्य पर प्रभावी तरीके का उपयोग सन 1950 में ह्यूमन रिलेशंस कमेटी ने किया, जो स्टील उद्योग द्वारा स्थापित एक श्रम-प्रबंधन समूह था और इसका उद्देश्य था, उद्योग में उभरनेवाले छोटे-मोटे टकराव को गंभीर होने से पहले ही खत्म कर देना। इस कमेटी के सदस्यों ने एक नियम अपना लिया कि एक समय में केवल एक व्यक्ति को ही नाराज होने की अनुमति है। इससे किसी एक सदस्य द्वारा भावनात्मक भड़ास निकालने पर बाकी लोगों के लिए तीखी प्रतिक्रिया देना अनुचित हो गया। भावनात्मक भड़ास निकालने को उचित बना देने से अपना गुस्सा जाहिर करके शांत महसूस करना पहले से ज़्यादा आसान हो गया : 'कोई बात

नहीं। इस बार गुस्सा जाहिर कर शांत महसूस करने की बारी उसकी है।' इस नियम का एक लाभ ये भी था कि इससे लोगों को अपनी भावनाओं पर नियंत्रण पाने में मदद मिलती थी और नियम तोड़ने का अर्थ था कि आपने आत्म-नियंत्रण खो दिया और लोगों की नज़रों में गिरकर इज्ज़त गँवा दी।

प्रतीकात्मक अभिव्यक्ति का प्रयोग करें

हर प्रेमी अच्छी तरह जानता है कि प्रेमिका से झगड़ा खत्म करने का सबसे अच्छा तरीका है, उसे एक लाल गुलाब लाकर देना। ऐसे कार्य, जो एक पक्ष के मन पर रचनात्मक रूप से भावुक प्रभाव डालते हों, उन्हें करने के लिए दूसरे पक्ष को अक्सर न तो ज़्यादा मेहनत करनी पड़ती है और न ही किसी बड़े खर्चे की जरूरत होती है। हाथ से लिखा सहानुभूतिभरा कोई नोट, खेद या पछतावा जाहिर करनेवाली कोई बात, किसी अपने की कब्र पर जाकर फूल चढ़ाना, अपने नाती-पोतों को कोई छोटा सा उपहार देना, एक-दूसरे से हाथ मिलाना या गले लगना, एक साथ बैठकर भोजन करना - ये सब चीज़ें, भावनात्मक रूप से शत्रुतापूर्ण स्थिति को बिना किसी खास मेहनत के बेहतर बनाने का अमूल्य अवसर सिद्ध हो सकती हैं। अधिकांश परिस्थितियों में सिर्फ माफी माँग लेने से ही आपसी तनाव कम हो जाता है और दूसरे पक्ष की भावनाओं को प्रभावी रूप से नियंत्रित किया जा सकता है। भले ही माफी माँगते समय आप ये स्वीकार न करें कि आपका इरादा नुकसान पहुँचाने का था और अपने कृत्य के लिए आप व्यक्तिगत रूप से जिम्मेदार हैं। दरअसल माफी माँगना आपके लिए सबसे आसान और सबसे लाभप्रद निवेश साबित हो सकता है।

संवाद

संवाद के बिना कोई सौदेबाज़ी नहीं होती। सौदेबाज़ी वास्तव में एक-दूसरे के साथ निरंतर संवाद की एक ऐसी प्रक्रिया है, जिसका उद्देश्य होता है एक संयुक्त निर्णय पर पहुँचना। संवाद करना कभी आसान नहीं होता, भले ही वह साझा मूल्यों और अनुभवोंवाली विस्तृत पृष्ठभूमि के लोगों के बीच हो रहा हो। पिछले तीस सालों से एक-दूसरे के साथ रह रहे पति-पत्नी के बीच भी हर रोज गलतफहमियाँ पैदा होती हैं। इसलिए दो ऐसे लोगों के बीच बुरा संवाद होना कतई आश्चर्यजनक नहीं है, जो एक-दूसरे को अच्छी तरह नहीं जानते या एक-दूसरे के प्रति विरोधी व संशयपूर्ण रवैया रखते हैं। ऐसे में आप चाहे जो भी कहें पर आपको ये नहीं भूलना चाहिए कि दूसरा पक्ष आमतौर पर आपकी बात का गलत अर्थ ही निकालेगा।

संवाद के साथ तीन बड़ी समस्याएँ हैं। पहली समस्या ये है कि हो सकता है, सौदेबाज़ एक-दूसरे से बातचीत ही न कर रहे हों या कम से कम इस तरह बातचीत न कर रहे हों कि एक-दूसरे को समझ सकें। अक्सर एक पक्ष थक-हारकर दूसरे पक्ष को छोड़ देता है और फिर उसके साथ संवाद करने की कोई गंभीर कोशिश नहीं करता। कभी-कभी तो दोनों पक्ष सिर्फ इसलिए एक-दूसरे से बात करते हैं ताकि अपने लोगों को या किसी तीसरे पक्ष को प्रभावित कर सकें। आपसी सहमतिवाला परिणाम हासिल करने के लिए अपने सौदेबाज़ साथी के साथ मिलकर कदम बढ़ाने के बजाय वे उसे धक्का देकर गिराने की कोशिश करते हैं। एक रचनात्मक कदम उठाने के लिए अपने साझेदार से चर्चा करने के बजाय वे अपने दर्शकों को इस बात के लिए राज़ी करने की कोशिश करते हैं कि वे किसी एक का पक्ष लें। अगर आप सिर्फ दूसरों के सामने संवाद का दिखावा करेंगे, तो दोनों पक्षों के बीच प्रभावी संवाद होना असंभव है।

भले ही आप उनसे सीधी और स्पष्ट बात कर रहे हों, फिर भी हो सकता है कि वे आपकी बात ठीक से सुन ही न रहे हों। ये संवाद की दूसरी समस्या है। ज़रा गौर करें कि आपको कब-कब ऐसा लगता है कि लोग आपकी बात पर ठीक से ध्यान नहीं दे रहे हैं। आप खुद भी ऐसा करते हैं और उनकी कहीं हुई बात पर ठीक से ध्यान नहीं देते। सौदेबाज़ी के दौरान आपको आगे क्या कहना है, पिछले बिंदु पर क्या प्रतिक्रिया देनी है या अपने अगले तर्क को सामने रखने के लिए कैसे शब्दों का उपयोग करना है - हो सकता है कि ये सब तय करने में आप इतने मशगूल हो जाएँ कि सामनेवाला इस वक्त जो कह रहा है, उसे ठीक से सुनना ही भूल जाएँ। या फिर हो सकता है कि आप दूसरे पक्ष के बजाय अपने पक्ष के लोगों को ज़्यादा ध्यान से सुन रहे हों। आखिरकार सौदेबाज़ी के परिणामों को लेकर आपकी जवाबदेही अपने पक्ष के लोगों के प्रति ही तो बनती है। यही वे लोग हैं, जिन्हें आप संतुष्ट करने की कोशिश कर रहे हैं। इसलिए अगर आप उन पर गंभीरतापूर्वक ध्यान देना चाहते हैं, तो इसमें कोई हैरानी की बात नहीं है। लेकिन अगर आप दूसरे पक्ष की बात ठीक से नहीं सुन रहे हैं, तो सौदेबाज़ी पूरी करने के लिए जरूरी कोई संवाद संभव ही नहीं हो पाएगा।

संवाद के साथ तीसरी सबसे बड़ी समस्या है, गलतफहमी। एक पक्ष जो कहता है, दूसरा पक्ष उसे गलत समझ लेता है। भले ही दोनों सौदेबाज़ एक ही कमरे में बैठे हों, लेकिन तब भी उनका आपसी संवाद अपने-अपने इरादों के बारे

में अस्पष्ट संकेत देने जैसा लग सकता है। जहाँ दोनों पक्ष अलग-अलग भाषा बोल रहे हों, तो एक-दूसरे की बात को गलत समझ लेने की संभावना बहुत बढ़ जाती है। उदाहरण के लिए फारसी भाषा में कॉम्प्रमाइज़ (समझौता) शब्द का अर्थ अंग्रेजी की तरह सकारात्मक नहीं है। अंग्रेजी में इसका अर्थ है - 'एक बीच का रास्ता निकालना, जो दोनों पक्षों को स्वीकार हो।' जबकि फारसी में इसका सिर्फ एक नकारात्मक अर्थ ही बनता है - 'अपनी निष्ठा और अखंडता के साथ समझौता करना।' इसी तरह मीडिएटर (मध्यस्थ) शब्द का पारसी अर्थ है मेडलर (बीच में टांग अड़ानेवाला) यानी ऐसा व्यक्ति जो बिन बुलाए जबर्दस्ती बीच में घुस रहा है। १९८० के शुरुआती दौर में संयुक्त राष्ट्र महासचिव वॉल्डहाइम अमेरिकी बंधकों की रिहाई के लिए ईरान गए। लेकिन उनकी सारी कोशिशें उस वक्त मिट्टी में मिल गईं, जब ईरान के नेशनल रेडियो और टीवी में उनकी वह टिप्पणी प्रसारित की गई, जो उन्होंने तेहरान में अपने आगमन पर की थी: 'मैं यहाँ एक मध्यस्थ (फारसी में - टांग अड़ानेवाला) के रूप में समझौता कराने आया हूँ।'

इस टिप्पणी के प्रसारण के एक घंटे के अंदर ही गुस्साए ईरानियों ने उनकी कार पर पत्थर फेंके थे।

संवाद की इन तीन समस्याओं को लेकर आप क्या कर सकते हैं?

सक्रिय रूप से सुनें और दूसरा पक्ष जो कह रहा है, उसके प्रति स्वीकार्यता का भाव रखें

सुनना कितना जरूरी है, ये तो स्पष्ट है, इसके बावजूद ठीक से सुनना मुश्किल होता है, खासकर सौदेबाज़ी के दौरान उससे जुड़े तनावों को झेलते हुए। सुनने से आप उनकी धारणाओं को समझने, उनकी भावनाओं को महसूस करने और वे जो कहने की कोशिश कर रहे हैं, उसे जानने में सक्षम हो जाते हैं। सक्रिय रूप से सुनना, न सिर्फ आपके सुनने की क्षमता को बेहतर बना देता है बल्कि वे जो कह रहे हैं, उसे भी स्पष्ट कर देता है। अगर आप उनकी बात पर ध्यान देते हैं और बीच-बीच में बोलते हैं, 'यानी आप ये कहना चाहते हैं, कि..?' तो सामनेवाले को एहसास हो जाएगा कि वह आपके सामने बोलकर अपना समय बर्बाद नहीं कर रहा है। इसके साथ ही उन्हें इस बात का संतोष रहेगा कि उन्हें सुना और समझा जा रहा है। इसीलिए पहले भी ये कहा गया था कि दूसरे पक्ष को दी जानेवाली सबसे आसान रियायत है, उन्हें यह बताना कि उनकी बात सुनी गई है।

अच्छी तरह सुनने की मुख्य तकनीक है, सामनेवाले की कही हुई बात पर पूरा

ध्यान देना, उससे ये कहना कि वह अपनी बात का अर्थ स्पष्ट करे व साफ–साफ बताए कि वह क्या कहना चाहता है। और अगर इसके बाद भी कोई अनिश्चितता या अस्पष्टता हो, तो उससे ये अनुरोध करना कि वह अपनी बात को एक बार फिर से दोहराए। दूसरे पक्ष की बात सुनते समय मन में अपनी प्रतिक्रिया तय करने के बजाय आपकी आदत ये होनी चाहिए कि वे खुद को जिस तरह देखते हैं, आप भी उन्हें उसी तरह समझने की कोशिश करें। इसके लिए उनकी धारणाओं, जरूरतों और उनकी सीमाओं पर विचार करें।

कई लोगों को ऐसा लगता है कि दूसरे के पक्ष पर अधिक ध्यान न देना और उसके दृष्टिकोण की वैधता को स्वीकार न करना एक अच्छी रणनीति है। लेकिन एक अच्छा सौदेबाज़ ठीक इसका उल्टा करता है। वे जो कह रहे हैं, जब तक आप उसके प्रति स्वीकार्यता का भाव नहीं रखेंगे और ये नहीं जताएँगे कि आप उन्हें समझते हैं, तब तक संभवत: वे यही मानते रहेंगे कि आपने उन्हें सुना ही नहीं। फिर जब आप उनके सामने कोई अलग दृष्टिकोण रखने की कोशिश करेंगे, तो वे मान लेंगे कि आपने अब तक उनकी बात का मतलब ही नहीं समझा है। ऐसे में वे खुद से कहेंगे, 'मैंने इसे अपना विचार बताया पर अब ये कुछ अलग ही बात कह रहा है यानी इसने मेरी बात को समझा ही नहीं।' फिर आपके विचारों को सुनने के बजाय वे ये सोचने लग जाएँगे कि अब उन्हें अपनी बात को एक नए तरीके से आपके सामने रखना होगा ताकि इस बार आप उन्हें समझ सकें। इसलिए उनके सामने ये जता दें कि आप उन्हें समझते हैं। 'अब ज़रा बताइए कि आप जो कह रहे हैं, मैंने उसे समझा या नहीं। आपके दृष्टिकोण से ये परिस्थिति कुछ ऐसी है कि...।'

आपने उनकी बात का जो भी मतलब समझा है, उसे उनके दृष्टिकोण से सकारात्मक शब्दों का उपयोग करते हुए दोहराएँ ताकि ये स्पष्ट हो सके कि उनके तर्क कितना मायने रखते हैं। आप कह सकते हैं, 'आपके तर्क गलत नहीं हैं। जहाँ तक मैं आपकी बात समझ पा रहा हूँ तो...।' उन्हें समझने का अर्थ उनसे सहमत होना नहीं है। सामनेवाले का पक्ष समझना और उससे असमत होना, ये दोनों चीज़ें एक साथ भी की जा सकती हैं। संभवत: आप उन्हें अपना दृष्टिकोण तब तक नहीं समझा पाएँगे, जब तक उन्हें ये विश्वास न दिला दें कि आप उनके नजरिये को अच्छी तरह समझते हैं। उनके तर्कों को दोहराने के बाद उन समस्याओं की ओर वापस लौट आएँ, जो आपको उनके प्रस्ताव में नज़र आ रही हैं। जब आप उनके तर्कों को उनसे भी बेहतर ढंग से सामने रखते हैं और फिर उन तर्कों को काट भी

देते हैं, तो प्रस्ताव की खूबियों या महत्ता पर आधारित रचनात्मक चर्चा की संभावना बढ़ जाती है और उनके ये मानने की संभावना घट जाती है कि आपने उनकी बात को गलत समझ लिया है।

बोलें ताकि दूसरा पक्ष आपको समझ सके

दूसरे पक्ष से बात करें। कभी-कभी हम भूल जाते हैं कि सौदेबाज़ी कोई बहस या अदालती सुनवाई नहीं है। आप किसी तीसरे पक्ष को अपनी बात पर राजी करने की कोशिश नहीं कर रहे हैं। आप जिसे राजी करने की कोशिश कर रहे हैं, वह आपके साथ ही बैठा हुआ है। अगर एक सौदेबाजी की तुलना कानूनी कार्यवाही से करनी हो, तो यह कुछ ऐसा है, मानों दो जज आपस में ये सहमति बनाने की कोशिश कर रहे हों कि किसी मामले पर फैसला कैसे लेना है। खुद को जज की जगह पर रखें और अपने सामने बैठे दूसरे सौदेबाज़ को साथी जज की तरह देखें, जिसके साथ आप एक संयुक्त राय बनाने की कोशिश कर रहे हों। इस संदर्भ में देखें तो मामले से जुड़ी समस्याओं के लिए दूसरे पक्ष को दोष देना, उन्हें उल्टा-सीधा बोलना या अपनी आवाज ऊँची करना, किसी काम नहीं आनेवाला है। इसके विपरीत आपके लिए ये समझना उपयोगी साबित होगा कि वे स्थिति को दूसरे ढंग से देखते हैं और आपको एक-दूसरे के साथ कंधे से कंधा मिलाकर एक संयुक्त समस्या का हल खोजने की कोशिश करनी है।

सौदेबाज़ी के दौरान किसी तीसरे पक्ष, घरेलू दर्शकों या मीडिया की मौजूदगी आपका ध्यान भटका सकती है, ऐसे में दूसरे पक्ष के साथ संवाद के व्यक्तिगत और गोपनीय साधन आपके लिए काफी उपयोगी साबित हो सकते हैं। आप सामूहिक-बैठक में लोगों की संख्या कम करके भी संवाद को बेहतर बना सकते हैं। उदाहरण के लिए सन 1954 में ट्राएस्टे शहर को लेकर यूगोस्लाविया, ब्रिटेन और अमेरिका के बीच चल रही सौदेबाज़ी में कोई खास प्रगति तब तक नहीं हुई, जब तक तीनों पक्षों ने अपने-अपने विशाल प्रतिनिधि मंडलों को छोड़कर खुद अकेले और अनौपचारिक रूप से एक घर में मिलना शुरू नहीं किया। व्रुड्रो विल्सन के आकर्षक नारे 'ओपेन कॉवनेन्ट ओपेनली अराइव्ड एट' को बदलकर 'ओपेन कॉवनेन्ट प्राइवेटली अराइव्ड एट' करने के लिए मजबूत तर्क दिए जा सकते हैं। किसी सौदेबाज़ी में भले ही कितने भी लोग शामिल हों, आमतौर पर महत्वपूर्ण निर्णय तभी लिए जाते हैं, जब कमरे में दो से ज़्यादा लोग मौजूद न हों।'

अपने बारे में टिप्पणी करें, न कि उनके बारे में

अधिकांश सौदेबाजियों में हर पक्ष एक-दूसरे के इरादों और प्रेरणाओं की विस्तृत व्याख्या और निंदा करता है। लेकिन किसी समस्या की व्याख्या आपके ऊपर पड़नेवाले उसके प्रभाव के संदर्भ में करना कहीं बेहतर होता है, बजाय इस संदर्भ के कि सामनेवाले पक्ष ने क्या किया और क्यों किया यानी 'आप अपनी बात से मुकर गए' के बजाय 'मैं निराश महसूस कर रहा हूँ' कहना। या फिर 'आप एक नस्लवादी व्यक्ति हैं' के बजाय 'हमें लगता है कि हमारे साथ भेदभाव हो रहा है' कहना। अगर आप उनके बारे में कोई ऐसी टिप्पणी करेंगे, जिसे वे सही न मानते हों, तो या तो वे भड़क जाएँगे या फिर आपको अनदेखा कर देंगे; फिर वे आपकी चिंताओं पर भी ध्यान नहीं देंगे। लेकिन आप कैसा महसूस कर रहे हैं, इस बारे में आपकी टिप्पणी को चुनौती देना काफी मुश्किल होगा। इस तरह आप सामनेवाले को एक रक्षात्मक प्रतिक्रिया देने के लिए उकसाए बिना ही अपनी बात रख सकेंगे और इस बात की संभावना भी बढ़ जाएगी कि वे आपकी चिंताओं पर ध्यान देने लगें।

किसी उद्देश्य की पूर्ति के लिए टिप्पणी करें

कभी-कभी समस्या ये नहीं होती कि संवाद कम हो रहा है बल्कि ये होती है कि संवाद बहुत ज़्यादा हो रहा है। जब गुस्सा भड़का हुआ हो और गलत धारणाएँ प्रबल हों तो अपने कुछ विचारों को किनारे हटा देना ही बेहतर होता है। आप कितना लचीला रवैया रखते हैं, कभी-कभी इसका खुलासा करना आपसी सहमति को आसान बनाने के बजाय मुश्किल बना देता है। जैसे अगर मैं आपसे कहता हूँ कि मैं आपका घर खरीदने के लिए 90 हज़ार डॉलर देने को तैयार हूँ और फिर अगर आप मुझे ये बता देते हैं कि आप तो इस घर को 80 हज़ार डॉलर में भी बेचने को तैयार हैं, तो शायद हमारे बीच ये सौदा होना और मुश्किल हो जाएगा। जबकि अगर आप अपना मुँह बंद रखते, तो सौदा करीब-करीब पक्का था। इसका सबक ये है कि कोई महत्वपूर्ण टिप्पणी करने से पहले, यह स्पष्ट कर लें कि आप क्या बताना चाहते हैं या क्या पता लगाना चाहते हैं या यह जानकारी देने से कौन सा उद्देश्य पूरा होगा।

बचाव ही सबसे कारगर है

धारणा, भावना और संवाद की समस्याओं से निपटने के लिए यहाँ जो

तकनीकें बताई गई हैं, वे आमतौर पर कारगर ही साबित होती हैं। लेकिन 'लोगों की समस्याओं' से निपटने का सबसे अच्छा समय है, उनके समस्या में तब्दील होने से पहले का समय है। इसका अर्थ है, दूसरे पक्ष के साथ ऐसे व्यक्तिगत और संगठनात्मक संबंध बनाना, जो दोनों ही पक्षों को सौदेबाज़ी के दौरान खड़ी होनेवाली बाधाओं से बचा सकें। इसका अर्थ ये भी है कि सौदेबाज़ी का खेल कुछ इस तरह खेलना कि आपसी संबंधों और मूल समस्या को अलग-अलग रखा जा सके और लोगों का अहं मूल चर्चाओं के बीच में आकर बाधा न बने।

कामकाजी संबंध बनाएँ

दूसरे पक्ष को व्यक्तिगत रूप से जानना सचमुच मददगार साबित हो सकता है। जब दूसरे पक्ष से आपका व्यक्तिगत परिचय नहीं होता, तो उसे बुरे इरादोंवाला मान लेना बहुत आसान होता है क्योंकि अजनबी होने के चलते 'दूसरा पक्ष' आपके लिए अमूर्त होता है। किसी सहपाठी, सहकर्मी, दोस्त या दोस्त के दोस्त के साथ व्यवहार करना, किसी अजनबी के साथ व्यवहार करने से बहुत अलग होता है। एक अजनबी को आप जितनी जल्दी अपना परिचित बनाएँगे, उसके साथ सौदेबाज़ी करना उतना ही आसान हो जाएगा। फिर वे जो कहेंगे या करेंगे उसका कारण समझना आसान होगा। फिर आपके पास आपसी विश्वास का आधार होगा, जिसके सहारे आप एक मुश्किल सौदेबाजी भी निपटा सकेंगे। आपके और उनके बीच संवाद की एक सहज और जानी-पहचानी साझा दिनचर्या होगी। फिर आपसी तनाव को कम करने के लिए थोड़ी सी अनौपचारिकता या एक छोटा सा मज़ाक ही काफी होगा।

आपस में ऐसा संबंध बनाने का सबसे सही समय है, सौदेबाज़ी शुरू होने से पहले का समय। उन्हें जानें और उनकी पसंद-नापसंद का पता लगाएँ। उनके साथ अनौपचारिक मुलाकातों के मौके तलाशें। सौदेबाज़ी शुरू होने के तयशुदा समय से पहले ही उनके साथ बातचीत शुरू करने की कोशिश करें और सौदेबाज़ी खत्म होने के बाद भी अपनी वह बातचीत जारी रखें। ऐसी स्थिति में बेंजामिन फ्रैंकलिन की पसंदीदा रणनीति थी, अपने विरोधी से कोई किताब उधार लेना। इससे सामनेवाला खुश हो जाता था और उसे यह सुकून रहता है कि उसने फ्रैंकलिन पर एक एहसान किया है।

समस्या का सामना करें, लोगों का नहीं

अगर सौदेबाज़ एक-दूसरे को विरोधी के रूप में देखते हैं, जिससे उनका व्यक्तिगत टकराव हो रहा है, तो उनके संबंधों को मूल समस्या से अलग रखना मुश्किल हो जाता है। इस संदर्भ में, एक सौदेबाज़ समस्या के बारे में जो भी कहता है, दूसरे पक्ष को यही लगता है कि मुझ पर व्यक्तिगत रूप से निशाना साधने के लिए ऐसा कहा जा रहा है। ऐसे में हर पक्ष रक्षात्मक और प्रतिक्रियाशील हो जाता है और दूसरे पक्ष के वैध हितों को पूरी तरह अनदेखा कर देता है।

इसके विपरीत एक-दूसरे को ऐसे साझेदार के रूप में देखना कहीं ज़्यादा प्रभावी हो सकता है, जो किसी मसले पर उचित रूप से एक ऐसी आपसी सहमति बनाने के लिए एक-दूसरे के साथ कंधे से कंधा मिलाकर काम कर रहे हैं, जो दोनों पक्षों के लिए समान रूप लाभप्रद हो।

अपना जहाज तबाह होने के बाद एक जीवनरक्षक-नाव में बैठकर तट की ओर लौट रहे दो नाविक जिस तरह नाव में उपलब्ध सीमित राशन को लेकर एक-दूसरे से झगड़ते हैं, ठीक उसी तरह हो सकता है कि सौदेबाज़ भी एक-दूसरे को विरोधी की तरह देखते हुए आपस में ही सौदेबाज़ी शुरू करें। हो सकता है कि दोनों एक-दूसरे को अपने रास्ते की अड़चन की तरह देख रहे हों। लेकिन तट पर जिंदा और सही-सलामत पहुँचने के लिए संभवत: वे दोनों इस मसले से जुड़ी वस्तुगत समस्याओं को लोगों से अलग रखेंगे। वे भोजन, पानी, दवाईयों और सिर पर छाया जैसी एक-दूसरे की आवश्यकताओं को समझेंगे। चूँकि वे दोनों ही उस स्थिति से आगे बढ़ना चाहेंगे इसलिए अपनी अन्य आवश्यकताओं - जैसे निगरानी करना, बारिश का पानी इकट्ठा करना और जीवनरक्षक-नाव को तट पर पहुँचाना - को भी साझा समस्या की तरह ही लेंगे।

एक आपसी समस्या को हल करने के लिए, एक-दूसरे के साथ मिलकर प्रयास करते हुए, दोनों नाविक एक-दूसरे के परस्पर विरोधी हितों के साथ सामंजस्य बिठाने और साझा हितों को पूरा करने में पहले से कहीं ज़्यादा सक्षम हो जाएँगे। सौदेबाज़ों के मामले में भी ठीक ऐसा ही होता है। भले ही हमारे व्यक्तिगत संबंध कितने भी मुश्किल हों पर जब हम किसी मसले को एक साझा समस्या के रूप में स्वीकार कर लेते हैं और मिलकर उसका सामना करते हैं तो अपने विभिन्न हितों को उचित और सौहार्दपूर्ण ढंग से पूरा कर सकते हैं।

दूसरा पक्ष आपको विरोधी की तरह देखने के बजाय साझेदार की तरह देखे, इसके लिए आप इस मसले को उसके सामने खुलकर उठा सकते हैं। उसके नजरिए में बदलाव लाने के लिए आपको उसकी मदद करनी होगी। 'देखो, हम दोनों वकील (व्यवसायी, राजनयिक, रिश्तेदार आदि) हैं। जब तक मैं तुम्हारे हितों का ध्यान नहीं रखूँगा, तब तक हमारे बीच ऐसी सहमति बनना मुश्किल है, जिससे मेरे हित पूरे हों। इसी तरह जब तक तुम मेरे हितों का ध्यान नहीं रखोगे, तब तक तुम्हारे हित पूरे होना भी मुश्किल है। तो चलो एक-दूसरे के साथ मिलकर इस समस्या का हल ढूँढ़ते हैं कि हम अपने सामूहिक हित कैसे साध सकते हैं।' आपके पास एक विकल्प ये भी है कि सौदेबाज़ी को एक-दूसरे के साथ मिलकर पूरा करनेवाली प्रक्रिया के रूप में देखें और अपने कार्यों से सामनेवाले को भी ठीक ऐसा ही करने के लिए प्रोत्साहित करें।

अगर आप टेबल पर एक-दूसरे के सामने बैठने के बजाय, अगल-बगल बैठेंगे और अनुबंध, नक्शे, पेपर पैड - या ऐसी कोई भी चीज़ जो आपकी समस्या को दर्शाती हो - को सामने रखकर उस पर चर्चा करेंगे, तो ये आपके लिए सचमुच मददगार साबित होगा। अगर आप दोनों ने आपसी विश्वास की नींव डाल ली है, तो ऐसा करना और भी बेहतर साबित होगा। भले ही आपके आपसी संबंधों में कितनी भी अनिश्चितता बनी हुई हो, पर सौदेबाज़ी को एक-दूसरे के अगल-बगल बैठकर पूरी की जानेवाली उस गतिविधि की तरह लें, जिसमें आप दोनों - अपने अलग-अलग हितों, धारणाओं और भावनात्मक भागीदारी के बावजूद - एक संयुक्त कार्य को मिलकर पूरा कर रहे हैं।

समस्याओं और लोगों को अलग-अलग रखना कोई ऐसी चीज़ नहीं है, जिसे आप एक बार करके भूल जाएँ; आपको इस पर लगातार काम करते रहना होगा। इसके पीछे मूल दृष्टिकोण है, लोगों के साथ इंसानियत भरा व्यवहार करना और समस्याओं के साथ उनकी महत्ता के अनुसार निपटना। अगले तीन अध्यायों में भी यही बताया गया है कि समस्याओं से उनकी महत्ता के अनुसार कैसे निपटा जा सकता है।

3. हितों पर ध्यान केंद्रित करें, न कि पोजिशंस पर

मान लीजिए कि एक लाइब्रेरी में दो लोगों के बीच झगड़ा हो रहा है। एक चाहता है कि लाइब्रेरी की खिड़की खुली रहे, जबकि दूसरा उस खिड़की को बंद रखना चाहता है। वे दोनों इस बात पर बहस करते हैं कि खिड़की को कितना खुला छोड़ा जा सकता है: बिलकुल थोड़ा सा, आधा या तीन चौथाई। लेकिन ऐसा कोई समाधान नहीं निकलता, जिससे दोनों संतुष्ट हों।

तभी लाइब्रेरी का प्रभारी वहाँ आ जाता है। वह दोनों में से एक व्यक्ति से पूछता है कि वह खिड़की को खुला क्यों रखना चाहता है? जवाब में वह व्यक्ति कहता है, 'ताकि बाहर की ताजी हवा अंदर आ सके।' फिर लाइब्रेरी का प्रभारी दूसरे व्यक्ति से पूछता है कि वह खिड़की को बंद क्यों रखना चाहता है? 'ताकि बाहर से आनेवाली हवा के तेज झोकों से बचा जा सके।' कुछ पल विचार करने के बाद, प्रभारी बगलवाले कमरे की खिड़की खोल देता है, जिससे ताजी हवा अंदर आने लगती है और हवा के तेज झोकों से बचाव भी हो जाता है।

व्यावहारिक समाधान के लिए हितों के बीच सामंजस्य बनाएँ न कि पोजिशंस के बीच

अधिकांश सौदों की कहानी भी कुछ ऐसी ही होती है। चूँकि दोनों पक्षों की पोजिशंस के बीच का टकराव ही असली समस्या जैसा लगता है और चूँकि उनका लक्ष्य किसी एक पोजिशन से सहमत होना होता है इसलिए स्वाभाविक रूप से वे पोजिशंस के बारे में सोचने और बातचीत करने लगते हैं। इस तरह उनके बीच एक गतिरोध पैदा हो जाता है।

लाइब्रेरी के प्रभारी ने जो समाधान निकाला, वह संभव ही नहीं होता, अगर उसने सिर्फ उन दोनों व्यक्तियों की घोषित पोजिशंस – या तो खिड़की खुली रहेगी या बंद रहेगी – पर ध्यान केंद्रित किया होता। इसके बजाय उसने दोनों के अंतर्निहित हितों – ताजी हवा पाना और हवा के तेज झोकों से बचना – पर गौर किया। पोजिशंस और हितों के बीच का ये फर्क बहुत महत्वपूर्ण है।

हित समस्या को परिभाषित करते हैं

किसी सौदेबाज़ी की मूल समस्या परस्पर विरोधी पोजिशंस पर नहीं बल्कि हर पक्ष की आवश्यकताओं, इच्छाओं, चिंताओं और डरों के बीच के टकराव में निहित होती है। हो सकता है कि दोनों पक्ष कुछ ऐसा कह रहे हों:

'मेरी कोशिश है कि वह हमारे घर के पास की जमीन पर निर्माण-कार्य कराना बंद कर दे।'

या 'हमारे बीच सहमति नहीं बन पाई। वह अपना घर बेचने के एक लाख डॉलर माँग रहा है। जबकि मैं उसे 95 हजार डॉलर से ज्यादा एक पाई भी नहीं देने वाला।'

लेकिन बुनियादी रूप से देखें, तो समस्या ये है कि

'उसे पैसा चाहिए; मुझे शांति और सुकून चाहिए।'

या 'उसे अपनी पूर्व-पत्नी के साथ समझौता करने के लिए 1 लाख डॉलर की जरूरत है। जबकि मैंने अपने परिवार से कहा है कि मैं घर खरीदने के लिए 95 हजार डॉलर से ज़्यादा खर्च नहीं करूँगा।

ये इच्छाएँ और चिंताएँ ही हित कहलाते हैं। हित लोगों को प्रेरित करते हैं; वे पोजिशंस के शोरगुल के पीछे की मूक प्रेरक शक्तियाँ हैं। आपकी पोजिशन यानी वह, जिसे आप तय कर चुके हैं। जबकि आपके हित यानी जिनकी वजह से आपने वह तय किया है।

सन 1978 में अमेरिका के कैम्प डेविड में मिस्र और इजराइल के बीच हुई शांति संधि (जिसे कैम्प डेविड समझौता भी कहते हैं) पोजिशंस से परे देखने की उपयोगिता को दर्शाती है। 1967 के 'छह दिवसीय युद्ध' (जो इजराइल और उसके पड़ोसी देशों मिस्र, जॉर्डन व सीरिया के बीच लड़ा गया था) के बाद से ही इजराइल ने मिस्र के सिनाई प्रायद्वीप पर कब्जा कर रखा था। जब 1978 में जब मिस्र और इजराइल के बीच शांति-वार्ता शुरू हुई, तो इस सौदेबाज़ी में उनकी पोजिशंस असंगत थीं। इजराइल सिनाई प्रायद्वीप के कुछ हिस्से को अपने पास रखने के लिए जोर दे रहा था। जबकि दूसरी ओर मिस्र चाहता था कि सिनाई की एक-एक इंच जमीन उसे लौटा दी जाए। मिस्र और इजराइल के बीच सिनाई प्रायद्वीप को विभाजित करनेवाली संभावित सीमारेखा दर्शाने के लिए कई मानचित्र भी तैयार

किए गए। लेकिन मिस्र को ऐसा कोई भी समझौता कतई स्वीकार्य नहीं था। जबकि इजराइल को सिनाई प्रायद्वीप में 1967 के पहलेवाली स्थिति स्वीकार्य नहीं थी।

इस समस्या का समाधान तब संभव हो सका, जब उनकी पोजिशंस के बजाय उनके हितों पर ध्यान केंद्रित किया गया। इजराइल का हित सुरक्षा से जुड़ा था; वे नहीं चाहते थे कि मिस्र की सेना के टैंक किसी भी समय उन पर हमला करने के लिए उनके बॉर्डर पर तैयार खड़े रहें। जबकि मिस्र का हित अपनी सर्वोच्च सत्ता और अखंडता से जुड़ा था। सिनाई प्रायद्वीप फेरो (प्राचीन मिस्र में राजा को दी जानेवाली सबसे बड़ी उपाधि) के जमाने से मिस्र का हिस्सा था। सदियों तक यूनानी, रोमन, तुर्क, फ्रांसीसी और ब्रिटिश वर्चस्व झेलने के बाद मिस्र ने हाल ही में पूर्ण सर्वोच्च सत्ता हासिल की थी। इसलिए अब वह किसी विदेशी विजेता के सामने झुकने और उसे अपना कोई भू-क्षेत्र सौंपने के लिए तैयार नहीं था।

कैम्प डेविड में मिस्र के तत्कालीन राष्ट्रपति अनवर अल-सदात और इजराइल के तत्कालीन प्रधानमंत्री मेनाकेम बेगिन अंततः एक योजना को लेकर आपस में सहमत हो गए। इसके तहत दोनों शीर्ष नेताओं के बीच तय हुआ कि मिस्र की सर्वोच्च सत्ता को ध्यान में रखते हुए इजराइल सिनाई प्रायद्वीप को वापस कर देगा। जबकि मिस्र एक विशाल सीमा-क्षेत्र से अपनी सेना हटाएगा ताकि इजराइल की सुरक्षा सुनिश्चित हो। यानी उस पूरे क्षेत्र में मिस्र का झंडा फहराया जाएगा, लेकिन उसकी सेना के टैंक इजराइल के करीब तैनात नहीं रहेंगे।

पोजिशंस के बजाय, हितों के बीच सामंजस्य बनाना दो कारणों से कारगर सिद्ध होता है: पहला, हर हित के मामले में कुछ ऐसी संभावित पोजिशंस होती हैं, जो उसे पूरा कर सकती हैं। आमतौर पर लोग प्रत्यक्ष पोजिशन अपना लेते हैं, जैसा कि इजराइल ने ये घोषणा करके किया कि वे सिनाई प्रायद्वीप का एक हिस्सा अपने कब्जे में रखेंगे। जब आप विरोधी पोजिशंस के पीछे के प्रेरक हितों पर गौर करते हैं, तो अक्सर आपको एक वैकल्पिक पोजिशन मिल जाती है, जो न सिर्फ आपके हितों को पूरा करती है बल्कि दूसरे पक्ष के हितों को भी। सिनाई प्रायद्वीप के मामले में सीमा से सेना हटाना ऐसा ही एक विकल्प था।

पोजिशंस के बीच समझौता करने के बजाय, हितों के बीच सामंजस्य बनाना इसलिए भी कारगर होता है क्योंकि विरोधी पोजिशंस के पीछे परस्पर विरोधी हितों के अलावा कई और हित भी निहित होते हैं।

विरोधी पोजिशंस के पीछे साझा और संगत हित भी निहित होते हैं और विरोधी हित भी।

हम अक्सर ये मान लेते हैं कि चूँकि दूसरे पक्ष की पोजिशन हमारी पोजिशन की विरोधी है इसलिए उनके हित भी हमारे हितों के विरोधी होंगे। यानी 'अगर हमारा हित अपना बचाव करने से जुड़ा है, तो निश्चित ही वे हम पर हमला करना चाहते होंगे।' या 'अगर हमारा हित मकान का किराया कम कराने से जुड़ा है, तो उनका हित निश्चित ही किराया बढ़ाने से जुड़ा होगा।' जबकि अधिकांश सौदों में अंतर्निहित हितों को सावधानी पूर्वक परखने से कई साझा या संगत हित प्रकट होते हैं, जो विरोधी हितों की तुलना में ज़्यादा ही होते हैं।

उदाहरण के लिए, एक किराएदार और उसके संभावित मकान मालिक के साझा हितों पर गौर करें :-

1. दोनों स्थिरता चाहते हैं। मकान मालिक एक स्थाई किराएदार चाहता है और किराएदार अपना एक स्थाई पता चाहता है।
2. दोनों ही मकान की बढ़िया देखरेख चाहते हैं। किराएदार को वहाँ रहना है; मकान मालिक मकान का मूल्य और इमारत की प्रतिष्ठा बढ़ाना चाहता है।
3. एक-दूसरे के साथ अच्छे संबंध दोनों के लिए हितकारी हैं। मकान मालिक एक ऐसा किराएदार चाहता है, जो सही समय पर नियमित रूप से किराया दे। किराएदार एक जवाबदेह मकान मालिक चाहता है, जो जरूरत पड़ने पर मकान की मरम्मत कराए।

हो सकता है कि दोनों के हितों के बीच कोई टकराव न हो, बस वे एक-दूसरे से भिन्न हों। उदाहरण के लिए :

1. हो सकता है कि किराएदार ताजा पेंट का सामना करना न चाहे क्योंकि उसे ताजे पेंट से एलर्जी है। वहीं मकान मालिक अपने अन्य सभी मकानों में नया पेंट कराने का खर्च वहन करना नहीं चाहेगा।
2. मकान मालिक पहले महीने के किराए का डाउन पेमेंट चाहेगा और हो सकता है कि उसे ये डाउन पेमेंट कल ही चाहिए हो। जबकि किराएदार कल या बाद में डाउन पेमेंट करने को लेकर उदासीन हो सकता है, ये जानते हुए भी कि मकान बहुत अच्छा है।

इन साझा और भिन्न हितों से तुलना करने पर किराया घटाने और लाभ बढ़ाने से जुड़े विरोधी हितों का प्रबंधन करना आसान लगने लगता है। साझा हितों का परिणाम संभवत: एक लंबी अवधि की लीज़, मकान की मरम्मत का खर्च साझा करने पर सहमति और अच्छे संबंधों के लिए एक-दूसरे की सुविधा का ध्यान रखने के रूप में सामने आएगा। संभवत: भिन्न हितों के बीच सामंजस्य कुछ इस तरह बनेगा कि किराएदार कल डाउन पेमेंट दे देगा और मकान मालिक मकान में पेंट कराने के लिए राज़ी हो जाएगा, बस पेंट किराएदार को खरीदकर लाना होगा। फिर बस ये तय करना बाकी रह जाएगा कि मकान का किराया कितना होगा। और इसका निर्धारण किराए के मकानों के बाज़ार भाव के अनुसार आसानी से किया जा सकता है।

आपसी सहमति या समझौते इसीलिए संभव होते हैं क्योंकि दोनों पक्षों के हित एक-दूसरे से भिन्न होते हैं। जैसे आप एक जूता-विक्रेता के पास जूते खरीदने जाते हैं, तो हो सकता है कि आप दोनों के लिए पैसे और जूते समान महत्त्व रखते हों। लेकिन अगर तुलनात्मक रूप से देखें, तो एक जोड़ी नए जूतों के मुकाबले विक्रेता के हित उन्हें बेचकर 50 डॉलर की कमाई करने से ज़्यादा जुड़े हैं। जबकि आपके लिए मामला बिलकुल उल्टा है। आपको 50 डॉलर बचाने से कहीं ज़्यादा दिलचस्पी एक जोड़ी नए जूतों में है। इसीलिए आपके और विक्रेता के बीच सौदा संभव होगा और आप वे जूते उससे खरीद लेंगे। तो साझा हित और भिन्न लेकिन पूरक हित, दोनों ही एक व्यावहारिक आपसी सहमति बनाने की प्रक्रिया के मूलभूत अंग हैं।

हितों की पहचान कैसे करें?

पोजिशंस के पीछे के हितों पर गौर करने के लाभ स्पष्ट हैं। लेकिन ऐसा कैसे करना है, ये अब तक पूरी तरह स्पष्ट नहीं है। एक पोजिशन आमतौर पर दृढ़ और स्पष्ट होती है; पर हो सकता है कि उसमें निहित हित अव्यक्त, अमूर्त और संभवत: असंगत हों। किसी के साथ सौदेबाज़ी करते समय उसमें निहित हितों को कैसे समझें, खासकर इस बात को याद रखते हुए कि उनके हितों का पता लगाना भी उतना ही महत्वपूर्ण है, जितना अपने हितों का पता लगाना?

पूछें 'क्यों?' एक बुनियादी तकनीक है खुद को उनकी जगह पर रखकर देखना। उनके द्वारा ली गई हर पोजिशन को परखें और खुद से पूछें, 'क्यों?' उदाहरण के

लिए, आपका मकान मालिक पाँच साल की लीज पर मकान देने के लिए राजी है, तो फिर वह किराए का निर्धारण हर साल नए सिरे से 'क्यों' करना चाहता है? इस पर आपका जवाब ये हो सकता है कि शायद उसका एक हित ये हो कि लगातार बढ़ते खर्च को देखते हुए वह आर्थिक सुरक्षा चाहता हो। आप मकान मालिक से खुद भी ये पूछ सकते हैं कि उसने ये पोजिशन क्यों ली? अगर आप सचमुच उससे ये सवाल पूछते हैं, तो स्पष्ट बता दें कि आप उससे कोई सफाई नहीं माँग रहे हैं बल्कि उसकी उन आवश्यकताओं, आशाओं, डरों और इच्छाओं को समझने के लिए ये सवाल पूछ रहे हैं, जो उसकी इस विशिष्ट पोजिशन से जुड़ी हुई हैं। 'तीन साल से ज़्यादा की लीज न बनाने के पीछे आपकी मूल चिंता क्या है मि. जोन्स?'

पूछें 'क्यों नहीं?' दूसरे पक्ष के चुनावों पर विचार करें। हितों को उजागर करने का एक सबसे उपयोगी तरीका है, सबसे पहले उस मूल निर्णय की पहचान करना, जिसके बारे में शायद दूसरे पक्ष को लगता है कि आप उससे वह निर्णय लेने को कहेंगे। और फिर खुद से यह पूछना कि उन्होंने वह निर्णय क्यों नहीं लिया। उनका कौन सा हित इस निर्णय के आड़े आ गया? अगर आप उनके विचार बदलना चाहते हैं, तो इसकी शुरुआत ये पता लगाकर करें कि फिलहाल उनके विचार क्या हैं।

उदाहरण के लिए छात्र-उग्रवादियों द्वारा तेहरान में बंधक बनाए गए 52 अमेरिकी राजनयिकों और दूतावास कर्मियों की रिहाई के लिए सन 1980 में अमेरिका और ईरान के बीच हुई सौदेबाज़ी पर विचार करें। यूँ तो इस विवाद को निपटाने में कई बाधाएँ थीं, लेकिन एक आम छात्र नेता द्वारा किए गए चुनाव पर नज़र डालने मात्र से ही ये साफ हो जाएगा कि असल समस्या क्या थी। इस मामले में अमेरिका की माँग बिलकुल स्पष्ट थी, 'बंधकों को रिहा किया जाए।' 1980 के दौर के हर ईरानी छात्र नेता द्वारा किया गया चुनाव काफी हद तक वैसा ही होता, जैसे कि आगे दी गई बैलेंस शीट में दर्शाया गया है।

1980 के वसंत में

वर्तमान धारणा के अनुरूप चुनाव : जो एक ईरानी छात्र-नेता द्वारा किया जाता।

खुद से उसका सवाल : 'क्या मुझे अमेरिकी बंधकों की तत्काल रिहाई के लिए ज़ोर देना चाहिए?'

अगर मैं इसके लिए हाँ कहता हूँ तो :	**अगर मैं इसके लिए ना कर देता हूँ तो :**
– ये अपनी क्रांति के साथ गद्दारी करना होगा।	+ मैं अपनी क्रांति जारी रख सकूँगा।
– मुझे अमेरिका-समर्थक करार दे दिया जाएगा और मेरी आलोचना होगी।	+ इस्लाम की रक्षा करने के लिए मेरी तारीफ होगी।
– संभवत: अन्य लोग मुझसे सहमत नहीं होंगे; पर अगर सहमत हुए और हमने बंधकों को रिहा कर दिया तो :	+ संभवत: हम सब साथ रहेंगे।
	+ अपनी शिकायतों को दुनिया के सामने रखने के लिए हमें शानदार टीवी-कवरेज मिलेगा।
– ईरान कमजोर नज़र आएगा।	+ ईरान ताकतवर नज़र आएगा।
– ये अमेरिका के सामने घुटने टेकने जैसा होगा।	+ हम अमेरिका के सामने दृढ़ता से टिके रहेंगे।
– हमें कुछ नहीं मिलेगा (न शाह और न पैसा)।	+ हमारे पास कुछ पाने (कम से कम अपना पैसा वापस पाने) का मौका होगा।
– हम नहीं जानते कि अमेरिका क्या करेगा।	+ बंधकों को अपने पास रखने से अमेरिकी हस्तक्षेप से कुछ हद तक बचा जा सकता है।
लेकिन :	**लेकिन :**
+ हो सकता है कि हम पर लगे आर्थिक प्रतिबंध समाप्त हो जाएँ।	– आर्थिक प्रतिबंध निश्चित रूप से जारी रहेंगे।
+ संभवत: अन्य देशों, खासकर यूरोपीय देशों से हमारे संबंध बेहतर हो जाएँगे।	– अन्य देशों, खासकर यूरोपीय देशों से हमारे संबंध खराब हो जाएँगे।
	– महँगाई बढ़ना और अन्य आर्थिक समस्याएँ जारी रहेंगी।

– एक जोखिम ये है कि अमेरिका सैन्य कार्रवाई कर सकता है (लेकिन एक शहीद की मौत मरने से ज़्यादा गौरवशाली और क्या हो सकता है!)

हालाँकि :

+ अमेरिकी सेना हमारा पैसा देने, कभी हस्तक्षेप न करने और आर्थिक प्रतिबंध हटाने का वादा कर सकती है।

+ हम बंधकों को बाद में कभी भी रिहा कर सकते हैं।

अगर एक आम ईरानी छात्र-नेता के चुनाव सचमुच ऐसे ही होते थे, तो इस बात को आसानी से समझा जा सकता है कि छात्र-उग्रवादियों ने लंबे समय तक अमेरिकी बंधकों को अपने कब्जे में क्यों रखा। भले ही अमेरिकी नागरिकों को इस तरह बंधक बनाना एक बेरहम व गैर-कानून कृत्य रहा हो। लेकिन एक बार बंधक बना लेने के बाद छात्र-उग्रवादियों द्वारा उन्हें कई दिनों तक अपने कब्जे में रखना और रिहा करने के लिए सही समय का इंतजार करना कतई तर्कहीन नहीं था।

वर्तमान धारणा के अनुरूप दूसरे पक्ष के चुनाव को अपने सामने स्पष्ट करते समय पहला सवाल ये पूछना चाहिए कि 'मैं किसके निर्णय को प्रभावित करना चाहता हूँ?' दूसरा निर्णय वह है, जिसके बारे में दूसरा पक्ष अब ये मानता है कि आप उन्हें वह निर्णय लेने को कहेंगे। अगर आपको नहीं पता कि वह निर्णय क्या है, तो हो सकता है कि दूसरे पक्ष को भी उसके बारे में कुछ न पता हो। इस एक बात से ही ये समझा जा सकता है कि वे आपकी पसंद का निर्णय क्यों नहीं ले रहे हैं।

आप उन्हें एक निर्णय लेने को कहते हैं। अब इसका परिणाम चाहे जो भी हो, वे वह निर्णय लेने के लिए मान जाएँ या इंकार कर दें पर आपको उस परिणाम का विश्लेषण उनके नज़रिए से करना है। आपको इस कार्य में सहायक परिणामों की एक चेकलिस्ट भी मिल सकती है जैसे :

मेरे हितों पर पड़नेवाले प्रभाव :

- मुझे राजनीतिक समर्थन मिलेगा या मैं उसे गँवा दूँगा?
- सहकर्मी मेरी आलोचना करेंगे या फिर प्रशंसा?

समूह के हितों पर पड़नेवाले प्रभाव :

- अल्पकालिक परिणाम क्या होंगे? दीर्घकालिक परिणाम क्या होंगे?
- आर्थिक (राजनीतिक, कानूनी, मनोवैज्ञानिक, सैन्य आदि) परिणाम क्या होंगे?
- बाहरी समर्थकों और जनमत पर क्या प्रभाव पड़ेगा?
- इसे एक अच्छी मिसाल के तौर पर देखा जाएगा या बुरी?
- क्या यह निर्णय लेने से कुछ बेहतर करने में रूकावट आएगी?
- क्या ऐसा करना हमारे सिद्धांतों के अनुरूप है? क्या ये 'सही' है?
- अगर मैं चाहूँ, तो क्या इसे बाद में कर सकता हूँ?

इस पूरी प्रक्रिया में हर बार बिलकुल सटीक होने की कोशिश करना ठीक नहीं होगा। क्योंकि आपको शायद ही कभी किसी ऐसे निर्णयकर्ता के साथ सौदेबाज़ी करनी पड़े, जो हर चीज़ के भले और बुरे पक्ष का मूल्यांकन करके उसे कागज पर दर्ज करता हो। वैसे भी आप यहाँ कोई गणितीय आंकलन या गणना नहीं कर रहे हैं बल्कि एक मानवीय चुनाव को समझने की कोशिश कर रहे हैं।

इस बात को समझें कि हर पक्ष के कई हित होते हैं

करीब-करीब हर सौदेबाज़ी में हर पक्ष के कई हित होंगे, न कि सिर्फ एक हित। जैसे उदाहरण के लिए एक किराएदार के रूप में मकान की लीज से जुड़ी सौदेबाज़ी करते हुए संभवत: आप ऐसी आपसी सहमति बनाना चाहेंगे, जो आपके अनुकूल हो ताकि बिना ज़्यादा कोशिशें किए जल्द से जल्द वह सहमति बन सके और साथ ही मकान मालिक से अच्छे कामकाजी संबंध भी बने रहें। आप दोनों के बीच जो भी आपसी सहमति बनेगी, आप उसे प्रभावित करना चाहेंगे क्योंकि उससे आपके हित जुड़े हुए हैं। दरअसल आप अपने व्यक्तिगत और साझा, दोनों ही प्रकार के हित साधने की कोशिश एक साथ करेंगे।

सौदेबाज़ी संबंधी किसी स्थिति में एक आम गलती होती है, ये मान लेना कि

दूसरे पक्ष के हर व्यक्ति के हित समान हैं। जबकि ऐसा शायद ही कभी होता हो। जैसे वियतनाम युद्ध (1955-1975) के समय अमेरिकी राष्ट्रपति लिंडन बी. जॉनसन की आदत थी कि वे उत्तरी वियतनाम की सरकार के सभी सदस्यों, दक्षिण के वियतकाँग और उनके सोवियत व चीनी सलाहकारों को एक साथ जोड़कर देखते थे और उन्हें संयुक्त रूप से 'वह' या 'उसे' कहकर संबोधित करते थे। 'दुश्मन को याद रखना होगा कि अगर वह अमेरिकी सीमा को पार करने की कोशिश करेगा, तो उसे इसके गंभीर परिणाम भुगतने होंगे। उसे इस बात का एहसास दिलाया जाएगा कि आक्रामकता उसके लिए फायदेमंद साबित नहीं होगी।' तो अगर आप विभिन्न लोगों और गुटों के अलग-अलग हितों को पहचानने और समझने में नाकाम रहते है, तो ऐसे किसी भी 'वह' 'उसे' (या 'उन्हें') को प्रभावित करके किसी बात से सहमत कराना बहुत मुश्किल होगा।

सौदेबाज़ी को दो व्यक्तियोंवाली दो-तरफा प्रक्रिया के रूप में देखना आकर्षक हो सकता है, लेकिन इसके चलते आपको अन्य व्यक्तियों, अन्य पक्षों और अन्य प्रभावों की सहज उपस्थिति के प्रति उदासीन नहीं हो जाना चाहिए। बेसबॉल खिलाड़ियों के वेतन पर हो रही एक सौदेबाज़ी में जनरल मैनेजर इस बात पर बार-बार ज़ोर देता रहा कि फलाँ खिलाड़ी को 5 लाख डॉलर जैसी बड़ी रकम नहीं दी जानी चाहिए क्योंकि ये जरूरत से ज़्यादा है। जबकि अन्य टीमें समान प्रतिभावाले खिलाड़ियों को कम से कम 5 लाख डॉलर का भुगतान कर रही थीं। हालाँकि वह जनरल मैनेजर अच्छी तरह जानता था कि उसकी ये पोजिशन पूरी तरह अनुचित है, लेकिन उसे बेसबॉल क्लब के मालिकों की ओर से सख्त निर्देश थे कि उसे बिना कोई कारण बताए बस अपनी पोजिशन पर अड़े रहना है। क्योंकि क्लब के मालिक आर्थिक कठिनाईयाँ झेल रहे थे और वे नहीं चाहते थे कि जनता को इसकी भनक लगे।

हर सौदेबाज़ अपने लोगों में से किसी न किसी के हितों को लेकर संवेदनशील रवैया रखता है, फिर चाहे वह उसका नियोक्ता हो, ग्राहक हो, उसके सहकर्मी हों, उसका परिवार हो या उसका जीवनसाथी। उस सौदेबाज़ के हितों को समझने का अर्थ है, उन विभिन्न हितों की विविधता को समझना, जिनका उसे ध्यान रखना है।

सबसे शक्तिशाली हित होते हैं बुनियादी मानवीय ज़रूरतों से जुड़े हित

किसी घोषित पोजिशन के पीछे के बुनियादी हितों को जानने के लिए आपको

उन आधारभूत सरोकारों को पहचानना होगा, जो हर व्यक्ति को प्रेरित करते हैं। इन बुनियादी जरूरतों का ध्यान रखने से न सिर्फ आपसी सहमति बनने की संभावना बढ़ जाती है बल्कि इस बात के आसार भी बढ़ जाते हैं कि आपसी सहमति बनने के बाद दूसरा पक्ष उस पर कायम रहेगा। बुनियादी मानवीय जरूरतें कुछ इस प्रकार होती हैं :-

- सुरक्षा
- आर्थिक कल्याण
- अपनेपन का भाव
- मान्यता
- अपने जीवन पर नियंत्रण

भले ही ये जरूरतें कितनी भी बुनियादी और मौलिक हों पर इन्हें नज़रअंदाज करना बहुत आम है। अधिकांश सौदेबाजियों में हम यह मान बैठते हैं कि उससे सिर्फ आर्थिक हित ही जुड़े हुए हैं। बावजूद इसके, रुपए-पैसे से जुड़ी या एक निश्चित राशि तय करने संबंधी किसी सौदेबाज़ी – जैसे तलाक की स्थिति में एक निश्चित गुजारा-भत्ता राशि तय करने – में भी बहुत सारे पहलू शामिल होते हैं। अगर तलाक होने पर पत्नी 500 डॉलर प्रति सप्ताह की गुजारा-भत्ता राशि माँग रही है, तो वास्तव में वह क्या चाहती है? निश्चित ही वह अपना आर्थिक कल्याण चाहती है लेकिन इसके अलावा और क्या? संभवत: वह मनोवैज्ञानिक रूप से सुरक्षित महसूस करने के लिए यह राशि चाहती है। हो सकता है कि वह सामाजिक मान्यता प्राप्त करने के लिए ऐसा चाहती हो ताकि यह सुनिश्चित हो सके कि उसे उचित सम्मान और बराबरी का हक मिला। हो सकता है कि उसका पति हर सप्ताह 500 डॉलर का भुगतान करने में सक्षम न हो और शायद पत्नी को भी इतने पैसे की जरूरत न हो, इसके बावजूद वह सिर्फ तभी इससे कम कोई और राशि स्वीकार करेगी, जब उसकी सुरक्षा और मान्यता जैसी जरूरतें अन्य तरीकों से पूरी की जाएँगी।

जो बात व्यक्तियों के मामले में लागू होती है, वही बात समूहों और राष्ट्रों के मामले में भी लागू होती है। किसी भी सौदेबाज़ी में तब तक कोई खास प्रगति संभव नहीं होती, जब तक एक पक्ष को ये लगता है कि उसकी बुनियादी मानवीय जरूरतों को पूरा करने में दूसरा पक्ष बाधा बन रहा है। उदाहरण के लिए अमेरिका

और मेक्सिको के बीच हुई एक सौदेबाज़ी में अमेरिका चाहता था कि मेक्सिको अपनी प्राकृतिक गैस अमेरिका को कम कीमत पर बेचे। अमेरिकी ऊर्जा सचिव इसे कीमत संबंधी सौदेबाज़ी मान बैठे और उन्होंने मेक्सिकन अधिकारियों व एक अमेरिकी तेल संघ के बीच हुए सौदे के बाद कीमतों में हुई वृद्धि को मंजूरी देने से इंकार कर दिया। चूँकि उस समय मेक्सिकन अधिकारियों के पास कोई और संभावित खरीदार उपलब्ध नहीं था इसलिए अमेरिकी ऊर्जा सचिव को लगा कि वे कीमतें कम कर देंगे। लेकिन मेक्सिकन अधिकारी न सिर्फ अपनी प्राकृतिक गैस की अच्छी कीमत चाहते थे बल्कि वे यह भी चाहते थे कि उनके साथ समानता की भावना के साथ सम्मानपूर्वक व्यवहार किया जाए। जबकि अमेरिका की ये हरकत कुछ ऐसी थी, मानों वह एक बार फिर मेक्सिको को तंग करने की कोशिश कर रहा हो। इसके चलते मेक्सिकन अधिकारी बुरी तरह भड़क गए। इसके बाद मेक्सिको की सरकार अमेरिका को अपनी प्राकृतिक गैस बेचने के बजाय उसे खुद जलाने लग गई और कम कीमत पर कोई भी आपसी सहमति बनने की संभावना राजनीतिक रूप से असंभव हो गई।

इसी तरह उत्तरी आयरलैंड के भविष्य के बारे में होनेवाली सौदेबाजियों में प्रोटेस्टेंट नेता आमतौर पर अपनापन और मान्यता प्राप्त करने की व स्वीकृति और समानतापूर्ण व्यवहार की कैथोलिक नेताओं की जरूरत को अनदेखा कर देते हैं। बदले में कैथोलिक नेता सुरक्षित महसूस करने की प्रोटेस्टेंट नेताओं की जरूरत को बहुत कम महत्त्व देते दिखाई देते हैं। प्रोटेस्टेंट नेताओं के डरों को उनके उचित सरोकार के रूप में देखने और उस पर ध्यान देने के बजाय, 'उनकी समस्या' के तौर पर देखने के चलते किसी समाधान पर आपसी सहमति बनाना और भी मुश्किल हो जाता है।

एक सूची बनाएँ

जैसे ही आपके मन में किसी के हित स्पष्ट हों, तो उन्हें सूची में दर्ज कर लें। इससे आपको हर पक्ष के विभिन्न हितों को पहचानने में मदद मिलेगी। इससे न सिर्फ उन्हें याद रखना आसान हो जाएगा बल्कि कोई नई जानकारी मिलने पर आप अपने मूल्यांकन को और बेहतर बनाने एवं विभिन्न हितों को उनकी महत्ता के अनुसार एक क्रम में लगाने में भी सक्षम हो जाएँगे। इसके अलावा इन हितों को पूरा कैसे किया जाए, इससे जुड़े विचारों को भी प्रेरणा मिलेगी।

हितों पर चर्चा करना

सौदेबाज़ी का उद्‌देश्य होता है, अपने हितों को पूरा करना। जब आप संवाद करके अपने हितों को उजागर करते हैं, तो उनके पूरे होने की संभावना बढ़ जाती है। हो सकता है कि दूसरे पक्ष को आपके हितों की जानकारी न हो। इसी तरह शायद आप भी उनके हितों से परिचित न हों। हो सकता है कि आपमें से किसी एक का या फिर आप दोनों का ही ध्यान भविष्य के बजाय अतीत के कष्टों पर केंद्रित हो। या फिर शायद आप दोनों एक-दूसरे की बात सुन ही न रहे हों। तो फिर किसी सख्त पोजिशन पर अटके बिना आप अपने हितों पर रचनात्मक चर्चा कैसे कर सकते हैं?

अगर आप चाहते हैं कि दूसरा पक्ष आपके हितों का ध्यान रखें, तो उन्हें खुलकर बता दें कि आपके हित क्या हैं? अगर किसी नागरिक समूह का सदस्य अपने पड़ोस में चल रही एक निर्माण परियोजना के बारे शिकायत करना चाहता है, तो उसे स्पष्ट शब्दों में कहना चाहिए कि इसके चलते बच्चों का जीवन जोखिम में है, जिससे उसकी रातों की नींद उड़ी हुई है। इसी तरह अगर कोई लेखक अपनी कई किताबों को दान करना चाहता है, तो उसे इसके बारे में अपने प्रकाशक से चर्चा करनी चाहिए। किताबों के प्रचार से प्रकाशक के साझा हित जुड़े हुए होते हैं और हो सकता है कि वह लेखक को इसके लिए कम कीमतवाला प्रस्ताव देने को तैयार हो जाए।

अपने हितों को जीवंत बनाएँ

अगर आप पेट में अल्सर की गंभीर समस्या से ग्रस्त हैं और दर्द से परेशान होकर डॉक्टर के पास जाते हैं और फिर उसके सामने अपनी बीमारी को एक साधारण पेटदर्द बताते हैं, तो फिर आपको ये उम्मीद नहीं करनी चाहिए कि उसके इलाज से आपको ज़्यादा राहत मिलेगी। दूसरे पक्ष को ये समझाना आपकी जिम्मेदारी है कि आपके हित कितने महत्वपूर्ण और जायज हैं।

एक दिशानिर्देश ये है कि अपनी बात को स्पष्टता से सामने रखें। ठोस विवरण न सिर्फ आपकी बातों को विश्वसनीय बल्कि प्रभावी भी बनाते हैं। उदाहरण के लिए 'पिछले एक हफ्ते में तीन बार एक बच्ची आपके ट्रक के नीचे आते-आते बची है। मंगलवार को सुबह करीब साढ़े आठ बजे कंकर से भरा आपका लाल रंग का ट्रक करीब 40 मील प्रति घंटे की रफ्तार से उत्तर दिशा की ओर जा रहा था। आगे के मोड़ पर मुड़ते ही आपके ट्रक ने लॉरेटा जॉनसन को करीब-करीब कुचल

ही दिया था, पर किस्मत से वह बच गई।'

जब तक आप ये नहीं जताते कि दूसरे पक्ष के हित महत्वहीन और नाजायज हैं, तब तक आप दूसरे पक्ष के सामने अपने सरोकारों की गंभीरता को लेकर एक कड़ा रुख अपना सकते हैं। चर्चा के दौरान दूसरे पक्ष से ये कहना, 'अगर मेरी बात गलत हो तो बताइए' आपके खुले रवैये को दर्शाता है। अगर वे आपकी बात को गलत नहीं कहते हैं, तो इसका अर्थ है कि आपने स्थिति का जो विवरण सामने रखा, उसे उन्होंने स्वीकार कर लिया है।

अपने हितों से दूसरे पक्ष को प्रभावित करने के लिए जरूरी है कि आप उन हितों की वैधता स्थापित करें। आप उन पर व्यक्तिगत हमले कर रहे हैं, इसके बजाय आप उन्हें ये महसूस कराना चाहेंगे कि आप जिस समस्या का सामना कर रहे हैं, उस पर सचमुच ध्यान देने की जरूरत है। आपको उन्हें ये विश्वास दिलाना होगा कि अगर वे आपकी जगह होते, तो वे भी वही महसूस कर रहे होते, जो आप कर रहे हैं। 'क्या आपके बच्चे हैं? ज़रा सोचिए कि आप जिस गली में रहते हैं, अगर वहाँ चालीस मील प्रति घंटा की रफ्तार से ट्रक दौड़ते हों, तो आपको कैसा महसूस होगा?'

उनके हितों को समस्या के हिस्से के रूप में स्वीकार करें

हम सब अपने हितों को पूरा करने में ही इतने व्यस्त रहते हैं कि दूसरों के हितों पर बहुत कम ध्यान दे पाते हैं।

जब लोगों को लगता है कि आप उन्हें समझने लगे हैं, तो वे आपकी बातों को बेहतर ढंग से सुनते हैं। जो उन्हें समझते हैं, उन्हें वे बुद्धिमान और सहानुभूति रखनेवालों के रूप में देखने लगते हैं, जिनकी राय सुनने योग्य है। तो अगर आप चाहते हैं कि दूसरा पक्ष आपके हितों को महत्त्व दे, तो आपको भी उनके हितों को महत्त्व देना होगा।

'जहाँ तक मैं समझता हूँ, एक निर्माण कंपनी के रूप में आपके हित इस बात से जुड़े हैं कि निर्माण कार्य कम से कम लागत में जल्द से जल्द पूरा हो और शहर में सुरक्षा व जवाबदेही को लेकर आपकी प्रतिष्ठा पर कोई आँच न आए। क्या मैंने आपको सही समझा है? क्या आपके कुछ अन्य महत्वपूर्ण हित भी हैं?'

आपने उनके हितों को समझ लिया है, ये जताने के साथ-साथ ये स्वीकार

करना भी आपके लिए मददगार साबित हो सकता है कि उनके हित उस समग्र समस्या का ही एक हिस्सा है, जिसका समाधान ढूँढ़ने की आप कोशिश कर रहे हैं। अगर आप दोनों के हित साझा हैं, तो ऐसा करना और आसान हो जाता है: 'अगर आपका कोई ट्रक सचमुच किसी बच्चे को टक्कर मार देता है, तो ये हम सबके लिए बहुत बुरा होगा।'

अपने जवाब से पहले समस्या को सामने रखें

एक निर्माण कंपनी के प्रतिनिधि से बात करते समय आप कह सकते हैं, 'हमें लगता है कि आपको 48 घंटों के अंदर अपने निर्माण स्थल के चारों ओर एक बाड़ लगा लेनी चाहिए। और अगर आप तत्काल काम शुरू कर देते हैं, तो ओक स्ट्रीट पर आपके ट्रक की अधिकतम रफ्तार 15 मील प्रति घंटे तक सीमित हो सकती है। अब मैं आपको बताता हूँ कि ऐसा क्यों...!' अगर आप उससे इस प्रकार बात करते हैं, तो ये तय है कि वह आपके कारणों को नहीं सुननेवाला। उसने आपकी पोजिशन सुन ली है और इसमें कोई दोराय नहीं कि अब वह उस पोजिशन के विरुद्ध अपने मन में तर्क तैयार करने में व्यस्त होगा। हो सकता है कि वह आपके लहजे या फिर आपके सुझाव से ही परेशान हो गया हो। नतीजन अपनी पोजिशन को तर्कसंगत ठहराने के लिए आप जो भी कह रहे हैं, उस पर उसका ध्यान ही नहीं जाएगा।

अगर आप चाहते हैं कि आपके तर्कों को सुना और समझा जाए, तो अपने निष्कर्षों और प्रस्तावों से पहले अपने हितों और तर्कों को सामने रखें। निर्माण कंपनी के प्रतिनिधि को पहले इस बात से अवगत कराएँ कि उनके काम की वजह से मासूम बच्चों का जीवन खतरे में है, जिसकी वजह से आपकी रातों की नींद उड़ी हुई है। इसके बाद वे आपकी बात ध्यान से सुनेंगे, भले ही सिर्फ ये पता लगाने के लिए आप अपनी बात को किस बिंदु पर आकर खत्म करेंगे। फिर जब आप उन्हें बताएँगे, तो वे उसके पीछे का कारण भी समझ जाएँगे।

आगे देखें, पीछे नहीं

ये सचमुच आश्चर्य की बात है कि हम दूसरों की बातों या कार्यों पर कितनी अधिक प्रतिक्रिया देते हैं। दो लोगों के बीच हो रही चर्चा अक्सर किसी सौदेबाज़ी जैसी प्रतीत होने लगती है, जबकि उसके पीछे ऐसा कोई उद्देश्य नहीं होता। वे किसी मसले पर एक-दूसरे से असहमत होते हैं पर उनकी बातचीत जारी रहती है, मानों वे आपसी सहमति बनाने की कोशिश कर रहे हों। जबकि वास्तव में उनके

बीच की ये बहस या तो सिर्फ आदतन होती है या फिर वे यूँ ही समय बिताने के लिए कर रहे होते हैं। दोनों एक-दूसरे के खिलाफ अंक अर्जित करने में जुटे होते हैं या फिर ऐसे साक्ष्य इकट्ठे कर रहे होते हैं, जिनसे सामनेवाले के बारे में लंबे समय से जो धारणा बनी हुई है, उसकी पुष्टि होती हो। दोनों में से कोई भी आपसी सहमति बनाना नहीं चाहता। यहाँ तक कि वे एक-दूसरे को प्रभावित करने की कोशिश भी नहीं कर रहे होते।

अगर आप दो लोगों से पूछें कि वे आपस में बहस क्यों कर रहे हैं, तो आमतौर पर उनके जवाब से बहस के पीछे का कारण तो पता चल जाएगा पर उद्‌देश्य नहीं। दो लोगों के झगड़े में लोग आमतौर पर दूसरे पक्ष की किसी बात या उसके कार्य पर अधिक प्रतिक्रिया देते हैं, बजाय अपने दीर्घकालिक हित साधने की कोशिश करने के। फिर चाहे वह पति-पत्नी के बीच का झगड़ा हो, कंपनी और यूनियन के बीच का झगड़ा हो या फिर दो व्यवसायों के बीच का। 'वे मेरे साथ ऐसा व्यवहार नहीं कर सकते। अगर उन्हें लगता है कि वे ऐसा करके बच जाएँगे, तो ये उनकी गलतफहमी है। मैं उन्हें दिखा दूँगा कि उनके व्यवहार का परिणाम क्या हो सकता है।'

'क्यों?' के सवाल के दो बिलकुल अलग अर्थ हैं। पहला अर्थ, कारण जानने के लिए पीछे की ओर देखता है और ये मानता है कि हमारा व्यवहार अतीत की घटनाओं से निर्धारित होता है। जबकि दूसरा अर्थ, उद्‌देश्य जानने के लिए आगे की ओर देखता है और ये मानता है कि हमारा व्यवहार हमारी स्वतंत्र इच्छा से निर्धारित होता है। लेकिन हमें कैसा व्यवहार करना है, ये तय करने के लिए हमें स्वतंत्र इच्छा और नियतिवाद के बीच एक दार्शनिक बहस करने की जरूरत नहीं है। या तो हमारे पास स्वतंत्र इच्छा है या फिर हम जैसा भी व्यवहार करते हैं, उसका निर्धारण नियति करती है। दूसरे मसलों की बात करें, तो हम चुनाव करते हैं। अब ये हमारा चुनाव है कि हम पीछे देखना चाहते हैं या आगे।

आप अपने हितों को बेहतर ढंग से साध सकते हैं, अगर आप इस बारे में बात करें कि आप कहाँ जाना चाहते हैं, बजाय इसके कि आप कहाँ से आए हैं। दूसरे पक्ष से अतीत के बारे में - पिछली तिमाही की लागत के बारे में (जो बहुत ज़्यादा थी), पिछले हफ्ते की कार्रवाई के बारे में (जो पर्याप्त अधिकार न होने के बावजूद की गई) या फिर कल के प्रदर्शन के बारे में (जो कतई अपेक्षित नहीं था)

बात करने के बजाय इस बारे में बात करें कि आप भविष्य में क्या चाहते हैं। उन्होंने कल जो भी किया, उनसे उसका औचित्य साबित करने के लिए कहने के बजाय ये पूछें कि 'कल किसे क्या करना चाहिए?'

दृढ़ रहें पर लचीलापन भी रखें

एक सौदेबाज़ी में आपको पता होना चाहिए कि आप किस ओर जा रहे हैं और इसके बावजूद आपको नए विचारों के प्रति खुला रवैया भी रखना चाहिए। किस बिंदु पर आकर समझौता कर लेना चाहिए, ये तय करना एक मुश्किल निर्णय होता है और ये निर्णय लेने से बचने के लिए लोग अक्सर बिना किसी ठोस योजना के सिर्फ ये सोचकर सौदेबाज़ी करने पहुँच जाते हैं कि देखते हैं, सामनेवाला कैसी माँगें रखता है और क्या पेशकश करता है।

हितों की पहचान करने के बाद आप अपने लिए विशिष्ट विकल्प खोजने और उनके प्रति लचीला रवैया रखने की दिशा की ओर कैसे बढ़ सकते हैं? अपने हितों को ठोस विकल्पों में तब्दील करने के लिए खुद से पूछें, 'अगर कल को दूसरा पक्ष मेरे विकल्पों से राजी हो जाता है, तो मेरे अनुसार वे विकल्प क्या होंगे?' अपना लचीला रवैया बनाए रखने के लिए अपने द्वारा खोजे गए हर विकल्प को सिर्फ एक व्याख्या की तरह ही लें। अपने हित पूरे करनेवाले एक से अधिक विकल्पों पर विचार करें। यहाँ 'स्पष्ट रूप से व्याख्यात्मक' वह मुख्य विचार है, जो इससे जुड़ा हुआ है।

पोजिशन संबंधी मोलभाव करनेवाले, अपनी शुरुआती पोजिशन द्वारा अधिकांशत: जो हासिल करने की उम्मीद करते हैं, उसे ऐसे व्याख्यात्मक सुझाव द्वारा उतनी ही अच्छी तरह हासिल किया जा सकता है, जो आपके हितों का खयाल रखता हो। उदाहरण के लिए बेसबॉल के अनुबंध पर हो रही सौदेबाज़ी के दौरान एक एजेंट कह सकता है कि '50 लाख डॉलर सालाना का वेतन हैंडरसन की अपेक्षाओं और हितों को संतुष्ट करने के लिए पर्याप्त होगा। और अगर इसी वेतन पर पाँच साल का अनुबंध किया जाए, तो पेशेवर रूप से सुरक्षित महसूस करने की उसकी जरूरत भी पूरी हो जाएगी।'

अपने हितों पर विचार करके मीटिंग में जाते समय न सिर्फ आपके पास एक या उससे अधिक ऐसे स्पष्ट विकल्प होने चाहिए – जो आपके जायज हितों को पूरा करते हों – बल्कि आपके रवैये में खुलापन भी होना चाहिए। बस ये याद रखें

कि खुले रवैये का अर्थ मूर्खतापूर्ण ढंग से कोई भी प्रस्ताव स्वीकार कर लेना नहीं है।

समस्या के प्रति सख्त और लोगों के प्रति नर्म रवैया रखें

आप अपने हितों के बारे में बात करते समय उतनी ही सख्ती दिखा सकते हैं, जितना कोई सौदेबाज़ अपनी पोजिशन के बारे में बात करते समय दिखाता है। आमतौर पर आपको सख्त रवैया अपनाने की सलाह ही दी जाती है। अपनी पोजिशन के प्रति प्रतिबद्ध रहना भले ही बुद्धिमानी न हो, लेकिन अपने हितों के प्रति प्रतिबद्ध रहना निश्चित रूप से बुद्धिमानी है। एक सौदेबाज़ी में यही वह बिंदु है, जहाँ आपको अपनी आक्रामक ऊर्जा का उपयोग करना है। दूसरा पक्ष, जो अपने हितों के प्रति प्रतिबद्ध होगा, संभावित सहमति को लेकर कुछ ज़्यादा ही आशावादी होगा। आमतौर पर सबसे बुद्धिमानी भरे समाधान – जो दूसरे पक्ष की न्यूनतम लागत पर आपको अधिकतम लाभ दे – सिर्फ तभी निकलते हैं, जब आप अपने हितों की पुरज़ोर वकालत करते हैं। अपने-अपने हित पूरे करने की भरपूर कोशिश कर रहे दो सौदेबाज़ पारस्परिक रूप से लाभप्रद समाधान ढूँढ़ने की दिशा में अक्सर एक-दूसरे की रचनात्मकता को प्रोत्साहित करने का काम करते हैं।

हो सकता है कि महँगाई से परेशान एक निर्माण कंपनी लागत कम रखने और समयसीमा के अंदर काम पूरा करने को अपने सबसे महत्वपूर्ण हितों के रूप में देखती हो। हो सकता है कि आपको उन्हें झकझोरना पड़े। आर्थिक लाभ और मासूम बच्चों की जिंदगी जैसे दो विकल्पों के बीच बेहतर संतुलन बनाने के लिए सच्ची भावनाएँ मददगार सिद्ध हो सकती हैं। अपनी समस्याओं के साथ न्याय करने की राह में दोस्तान रवैया रखने की अपनी इच्छा को बाधा न बनने दें। 'निश्चित ही आप ये नहीं कह रहे हैं कि मेरे मासूम बेटे की जान की कीमत, निर्माण स्थल पर लगाई जानेवाली बाड़ से कम है। आप अपने बेटे के बारे में भी ऐसा नहीं कहेंगे। मिस्टर जेनकिंस, मुझे नहीं लगता कि आप एक असंवेदनशील व्यक्ति हैं। तो चलिए इस समस्या का समाधान ढूँढ़ने की कोशिश करते हैं।'

जब आप समस्या पर हमला बोलें और वे उसे व्यक्तिगत हमले की तरह लें, तो हो सकता है कि उनका रवैया रक्षात्मक हो जाए और फिर वे आपकी बात सुनना बंद कर दें। इसीलिए ये जरूरी होता है कि लोगों और समस्याओं को अलग-अलग रखा जाए। लोगों पर दोषारोपण किए बिना समस्या पर हमला बोलें। इससे भी एक

कदम आगे जाकर उन्हें व्यक्तिगत सहयोग दें: उनकी बातों को सम्मानपूर्वक सुनें, आपको अपना समय और ऊर्जा देने के लिए उनका धन्यवाद दें, उनकी बुनियादी जरूरतों को पूरा करने की अपनी इच्छा पर जोर दें, इत्यादि। उनके सामने यह दर्शाएँ कि आप उन पर नहीं बल्कि समस्या पर हमला कर रहे हैं।

एक कारगर नियम ये है कि आप समस्या पर जितना ज़ोरदार हमला बोलते हैं, उतने ही पुरज़ोर ढंग से दूसरे पक्ष के लोगों को सकारात्मक सहयोग भी दें। सहयोग और हमले का ये संयोजन असंगत लग सकता है। मनोवैज्ञानिक रूप से यह असंगत ही है; पर यह असंगति ही इसे कारगर बनाती है। मनोविज्ञान का एक प्रसिद्ध सिद्धांत – मानसिक असंगति का सिद्धांत (थ्योरी ऑफ कॉग्निटिव डिजनेन्स) – कहता है कि लोगों को असंगति पसंद नहीं होती इसलिए वे इसे खत्म करने के लिए जरूरी कदम उठाते हैं। एक समस्या – जैसे पड़ोस की सड़क पर तेज गति से दौड़ते ट्रक – पर हमला बोलकर और उसी समय निर्माण कंपनी के प्रतिनिधि को सकारात्मक सहयोग देकर आप उसके लिए मानसिक असंगति पैदा कर देते हैं। इस असंगति को खत्म करने के उद्देश्य से वह खुद को समस्या से अलग करने के लिए प्रेरित होगा ताकि आपके साथ मिलकर इस बारे में कुछ कर सके।

मूल मुद्दों को लेकर कड़ा संघर्ष करने से एक प्रभावी समाधान ढूँढ़ने का दबाव बढ़ जाता है; दूसरे पक्ष के लोगों का सहयोग करने से आपके बीच संबंध बेहतर होते हैं और आपसी सहमति बनने की संभावना बढ़ जाती है। यह हमले और सहयोग का संयोजन ही है, जो यहाँ कारगर सिद्ध होता है; जबकि इन दोनों में से सिर्फ एक का उपयोग करना अपर्याप्त साबित हो सकता है।

अपने हितों के लिए पुरज़ोर सौदेबाज़ी करने का अर्थ, दूसरे पक्ष के दृष्टिकोण के प्रति अपनी आँखें मूँद लेना नहीं है। बल्कि वास्तविकता इससे बिलकुल उलट है। अगर आप दूसरे पक्ष के हितों का ध्यान नहीं रखते और उनके सुझावों के प्रति खुला रवैया नहीं रखते, तो फिर आपको ये उम्मीद नहीं करनी चाहिए कि वह आपके हितों का ध्यान रखेगा और आपके सुझाए विकल्पों पर चर्चा करने में रुचि दिखाएगा। सफल सौदेबाज़ी के लिए दृढ़ता और खुला रवैया, दोनों ही जरूरी हैं।

4. पारस्परिक लाभ के विकल्प तलाशें

सिनाई प्रायद्वीप के कितने भाग पर किसका कब्जा रहेगा, इजराइल और मिस्र के बीच का ये मसला सौदेबाज़ी के दौरान पैदा होनेवाली एक बड़ी समस्या और एक महत्वपूर्ण अवसर, दोनों को दर्शाता है।

समस्या आम है। ऐसा कोई रास्ता नज़र नहीं आता, जिससे किसी लाभ का बँटवारा इस प्रकार हो सके कि दोनों पक्ष संतुष्ट हो जाएँ। आप अक्सर ही एक अकेले आयाम पर सौदेबाज़ी कर रहे होते हैं, जैसे क्षेत्र का आकार, कार का दाम, मकान के लीज़ की अवधि या बिक्री से मिलनेवाले कमीशन की राशि। जबकि अन्य मौकों पर आपके सामने 'या तो ये, या फिर वो' जैसा कोई विकल्प होता है, जो या तो खासतौर पर आपके अनुकूल होता है या फिर दूसरे पक्ष के। जैसे तलाक के मामले में घर का मालिकाना हक किसे मिलेगा, पत्नी को या पति को? और बच्चों की लीगल कस्टडी किसे मिलेगी? हो सकता है कि आप इस विकल्प को अपनी हार या जीत के रूप में देखें – और जब ऐसा होता है, तो कोई पक्ष हारने को तैयार नहीं होता। भले ही आप जीत जाएँ और आपको 12 हजार डॉलर में कार मिल जाए, पाँच साल की लीज़ पर मकान मिल जाए या बच्चों की लीगल कस्टडी और घर का मालिकाना हक भी आपको मिल जाएँ, फिर भी आप एक अप्रिय भावना से ग्रस्त बने रहते हैं, जैसे कि दूसरा पक्ष आपको यह बात कभी भूलने नहीं देगा। स्थिति चाहे जो भी हो, आपको यही लगता है कि आपके विकल्प सीमित हैं।

सिनाई का उदाहरण भी इसी अवसर को स्पष्ट करता है। सिनाई से सेना हटाने जैसा कोई भी रचनात्मक विकल्प गतिरोध और सहमति के बीच फर्क लाने में सक्षम होता है। मेरा एक परिचित वकील अपनी सफलता का श्रेय सीधे तौर पर ऐसे समाधान ढूँढ़ने की अपनी क्षमता को देता है, जो उसके मुवक्किल और दूसरे पक्ष, दोनों के लिए लाभप्रद हों। वह लाभ का बटवारा करने से पहले उसका विस्तार करता है। विकल्प खोजने का कौशल किसी सौदेबाज़ का सबसे महत्वपूर्ण गुण बन सकता है।

फिर भी अक्सर सौदेबाज़ एक संतरे के लिए आपस में झगड़ रहे बच्चों जैसे बन जाते हैं। अंत में वे संतरे को आपस में आधा-आधा बाँटने के लिए तैयार हो जाते हैं। उनमें से पहला बच्चा अपना आधा संतरा खाकर उसके छिलके को फेंक देता है, जबकि दूसरा बच्चा अपना आधा संतरा छीलकर उसका छिलका रख लेता है और फल को फेंक देता है। फिर वह उस छिलके से अपने लिए एक केक बनाता है। सौदेबाज़ अक्सर अपनी 'संभावित कमाई को छोड़कर चले जाते हैं' - वे तब भी आपसी सहमति बनाने में विफल रहते हैं, जब सचमुच सहमति बन सकती थी। या फिर वे जो आपसी सहमति बनाते हैं, वह दोनों पक्षों के लिए और बेहतर भी हो सकती थी। अधिकांश सौदेबाजियों में एक पक्ष को पूरा संतरा और दूसरे पक्ष को पूरा छिलका मिलने के बजाय, दोनों पक्षों को आधा-आधा संतरा ही मिल पाता है। पर क्यों?

निदान

कई विकल्पों का होना भले ही कितना भी मूल्यवान हो, पर सौदेबाज़ी में शामिल लोग उनकी जरूरत कम ही महसूस करते हैं। किसी भी विवाद में लोगों की धारणा अक्सर ये होती है कि सही जवाब उन्हीं के पास है और वे जो सोच रहे हैं, आगे वही होगा। एक अनुबंध तैयार करने के लिए होनेवाली सौदेबाज़ी में संभवत: दोनों ही पक्ष ये मानते हैं कि उनका प्रस्ताव उचित है और कीमत में थोड़ा-बहुत बदलाव करके उसे स्वीकार कर लिया जाना चाहिए। फिर सारे जवाब उनकी और आपकी पोजिशन के बीच में कहीं अटके हुए नज़र आते हैं। ऐसे में रचनात्मक सोच सिर्फ अंतर को विभाजित करने का सुझाव देने तक ही सीमित रह जाती है।

अधिकांश सौदेबाजियों में चार प्रमुख बाधाएँ आती हैं, जो विकल्पों की बहुतायत को बाधित करती हैं : 1) अपरिपक्व निर्णय, 2) एक अकेले जवाब की खोज, 3) एक नियत लाभ की धारणा और 4) ये सोचना कि 'उनकी समस्या का समाधान खोजना उनकी अपनी समस्या है।' इन बाधाओं को दूर करने के लिए पहले आपको उन्हें समझना होगा।

अपरिपक्व निर्णय

विकल्पों की खोज स्वाभाविक नहीं होती बल्कि ऐसी कोई खोज न करना स्वाभाविक होता है, तब भी जब आप एक तनावपूर्ण सौदेबाज़ी से दूर हों। जैसे अगर आपसे पूछा जाए कि किसी ऐसे व्यक्ति का नाम बताइए, जो नोबेल शांति

पुरस्कार पाने के लिए सबसे योग्य हो, तो आप कोई भी जवाब देना चाहें, उसे लेकर आपके मन में तत्काल शंका का भाव आ जाएगा। भला आप इस बात को लेकर निश्चिंत कैसे हो सकते हैं कि इस पुरस्कार के लिए वही व्यक्ति सबसे योग्य है? हो सकता है कि कुछ देर के लिए आपका दिमाग काम करना बंद कर दे या फिर हो सकता है आप कुछ ऐसे जवाब दें, जो पारंपरिक सोच को दर्शाते हो : 'शायद पोप या फिर राष्ट्रपति।'

किसी नई चीज़ की खोज करने में सबसे बड़ी बाधा होती है, आलोचनात्मक चेतना, जो हर नए विचार की कमियों का बखान करने के लिए उतावली हो। कल्पना के रास्ते की सबसे बड़ी बाधा आलोचना या समीक्षा करना ही है।

किसी आगामी सौदेबाज़ी के दबाव में आपकी आलोचनात्मक चेतना के तीव्र होने की संभावना बढ़ जाती है। ऐसा प्रतीत होता है कि व्यावहारिक सौदेबाज़ी आमतौर पर व्यावहारिक सोच की माँग करती है, न कि अद्भुत विचारों की।

हो सकता है कि दूसरे पक्ष के लोगों की उपस्थिति आपकी रचनात्मकता को और दबा दे। मान लीजिए आप अपने बॉस के साथ आगामी साल के अपने वेतन को लेकर सौदेबाज़ी कर रहे हैं। आपने वेतन में 4 हज़ार डॉलर की वृद्धि की माँग की है; जबकि आपके बॉस ने आपको सिर्फ 1500 डॉलर बढ़ाने का प्रस्ताव दिया है, इसे लेकर आप असंतोष भी ज़ाहिर कर चुके हैं। ऐसी तनावपूर्ण स्थिति में इस बात की संभावना कम ही है कि आप अचानक कोई कल्पनाशील समाधान खोज लेंगे। शायद आपको ये डर होगा कि अगर कहीं आपने कुछ अधपके सुझाव दे डाले – जैसे आधी वृद्धि वेतन में और बाकी की आधी अतिरिक्त लाभों के रूप में लेना – तो शायद आप बेवकूफ नज़र आएँगे। हो सकता है कि आपका बॉस कह दे, 'क्या मज़ाक है! ज़रा गंभीरता से बात करो। तुम अच्छी तरह जानते हों कि इससे कंपनी की नीति प्रभावित होगी। मैं तो इस बात से हैरान हूँ कि आखिर तुमने ये सुझाव दिया कैसे!' ऐसे में अगर अचानक आपके मन में ये संभावित विकल्प आ जाए कि आपकी वेतन वृद्धि समय के साथ क्रमशः हो, तो हो सकता है कि आपका बॉस इसे एक प्रस्ताव के रूप में देखे: 'मैं इस आधार पर सौदेबाज़ी करने के लिए तैयार हूँ।' चूँकि आपकी कही बात को वह एक प्रतिबद्धता के रूप में ले सकता है इसलिए आप कुछ भी कहने से पहले दो बार सोचेंगे।

आपको ये डर भी हो सकता है कि विकल्प खोजकर कहीं आप किसी ऐसी

जानकारी का खुलासा न कर दें, जो आपकी मोल-भाव करने की पोजिशन को कमजोर कर दे। उदाहरण के लिए अगर आप ये सुझाव देते हैं कि आप अपने लिए जो घर खरीदने जा रहे हैं, कंपनी उसे फाइनेंस करने में मदद करें, तो आपका बॉस ये निष्कर्ष निकाल सकता है कि आप कंपनी छोड़कर जाने के बजाय यही रुकने का इरादा रखते हैं और वह आपके वेतन में जो भी छोटी-मोटी वृद्धि करने के लिए तैयार होगा, उसे आप अंतत: स्वीकार कर लेंगे।

एक अकेले जवाब की खोज

अधिकांश लोगों के लिए, कोई नई चीज़ तैयार करना सौदेबाज़ी की प्रक्रिया का हिस्सा होता ही नहीं है। लोगों को लगता है कि उनका काम है सिर्फ पोजिशंस के बीच का अंतर कम करना, न कि उपलब्ध विकल्पों का विस्तार करना। वे सोचते हैं कि 'अभी ये जैसा है, हमें उसी से सहमत होने में इतनी मुश्किल हो रही है। ऐसे में नए विचारों के चक्कर में पड़ने का क्या मतलब!' चूँकि हर सौदेबाज़ी का अंतिम उत्पाद एक अकेला निर्णय ही होता है इसलिए वे इस बात से घबराते हैं कि एक मुक्त चर्चा होने पर प्रक्रिया भ्रमित हो जाएगी और देर से पूरी होगी।

अगर रचनात्मकता के रास्ते की पहली बाधा अपरिपक्व आलोचना है, तो दूसरी बाधा है, अपरिपक्व समापन। जब आप शुरू से ही एक अकेला सर्वश्रेष्ठ जवाब ढूँढ़ने के चक्कर में पड़े रहते हैं, तो इससे व्यावहारिक निर्णय लेने की वह प्रक्रिया प्रभावित होती है, जिसमें आपको कई संभावित जवाबों में से किसी का चुनाव करना होता है।

एक नियत लाभ की धारणा

आपके पास उपलब्ध अच्छे विकल्पों की संख्या शायद कम होगी, इसकी तीसरी व्याख्या ये हो सकती है कि हर पक्ष स्थिति को 'या तो ये, या फिर वो' के रूप में देखता है – 'जिस चीज़ पर विवाद है, वह या तो मुझे मिलेगी या फिर तुम्हें, इसमें कोई बीच का रास्ता नहीं निकल सकता।' सौदबाज़ी अक्सर एक 'ज़ीरो-सम' गेम जैसी लगती है; 'कार की कीमत में आपके लिए 100 डॉलर और जुड़ने का अर्थ है, मेरे 100 डॉलर कम हो जाना। अगर सारे विकल्प स्पष्ट हैं और अगर आप सिर्फ मेरा नुकसान होने पर ही संतुष्ट होंगे, तो फिर नए विकल्प खोजने की जहमत क्यों उठाना?'

ये सोचना कि 'उनकी समस्या का समाधान तलाशना उनकी अपनी समस्या है'

यथार्थवादी विकल्पों की खोज में अंतिम बाधा है, हर पक्ष का सरोकार केवल अपने तात्कालिक हितों के साथ होना। अपने हितों को पूरा करनेवाली आपसी सहमति बनाने के लिए एक सौदेबाज़ को ऐसा समाधान ढूँढ़ने की जरूरत होती है, जो दूसरे पक्ष के हितों को भी पूरा करता हो। किसी मसले के एक पहलू से भावनात्मक जुड़ाव, उस तटस्थता को हासिल करना मुश्किल बना देता है, जो दोनों पक्षों के हितों को पूरा करनेवाले व्यावहारिक तरीके ढूँढ़ने के लिए जरूरी है: 'हमारी अपनी मुश्किल ही कम नहीं है; वे अपनी मुश्किल खुद सुलझा सकते हैं।' दूसरे पक्ष के दृष्टिकोण को जायज मानने के प्रति एक मनोवैज्ञानिक अनिच्छा भी होती है। दूसरे पक्ष को संतुष्ट करने के तरीके ढूँढ़ना ऐसा लगता है, जैसे हम अपने पक्ष के साथ विश्वासघात कर रहे हों। इसीलिए अदूरदर्शी ढंग से सिर्फ अपने बारे में सोचने पर सौदेबाज़ सिर्फ पक्षपातपूर्ण पोजिशन, पक्षपातपूर्ण तर्क और एक-तरफा समाधान ही सोच पाता है।

नुस्खे

रचनात्मक विकल्प ढूँढ़ने के लिए जरूरी है कि आप : 1) विकल्प ढूँढ़ना और उनकी आलोचना करना, इन दोनों कार्यों को एक-दूसरे से अलग रखें, 2) एक अकेला जवाब ढूँढ़ने के बजाय उपलब्ध विकल्पों का विस्तार करें, 3) पारस्परिक लाभ प्राप्त करने के तरीके ढूँढ़ें, 4) उनके निर्णय को आसान बनाने के तरीके ढूँढ़ें। इन चारों कदमों पर आगे चर्चा की गई है।

खोज करने और निर्णय लेने को एक-दूसरे से अलग करना

चूँकि आलोचना कल्पना को बाधित करती है इसलिए रचनात्मक कार्य को आलोचनात्मक या समीक्षात्मक कार्य से अलग कर दे; संभावित निर्णयों पर सोच-विचार करने की प्रक्रिया को उनमें से किसी एक का चुनाव करने की प्रक्रिया से अलग रखें। पहले खोज करें, फिर निर्णय लें।

एक सौदेबाज़ के रूप में आपके लिए जरूरी होगा कि अपनी अधिकांश खोज आप खुद करें। ये आसान नहीं होगा। नए विचारों की खोज के लिए आपको उन चीज़ों पर सोच-विचार करना होता है, जो पहले से आपके मन में नहीं हैं। इसलिए आपको अपने कुछ सहकर्मियों या दोस्तों के साथ मिलकर खोज या विचार-मंथन

करने के बारे में सोचना चाहिए। इससे खोज करने और निर्णय लेने को प्रभावी रूप से एक-दूसरे से अलग किया जा सकता है।

एक विचार-मंथन सत्र कुछ इस तरह तैयार किया जाता है कि समस्या का समाधान तलाशने के लिए ज़्यादा से ज़्यादा विचार सामने आ सकें। इसका मुख्य नियम है, विचारों की हर आलोचना और समीक्षा को स्थगित करना। विचार-मंथन सत्र में बिना ये सोचे विचारों की तलाश की जाती है कि वे सचमुच अच्छे हैं या बुरे, यथार्थवादी हैं या अयथार्थवादी। जब ये सारी बाधाएँ हटा दी जाती हैं, तो हर विचार, अगले विचार को उसी तरह प्रोत्साहित करता है, जैसे पटाखों की लड़ी में एक पटाखा, दूसरे पटाखे को स्वत: ही चिंगारी देता है और इस तरह पूरी लड़ी जल जाती है।

एक विचार-मंथन सत्र में लोगों को मूर्ख दिखने से डरना नहीं चाहिए क्योंकि यहाँ अद्भुत विचारों को खुले तौर पर प्रोत्साहित किया जाता है। और दूसरे पक्ष की अनुपस्थिति में - सौदेबाज़ों को गोपनीय जानकारी का खुलासा करने या किसी विचार को एक गंभीर प्रतिबद्धता के रूप में देखने को लेकर भी ज़्यादा चिंतित नहीं होना चाहिए।

विचार-मंथन सत्र के संचालन का कोई एक सही तरीका नहीं होता। बल्कि इसे आपको अपनी जरूरतों और संसाधनों के अनुसार ढालना होगा। ऐसा करते समय इन दिशा-निर्देशों का पालन करना आपके लिए उपयोगी साबित हो सकता है।

विचार-मंथन से पहले :

1. अपना उद्देश्य परिभाषित करें। आप इससे जो हासिल करना चाहते हैं, उसके बारे में सोच-विचार करें।

2. कुछ प्रतिभागियों का चुनाव करें। समूह को आमतौर पर इतना बड़ा होना चाहिए कि वह प्रेरक आदान-प्रदान संभव बना सके और साथ ही इतना छोटा होना चाहिए कि व्यक्तिगत भागीदारी और पाँच से आठ लोगों के बीच मुक्त खोज, दोनों को प्रेरित कर सके।

3. परिवेश बदलें। विचार मंथन के लिए ऐसा समय व स्थान चुने, जो उसे आम चर्चा से जितना हो सके, उतना अलग बनाता हो। एक विचार-मंथन

सत्र, आम चर्चा से जितना अलग लगता है, प्रतिभागियों के लिए अपनी आलोचनापूर्ण प्रवृत्ति को स्थगित करना उतना ही आसान हो जाता है।

4. एक अनौपचारिक माहौल बनाएँ। आपको और दूसरों को सहज होने के लिए किस चीज़ की जरूरत पड़ती है? शायद आपको ड्रिंक्स के साथ चर्चा करना सहज लगता हो या किसी सुंदर जगह पर स्थित रिजॉर्ट में मिलना-जुलना पसंद हो या फिर बस मीटिंग के दौरान अपनी टाई और कोट उतारकर एक-दूसरे को अनौपचारिक ढंग से उनके पहले नाम से पुकारते हुए बात करना बेहतर लगता हो।

5. एक समन्वयक (coordinator) चुनें। विचार-मंथन सत्र में किसी न किसी को समन्यवक का काम करना होगा ताकि सत्र सही दिशा की ओर बढ़े। हर किसी को बोलने का मौका मिले, जो भी बुनियादी नियम तय किए गए हों, उन्हें लागू किया जा सके और सवाल पूछकर चर्चा को प्रेरित किया जा सके।

विचार-मंथन के दौरान :

1. प्रतिभागियों को अगल-बगल बिठाएँ मानों वे सामने दर्शाई जा रही समस्या का सामना साथ मिलकर कर रहे हों। शारीरिक स्थिति मनोवैज्ञानिक स्थिति को सुदृढ़ बनाती है। शारीरिक रूप से एक-दूसरे के अलग-बगल बैठना, एक-दूसरे के साथ मिलकर एक सामूहिक समस्या का सामना करने के मानसिक दृष्टिकोण को सुदृढ़ बनाता है। जब लोग आमने-सामने बैठते हैं, तो आमतौर पर व्यक्तिगत प्रतिक्रियाएँ देते हैं और संवाद या बहस करते हैं। वहीं जब वे किसी ब्लैकबोर्ड के सामने अर्धचंद्राकार तरीके से रखी कुर्सियों पर एक-दूसरे के अगल-बगल बैठते हैं, तो वे ब्लैकबोर्ड पर दर्शाई गई समस्या पर प्रतिक्रिया देते हैं।

2. बुनियादी नियमों को स्पष्ट करें, जिनमें अलोचना न करने का नियम भी शामिल हो। अगर सभी प्रतिभागी एक-दूसरे से परिचित न हों, तो सत्र की शुरुआत अपना-अपना परिचय देकर करें और फिर बुनियादी नियमों को स्पष्ट करें। किसी भी प्रकार की आलोचना या नकारात्मक समीक्षा को निषिद्ध घोषित कर दें। संयुक्त रूप से समाधान तलाशने से नए विचार निकलते हैं क्योंकि हम अपनी-अपनी कामकाज संबंधी धारणाओं द्वारा निर्धारित सीमा के भीतर रहकर ही समाधान खोजते हैं। यदि नए विचारों को तब तक खारिज

किया जाए, जब तक वे प्रत्येक प्रतिभागी को पसंद नहीं आ जाते, तो एक ऐसे विचार को आगे बढ़ाना ही लक्ष्य बन जाता है, जिसे कोई खारिज न कर सके। वहीं दूसरी ओर अगर अद्‌भुत विचारों को प्रोत्साहित किया जाए, यहाँ तक कि उन विचारों को भी जिन्हें वास्तव में संभव नहीं बनाया जा सकता, तो हो सकता है कि समूह को इन विचारों से ऐसे अन्य विकल्प मिल जाएँ, जो संभव हों और जिन पर पहले किसी ने विचार न किया हो।

इसके अलावा आपके काम आनेवाले अन्य बुनियादी नियम ये हो सकते हैं: पूरे सत्र को ऑफ द रिकॉर्ड रखें और विचारों के लिए किसी प्रतिभागी को जिम्मेदार ठहराने से बचें।

3. विचार-मंथन। एक बार जब सत्र के उद्‌देश्य स्पष्ट हो जाएँ, तो अपनी कल्पनाओं को पंख दें। विचारों की एक लंबी लिस्ट बनाने की कोशिश करें और आपके सामने जो भी सवाल मौजूद है, उसे हर संभव दृष्टिकोण से देखें।

4. विचारों को सबके सामने दर्ज करें। विचारों को ब्लैकबोर्ड या फिर इससे भी बेहतर, अखबारी कागज की बड़ी शीट्स पर दर्ज करने से समूह को एक सामूहिक उपलब्धि का स्पष्ट एहसास होता है; इससे आलोचना न करने का नियम और पुष्ट होता है; दोहराव की प्रवृत्ति पर लगाम लगती है और अन्य विचारों को प्रेरित करने में मदद मिलती है।

विचार-मंथन के बाद :

1. सबसे आशाजनक विचारों को चिन्हित करें। विचार-मंथन के बाद सबसे आशाजनक विचारों को अलग करने के लिए आलोचना न करने के नियम में ढील दें। आप अब भी निर्णय लेने की स्थिति में नहीं हैं; आप तो बस ऐसे विचारों को नामांकित कर रहे हैं, जो आगे विकसित करने योग्य हैं। समूह के सदस्यों को जो विचार सर्वश्रेष्ठ लगें, उन्हें चिन्हित करें।

2. आशाजनक विचारों में सुधार के रास्ते खोजें। एक आशाजनक विचार लें और फिर उसे और यथार्थवादी व बेहतर बनाने के तरीके खोजें। साथ ही उसे लागू करने के रास्ते भी खोजें। इस कदम पर आपका काम है, विचार को जितना हो सके, उतना आकर्षक बनाना। रचनात्मक आलोचना की शुरुआत कुछ इस तरह करें : 'मुझे इस विचार की जो बात सबसे अच्छी लगी, वह ये है

कि... क्या ये बेहतर नहीं होगा कि हम...?'

3. विचारों की समीक्षा करने और निर्णय लेने का एक समय निर्धारित करें। सबसे पहले विचार-मंथन सत्र से निकले चुनिंदा व बेहतर विचारों की एक सूची तैयार करें और फिर ये तय करने के लिए एक समय निर्धारित करें कि इनमें से कौन से विचारों को अपनी सौदेबाज़ी में आगे बढ़ाना है और कैसे।

दूसरे पक्ष के साथ विचार-मंथन करने के बारे में सोचें

हालाँकि अपने पक्ष के लोगों के मुकाबले दूसरे पक्ष के साथ विचार-मंथन करना बहुत मुश्किल होता है, लेकिन ऐसा करना आपके लिए अत्यंत मूल्यवान भी साबित हो सकता है। ऐसा करना अपेक्षाकृत अधिक मुश्किल इसलिए होता है क्योंकि इसमें ये खतरा बढ़ जाता है कि सत्र के नियम पहले से निर्धारित होने के बावजूद कहीं आप कुछ ऐसा न कह दें, जो आपके हितों के प्रतिकूल हो। हो सकता है कि आप अनजाने में किसी गोपनीय जानकारी का खुलासा कर दें या फिर दूसरा पक्ष आपके विकल्प को आपका प्रस्ताव मान बैठे। फिर भी, संयुक्त विचार-मंथन सत्रों के कई लाभ होते हैं, जैसे उन विचारों का सामने आना, जो सभी संबंधित लोगों के हितों के अनुकूल हों, समस्या को संयुक्त रूप से हल करने का माहौल बनना और हर पक्ष का दूसरे पक्ष के सरोकारों से परिचित हो जाना।

दूसरे पक्ष के साथ विचार-मंथन करते समय अपने बचाव के लिए ये स्पष्ट कर दें कि यह एक विचार-मंथन सत्र है, न कि सौदेबाज़ी सत्र, जहाँ लोग अपने आधिकारिक विचार व्यक्त करते हैं और उनकी बातों का रिकॉर्ड रखा जाता है। लोगों को आमतौर पर आपसी सहमति बनाने के लिए एक-दूसरे से मिलने की आदत होती है इसलिए किसी और उद्देश्य के लिए मिलने से पहले ही उस उद्देश्य को स्पष्ट कर देना जरूरी हो जाता है।

किसी विचार के प्रति प्रतिबद्ध दिखने का जोखिम कम करने के लिए आप एक ही समय में कम से कम दो विकल्पों को आगे बढ़ाने की आदत विकसित कर सकते हैं। साथ ही आप उन विकल्पों को भी सामने रख सकते हैं, जिनसे आपकी असहमति बिलकुल स्पष्ट हो। 'आप कहें, तो मैं ये मकान आपको यूँ ही मुफ्त में दे सकता हूँ या आप मुझे इसके लिए एक मिलियन डॉलर कैश दे सकते हैं या फिर...' चूँकि ये बिलकुल स्पष्ट है कि आप इन दोनों विचारों को उनके सामने एक प्रस्ताव के रूप में नहीं रख रहे हैं इसलिए इसके बाद आप जो विचार रखेंगे, वे भी

सिर्फ संभावित विकल्प होंगे, न कि कोई प्रस्ताव।

आइए अब संयुक्त विचार-मंथन सत्र को एक उदाहरण से समझते हैं। मान लीजिए कि दो दिनों के लिए होनेवाली हड़तालों को रोकने के तरीकों पर विचार-मंथन करने के लिए एक स्थानीय यूनियन और कोयला खदान के मैनेजमेंट के बीच मीटिंग होती है। इस मीटिंग में दोनों पक्षों के पाँच-पाँच लोग यानी कुल दस लोग शामिल होते हैं। वे सब एक मेज के चारों ओर एक ब्लैकबोर्ड की ओर मुँह करके बैठ जाते हैं। एक तटस्थ समन्वयक एक-एक करके सभी प्रतिभागियों से उनके विचार पूछता है और फिर उन्हें ब्लैकबोर्ड पर लिखता जाता है।

समन्वयक : तो चलिए देखते हैं कि अनधिकृत रूप से कामकाज बंद होने की इस समस्या से निपटने के लिए आपके पास कौन से विचार हैं। आइए अगले पाँच मिनट में ब्लैकबोर्ड पर ऐसे दस विचार लिखने की कोशिश करते हैं। चलिए शुरू करते हैं। टॉम?

टॉम (यूनियन) : फोरमैन को यूनियन के किसी भी सदस्य की शिकायत को मौके पर ही निपटाने में सक्षम होना चाहिए।

समन्वयक : बढ़िया, मैंने इसे लिख दिया है। जिम, आपने अपना हाथ उठाया है।

जिम (मैनेजमेंट) : यूनियन के किसी भी सदस्य को कोई कदम उठाने से पहले अपने फोरमैन से समस्या के बारे में चर्चा करनी चाहिए।

टॉम (यूनियन) : वे तो चर्चा करते हैं, लेकिन कोई फोरमैन कभी किसी की सुनता ही नहीं है।

समन्वयक : टॉम प्लीज, अभी कोई आलोचना नहीं। हमने तय किया था कि ये सब बाद में होगा। ठीक है। अब आप बताइए जेरी। लगता है, आपके पास भी कोई विचार है?

जेरी (यूनियन) : जब भी हड़ताल का कोई मुद्दा उठे, तो यूनियन के सदस्यों को तत्काल बाथ-हाउस में मिलने की अनुमति होनी चाहिए।

रॉजर (मैनेजमेंट) : यूनियन की मीटिंगों के लिए बाथ-हाउस का उपयोग करने से मैनेजमेंट सहमत हो सकता है। साथ ही दरवाजे बंद करके व

फोरमेन को बाहर रखकर कर्मचारियों की निजता भी सुनिश्चित की जा सकती है।

कैरल (मैनेजमेंट) : अगर यह नियम अपना लिया जाए कि यूनियन के लीडरों और मैनेजमेंट को मौके पर ही समस्या का निपटारा करने का मौका दिए बिना कोई हड़ताल नहीं होगी, तो?

जेरी (यूनियन) : अगर शिकायतों के निपटारे में तेजी लाई जाए और फोरमैन व यूनियन सदस्य द्वारा आपस में शिकायत का निपटारा न कर पाने की स्थिति में चौबीस घंटे के अंदर उस पर मीटिंग की जाए, तो?

कैरेन (यूनियन) : हाँ। और अगर यूनियन सदस्यों व सभी फोरमेन के लिए एक संयुक्त प्रशिक्षण कार्यक्रम का आयोजन किया जाए, जिसमें वे सीख सकें कि आपस में मिलकर समस्याओं का निपटारा कैसे किया जाए, तो?

फिल (यूनियन) : अगर कोई अच्छा काम करता है, तो उसका उत्साह बढ़ाने के लिए उसे बताया जाए कि वह अच्छा काम कर रहा है।

जॉन (मैनेजमेंट) : यूनियन के सदस्यों और मैनेजमेंट के लोगों के बीच दोस्ताना संबंध स्थापित हों।

समन्वयक : ये तो बड़ा आशाजनक लग रहा है जॉन। पर क्या आप अपने विचार को थोड़ा और स्पष्ट शब्दों में सामने रख सकते हैं?

जॉन (मैनेजमेंट) : अगर हम एक यूनियन मैनेजमेंट सॉफ्टबॉल टीम तैयार करें तो?

टॉम (यूनियन) : और एक बॉलिंग टीम भी।

रॉजर (मैनेजमेंट) : और अगर हम सब मिलकर साल में एक बार अपने-अपने परिवारों को लेकर पिकनिक पर जाएँ, तो कैसा रहेगा?

ये चर्चा इसी तरह आगे बढ़ती है और प्रतिभागी बहुत से विचारों पर मंथन करते हैं। इनमें से बहुत से विचार ऐसे मंथन के बिना सामने ही नहीं आ पाते और संभवत: इनमें से कई विचार अनधिकृत हड़तालें कम करने में कारगर साबित होंगे। इस तरह एक-दूसरे के साथ मिलकर विचार मंथन करना किसी सौदेबाज़ी में समय का सही उपयोग करने के सर्वश्रेष्ठ तरीकों में से एक है।

पर आप मिलकर विचार-मंथन करें या नहीं, विकल्प खोजने के कार्य को, उनके बारे में अंतिम निर्णय लेने के कार्य से अलग करना किसी भी सौदेबाज़ी में बहुत उपयोगी साबित होता है। विकल्पों पर चर्चा करना, कोई पोजिशन लेने से मौलिक रूप से भिन्न होता है। जब भी एक पक्ष की पोजिशन दूसरे पक्ष की पोजिशन के विपरीत होती है, तो उपलब्ध विकल्पों से नए-नए विकल्प निकलते हैं। आप जो भाषा उपयोग करते हैं, वह तक भिन्न होती है। उसमें सवाल होते हैं, न कि दावे; वह खुली होती है, न कि बंद: 'एक विकल्प ये है... आपने और कौन से विकल्पों पर विचार किया है?' 'अगर हम इसके लिए सहमत हों तो?' 'अगर हम इसे इस तरह करें तो?' 'ये कैसे काम करेगा?' 'इसके साथ क्या गलत हो सकता है?' निर्णय लेने से पहले खोज करें।

अपने विकल्पों का विस्तार करें

अच्छे इरादों के बावजूद विचार-मंथन सत्र संभवत: इस धारणा से संचालित होते हैं कि सर्वश्रेष्ठ जवाब ढूँढ़ने की कोशिश की जा रही है यानी भूसे के हर तिनके को उठा-उठाकर उसमें सुई तलाशी जा रही है।

हालाँकि एक सौदेबाज़ी में इस स्तर पर आकर आपको सही रास्ता तलाशने की कोशिश नहीं करनी चाहिए। आप सौदेबाज़ी करने की गुंजाइश बना रहे हैं, जो सिर्फ तभी बन सकती है, जब आपके पास बड़ी संख्या में स्पष्ट रूप से भिन्न विचार हों। यानी ऐसे विचार, जिनके आधार पर आप और दूसरा पक्ष सौदेबाज़ी करते हुए बाद में कुछ नया निर्मित कर सकें और फिर उसमें से अपना अंतिम चुनाव कर सकें।

एक वाइन मेकर वाइन बनाने के लिए विभिन्न किस्मोंवाले अंगूर चुनता है। इसी तरह स्टार खिलाड़ियों की तलाश कर रही एक बेसबॉल टीम प्रतिभाशाली खिलाड़ी छाँटने के लिए अपने प्रतिनिधियों को पूरे देश की स्थानीय लीग्स और कॉलेज टीमों के पास भेजती है। ठीक यही सिद्धांत सौदेबाज़ी पर भी लागू होता है। बात चाहे वाइन बनाने की हो, बेसबॉल की हो या सौदेबाज़ी की, व्यावहारिक निर्णय लेने का अर्थ है, बड़ी संख्या में मौजूद विविध विकल्पों में से अपने लिए उपयुक्त विकल्प का चयन करना।

अगर आपसे पूछा जाए कि इस साल का नोबेल शांति पुरस्कार किसे मिलना चाहिए, तो बेहतर होगा कि आप कहें, 'चलो इस पर विचार करते हैं' और फिर कूटनीति, व्यापार, पत्रकारिता, धर्म, कानून, कृषि, राजनीति, शिक्षा, चिकित्सा

और ऐसे ही अन्य क्षेत्रों के करीब 100 लोगों की सूची तैयार करें और इसके लिए अपने अद्भुत, अलबेले विचारों का उपयोग सुनिश्चित करें। शुरुआत में ही दो-चार नाम तय कर लेने के बजाय, इस तरीके का उपयोग करके आप निश्चित रूप से कहीं बेहतर निर्णय ले सकेंगे।

एक विचार-मंथन सत्र लोगों को रचनात्मक ढंग से सोच-विचार करने के लिए मुक्त कर देता है। एक बार मुक्त होने के बाद उन्हें अपनी समस्याओं पर विचार करने के तरीके ढूँढ़ने होते हैं और उनके लिए रचनात्मक समाधान तलाशने होते हैं।

विशिष्ट और सामान्य के बीच विचलन करके अपने विकल्पों का विस्तार करें : सर्कल चार्ट

विकल्पों की तलाश करने के कार्य में चार प्रकार की सोच शामिल होती है। पहली है, एक विशेष समस्या पर सोच-विचार करना - यानी एक वास्तविक स्थिति जिसे आप नापसंद करते हों, उदाहरण के लिए एक बेहद बदबूदार प्रदूषित नदी, जो आपकी जमीन से होकर गुजरती है। दूसरी है, वर्णनात्मक विश्लेषण - जिसमें आप सामान्य शब्दों में मौजूदा स्थिति का निदान करते हैं; समस्याओं को श्रेणियों में क्रमबद्ध करते हैं और अस्थाई रूप से उनके पीछे के कारण सुझाते हैं। हो सकता है कि नदी के पानी में भारी मात्रा में विभिन्न केमिकल्स मौजूद हों या फिर ऑक्सीजन की मात्रा बहुत कम हो। आपको ऐसे विभिन्न औद्योगिक संयंत्रों पर संदेह हो सकता है, जो ऊँचे स्थानों पर स्थित हैं। तीसरी सोच है, एक बार फिर सामान्य शब्दों में इस बात पर विचार करना कि समस्या को लेकर संभवत: क्या किया जाना चाहिए। अपने निदान को देखते हुए आप किसी नुस्खे की तलाश करेंगे, जो शायद सैद्धांतिक होगा, जैसे केमिकल्स के प्रवाह को कम करना, पानी का विचलन कम करना या किसी अन्य नदी का साफ पानी इस नदी में लाना। चौथी और अंतिम सोच है, जरूरी कदम उठाने के लिए कुछ विशिष्ट और व्यावहारिक सुझाव देना। इन सामान्य दृष्टिकोणों को व्यवहार में लाने के लिए कल कौन क्या कर सकता है? उदाहरण के लिए राज्य की पर्यावरण एजेंसी ऊँचे स्थानों पर स्थित किसी संयंत्र को केमिकल का बहाव कम करने का आदेश दे सकती है।

आगे दिया गया सर्कल चार्ट सोच के इन्हीं चार प्रकारों को दर्शाता है और उनके आधार पर क्रमिक रूप से उठाए जानेवाले कदम सुझाता है। अगर सब कुछ

ठीक रहता है, तो इस प्रकार तय की गई विशिष्ट कार्रवाई करके आपकी मूल समस्या से निपटा जा सकता है।

सर्कल चार्ट एक अच्छे विचार का उपयोग कर अन्य विचार उत्पन्न करने का एक आसान तरीका उपलब्ध कराता है। एक उपयोगी कार्रवाई संबंधी विचार सामने आने पर आप (या अन्य लोगों का वह समूह जो विचार-मंथन कर रहा है) एक कदम पीछे जाकर उस कार्रवाई संबंधी विचार को लागू करने के पीछे के सामान्य दृष्टिकोण की पहचान करने की कोशिश कर सकते हैं। इसके बाद आप कार्रवाई संबंधी अन्य विचार सोच सकते हैं, जो व्यावहारिक रूप से उसी सामान्य दृष्टिकोण को लागू करते हों। इसी तरह आप एक कदम आगे जाकर पूछ सकते हैं कि 'अगर ये सैद्धांतिक दृष्टिकोण उपयोगी प्रतीत होता है, तो इसके पीछे का निदान क्या है?' चूँकि आप एक निदान दे चुके हैं इसलिए आप उस तरह विश्लेषित की गई समस्या से निपटने के अन्य दृष्टिकोण तैयार कर सकते हैं। इसके बाद इन नए दृष्टिकोणों को लागू करके आप ये तय कर सकते हैं कि अब आगे क्या कर्रवाई करनी चाहिए। इस तरह एक उपलब्ध विकल्प आपके लिए उस सिद्धांत के बारे में पूछने के दरवाजे खोल देता है, जो उस विकल्प को अच्छा बनाती है और साथ ही यह उस सिद्धांत का उपयोग कर और विकल्प तलाश करने के रास्ते भी खोल देता है।

आइए अब इस प्रक्रिया को स्पष्ट करने के लिए एक उदाहरण लेते हैं। उत्तरी आयरलैंड पर चल रहे विवाद को सुलझाने का एक विचार (तरीका) ये हो सकता है कि कैथोलिक और प्रोटेस्टेंट शिक्षक दोनों पंथों के स्कूलों के प्राइमरी ग्रेड के बच्चों के लिए उत्तरी आयरलैंड के इतिहास पर एक साझा किताब तैयार करें। इस किताब में उत्तरी आयरलैंड के इतिहास को अलग-अलग दृष्टिकोण से प्रस्तुत किया जाए और बच्चों के लिए ऐसे अभ्यास कार्य दिए जाएँ, जिसमें रोल-प्लेइंग करने और खुद को दूसरों की जगह पर रखने जैसी चीज़ें शामिल हों। इसके बारे अन्य विचार तलाशने की शुरुआत कार्रवाई संबंधी इस सुझाव को अपनाकर की जा सकती है और इसके बाद उस सैद्धांतिक दृष्टिकोण की तलाश की जा सकती है, जो इसे रेखांकित करता है। इस तरह कुछ ऐसे सामान्य प्रस्ताव मिल सकते हैं:

- 'दोनों पंथों के स्कूलों को इसके अतिरिक्त और भी साझा शिक्षण सामग्री उपलब्ध करानी चाहिए।'
- 'कैथोलिक और प्रोटेस्टेंट, दोनों पंथों को छोटे और आसान प्रोजेक्ट्स पर

मिलकर काम करना चाहिए।'

- 'इससे पहले कि बहुत देर हो जाए, छोटे बच्चों के बीच समझ को बढ़ावा दिया जाना चाहिए।'
- 'इतिहास की पढ़ाई उन तरीकों से होनी चाहिए जो पक्षपातपूर्ण धारणाओं को उजागर करते हों।'

हो सकता है कि इस प्रकार के सिद्धांतों के साथ काम करते हुए आप कुछ अतिरिक्त कार्रवाई संबंधी सुझाव देने में सक्षम हो जाएँ। उदाहरण के लिए एक संयुक्त कैथोलिक व प्रोटेस्टेंट फिल्म प्रोजेक्ट, जो उत्तरी आयरलैंड के इतिहास को अलग-अलग नज़रियों से प्रस्तुत करता हो। अन्य कार्रवाई संबंधी विचार कुछ इस प्रकार हो सकते हैं: टीचर एक्सचेंज प्रोग्राम या दोनों पंथों के प्राथमिक आयु-वर्ग के बच्चों के लिए कुछ साझा कक्षाएँ।

सर्कल चार्ट

विकल्प तलाशने के चार बुनियादी कदम

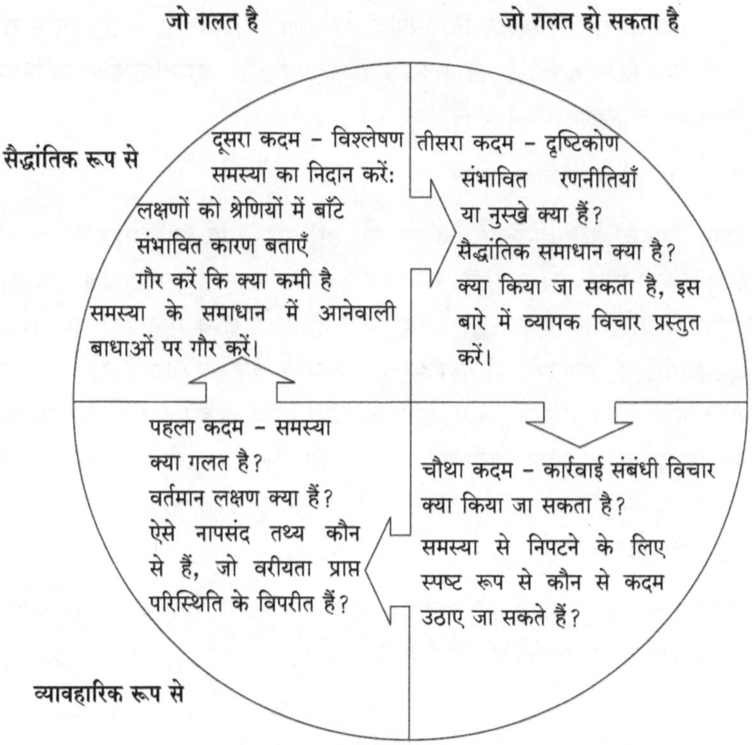

विभिन्न विशेषज्ञों की नज़रों से देखें

कई विकल्प पैदा करने का एक अन्य तरीका है, विभिन्न पेशों और अनुशासनों के परिप्रेक्ष्य में अपनी समस्या की पड़ताल करना।

उदाहरण के लिए एक बच्चे की कस्टडी संबंधी विवाद के संभावित समाधानों पर विचार करना। इस समस्या को एक शिक्षाविद्, एक बैंकर, एक मनोचिकित्सक, एक नागरिक अधिकारों के वकील, एक मंत्री, एक पोषण विशेषज्ञ, एक डॉक्टर, एक नारीवादी, एक फुटबॉल कोच या ऐसे ही किसी अन्य विशेष दृष्टिकोणवाले व्यक्ति की नज़रों से देखा जा सकता है। इसी तरह अगर आप एक व्यापार संबंधी अनुबंध के लिए सौदेबाज़ी कर रहे हैं, तो ऐसे विकल्पों की तलाश करें, जो एक बैंकर, एक आविष्कारक, एक श्रमिक नेता, अचल संपत्ति क्षेत्र के एक सटोरिए (सट्टेबाज), एक शेयर ब्रोकर, एक अर्थशास्त्री, एक टैक्स विशेषज्ञ या एक समाजवादी के मन में उठ सकते हैं।

आप सर्कल चार्ट के उपयोग और समस्या को विभिन्न विशेषज्ञों की नज़रों से देखने के विचार को एक-दूसरे के साथ जोड़कर भी देख सकते हैं। फिर आप इस बारे में विचार कर सकते हैं कि प्रत्येक विशेषज्ञ समस्या का निदान किस तरह करेगा, किस दृष्टिकोण को अपनाने का सुझाव देगा और उस दृष्टिकोण से निकले किन व्यावहारिक सुझावों का पालन करेगा।

विभिन्न तीव्रतावाली सहमतियाँ बनाएँ

अगर मनचाही सहमति पहुँच से परे हो, तो आप उस सहमति के एक 'अपेक्षाकृत कम तीव' संस्करण पर विचार करके अपनी मौजूदा संभावित सहमतियों की संख्या में वृद्धि कर सकते हैं। अगर आप दोनों के बीच मूल सार पर सहमति नहीं बन पाती, तो संभवत: प्रक्रिया पर तो सहमति बन ही सकती है। जैसे अगर जूते का कारखाना चलानेवाले और थोक व्यापारी के बीच इस बारे में कोई सहमति नहीं बन पाती कि क्षतिग्रस्त जूतों की लदाई और ढुलाई का भुगतान कौन करेगा, तो संभवत: वे इस विवाद को सुलझाने के लिए एक मध्यस्थ के पास जाने के लिए तो सहमत हो ही सकते हैं।

इसी तरह जहाँ एक स्थाई सहमति बनाना संभव न हो, वहाँ एक अस्थाई सहमति बनाना तो संभव हो ही सकता है। अगर आप और दूसरा पक्ष आपस में

शीर्ष–स्तरीय सहमति नहीं बना पाते तो आमतौर दूसरे–स्तर की सहमति तो बना ही सकते हैं – जिसका अर्थ है, इस बात को लेकर सहमति बनाना कि दोनों पक्षों के बीच फलाँ–फलाँ चीज़ों को लेकर असहमति है ताकि आप दोनों को पता रहे कि विवाद से जुड़े मसले क्या हैं क्योंकि वे हमेशा स्पष्ट नहीं होते। आगे दिए गए विशेषणों के जोड़े अलग–अलग 'तीव्रता' वाली संभावित सहमतियों को दर्शाते हैं।

तीव्र	**कम तीव्र**
मूल	प्रतिक्रियात्मक
स्थाई	अस्थाई
व्यापक	आंशिक
अंतिम	सैद्धांतिक
बेशर्त	आकस्मिक
बाध्यकारी	गैर–बाध्यकारी
शीर्ष–स्तरीय	दूसरे–स्तर की

प्रस्तावित सहमति का दायरा बदलें

सहमति की तीव्रता के साथ–साथ उसके दायरे में भी बदलाव होने की संभावना पर विचार करें। उदाहरण के लिए आप अपनी समस्या को कई छोटी–छोटी और प्रबंधन योग्य इकाईयों में 'विभाजित' कर सकते हैं। आप अपनी किताब के संभावित संपादक को ये सुझाव दे सकते हैं कि 'अगर मैं ये कहूँ कि पहले आप 300 डॉलर में किताब का पहला अध्याय संपादित करें, फिर देखेंगे कि आगे क्या करना है, तो कैसा रहेगा?' सहमति कैसी भी हो सकती है; हो सकता है कि सहमति आंशिक हो, उसमें कम ही पक्ष शामिल हों, वह सिर्फ महत्वपूर्ण मामलों को ही कवर करती हो, एक निश्चित भौगोलिक क्षेत्र पर ही लागू होती हो या फिर सीमित समय के लिए प्रभावी हो।

यहाँ ये पूछना भी उकसानेवाली बात होगी कि आपसी सहमति को और आकर्षक बनाने के लिए विषय–वस्तु का विस्तार कैसे किया जा सकता है। सिंधु नदी के पानी को लेकर भारत–पाकिस्तान के बीच का विवाद सुलझाना तब और सहज हो गया, जब उनके साथ इस चर्चा में वर्ल्ड बैंक शामिल हुआ; अब दोनों पक्षों के सामने ये चुनौती थी कि वे दोनों देशों के लाभ को ध्यान में रखते हुए नई

सिंचाई परियोजनाएँ, नए भंडारण बांध और इंजीनियरिंग के ऐसे ही अन्य कार्य शुरू करें। इन सभी कार्यों को वित्तीय सहायता वर्ल्ड बैंक द्वारा मिलनी थी।

पारस्परिक लाभ की सोचें

समस्या का रचनात्मक समाधान करने में तीसरी सबसे बड़ी बाधा होती है, एक नियत लाभ की धारणा : 'तुम्हें जितना कम मिलेगा, मुझे उतना ही ज़्यादा मिलेगा।' जबकि ये धारणा शायद ही कभी सच साबित होती हो। सबसे पहली बात तो दोनों ही पक्षों की स्थिति कभी भी वर्तमान स्थिति से बदतर हो सकती है। शतरंज का खेल एक जीरो-सम गेम जैसा लगता है; जब एक हारेगा, तभी दूसरा जीतेगा - लेकिन ये सिर्फ तभी तक संभव है, जब तक एक पालतू कुत्ता तेजी से दौड़ते हुए आपकी शतंरज की टेबल से आकर टकरा नहीं जाता। इस टक्कर से टेबल पर रखी आप दोनों की बियर की बोतलें जमीन पर लुढ़क जाएगी और शतरंज के प्यादे वहीं जमीन पर बिखर जाएँगे। अब आप दोनों की स्थिति पहले से कहीं बदतर होगी।

संयुक्त हानि को टालने के साझा हित के अलावा, संयुक्त लाभ हासिल करने की संभावना हमेशा मौजूद होती है। जैसे पारस्परिक रूप से लाभप्रद संबंध विकसित करना या फिर एक रचनात्मक समाधान देकर दोनों पक्षों के हितों को पूरा करना।

साझा हितों की पहचान करें

सैद्धांतिक रूप से स्पष्ट है कि साझा हित आपसी सहमति बनाने में सहायक होते हैं। परिभाषा के अनुसार साझा हितों को साधनेवाले विचारों की तलाश आपके साथ-साथ दूसरे पक्ष में भी अच्छी होती है। हालाँकि व्यावहारिक रूप से ये मामला ज़रा अस्पष्ट नज़र आता है। कीमत के बारे में हो रही किसी सौदेबाज़ी में हो सकता है कि साझा हित बहुत स्पष्ट या प्रासंगिक प्रतीत न हों। तो फिर साझा हितों के बारे में सोचना आपके लिए सहायक कैसे हो सकता है?

उदाहरण के लिए मान लीजिए कि आप एक ऑयल रिफाइनरी के मैनेजर हैं। इसे हम 'टाउनसेंड ऑयल रिफाइनरी' का नाम दे देते हैं। पेजवेल नामक शहर, जहाँ ये रिफाइनरी स्थित है, उसका मेयर आपसे कहता है कि टाउनसेंड रिफाइनरी शहर को जो एक मिलियन डॉलर सालाना का टैक्स देती है, उसे बढ़ाकर वह दो मिलयन डॉलर करना चाहता है। आप उससे कहते हैं कि एक मिलियन डॉलर का सालाना

टैक्स काफी है। अब ये सौदेबाज़ी इस बिंदु पर आकर ठहर जाती है; मेयर ज़्यादा टैक्स लेना चाहता है, जबकि आप वही टैक्स देना चाहते हैं, जो अब तक देते आए हैं। इस सौदेबाज़ी में – जो कई मायनों में एक आम सौदेबाज़ी है – साझा हित कहाँ प्रासंगिक हैं?

आइए अब इस बात पर बारीकी से नज़र डालते हैं कि ये मेयर क्या चाहता है। वह निःसंदेह पैसा चाहता है – ऐसा पैसा, जिसे वह नगरीय सेवाओं पर, एक नए नागरिक केंद्र के निर्माण में और आम कर-दाताओं को राहत देने में खर्च कर सके। लेकिन शहर को वर्तमान और भविष्य में जिस पैसे की जरूरत पड़नेवाली है, उसे सिर्फ टाउनसेंड ऑयल रिफाइनरी से प्राप्त नहीं किया जा सकता। इसलिए वे शहर में स्थित एक पेट्रोकेमिकल संयंत्र के अलावा भविष्य में नए व्यवसायों से और अपना विस्तार करनेवाले मौजूदा व्यवसायों से पैसा लेना चाहेंगे। मेयर, जो खुद एक व्यवसायी है, औद्योगिक विस्तार को प्रोत्साहित करने के अलावा शहर में नए व्यवसायों को भी आकर्षित करना चाहेगा ताकि स्थानीय लोगों को नई नौकरियाँ मिलें और पेजविल शहर की अर्थव्यवस्था और मजबूत हो सके।

आपकी कंपनी के हित क्या हैं? ऑयल रिफाइनरी के क्षेत्र में तेजी से हो रहे तकनीकी बदलावों और अपनी रिफाइनरी की जर्जर हालात को देखते हुए आप बड़े स्तर पर अपने संयंत्र का नवीनीकरण और विस्तार करने की सोच रहे हैं। आप इस बात को लेकर चिंतित हैं कि संयंत्र के विस्तार के बाद शहर के प्राधिकरण अधिकारी इसका मूल्य अधिक आँकेंगे, जिससे टैक्स की दर और बढ़ जाएगी। इसके अलावा आप एक प्लास्टिक संयंत्र को भी अपने संयंत्र के पास आने के लिए प्रोत्साहित कर रहे थे ताकि आपके उत्पाद की खपत और आसान हो जाए। अब आपके लिए ये बात स्वाभाविक रूप से चिंता का विषय है कि जब प्लास्टिक प्लांटवालों को पता चलेगा कि शहर के प्राधिकरण अधिकारी टैक्स बढ़ा रहे हैं, तो वे दुविधा में पड़ जाएँगे कि आपके संयंत्र के पास अपना संयंत्र लगाना उनके लिए व्यावसायिक रूप से लाभप्रद होगा या नहीं।

आपके और शहर के मेयर के साझा हित अब और स्पष्ट हो जाएँगे। शहर में औद्योगिक विस्तार को प्रोत्सहित करने और नए उद्योगों को बढ़ावा देने जैसे उद्देश्यों को लेकर आप दोनों एक-दूसरे से सहमत हैं। अगर आप इन साझा उद्देश्यों को पूरा करने के लिए थोड़ा विचार-विमर्श करें, तो हो सकता है कि

आपको कुछ अच्छे विचार मिल जाएँ: जैसे नए उद्योगों पर अगले सात सालों तक टैक्स न लगाना... नई कंपनियों को आकर्षित करने के लिए चैंबर ऑफ कॉमर्स के साथ मिलकर एक संयुक्त प्रचार अभियान चलाना और ऐसे मौजूदा उद्योगों का टैक्स कम करना जो अपना विस्तार करनेवाले हों। ऐसे विचार न सिर्फ आपका पैसा बचा सकते हैं बल्कि शहर का सरकारी खज़ाना भी भर सकते हैं। वहीं दूसरी ओर अगर इस सौदेबाज़ी से शहर प्राधिकरण और कंपनी के संबंधों में खटास आती है, तो नुकसान भी दोनों को ही होगा। आप शहर की चैरिटीज़ और स्कूल एथलेटिक्स में जो दान देते आए हैं, उसमें कटौती कर सकते हैं। शहर के प्राधिकरण अधिकारी बिल्डिंग कोड और नियम-कायदे लागू करने के लिए अनुचित रूप से बेहद सख्ती दिखा सकते हैं। शहर के राजनीतिक और व्यापारिक लीडरों के साथ आपके संबंध खराब हो सकते हैं। दरअसल दो पक्षों के आपसी संबंधों को अक्सर हल्के में लिया जाता है और उन पर पर्याप्त ध्यान नहीं दिया जाता; जबकि ये संबंध किसी भी अन्य मसले से कहीं अधिक महत्वपूर्ण होते हैं।

एक सौदेबाज़ के रूप में आपको करीब-करीब हमेशा ही ऐसे समाधान तलाशने होंगे, जो दूसरे पक्ष को भी संतुष्ट करते हों। अगर किसी दुकान से सामान खरीदने पर कोई ग्राहक खुद को ठगा हुआ महसूस करता है, तो इसका अर्थ है कि दुकानदार भी असफल रहा है; हो सकता है कि उसकी प्रतिष्ठा को नुकसान पहुँचे और वह अपने इस ग्राहक को हमेशा के लिए खो दे। दूसरे पक्ष को संतुष्ट करनेवाले परिणाम के मुकाबले वह परिणाम आपके लिए कहीं बदतर होगा, जिससे दूसरे पक्ष को ज़रा भी लाभ न हो। करीब-करीब हर मामले में एक हद तक आपकी संतुष्टि इस बात पर निर्भर करती है कि आप दोनों बीच बन रही आपसी सहमति से दूसरा पक्ष भी कम से कम इतना संतुष्ट हो कि वह खुद भी उस पर खरा उतरना चाहे।

साझा हितों से जुड़े ये तीन बिंदु आपको याद रखने चाहिए : पहला, साझा हित हर सौदेबाज़ी में अंतर्निहित होते हैं पर हो सकता है कि वे तत्काल स्पष्ट न हों। खुद से पूछें, क्या अपने संबंधों को बनाए रखने में हमारा कोई साझा हित है? सहयोग और पारस्परिक लाभ के लिए आगे क्या अवसर हैं? अगर ये सौदेबाज़ी टूट जाती है, तो हमें इसकी क्या कीमत चुकानी होगी? क्या इस सौदेबाज़ी के कुछ साझा सिद्धांत भी हैं - जैसे 'उचित मूल्य' - जिनका हम दोनों पालन कर सकते हों?

दूसरा, साझा हित दरअसल अवसर हैं, न कि सौभाग्य से मिला कोई ईश्वरीय वरदान। उनका लाभ उठाने के लिए आपको उनका उपयोग करना होता है। साझा हित को स्पष्ट करना और उसे एक साझा उद्देश्य की तरह देखना कारगर साबित होता है। दूसरे शब्दों में कहें, तो अपने साझा हितों को ठोस और भविष्य-उन्मुखी बनाएँ। उदाहरण के लिए टाउनसेंड ऑयल रिफायनरी का मैनेजर होने के नाते आप शहर के मेयर के साथ मिलकर एक संयुक्त उद्देश्य बना सकते हैं कि अगले तीन साल में पेजविल शहर में पाँच नए उद्योग स्थापित करेंगे। इसके बाद नए उद्योगों पर अगले सात सालों तक टैक्स न लगाना, आपके साझा उद्देश्यों को पूरा करने की दिशा में उठाया गया कदम होगा, न कि मेयर द्वारा आपको दी गई छूट।

तीसरा, अपने साझा हितों पर ज़ोर देना सौदेबाज़ी को और अधिक सहज व सौहार्दपूर्ण बना सकता है। जैसे सीमित राशन के साथ बीच समंदर में तैर रही जीवनरक्षक-नाव के नाविक, सकुशल तट तक पहुँचने के अपने साझा उद्देश्य की पूर्ति के लिए भोजन से जुड़े अपने आपसी मतभेदों को भुला देते हैं।

भिन्न हितों के बीच संतुलन बनाना। एक बार फिर उन दो बच्चों पर विचार करें, जो आपस में एक संतरे के लिए झगड़ रहे थे। दोनों ही वह संतरा पाना चाहते थे इसलिए उन्होंने उस संतरे के दो टुकड़े करके उसे आपस में बाँट लिया, लेकिन उन्हें इस बात का एहसास भी नहीं हुआ कि दोनों में सिर्फ एक को ही संतरे का फल चाहिए था और दूसरे को सिर्फ उसका छिलना चाहिए था ताकि वह उससे अपने लिए एक केक बना सके। अन्य मामलों की तरह ही इस मामले में भी एक संतोषजनक सहमति इसलिए बन सकी क्योंकि दोनों को ही अलग-अलग चीज़ें चाहिए थीं। अगर आप इस पर सचमुच विचार करें, तो ये वाकई चौकानेवाली बात है। लोग अक्सर ये मान बैठते हैं कि दो पक्षों के बीच के मतभेद समस्याएँ खड़ी कर देते हैं। जबकि मतभेद आपको समाधान की दिशा में भी ले जा सकते हैं।

आपसी सहमति अक्सर असहमति पर आधारित होती है। उदाहरण के लिए ये सोचना भी बेतुका होगा कि आपको हमेशा तथ्यों के बारे में आपसी सहमति बनाकर ही शुरुआत करनी चाहिए। क्योंकि अगर कोई शेयर मार्केट में स्टॉक खरीदने से पहले उसके विक्रेता को ये समझाने की कोशिश करता है कि स्टॉक का दाम बढ़नेवाला है, तो संभवत: विक्रेता उसे अपने स्टॉक बेचेगा ही नहीं। दोनों के बीच सौदा तभी हो सकता है, जब स्टॉक खरीदनेवाले को लगता हो कि उसका दाम

बढ़ेगा, जबकि विक्रेता को लगता हो, उसका दाम कम होगा। दोनों के मतों का ये भेद (अंतर) ही उनके बीच होनेवाले सौदे का आधार बनेगा।

कई रचनात्मक सहमतियाँ, मतभेदों के जरिए सहमति तक पहुँचने के इसी सिद्धांत को दर्शाती हैं। हितों और विश्वासों के बीच का भेद या अंतर ही ये संभव बनाता है कि कोई चीज़ आपके लिए बहुत लाभकारी हो, लेकिन इसके बावजूद दूसरे पक्ष के लिए कम खर्चीली हो। इसी संदर्भ में नर्सरी की इस कविता पर गौर करें:

जैक स्प्रैट वसावाला भोजन न खा पाता
उसकी पत्नी हल्का भोजन न खा पाती
तो वे दोनों आपस में मिलकर
अपनी प्लेट को सफाचट कर जाते

जिस प्रकार के भेदों या अंतरों के बीच संतुलन बनाना सबसे कारगर होता है, वे हैं विभिन्न हितों, मान्यताओं एवं पूर्वानुमानों के बीच के अंतर और समय के महत्त्व व जोखिम से बचाव में अंतर।

हितों में अंतर? आगे दी गई संक्षिप्त चेकलिस्ट हितों के बीच के आम अंतरों को दर्शाती है :

एक पक्ष के लिए अधिक महत्वपूर्ण चीज़ें	**दूसरे पक्ष के लिए अधिक महत्वपूर्ण चीज़ें**
शैली	मूल सार
आर्थिक विचार	राजनीतिक विचार
आंतरिक विचार	बाहरी विचार
प्रतीकात्मक विचार	व्यावहारिक विचार
तात्कालिक भविष्य	दूरगामी भविष्य
अनौपचारिक परिणाम	संबंध
हार्डवेयर	विचारधारा
प्रगति	परंपरा का सम्मान
पिछले मामले	वर्तमान मामला
प्रतिष्ठा	परिणाम
राजनीतिक बिंदु	सामूहिक कल्याण

मान्यताओं में अंतर? अगर मैं मानता हूँ कि मैं सही हूँ और आप मानते हैं कि आप सही हैं, तो हम अपनी मान्यताओं के बीच के इस अंतर का लाभ उठा सकते हैं। हम दोनों ही इस बात पर सहमत हो सकते हैं कि एक निष्पक्ष मध्यस्थ इस मसले को सुलझाएगा और हम दोनों को ही अपनी जीत का भरोसा है। जैसे अगर किसी संघीय नेतृत्व के दो गुट किसी वेतन प्रस्ताव पर एक-दूसरे से सहमत नहीं हो पाते, तो वे इस मसले पर सदस्यों द्वारा वोटिंग कराने के लिए सहमत हो सकते हैं।

समय के महत्त्व में अंतर? हो सकता है कि आपको वर्तमान की अधिक परवाह हो, जबकि दूसरे पक्ष को भविष्य की। व्यावसायिक भाषा में कहें, तो आप भविष्य के मूल्य पर अलग-अलग दर पर छूट देते हैं। किश्तोंवाली योजनाएँ इसी सिद्धांत पर काम करती हैं। तभी तो जब कार खरीदनेवाले को ये सुविधा मिलती है कि वह उसका दाम बाद में चुका सकता है, तो वह कार का अधिक दाम देने को भी तैयार हो जाता है; चूँकि इसमें विक्रेता को कार का दाम अधिक मिलता है, इसीलिए वह बाद में भुगतान स्वीकार करने को तैयार हो जाता है।

पूर्वानुमानों में अंतर? बढ़ती उम्रवाले एक बेसबॉल स्टार और एक बड़ी लीग टीम के बीच वेतन को लेकर हो रही सौदेबाज़ी में, हो सकता है कि खिलाड़ी बहुत से मैच जीतने की अपेक्षा रखता हो, जबकि टीम के मालिक की अपेक्षा इसके विपरीत हो। इन अलग-अलग अपेक्षाओं का लाभ उठाते हुए दोनों के बीच 7 लाख 50 हज़ार डॉलर के मूल वेतन पर सहमति बन सकती है और साथ ही ये तय हो सकता है कि अगर खिलाड़ी इतना अच्छा प्रदर्शन करता है कि प्रति मैच औसतन तीन रन से भी कम देता है, तो वह ५ लाख डॉलर की अतिरिक्त राशि पाने का हकदार होगा।

जोखिम से बचाव में अंतर? एक आखिरी किस्म का अंतर, जिसका आप लाभ उठा सकते हैं, वह है, जोखिम से बचाव में अंतर। उदाहरण के लिए समुद्र तल में खनन का मसला, जो लॉ ऑफ द सी कॉन्फ्रेंस में उठाया गया था। खनन कंपनियों को समुद्र तल में खनन का विशेषाधिकार मिलने के बदले अंतर्राष्ट्रीय समुदाय को कितना भुगतान करना चाहिए? खनन कंपनियाँ बड़ा लाभ कमाने से ज़्यादा, बड़े नुकसान से बचने की परवाह करती हैं। उनके लिए समुद्र तल में खनन करना एक बड़ा निवेश है। इसलिए वे जोखिम कम करना चाहती हैं। वहीं दूसरी

ओर अंतर्राष्ट्रीय समुदाय को सिर्फ राजस्व कमाने से मतलब है। अगर 'मानवता की साझी विरासत' का उपयोग कर कुछ कंपनियाँ ढेर सारा पैसा कमानेवाली हैं, तो बाकी की दुनिया चाहती है कि उस कमाई का एक बड़ा हिस्सा उसे भी मिले।

इसी अंतर में एक ऐसे मोल-भाव की संभावना निहित है, जो दोनों पक्षों के लिए लाभप्रद है। जोखिम के बदले राजस्व कमाया जा सकता है। जोखिम से बचने के लिए इस अंतर का लाभ उठाकर, प्रस्तावित संधि कहती है कि कंपनियों से तब तक कम दर पर वसूली की जाएगी, जब तक वे अपनी लागत नहीं निकाल लेतीं। दूसरे शब्दों में कहें, तो जब तक कंपनियों का जोखिम बड़ा है, तब तक उनसे कम वसूली की जाएगी और जब उनका जोखिम कम हो जाएगा, तो उनसे अपेक्षाकृत ज़्यादा वसूली की जाएगी।

उनकी पसंद के बारे में पूछें

भिन्न हितों के बीच संतुलन बिठाने का एक तरीका है, कुछ ऐसे विकल्प तलाशना, जो आपको स्वीकार्य हों और फिर दूसरे पक्ष से पूछना कि वे उनमें से कौन सा विकल्प चुनना पसंद करेंगे। 'आपको ये जानना है कि उन्हें कौन सा विकल्प पसंद है, न कि कौन सा विकल्प स्वीकार्य है।' इसके बाद आप उस विकल्प पर थोड़ा काम करें, इसके बाद भी अगर जरूरत पड़े तो उस पर थोड़ा और काम करें और एक बार फिर दूसरे पक्ष के सामने उस विकल्प के दो-तीन संस्करण प्रस्तुत करके पूछें कि वे उनमें से किसे पसंद करेंगे। इस तरह कोई निर्णय लिए बिना ही आप अपनी योजना को तब तक बेहतर बना सकते हैं, जब तक और अधिक संयुक्त लाभ पाने की गुंजाइश खत्म नहीं हो जाती। उदाहरण के लिए बेसबॉल स्टार का एजेंट टीम के मालिक से कह सकता है, 'आपके हितों को बेहतर ढंग से पूरा करनेवाला विकल्प कौन सा है? चार साल तक 8 लाख 75 हज़ार डॉलर का सालाना वेतन या फिर तीन साल तक 10 लाख डॉलर का सालाना वेतन? क्या इनमें से दूसरा विकल्प आपके हितों को बेहतर ढंग से पूरा करता है? हाँ? ठीक है। अब अगर मैं 9 लाख डॉलर सालाना का वेतन और 3.00 ईआरए से बेहतर प्रदर्शन करने पर हर साल 5 लाख डॉलर का बोनस माँगू, तो कैसा रहेगा?

अगर हितों के बीच संतुलन बनाने को एक वाक्य में समेटना हो, तो ये कुछ ऐसा होगा : ऐसी चीज़ों की तलाश करें, जो आपके लिए कम खर्चीली और उनके लिए अधिक लाभप्रद हों। इसी तरह ऐसी चीज़ें भी तलाशें, जो उनके लिए कम

खर्चीली और आपके लिए अधिक लाभप्रद हों। हितों, प्राथमिकताओं, मान्यताओं, पूर्वानुमानों और जोखिम के प्रति दृष्टिकोण में अंतर होना ही इस संतुलन को संभव बनाता है। सच कहूँ, तो एक सौदेबाज़ का आदर्श वाक्य ये होना चाहिए : 'अंतर हमेशा अमर रहें।'

उनके निर्णय को आसान बनाएँ

चूँकि सौदेबाज़ी में आपके लिए सफलता का अर्थ ये है कि दूसरा पक्ष आपका मनचाहा निर्णय ले इसलिए उनके लिए इस निर्णय को आसान बनाने के लिए आपसे जो हो सके, वह आपको करना चाहिए। दूसरे पक्ष के लिए चीज़ों को मुश्किल बनाने के बजाय उन्हें एक ऐसा विकल्प दें, जो उनके लिए जितना हो सके, उतना पीड़ारहित हो। चूँकि लोग अपने मामले को कुछ ज़्यादा ही महत्वपूर्ण मान बैठते हैं, इसलिए वे आमतौर पर दूसरे पक्ष के हितों का ध्यान रखते हुए अपने मामले और आगे बढ़ाने पर कम ही ध्यान देते हैं। सिर्फ अपने तात्कालिक हितों पर ध्यान केंद्रित करने से पैदा हुई अदूरदर्शिता से निपटने के लिए आपको खुद को उनके स्थान पर रखकर देखना होगा। उन्हें पसंद आनेवाले विकल्पों के बिना, आप दोनों के बीच आपसी सहमति बनने की संभावना कम ही है।

खुद को किसके स्थान पर रखकर देखना होगा?

क्या आप एक अकेले सौदेबाज़ को प्रभावित करने की कोशिश कर रहे हैं या एक अनुपस्थित बॉस को या किसी कमेटी को या फिर सामूहिक निर्णय लेनेवाले किसी निकाय को? आप 'ह्यूस्टन' या 'कैलीफोर्निया यूनिवर्सिटी' जैसे किसी अमूर्त पक्ष के साथ सफलतापूर्वक सौदेबाज़ी नहीं कर सकते। उदाहरण के लिए एक 'इंश्योरेंस कंपनी' को एक निर्णय लेने के लिए राज़ी करने के बजाय बेहतर होगा कि आप ये कोशिश करें कि एक 'क्लेम एजेंट' आपके लिए सिफारिश कर दे। दूसरे पक्ष की निर्णय लेने की प्रक्रिया कितनी भी जटिल क्यों न लगे, पर अगर आप किसी एक व्यक्ति पर ध्यान केंद्रित करें तो उसे बेहतर ढंग से समझ सकते हैं। इसके लिए आपको उसी व्यक्ति का चुनाव करना चाहिए, जिसके साथ आप ये सौदेबाज़ी कर रहे हों और फिर देखें कि उसके दृष्टिकोण से ये समस्या कैसी नज़र आती है।

आप सिर्फ एक व्यक्ति पर ध्यान केंद्रित करके जटिलताओं की अनदेखी नहीं कर रहे हैं बल्कि इस बात को समझकर उनसे निपटने की कोशिश कर रहे हैं कि जिस व्यक्ति के साथ आप सौदेबाज़ी कर रहे हैं, उस पर वे जटिलताएँ कैसा प्रभाव

डालती हैं। हो सकता है कि एक नए दृष्टिकोण से देखने पर आपको सौदबाज़ी में अपनी भूमिका और महत्वपूर्ण लगने लगे। उदाहरण के लिए हो सकता है कि आप अपने काम को एक ऐसी चीज़ के रूप में देखने लगें, जो उस व्यक्ति की स्थिति दृढ़ बनाता हो और उसे ऐसे तर्क उपलब्ध कराता हो, जिसकी जरूरत उसे दूसरों को राज़ी करने के लिए पड़ेगी। जैसे एक ब्रिटिश राजदूत ने एक बार अपने काम का वर्णन 'अपने विरोधियों को नए निर्देश प्राप्त करने में मदद करना' के तौर पर किया था। अगर आप खुद को अपने विरोधी पक्ष के स्थान पर दृढ़ता से रखकर देखेंगे, तो समझ जाएँगे कि उसकी समस्या क्या है और उसे किस तरह के विकल्पों द्वारा हल किया जा सकता है।

कौन सा निर्णय?

अध्याय-2 में हमने इस बारे में चर्चा की थी कि कैसे दूसरे पक्ष के वर्तमान कथित चुनाव का विश्लेषण कर उनके हितों को समझा जा सकता है। अब आप ऐसे विकल्प तलाशने के प्रयास में हैं, जो उनके चुनाव को इस हद तक बदल दें कि फिर वे ऐसा निर्णय लें, जो आपके लिए संतोषजनक हो। इसलिए आपका काम उन्हें एक समस्या देना नहीं बल्कि एक समाधान देना है। आपका काम उन्हें एक मुश्किल नहीं बल्कि एक आसान निर्णय लेने की दिशा में ले जाना है। इस प्रक्रिया में ये महत्वपूर्ण है कि आपका ध्यान उस निर्णय की सामग्री पर केंद्रित रहे। यह निर्णय अक्सर अनिश्चितता के चलते बाधित होता है।

आप लगातार उतना पाना चाहते हैं, जितना पा सकते हैं, लेकिन आपको खुद नहीं पता कि वह कितना है। परिणाम स्वरूप आप संभवत: ये कहेंगे कि 'कुछ लेकर आओ, फिर मैं तुम्हें बताऊँगा कि क्या वह पर्याप्त है।' भले ही आपको ऐसा कहना उचित लगे, लेकिन जब आप इसे दूसरे पक्ष के दृष्टिकोण से देखेंगे, तो आप समझ जाएँगे कि अनुरोध करने का ये कोई तरीका नहीं है। वे जो भी कहेंगे या करेंगे, संभव है कि आप उसे कम ही मानेंगे और फिर उससे ज़्यादा ही माँगेंगे। अगर आप दूसरे पक्ष से 'अधिक स्पष्टतावादी' रूख अपनाने का अनुरोध करेंगे, तो वे शायद ही आपका मनचाहा निर्णय लें।

कई सौदेबाज़ इस बात को लेकर स्पष्ट नहीं होते कि वे दूसरे पक्ष से क्या चाहते हैं सिर्फ शब्द या फिर प्रदर्शन। जबकि इन दोनों के बीच का अंतर महत्वपूर्ण है। अगर आप चाहते हैं कि वे प्रदर्शन करें, तो सौदेबाज़ी की गुंजाइश बनाने के

लिए उसमें कुछ और न जोड़ें। अगर आप चाहते हैं कि एक घोड़ा मैदान की बाड़ को फांदकर निकल जाएँ, तो ये जरूरी है कि आप उस बाड़ को और ऊँचा न करें। इसी तरह अगर आप एक सॉफ्टड्रिंक को वेंडिंग मशीन के जरिए 75 सेंट में बेचना चाहते हैं, तो खुद को सौदेबाज़ी की गुंजाइश देने के लिए मशीन में उसका दाम 1 डॉलर अंकित न करें।

अधिकांश मौकों पर आप एक वादा – एक आपसी सहमति चाहेंगे। तो एक पेंसिल और कागज उठाइए और कुछ संभावित सहमतियों का प्रारूप तैयार करने की कोशिश कीजिए। किसी सौदेबाज़ी के दौरान अपनी सोच में और स्पष्टता लाने की कोशिश के तौर पर ये प्रारूप कभी भी तैयार किया जा सकता है। इसके कई संस्करण तैयार करें और शुरुआत सबसे आसान संस्करण से करें। वे कौन सी शर्तें हैं, जिन पर दूसरा पक्ष हस्ताक्षर कर सकता है या जो आपके साथ-साथ उसके लिए भी आकर्षक होंगी? क्या आप ऐसे लोगों की संख्या कम कर सकते हैं, जिनकी स्वीकृति की जरूरत होगी? क्या आप एक ऐसी आपसी सहमति का प्रारूप तैयार कर सकते हैं, जिसे लागू करना उनके लिए भी आसान हो? दूसरा पक्ष आपसी सहमति बनाने में आनेवाली समस्याओं का ध्यान रखेगा; आपको भी उनका ध्यान रखना चाहिए।

उदाहरण के लिए पहले से चल रहे कार्य को अचानक बंद करने के मुकाबले, कोई ऐसा कार्य करने से बचना आमतौर पर कहीं ज़्यादा आसान होता है, जो अभी शुरू ही नहीं किया गया है। और किसी कार्य को बंद करना, कोई बिलकुल नया कार्य शुरू करने से ज़्यादा आसान होता है। अगर कंपनी के कर्मचारी चाहते हैं कि काम के दौरान संगीत बजता रहे, तो कंपनी के लिए ऐसा कोई भी कार्यक्रम शुरू करने के मुकाबले, इस बात के लिए सहमत होना कहीं ज़्यादा आसान होगा कि खुद कर्मचारियों द्वारा प्रयोग के तौर पर संगीत बजाने में कंपनी कुछ हफ्तों तक कोई दखल नहीं देगी।

चूँकि अधिकांश लोग वैधता को लेकर अपनी धारणाओं से बहुत प्रभावित रहते हैं इसलिए दूसरे पक्ष को आसानी से स्वीकार होनेवाले समाधान विकसित करने का एक प्रभावी तरीका है, उन्हें खुद आकार देना ताकि वे वैध नज़र आएँ। अगर समाधान को स्वीकार करना एक सही कदम उठाने जैसा लगेगा – यहाँ सही कदम उठाना यानी निष्पक्ष, सम्मानीय, कानूनी रूप से उचित कदम उठाना – तो

दूसरे पक्ष द्वारा वह समाधान स्वीकार करने की संभावना बढ़ जाएगी।

किसी निर्णय को सहज और सुगम बनाने में पिछले मामले जितने कारगर सिद्ध होते हैं, उतनी कोई और चीज़ कारगर नहीं होती। तो ऐसे मामलों की तलाश करें या किसी ऐसे निर्णय का पता लगाएँ, जो दूसरे पक्ष ने संभवत: समान परिस्थिति में लिया हो और फिर उसे अपनी प्रस्तावित सहमति का आधार बनाएँ। इससे आपके अनुरोध को एक वस्तुगत मानक मिल जाता है और दूसरे पक्ष के लिए उसे स्वीकार करना आसान हो जाता है। सुसंगत कदम उठाने की उनकी संभावित इच्छा को पहचानने और उन्होंने जो कहा या किया है, उस पर विचार करने से आपके लिए ऐसे विकल्प पैदा करना आसान हो जाएगा, जो आपको भी स्वीकार्य हों और साथ ही उनके दृष्टिकोण का भी ध्यान रखते हों।

सिर्फ धमकियाँ देना ही काफी नहीं है

आप चाहते हैं कि वे आपकी इच्छानुसार निर्णय लें। वह निर्णय क्या है, इसके अलावा आपको उनके दृष्टिकोण से इस बात पर भी विचार करना होगा कि उनके वह निर्णय लेने का परिणाम क्या होगा। अगर आप उनकी जगह होते, तो किस तरह के परिणाम आपके लिए सबसे ज़्यादा डरावने होते? आप क्या उम्मीद करते?

हम अक्सर लोगों को इस बारे में धमकियाँ और चेतावनियाँ देकर प्रभावित करने की कोशिश करते हैं कि अगर वे हमारी इच्छानुसार निर्णय नहीं लेंगे, तो क्या-क्या हो सकता है। जबकि प्रस्ताव देना अक्सर कहीं ज़्यादा प्रभावी साबित होता है। आपको दोनों चीज़ों पर ध्यान केंद्रित करना होगा; आपकी इच्छानुसार निर्णय लेने पर जो परिणाम आएँगे, दूसरे पक्ष को उनसे परिचित कराने पर भी और उनके दृष्टिकोण से उन परिणामों को बेहतर बनाने पर भी। आप अपने प्रस्तावों को और विश्वसनीय कैसे बना सकते हैं? वे विशिष्ट चीज़ें क्या हैं, जो उन्हें पसंद आ सकती हैं? क्या वे अंतिम प्रस्ताव तैयार करने का श्रेय पाना चाहेंगे? क्या वे खुद इसकी घोषणा करना चाहेंगे? आप ऐसा क्या तलाश कर सकते हैं, जो उनके लिए आकर्षक हो और आपके लिए कम खर्चीला या कम लागतवाला हो।

दूसरे पक्ष के दृष्टिकोण से किसी विकल्प का मूल्यांकन करने के लिए, इस बात पर विचार करें कि अगर वे उसे अपना लेते हैं, तो इस पर उन्हें किस प्रकार की आलोचना झेलनी पड़ सकती है। आप उन्हें जो निर्णय लेने के लिए कहने की सोच रहे हैं, उस पर दूसरे पक्ष का सबसे जर्बदस्त आलोचक क्या कह सकता है,

इसे दर्शाते हुए एक या दो वाक्य लिखें। इस आलोचना पर दूसरा पक्ष अपने बचाव में जो कुछ भी कह सकता है, उसे दर्शानेवाले कुछ वाक्य भी लिखें। यह अभ्यास करने से आपको उन सीमाओं का सम्मान करने में मदद मिलेगी, जिनके दायरे में रहकर दूसरा पक्ष सौदेबाज़ी कर रहा है। इससे आपको ऐसे विकल्प तलाशने में भी मदद मिलेगी, जो उनके हितों को पूरा करेंगे ताकि वे ऐसा निर्णय ले सकें, जिससे आपके हित पूरे हों।

किसी विकल्प का अंतिम परीक्षण है, उसे 'हाँ कहने योग्य प्रस्ताव' का रूप देना। एक ऐसा प्रस्ताव तैयार करने की कोशिश कीजिए, जिस पर दूसरे पक्ष की एक शब्द की प्रतिक्रिया - यानी 'हाँ' - न सिर्फ काफी हो बल्कि यथार्थवादी व क्रियाशील भी हो। ऐसा करके आप वह जोखिम कम कर सकेंगे, जिसे आप दूसरे पक्ष के सरोकारों को पूरा करने के अपने तात्कालिक स्वार्थ के चक्कर में देख नहीं पा रहे हैं।

एक जटिल स्थिति में रचनात्मक तलाश करना सबसे बड़ी जरूरत होती है। सौदेबाज़ी में ये आपके लिए नए दरवाजे खोल सकती है और ऐसी कई संभावित आपसी सहमतियाँ बना सकती है, जो हर पक्ष के लिए संतोषजनक हों। इसीलिए आपको कौन सा विकल्प चुनना है, ये तय करने से पहले अपने लिए ढेर सारे विकल्प तलाश करें। पहले तलाश करें, फिर तय करें और चुनें। साझा हितों व विपरीत हितों की पहचान करें और फिर उनके बीच संतुलन बनाएँ और दूसरे पक्ष के लिए निर्णय लेना आसान बनाएँ।

5. वस्तुनिष्ठ मानदंड के उपयोग पर जोर दें

भले ही आप दूसरे पक्ष के हितों को कितनी भी अच्छी तरह समझते हों, भले ही आप कितनी भी चतुराई से दोनों पक्षों के विभिन्न हितों के बीच सामंजस्य स्थापित करने के तरीके खोजें, भले ही आप मौजूदा संबंधों को कितना भी महत्त्व दें, लेकिन आपको करीब-करीब हमेशा ही विरोधी हितों की कठोर वास्तविकता का सामना करना पड़ेगा। ये एक ऐसा तथ्य है, जिसे 'दोनों पक्षों का लाभ' सुनिश्चित करनेवाली किसी भी रणनीति पर चर्चा करके छिपाया नहीं जा सकता। आप चाहते हैं कि मकान का किराया कम रहे; जबकि मकान मालिक किराया बढ़ाना चाहता है। आप चाहते हैं कि आपके सामान की डिलीवरी कल ही हो जाए; जबकि सप्लायर ये डिलीवरी अगले हफ्ते करना चाहता है। आप ऑफिस में अपने लिए बड़ावाला केबिन चाहते हैं, जहाँ से बाहर का सुंदर नज़ारा दिखता है; लेकिन आपके बिजनेस पार्टनर को भी वही केबिन चाहिए। ये ऐसे मतभेद (अंतर) हैं, जिन्हें न छिपाया जा सकता और न ही अनदेखा किया जा सकता है।

इच्छा के आधार पर निर्णय लेना महँगा पड़ सकता है

इन मतभेदों को सौदेबाज़ आमतौर पर पोजिशन संबंधी मोलभाव द्वारा सुलझाने की कोशिश करते हैं। दूसरे शब्दों में कहें, तो इस बारे में चर्चा करके कि वे क्या मानने के लिए राज़ी हैं और क्या मानने के लिए नहीं। हो सकता है कि एक सौदेबाज़ सिर्फ इसलिए कुछ मूलभूत रियायतों की माँग करे क्योंकि वह उन पर ज़ोर दे रहा है: 'इसकी कीमत ५० डॉलर है। इसमें से एक डॉलर भी कम नहीं होगा!' जबकि अगर उसकी जगह कोई दूसरा सौदेबाज़ होता, तो हो सकता है कि वह आपके समर्थन या दोस्ती की उम्मीद में आपको इससे कहीं अधिक उदार प्रस्ताव देता। ऐसे में दोनों पक्षों के बीच खुद को सबसे जिद्दी सौदेबाज़ साबित करने की प्रतिस्पर्धा शुरू हो जाए या सबसे उदार सौदेबाज़ साबित करने की, लेकिन ये प्रतिस्पर्धा इसी बात पर केंद्रित होती है कि हर पक्ष किन-किन बातों पर एक-दूसरे से सहमत होने के लिए तैयार हैं। यहाँ परिणाम दो मानवीय इच्छाओं की परस्पर अंत:क्रिया के चलते सामने

आता है – ये कुछ ऐसा है, मानों दोनों सौदेबाज़ किसी रेगिस्तानी द्वीप में रह रहे थे, जिनका न कोई इतिहास था, न कोई रीति-रिवाज और न ही कोई नैतिक मानक।

जैसा कि अध्याय-1 में बताया गया था, इच्छा के आधार पर मतभेदों को सुलझाने की कोशिश महँगी पड़ सकती है। अगर आप दूसरे पक्ष की इच्छा के विरूद्ध अपनी इच्छा पूरी करना चाहते हैं या दोनों में से किसी भी पक्ष को अपने कदम पीछे खींचने पड़ते हैं, तो फिर सौहार्दपूर्ण सौदेबाज़ी होना संभव नहीं है। चाहे आप ये तय कर रहे हों कि आज डिनर कहाँ करना है या फिर आप एक व्यवसाय खड़ा करने में जुटे हों या फिर बच्चे की लीगल कस्टडी के लिए दूसरे पक्ष के साथ चर्चा कर रहे हों। अगर आप किसी वस्तुनिष्ठ मानदंड का ध्यान नहीं रखेंगे, तो संभवत: ऐसे किसी मानदंड पर आधारित व्यावहारिक सहमति नहीं बना सकेंगे।

हितों को लेकर जो मतभेद हैं, अगर उन्हें इच्छा के आधार पर निपटाना महँगा पड़ सकता है, तो इसका यही समाधान है कि सौदेबाज़ी का आधार एक वस्तुनिष्ठ मानदंड हो, जो दोनों पक्षों की इच्छा से मुक्त हो।

वस्तुनिष्ठ मानदंड का उपयोग कारगर क्यों है?

मान लीजिए आपने अपना मकान बनवाने के लिए ठेकेदार को एक फिक्स्ड प्राइज़ (निश्चित मूल्य) दिया है, जिसमें कंक्रीट की नींव बनाने की बात कही गई है पर ये स्पष्ट नहीं है कि वह नींव कितनी गहरी होनी चाहिए। ठेकेदार आपको दो फीट गहरी नींव का सुझाव देता है। जबकि आपका मानना है कि आपको जैसा मकान चाहिए, उसके लिए आमतौर पर पाँच फीट गहरी नींव डाली जाती है।

अब मान लीजिए ठेकेदार कहता है, 'छत पर स्टील के गर्डर लगाने का आपका सुझाव मैंने फौरन मान लिया था। अब बारी आपकी है कि आप उथली नींव का मेरा सुझाव मानें।' इस स्थिति में कोई भी समझदार मकान-मालिक अपने कदम पीछे नहीं खींचेगा। एक-दूसरे की बात मानने के बजाय आप इस स्थिति में वस्तुनिष्ठ सुरक्षा मानदंडों पर आधारित निर्णय लेने पर ज़ोर देंगे। 'देखो, मैं चाहता हूँ कि मकान की नींव मजबूत हो और इतनी गहरी हो कि उस पर खड़ी इमारत हमेशा सुरक्षित रहे। क्या इस किस्म की मिट्‌टी में नींव की गहराई को लेकर कोई स्पष्ट सरकारी मानक हैं? इस क्षेत्र के अन्य मकानों की नींव कितनी गहरी है? यहाँ भूकंप का खतरा कितना है? इस मामले को सुलझाने के लिए जरूरी मानकों की जानकारी कहाँ मिल सकती है?'

एक अच्छा अनुबंध तैयार करना, एक मजबूत नींव डालने जितना ही मुश्किल है। अगर एक मकान-मालिक और ठेकेदार के बीच की सौदेबाज़ी में वस्तुनिष्ठ मानकों पर भरोसा करना इतनी स्पष्टता से लागू होता है, तो फिर व्यापारिक सौदों, सामूहिक मोल-भाव, कानूनी मामले सुलझाने और अंतर्राष्ट्रीय सौदेबाज़ी में ऐसा क्यों नहीं हो सकता? उदाहरण के लिए इस बात पर ज़ोर क्यों नहीं दिया जाना चाहिए कि किसी सौदेबाज़ी में तय होनेवाला मूल्य, विक्रेता द्वारा माँगे जा रहे मूल्य के बजाय बाज़ार-मूल्य, प्रतिस्पर्धी के मूल्य, रिप्लेसमेंट की लागत और डेप्रिशिएटेड बुक-वैल्यू जैसे किसी मानदंड पर आधारित हो?

संक्षेप में कहें, तो तरीका ये है कि किसी दबाव के चलते कोई समाधान स्वीकार करने के बजाय आपको एक सिद्धांत आधारित समाधान निकालने के लिए प्रतिबद्ध रहना चाहिए। समस्या की महत्ता पर ध्यान केंद्रित करें, न कि विभिन्न पक्षों के मिजाज़ पर। तर्क-वितर्क के लिए खुला रवैया रखें, लेकिन किसी प्रकार की धमकी के दबाव में न आएँ।

सैद्धांतिक सौदेबाज़ी द्वारा सौहार्दपूर्ण और दक्षतापूर्ण ढंग से व्यावहारिक सहमतियाँ बनती हैं

अपनी समस्या का समाधान ढूँढ़ते समय आप निष्पक्षता, दक्षता और वैज्ञानिकता का जितना ध्यान रखेंगे, आपको मिलनेवाला अंतिम परिणाम उतना ही अधिक व्यावहारिक और निष्पक्ष होगा। आप और दूसरा पक्ष पिछले मामलों और सामुदायिक व्यवहार का जितना हवाला देंगे, अतीत के अनुभवों से लाभान्वित होने की आपकी संभावना उतनी ही अधिक होगी। दोनों पक्षों के बीच बननेवाली सहमति पिछले मामलों में जितनी अनुरूप होगी, किसी भी विपरीत परिस्थिति के प्रति वह उतनी ही कम संवेदनशील होगी। अगर एक लीज़ में मानक शर्तें शामिल हों या एक सेल्स अनुबंध उद्योग के रिवाजों के अनुसार बनाया गया हो, तो ये जोखिम कम हो जाता है कि कोई सौदेबाज़ बाद में उसे अस्वीकार कर दे या उसे लगे कि इस मामले में उसके साथ गलत किया गया है।

प्रभुत्व स्थापित करने के लिए निरंतर संघर्ष करना आपसी संबंधों के लिए किसी खतरे से कम नहीं होता; सैद्धांतिक सौदेबाज़ी संबंधों की रक्षा करती है। एक-दूसरे को पीछे हटने के लिए मजबूर करने के बजाय, जब दोनों पक्ष किसी समस्या को हल करने के लिए वस्तुनिष्ठ मानकों पर चर्चा करते हैं, तो एक-दूसरे

के साथ काम करना आसान हो जाता है।

वस्तुनिष्ठ मानदंडों पर चर्चा के जरिए आपस में सहमति बनाने से दोनों पक्षों के लिए उन अनिवार्य प्रतिबद्धताओं की संख्या कम हो जाती है, जो अक्सर बाद में तोड़ दी जाती हैं। पोजिशन संबंधी मोलभाव में सौदेबाज़ अपनी पोजिशन का बचाव करने और दूसरे पक्ष पर हमला करने में ही अपना अधिकांश समय खर्च कर देते हैं। जबकि वस्तुनिष्ठ मानदंड का उपयोग करनेवाले लोग आमतौर पर संभावित मानकों और समाधानों पर चर्चा करते हुए अपने समय का उपयोग अधिक दक्षतापूर्ण ढंग से करते हैं।

जब किसी मामले में कई पक्ष शामिल होते हैं, तो दक्षता के लिए स्वतंत्र मानक और भी महत्वपूर्ण हो जाते हैं। ऐसे मामलों में पोजिशन संबंधी मोलभाव करना काफी मुश्किल होता है। इसके लिए विभिन्न पक्षों के बीच गठबंधन की जरूरत होती है; और किसी एक पोजिशन पर जितने पक्ष सहमत हो जाते हैं, उस पोजिशन को बदलना उतना ही मुश्किल हो जाता है। इसी प्रकार, अगर हर सौदेबाज़ के कुछ अपने लोग हैं, जिन्हें उसे संतुष्ट करना है या फिर अगर उसके ऊपर कोई उच्च अधिकारी बैठा है, जिससे पोजिशन के बारे में अनुमति लेना जरूरी है तो कोई पोजिशन लेना और फिर उसे बदलना काफी मुश्किल हो जाता है और इसमें समय भी अधिक लगता है।

लॉ ऑफ द सी कॉन्फ्रेंस का एक प्रकरण दर्शाता है कि वस्तुनिष्ठ मानदंड का उपयोग करना कितना महत्वपूर्ण होता है। इस कॉन्फ्रेंस के दौरान भारत – जो थर्ड वर्ल्ड ब्लॉक का प्रतिनिधित्व कर रहा था – ने समुद्र तल में खनन करनेवाली कंपनियों पर 60 मिलियन डॉलर प्रति साइट का प्रारंभिक शुल्क लगाने का प्रस्ताव रखा। अमेरिका ने इस प्रस्ताव को ये कहते हुए खारिज कर दिया कि कोई प्रारंभिक शुल्क नहीं लिया जाएगा। दोनों पक्ष अपनी-अपनी बात पर अड़े रहे; अब ये दोनों पक्षों की इच्छाओं की प्रतिस्पर्धा का मामला बन गया।

फिर किसी को पता चला कि अमेरिका के प्रतिष्ठित मेसाच्युसेट्स इंस्टीट्यूट ऑफ टेक्नोलॉजी (एमआईटी) ने समुद्र तल खनन की अर्थव्यवस्था के लिए एक मॉडल विकसित किया है। धीरे-धीरे इस मॉडल को विभिन्न पक्षों ने एक वस्तुनिष्ठ मॉडल के रूप में स्वीकार कर लिया, जिससे कंपनियों पर शुल्क लगाने से समुद्र तल खनन की अर्थव्यवस्था पर पड़नेवाले प्रभाव के मूल्यांकन का रास्ता मिल गया। जब

भारतीय प्रतिनिधि ने अपने प्रस्ताव के प्रभाव के बारे में पूछा, तो उसे विस्तार से बताया गया कि कैसे उसका प्रस्ताव – खनन करके राजस्व कमाने से पहले ही पाँच साल तक भारी शुल्क चुकाना – किसी भी कंपनी के लिए खनन को करीब–करीब असंभव बना देगा। भारतीय प्रतिनिधि इस जानकारी से बड़ा प्रभावित हुआ और उसने घोषणा की कि वह अपनी पोजिशन पर दोबारा विचार करेगा। वहीं दूसरी ओर एमआईटी के मॉडल की मदद से अमेरिकी प्रतिनिधियों की जानकारी व समझ भी बढ़ी। जबकि इससे पहले इस विषय पर अमेरिकी प्रतिनिधियों की जानकारी मुख्य रूप से खनन कंपनियों द्वारा उपलब्ध कराई गई सूचनाओं तक ही सीमित रहती थी। इस मॉडल से ये संकेत मिला कि कंपनियों पर थोड़ा शुल्क लगाना अर्थिक रूप से एक व्यावहारिक कदम होगा। इसके परिणामस्वरूप अमेरिका ने भी अपनी पोजिशन बदल दी।

यानी किसी को पीछे नहीं हटना पड़ा; कोई किसी से कमजोर नहीं दिखा – बस सभी ने उचित व्यवहार किया। एक लंबी सौदेबाज़ी के बाद, सभी पक्षों के बीच एक अस्थाई सहमति बन गई, जो हर किसी के लिए संतोषजनक थी।

एमआईटी मॉडल ने सहमति की संभावना को बढ़ाया और महँगे दिखावे को कम कर दिया। इससे एक बेहतर परिणाम निकला, जिसके चलते कंपनियाँ समुद्र तल में खनन करने की ओर आकर्षित हुईं और साथ ही दुनियाभर के देशों को पर्याप्त राजस्व कमाने का मौका मिला। एक ऐसा वस्तुनिष्ठ मानदंड मौजूद होने के चलते – जिसकी मदद से किसी भी प्रस्ताव के परिणामों का अनुमान लगाया जा सकता था – सभी पक्षों को इस बात के लिए राज़ी करना आसान हो गया कि उनके बीच जो अस्थाई सहमति बनी है, वह निष्पक्ष है। इससे सौदेबाज़ों के संबंध और मजबूत हुए और इस बात की संभावना बढ़ गई कि ये सहमति आगे भी कायम रहेगी।

वस्तुनिष्ठ मानदंड विकसित करना

सैद्धांतिक सौदेबाज़ी को जारी रखने की प्रक्रिया में दो सवाल सबसे महत्वपूर्ण होते हैं : पहला कि आप वस्तुनिष्ठ मानदंड कैसे विकसित करेंगे और दूसरा, आप सौदेबाज़ी में उनका उपयोग कैसे करेंगे?

भले ही आप सौदेबाज़ी का जो भी तरीका उपयोग करें, अगर पहले से तैयारी करके रखेंगे, तो बेहतर रहेगा। सैद्धांतिक सौदेबाज़ी के मामले में तो ये बात निश्चित तौर पर लागू होती है। इसलिए पहले से ही कुछ वैकल्पिक मानक विकसित करके

रखें और इस बारे में सोच-विचार भी कर लें कि अपने मामले में उन्हें कैसे लागू किया जा सकता है।

निष्पक्ष मानक

आपको आमतौर पर आपसी सहमति के आधार के रूप में एक से अधिक वस्तुनिष्ठ मानदंड मिलेंगे। उदाहरण के लिए मान लीजिए कि आपकी कार दुर्घटनाग्रस्त हो जाती है और आप इंश्योरेंस कंपनी में अपना क्लेम फाइल करते हैं। इंश्योरेंस कंपनी के एडजस्टर के साथ चर्चा के दौरान आप संभवत: कार के मूल्य के इन मानकों को ध्यान में रख सकते हैं: (1) डेप्रिसिएशन घटाने के बाद कार की वास्तविक कीमत, (2) कार किस कीमत पर बेची जा सकती थी, (3) उस साल और उस मॉडल की कार का मानक 'ब्लू बुक' मूल्य, (4) कार को उसी श्रेणी की दूसरी कार से बदलने का खर्च और (5) कार के मूल्य के तौर पर अदालत आपको कितना मुआवज़ा दे सकती है?

अन्य मौकों पर आप मामले से जुड़ी जरूरतों के अनुसार संभवत: ये प्रस्ताव रखना चाहेंगे कि एक समझौता या आपसी सहमति निम्नलिखित मानकों पर आधारित हो।

बाज़ार मूल्य	अदालत क्या फैसला देगी
पिछले मामले	नैतिक मानक
वैज्ञानिक निर्णय	समानतापूर्ण व्यवहार
पेशेवर मानक	परंपरा
दक्षता	पारस्परिक विनिमय
लागत या कीमत	इत्यादि

वस्तुनिष्ठ मानदंड को कम से कम हर पक्ष की इच्छा से मुक्त जरूर होना चाहिए। आदर्श रूप से देखें, तो एक व्यावहारिक सहमति सुनिश्चित करने के लिए वस्तुनिष्ठ मानदंड को न सिर्फ हर पक्ष की इच्छा से मुक्त होना चाहिए बल्कि न्यायसंगत और व्यावहारिक भी होना चाहिए। उदाहरण के लिए किसी सीमा विवाद में नदी या पहाड़ जैसे किसी भौतिक उभार को दोनों क्षेत्रों के बीच की सीमा के रूप में स्वीकार करना कहीं ज़्यादा आसान होगा, बजाय 'नदी किनारे पूर्व दिशा की

ओर तीन गज दूर' बनी किसी सीमारेखा को स्वीकार करने के।

वस्तुनिष्ठ मानदंड को दोनों पक्षों पर लागू होना चाहिए, कम से कम सैद्धांतिक रूप से। इस प्रकार आप खुद को ये बताने के लिए पारस्परिक विनिमय के परीक्षण का उपयोग कर सकते हैं कि प्रस्तावित मानदंड किसी भी पक्ष की इच्छा से मुक्त और निष्पक्ष है। अगर मकान बेचनेवाली एक रियल स्टेट एजेंसी आपको एक स्टैंडर्ड फॉर्म कॉन्ट्रैक्ट का प्रस्ताव देती है, तो उनसे ये पूछना समझदारी होगा कि क्या ये वही स्टैंडर्ड फॉर्म है, जो वे खुद एक मकान खरीदते समय उपयोग करते हैं। अंतर्राष्ट्रीय स्तर पर आत्मनिर्णय का सिद्धांत बहुत से लोगों के बीच बड़ा प्रसिद्ध है, जो इस बात पर जोर देते हैं कि ये उनका मौलिक अधिकार है, लेकिन वे इस बात से इंकार कर देते हैं कि यह दूसरे पक्ष पर भी लागू होता है। मध्य पूर्व, उत्तरी आयरलैंड और साइप्रस इसी के तीन उदाहरण हैं।

निष्पक्ष प्रक्रियाएँ

किसी भी पक्ष की इच्छाओं से मुक्त परिणाम हासिल करने के लिए आप या तो मूलभूत सवाल के लिए निष्पक्ष मानकों का उपयोग कर सकते हैं या फिर परस्पर विरोधी हितों के बीच सामंजस्य बनाने के लिए निष्पक्ष प्रक्रियाओं का। उदाहरण के लिए दो बच्चों के बीच एक केक बाँटने के सदियों पुराने तरीके पर विचार करें : केक को दो टुकड़ों में काटने का मौका एक बच्चे को मिलेगा और उन दोनों टुकड़ों में से मनचाहा टुकड़ा चुनने का मौका दूसरे बच्चे को मिलेगा। अब दोनों में से कोई भी ये शिकायत नहीं कर सकता कि केक का बंटवारा निष्पक्ष नहीं था।

लॉ ऑफ द सी कॉन्फ्रेंस की सौदेबाजी में भी इसी प्रक्रिया का उपयोग किया गया था, जो दरअसल अब तक की सबसे जटिल सौदेबाजियों में से एक थी। समुद्र तल में खनन स्थलों का बंटवारा कैसे किया जाएगा, इस मुद्दे ने एक समय पर आकर सौदेबाज़ी में गतिरोध पैदा कर दिया था। सहमति-मसौदे की शर्तों के तहत आधे खनन स्थलों पर खनन का काम निजी कंपनियों को करना था, जबकि बाकी के आधे स्थलों पर ये काम यूनाइटेड नेशन्स के खनन संगठन एंटरप्राइज को करना था। चूँकि अमीर देशों की निजी खनन कंपनियों के पास समुद्र तल में सर्वोत्तम खनन स्थलों की पहचान करनेवाली अत्याधुनिक टेक्नोलॉजी और विशेषज्ञता थी इसलिए गरीब देशों को डर था कि कम विशेषज्ञतावाले एंटरप्राइज के लिए ये सौदा बुरा साबित होगा।

इसका समाधान ये निकाला गया कि हर वह निजी कंपनी, जो समुद्र तल में खनन का अधिकार चाहती है, वह एंटरप्राइज के सामने दो प्रस्तावित खनन स्थलों का नाम प्रस्तुत करेगी। इनमें से एक खनन स्थल का चुनाव एंटरप्राइज अपने लिए करेगा, जबकि दूसरे खनन स्थल का लाइसेंस कंपनी को दे देगा। चूँकि कंपनी को ये पता नहीं होगा कि उसे दोनों में से कौन सा खनन स्थल मिल जाएगा इसलिए वह उन्हीं दो खनन स्थलों का प्रस्ताव रखेगी, जो उसके लिए ज़्यादा से ज़्यादा लाभकारी हों। इस आसान सी प्रक्रिया से लाभप्रद खनन स्थलों की पहचान करने की निज़ी कंपनियों की विशेषज्ञता का उपयोग दोनों पक्षों के परस्पर लाभ के लिए करना संभव हो गया।

ये तरीका दरअसल 'केक को दो टुकड़ों में काटने का मौका एक पक्ष को मिलेगा और उसमें से मनचाहा टुकड़ा चुनने का मौका दूसरे पक्ष को' इस प्रक्रिया का ही एक संस्करण है। इसका उद्‌देश्य ये होता है कि किसी मामले में सभी पक्ष अपनी-अपनी भूमिका तय करें, इससे पहले ही उन्हें ऐसी व्यवस्था बनाने के लिए सौदबाज़ी का मौका मिले, जो उन्हें निष्पक्ष लगती हो। उदाहरण के लिए तलाक के मामले में, बच्चों की लीगल कस्टडी दोनों में से किसे मिलेगी, ये तय करने से पहले माता-पिता विजिटिंग राइट्स (बच्चों से मेल-मुलाकात करने का अधिकार) लेकर आपसी सहमति बना सकते हैं। इससे दोनों को ऐसे विजिटिंग राइट्स पर आपसी सहमति बनाने का मौका मिलेगा, जो उनके अनुसार पूरी तरह निष्पक्ष हों।

जब आप प्रक्रियात्मक समाधानों पर विचार करें, तो मतभेदों को सुलझाने के अन्य बुनियादी तरीकों पर भी गौर करें: बारी-बारी से करना, संयोगवश तय करना किसी तीसरे को फैसला करने देना वगैरह।

निरंतर बारी-बारी से करना, किसी संपत्ति के वारिसों के लिए अपनी विरासत का बँटवारा करने का सबसे अच्छा तरीका है। इसके बाद वे चाहें, तो थोड़ी-बहुत बिक्री भी कर सकते हैं या फिर अस्थाई चुनाव कर सकते हैं, ताकि उसे स्थाई रूप से स्वीकार करने के बजाय देख सकें कि उन्हें क्या परिणाम मिलते हैं।

संयोगवश तय करना, जैसे सिक्का उछालकर टॉस करना या ऐसे ही अन्य तरीकों में एक अंतर्निहित निष्पक्षता होती है। हो सकता है कि इसके परिणाम असमान रहें, लेकिन इसमें हर पक्ष को समान अवसर जरूर मिलता है।

एक संयुक्त निर्णय लेने में किसी तीसरे व्यक्ति को महत्वपूर्ण भूमिका निभाने

देना एक प्रमाणित प्रक्रिया है, जिसके अनंत संस्करण हैं। दोनों पक्ष अपनी समस्या को लेकर किसी विशेषज्ञ के पास जाने के लिए सहमत हो सकते हैं ताकि वह उन्हें कोई सलाह दे या उनके लिए खुद कोई फैसला करे। दोनों पक्ष कोई निर्णय लेने के लिए किसी मध्यस्थ की मदद ले सकते हैं। या फिर वे एक आधिकारिक और अनिवार्य निर्णय के लिए मामले को किसी न्यायपीठ के पास ले जा सकते हैं, जो न्याय कर सके।

उदाहरण के लिए पेशेवर बेसबॉल की दुनिया में खिलाड़ी के वेतन से जुड़े विवाद निपटाने के लिए 'लास्ट-बेस्ट-ऑफर-आर्बिट्रेशन' का उपयोग किया जाता है। इसमें आर्बिट्रेटर (न्यायपीठ) को एक पक्ष द्वारा दिए गए अंतिम प्रस्ताव और दूसरे पक्ष द्वारा दिए गए अंतिम प्रस्ताव में से किसी एक का चुनाव करना होता है। सैद्धांतिक रूप से ऐसा माना जाता है कि इस प्रक्रिया से सभी पक्षों पर इस बात का दबाव बढ़ता है कि वे उचित प्रस्ताव दें। बेसबॉल की दुनिया और उन राज्यों को - जहाँ सरकारी कर्मचारियों के कुछ विशेष विवादों में मध्यस्थता का ये रूप अनिवार्य है - देखकर लगता है कि पारंपरिक मध्यस्थतावाली समान परिस्थितियों के मुकाबले इस प्रक्रिया द्वारा अपेक्षाकृत अधिक समझौते संभव होते हैं; हालाँकि ऐसे पक्ष जो समझौता नहीं करते, वे कभी-कभी न्यायपीठ को दो कठोर प्रस्तावों के बीच किसी एक को चुनने के लिए कह देते हैं, जो वास्तव में न्यायपीठ के लिए एक अप्रिय अनुभव होता है।

वस्तुनिष्ठ मानदंड के साथ सौदेबाज़ी

वस्तुनिष्ठ मानदंड और प्रक्रियाओं की पहचान करने के बाद उनके बारे में दूसरे पक्ष से चर्चा कैसे करें? यहाँ आगे दिए गए तीन बिंदु याद रखने चाहिए :

1) हर मामले को वस्तुनिष्ठ मानदंड की संयुक्त तलाश के रूप में परिभाषित करें।

2) कौन से मानक सबसे उपयुक्त हैं और उन्हें कैसे लागू किया जाना चाहिए, इस विषय पर तर्क करें और दूसरे पक्ष के तर्कों के प्रति खुला रवैया रखें।

3) दबाव पड़ने पर कभी न झुकें सिर्फ सिद्धांतों के आगे झुकें।

संक्षेप में कहें, तो वस्तुनिष्ठ मानदंड पर दृढ़ता से ध्यान केंद्रित करें पर अपना रवैया लचीला रखें।

हर मामले को वस्तुनिष्ठ मानदंड के संयुक्त कार्य के रूप में परिभाषित करें

अगर आप एक घर खरीद रहे हैं, तो सौदेबाज़ी की शुरुआत ये कहकर कर सकते हैं : 'देखिए, आप एक ऊँची कीमत चाहते हैं और मैं कम कीमत। तो आइए ये तय कर लेते हैं कि मकान की उचित कीमत क्या होगी और इसके लिए कौन से वस्तुनिष्ठ मानदंड सबसे उचित साबित हो सकते हैं?' शायद आपके और दूसरे पक्ष के हित एक-दूसरे के विपरीत हों, पर अब आपके पास उचित कीमत तय करने का साझा उद्देश्य है। इसकी शुरुआत आप खुद एक-दो मानदंडों का सुझाव देकर कर सकते हैं - डेप्रिसिएशन (अवमूल्यन) और इन्फ्लेशन (महंगाई) को ध्यान में रखते हुए मकान की कीमत एडजस्ट करना, आस-पड़ोस में बेचे गए ऐसे ही अन्य मकानों की कीमत या फिर एक स्वतंत्र मूल्यांकन - और फिर विक्रेता के सुझाव आमंत्रित करें।

पूछें 'आपका फंडा क्या है?' अगर विक्रेता एक पोजिशन के साथ अपनी बात शुरू करे, जैसे 'मकान की कीमत 1 लाख 55 हज़ार डॉलर है' तो पूछें ये कीमत रखने के पीछे उसका फंडा क्या है : 'आप इस आँकड़े पर कैसे पहुँचे?' इसे ऐसे देखें, मानो विक्रेता खुद भी वस्तुनिष्ठ मानदंड पर आधारित उचित व निष्पक्ष कीमत तय करना चाहता हो।

पहले सिद्धांतों पर सहमत हों। सौदेबाज़ी की संभावित शर्तों पर विचार करने से पहले बेहतर होगा कि दोनों पक्ष उन मानकों पर एक-दूसरे से सहमत हों, जो इस सौदेबाज़ी पर लागू होंगे।

दूसरे पक्ष द्वारा प्रस्तावित प्रत्येक मानक अंततः एक ऐसी चीज़ बन जाता है, जिसका उपयोग आप उन्हें राजी करने के लिए कर सकते हैं। अगर आप अपनी बात को उनके मानंदडों के अनुसार प्रस्तुत करेंगे, तो वह अधिक प्रभावी साबित होगी और दूसरे पक्ष के लिए अपने मानदंड लागू करने से बचना मुश्किल हो जाएगा। 'आपका कहना है कि पड़ोसवाले मि. जोन्स ने अपना मकान 1 लाख 60 हज़ार डॉलर में बेचा था। तो आपका फंडा ये है कि आपका ये मकान भी उसी कीमत पर बिकना चाहिए, जिस कीमत पर आस-पड़ोस में समान श्रेणीवाले मकान बिक रहे है? मैं सही कह रहा हूँ ना? अगर ऐसा है, तो फिर आइए देखते हैं कि एल्सवर्थ और ऑक्सफोर्ड के आस-पासवाले और ब्रॉडवे व डाना स्थित मकान किस कीमत पर बिके थे।' दरअसल किसी प्रस्ताव को स्वीकार करना खासतौर पर तब मुश्किल

होता है, जब वह किसी और का प्रस्ताव हो। अगर मानक उन्होंने सुझाया हो, तो उसे बनाए रखना उनकी कमज़ोरी नहीं बल्कि ताकत की निशानी है कि उन्होंने अपना वचन निभाया।

तर्क करें और दूसरे पक्ष के तर्कों के प्रति खुला रवैया रखें

सौदेबाज़ी को जो बात एक संयुक्त कार्य बनाती है, वह ये है कि भले ही आपने कितने भी अलग-अलग वस्तुनिष्ठ मानदंड बनाए हों, लेकिन फिर भी सौदेबाज़ी करने के लिए आप खुले नज़रिए के साथ ही आते हैं। अधिकांश सौदेबाजियों में लोग पिछले मामलों और अन्य वस्तुनिष्ठ मानकों को अपनी पोजिशन के समर्थन में दिए जानेवाले तर्क के रूप में उपयोग करते हैं। जैसे उदाहरण के लिए एक पुलिस यूनियन वेतन में निश्चित बढ़ोत्तरी पर जोर देती है और अपनी इस पोजिशन को ये कहकर सही ठहरा सकती है कि अन्य शहरों के पुलिसकर्मियों को कितना वेतन मिलता है। मानदंड का उपयोग इस प्रकार करने से लोग अपनी पोजिशन को लेकर और कड़ा रुख अपना लेते हैं।

कुछ लोग इससे भी एक कदम आगे जाकर अपनी बात की शुरुआत ही इस घोषणा से करते हैं कि उनकी पोजिशन दरअसल सिद्धांत का मामला है। फिर वे दूसरे पक्ष के मामले पर विचार करने से भी इंकार कर देते हैं। फिर उनका ये वाक्य कि 'ये सिद्धांत का मामला है' विचारधारा के धर्म-युद्ध की हुंकार में तब्दील हो जाता है। इससे व्यावहारिक मतभेद सैद्धांतिक मतभेदों में तब्दील हो जाते हैं और सौदेबाज़ मुक्त होने के बजाय अपने-अपने सीमित दायरों में कैद हो जाते हैं।

जबकि सैद्धांतिक सौदेबाज़ी का अर्थ, सैद्धांतिक मतभेद पैदा करना नहीं है। एक आपसी सहमति या समझौता वस्तुनिष्ठ मानदंड पर आधारित हो, इस बात पर ज़ोर देने का ये अर्थ नहीं है कि आप सिर्फ अपने द्वारा प्रस्तावित मानदंड पर ही ज़ोर दे रहे हैं। वैधता का एक मानक, किसी दूसरे मानक के अस्तित्व को खारिज नहीं करता है। दूसरा पक्ष जिस चीज़ को निष्पक्ष मानता है, हो सकता है कि आप उसे निष्पक्ष न मानते हों। आपको एक जज जैसा व्यवहार करना चाहिए; भले ही आप एक पक्ष की ओर पहले से ही झुकाव रखते हों (इस मामले में अपने ही पक्ष की ओर) इसके बावजूद आपको दूसरे मानकों को लागू करने या उन्हीं मानकों को अलग ढंग से लागू करने के कारणों का जवाब देने के लिए तैयार रहना चाहिए। जब हर पक्ष एक अलग मानक को आगे बढ़ा रहा हो, तो उनमें से किसी एक मानक

का चुनाव करने के लिए वस्तुनिष्ठ आधार का पता लगाएँ, जैसे अतीत में उनमें से किस मानक का उपयोग किया जा चुका है या फिर किस मानक को व्यापक रूप से लागू किया जाता रहा है। जिस तरह मूल मसले का निपटारा सिर्फ इच्छा के आधार पर नहीं होना चाहिए, उसी तरह इस सवाल का जवाब भी सिर्फ इच्छा के आधार पर नहीं ढूँढ़ा जा सकता कि कौन सा मानक लागू होना चाहिए।

किसी मामले में दो ऐसे मानक भी हो सकते हैं (जैसे बाज़ार-मूल्य और डेप्रिसिएशन का खर्च) जो अलग-अलग परिणाम देते हों पर दोनों पक्षों को वैध प्रतीत होते हों। ऐसे में मतभेद (अंतर) को विभाजित करना या दोनों वस्तुनिष्ठ मानकों के परिणामों के बीच किसी एक के लिए समझौता करना पूरी तरह वैध है। परिणाम अब भी दोनों पक्षों की इच्छा के दबाव से मुक्त है।

हालाँकि अगर किसी मामले के महत्त्व पर गहन चर्चा के बाद भी आप उनके द्वारा प्रस्तावित मानदंड को स्वीकार नहीं कर पा रहे हैं, तो आप उनका परीक्षण करने का सुझाव दे सकते हैं। किसी ऐसे व्यक्ति के नाम पर आपसी सहमति बनाएँ, जिसे आप दोनों ही निष्पक्ष मानते हों और फिर उसे प्रस्तावित मानदंडों की सूची सौंप दें। उस व्यक्ति से पूछें कि आपके मामले में इनमें से कौन से मानदंड सबसे निष्पक्ष और सबसे उपयुक्त साबित होंगे। ये सवाल पूछना उचित भी है क्योंकि वस्तुनिष्ठ मानदंड वैध माने जाते हैं और वैधता का अर्थ है, बहुत से लोगों की स्वीकृति मिलना। आप तीसरे पक्ष से ये नहीं कह रहे हैं कि वह आकर आपका विवाद सुलझा दे - आप तो बस उससे ये सलाह माँग रहे हैं कि इसके निपटारे के लिए किस मानक का उपयोग किया जाए।

किसी मसले पर निर्णय लेने के लिए उचित सिद्धांत को लेकर सहमति बनाने की कोशिश करना और अपनी पोजिशन को समर्थन देने के लिए सिद्धांतों का उपयोग सिर्फ एक तर्क के रूप में करना, इन दोनों बातों के बीच कभी-कभी बहुत बारीक अंतर होता है, लेकिन वह हमेशा सही होता है। एक सैद्धांतिक सौदेबाज़ दूसरे पक्ष को महत्त्व के आधार पर तर्कसंगत ढंग से राज़ी करने के लिए खुला रवैया रखता है; पर एक पोजिशन संबंधी मोलभाव करनेवाले का रवैया ऐसा नहीं होता। तर्क के प्रति खुला रवैया और वस्तुनिष्ठ मानदंड पर आधारित समाधान पर ज़ोर देना, इन दोनों बातों का संयोजन ही एक सैद्धांतिक सौदेबाज़ को इतना प्रभावी बनाता है कि वह दूसरे पक्ष को राज़ी कर सके।

दबाव पड़ने पर कभी न झुकें

ठेकेदार के साथ सौदेबाज़ी के उदाहरण पर फिर से विचार करें। क्या हो, अगर वह आपके बहनोई को काम पर रखने का प्रस्ताव दे, लेकिन इस शर्त पर कि आपको नींव की गहराई की बात को भूलना होगा? संभवत: उसके इस प्रस्ताव पर आपका जवाब होगा: मेरे बहनोई को काम देने का मकान की नींव की मजबूती से कोई संबंध नहीं है। क्या हो, अगर इसके बाद वह ठेकेदार आपको धमकी देनेवाले अंदाज में कहे कि अब वह इस काम के लिए आपसे ऊँची कीमत लेगा? इस पर भी आपका जवाब कुछ वैसा ही होगा: 'इस सवाल का जवाब भी मामले के महत्त्व के आधार पर तय करेंगे। चलो देखते हैं कि अन्य ठेकेदार इस काम के लिए कितनी कीमत लेते हैं' या फिर 'तुम मुझे बताओ कि तुम्हारे हिसाब से इस पर कितना खर्च होगा और फिर हम एक ऐसी कीमत तय करेंगे, जिससे तुम्हें भी उचित लाभ मिले।' अब अगर इसके जवाब में ठेकेदार कहता है, 'छोड़िए भी! आप मुझ पर भरोसा तो करते हैं? है ना?' इस पर आपकी प्रतिक्रिया होगी: 'भरोसा करना या न करना तो अलग ही मामला है। यहाँ तो मुद्दा ये है कि घर को सुरक्षित रखने के लिए नींव की गहराई कितनी होनी चाहिए।'

दबाव कई किस्म का हो सकता है: जैसे रिश्वत, धमकी, भरोसा करने के लिए की गई चालाकी भरी अपील या फिर अपनी पोजिशन को बदलने से इंकार कर देना। ऐसी हर स्थिति पर मुख्य प्रतिक्रिया एक जैसी ही होनी चाहिए: उन्हें अपना तर्क सामने रखने के लिए आमंत्रित करें, वह वस्तुनिष्ठ मानदंड सुझाएँ जो आपके अनुसार उस स्थिति पर लागू होना चाहिए और इसके बजाय किसी भी अन्य चीज़ को आधार बनाकर आगे बढ़ने से इंकार कर दें। दबाव पड़ने पर कभी न झुकें, सिर्फ सिद्धांतों के आगे झुकें। ऐसे में कौन विजयी होगा? किसी एक विशिष्ट मामले में इस सवाल का ठीक-ठीक जवाब देना असंभव है, लेकिन अगर सामान्य तौर पर बात करें कि इस तरीके से आपको बढ़त हासिल होगी। अपनी इच्छाशक्ति के अतिरिक्त आपके पास वैधता की शक्ति और तर्क के प्रति खुला रवैया रखने की दृढ़ता भी है। ऐसे में आपके लिए एक मनमानी रियायत से बचना आसान होगा। जबकि उनके लिए वस्तुनिष्ठ मानकों को आगे बढ़ाने से बचना कहीं अधिक मुश्किल होगा।

ठोस तर्कों के बजाय किसी और चीज़ के सामने झुकने से इंकार करना –

सार्वजनिक रूप से भी और व्यक्तिगत रूप से भी – एक आसान रक्षात्मक पोजिशन है। जबकि ठोस तर्कों को आगे बढ़ाने से इंकार करना और साथ ही झुकने से भी इंकार करना इसके मुकाबले कहीं अधिक मुश्किल है।

कम से कम, आप प्रक्रिया के सवाल पर तो विजयी ही सिद्ध होंगे; आमतौर पर आप प्रक्रिया को पोजिशन संबंधी मोलभाव से वस्तुनिष्ठ मानदंड की खोज में तब्दील कर सकते हैं। इस अर्थ में सैद्धांतिक सौदेबाज़ी, पोजिशन संबंधी मोलभाव के मुकाबले कहीं अधिक प्रबल व प्रभावी रणनीति है। जो पक्ष इस बात पर जोर देता है कि सौदेबाज़ी महत्ता पर आधारित हो, वह अन्य पक्षों को भी अपनी मनचाही दिशा में मोड़ सकता है। क्योंकि फिर अन्य पक्षों के पास अपने मूल हितों को पूरा करने का यही एक अकेला तरीका बचता है।

मूल सार के मामले में भी आपके अच्छे प्रदर्शन की संभावना है। सैद्धांतिक सौदेबाज़ी आपको अपनी पोजिशन बनाए रखने के बावजूद निष्पक्ष रहने का मौका देती है। ये उन लोगों के मामले में खासतौर पर सच है, जिन पर किसी अन्य स्थिति में पोजिशन संबंधी मोलभाव करनेवाले धौंस जमा सकते हैं। यहाँ सिद्धांत आपके उस निष्ठुर साथी के रूप में कार्य करता है, जो दबाव पड़ने पर आपको झुकने नहीं देगा। ये 'जो सही है, वही शक्तिशाली है' का ही एक और रूप है।

अगर दूसरा पक्ष सचमुच अपनी पोजिशन से हिलने को भी तैयार नहीं है और आपको अपनी पोजिशन से राजी करने की कोशिश भी नहीं करता है, तो ऐसे में कोई सौदेबाज़ी संभव नहीं है। अब चुनाव आपका है कि आपको क्या करना है। ये कुछ वैसा ही चुनाव है, जिसका सामना आपको तब करना होता है, जब आप किसी फिक्स्ड प्राइजवाली दुकान से कोई सामान खरीदना चाहते हैं, जहाँ उसकी कीमत को लेकर किसी मोलभाव की गुंजाइश नहीं होती। आप चाहें तो तयशुदा कीमत पर वह सामान खरीद सकते हैं या फिर बिना खरीदे ही वहाँ से वापस लौट सकते हैं। बस लौटने से पहले आपको इस बात पर गौर जरूर करना चाहिए कि कहीं आप किसी ऐसे वस्तुनिष्ठ मानक की अनदेखी तो नहीं कर रहे हैं, जिसके आधार पर सामनेवाले का प्रस्ताव उचित व निष्पक्ष हो। अगर आपको कोई ऐसा मानक मिल जाता है और फिर आप सामनेवाले से असहमत होने के बजाय उस मानक के आधार पर आपसी सहमति बनाना चाहते हैं, तो जरूर बनाएँ। उस मानक की उपलब्धता, आपको किसी मनमानी पोजिशन के सामने झुकने से बचाती है।

अगर वे अपनी पोजिशन नहीं छोड़ते और आपको उसे स्वीकार करने का कोई सैद्धांतिक आधार नहीं मिलता है, तो आपको ये आंकलन करना चाहिए कि इसे छोड़कर किसी अन्य सर्वोत्तम विकल्प का चुनाव करने के बजाय अगर आप उनके अनुचित प्रस्ताव को स्वीकार कर लेते हैं, तो उससे आपको क्या हासिल हो सकता है। इस सौदेबाज़ी को छोड़ने से आपको सैद्धांतिक सौदेबाज़ होने की जो प्रतिष्ठा मिल सकती है, उसकी तुलना आपको उस मूल लाभ से करनी चाहिए, जो आपको ये प्रस्ताव स्वीकार करने से मिल सकता है।

किसी सौदेबाज़ी में दूसरा पक्ष क्या करने को तैयार है, इस सवाल के बजाय चर्चा को इस दिशा में मोड़ देने से बहस खत्म नहीं हो जाती कि मामले को कैसे निपटाया जाना चाहिए। और न ही ऐसा करने से अनुकूल परिणाम मिलने की कोई गारंटी मिलती है। पर इससे वह रणनीति जरूरी मिलती है, जिसे आप पोजिशन संबंधी मोलभाव की ऊँची कीमत चुकाए बिना सख्ती से अपना सकते हैं।

'ये कंपनी की पॉलिसी है'

अब एक ऐसे असली मामले पर नज़र डालते हैं, जहाँ एक पक्ष ने पोजिशन संबंधी मोलभाव का उपयोग किया, जबकि दूसरे पक्ष ने सैद्धांतिक सौदेबाज़ी का। हमारे सहकर्मी टॉम की पार्किंग में खड़ी कार को एक डंपर ट्रक ने रौंद दिया। कार का इंश्योरेंस तो था, पर टॉम को इसके लिए इंश्योरेंस कंपनी से कितना मुआवज़ा मिलेगा, ये इंश्योरेंस एडजस्टर को टॉम के साथ मिलकर तय करना था।

इंश्योरेंस एडजस्टर	**टॉम**
हमने आपके मामले का अध्ययन किया और उस पर लागू पॉलिसी भी तय की। जिसके तहत आप 3,300 डॉलर का मुआवजा पाने के हकदार हैं।	
	अच्छा। और आप इस आँकड़े तक कैसे पहुँचें?
हमारे अनुसार आपकी कार का मोल इतना ही है।	

ठीक है, लेकिन आपने ये राशि किन मानकों के आधार पर तय की? क्या आप बता सकते हैं कि मैं इतने पैसे में ऐसी ही दूसरी कार कहाँ से खरीद सकता हूँ?

आप कितना मुआवज़ा चाहते हैं?

उतना ही, जितने का मैं इस पॉलिसी के तहत हकदार हूँ। मुझे ठीक ऐसी ही एक सेकेंडहैंड कार 3,850 डॉलर में मिल रही है। अगर सेल्स और एक्साइज टैक्स भी जोड़ दिया जाए, तो उसकी कुल कीमत 4,000 डॉलर होगी।

ओह, लेकिन 4,000 डॉलर तो बहुत ज़्यादा हैं।

मैं आपसे 4,000 डॉलर, 3,000 डॉलर या 5,000 डॉलर नहीं माँग रहा। मैं सिर्फ उचित मुआवज़ा माँग रहा हूँ। क्या आपको नहीं लगता कि ऐसी ही दूसरी कार लेने के लिए मुझे पर्याप्त मुआवज़ा मिलना चाहिए?

चलिए ठीक है, मैं आपको 3,500 डॉलर का प्रस्ताव देता हूँ। पर इससे ज़्यादा नहीं दे सकता। ये कंपनी की पॉलिसी है।

और आपकी कंपनी ये आंकलन कैसे करती है?

देखिए, आपको 3,500 डॉलर ही मिलेंगे। अगर आप राजी हैं तो ठीक है, वरना कोई बात नहीं।

हो सकता है कि 3,500 डॉलर का मुआवज़ा उचित हो। मैं नहीं जानता। मैं आपकी पोजिशन समझता हूँ, आप कंपनी की पॉलिसी से बंधे हुए हैं। पर अगर आप मुझे वस्तुनिष्ठ रूप से ये नहीं बता सकते कि मैं सिर्फ 3,500 डॉलर का हकदार क्यों हूँ, तो फिर बेहतर होगा कि हमारी अगली मुलाकात कोर्ट में हो। इसलिए क्यों न हम इस मामले का ठीक से अध्ययन करें और फिर इस पर दोबारा चर्चा करें? क्या अगले बुधवार को सुबह 11 बजे मिलना ठीक रहेगा?

ओके मि. ग्रिफिथ, आज के अखबार में 89 मॉडलवाली फोर्ड टॉरस कार का विज्ञापन आया है, जिसकी कीमत 6,800 डॉलर है।

अच्छा! और क्या इस विज्ञापन में ये भी बताया गया है कि ये कार कितने मील चल चुकी है?

49,000 मील। पर क्यों?

क्योंकि मेरी फोर्ड टॉरस सिर्फ 25,000 मील चली थी। तो आपकी बुक के हिसाब से इसके लिए मुझे कितनी अतिरिक्त धनराशि मिलनी चाहिए?

एक मिनट, मैं देखकर बताता हूँ... 450 डॉलर।

तो अगर 6,800 डॉलर के संभावित मुआवजे में 450 डॉलर जोड़ दें, तो टोटल हुआ 7,250 डॉलर। क्या इस

विज्ञापन में कार के रेडियो के बारे में भी कुछ बताया गया है?

जी नहीं।

तो आपकी बुक के हिसाब से रेडियो के लिए कितने डॉलर और मिलेंगे?

125 डॉलर।

और एयर कंडीशनिंग के लिए कितने?

और इस तरह आधे घंटे तक चर्चा करने के बाद टॉम वहाँ से 8,024 डॉलर का चेक लेकर निकला।

हाँ, लेकिन...

6. अगर वे अधिक शक्तिशाली हों तो?

(अपने लिए आपसी सहमति का सर्वश्रेष्ठ विकल्प विकसित करें)

7. अगर वे आपका खेल खेलने से इंकार कर दें तो?

(अपनी जूजुत्सु सौदेबाज़ी का उपयोग करें)

8. अगर वे गंदी चालें चलते हैं तो?

(कठोर सौदेबाज़ को नियंत्रित करना)

3
हाँ, लेकिन...

6. अगर वे अधिक शक्तिशाली हों तो?

(अपने लिए आपसी सहमति का सर्वश्रेष्ठ विकल्प विकसित करें)

अगर दूसरे पक्ष की स्थिति इतनी मजबूत है कि वह मनचाहा मोलभाव कर सकता है, तो फिर हितों, विकल्पों और मानकों के बारे में बात करने का क्या तुक है? अगर दूसरा पक्ष आपसे ज़्यादा समृद्ध है या बड़े लोगों से उसके संबंध आपसे ज़्यादा बेहतर हैं या उसका स्टाफ आपसे ज़्यादा बड़ा है या फिर उसके पास आपसे ज़्यादा शक्तिशाली हथियार हैं, तो फिर आप क्या करेंगे?

अगर दूसरे पक्ष के पास परिस्थितियों का फायदा उठाने के सारे मौके हों, तो कोई भी तरीका आपकी सफलता की गारंटी नहीं दे सकता। बागवानी सिखानेवाली कोई भी किताब आपको रेगिस्तान में गेंदा उगाना या दलदल में कैक्टस पैदा करना नहीं सिखा सकती। अगर आप जॉर्ज चतुर्थ के समय का हज़ारों डॉलर की कीमतवाला शुद्ध चांदी का टी-सेट खरीदने के लिए किसी एंटीक स्टोर में जाते हैं, लेकिन आपकी जेब में सिर्फ 100 डॉलर हैं, तो आप ये उम्मीद नहीं कर सकते कि सौदेबाज़ी के अपने हुनर से आप इस अंतर को पाटकर ये सौदा अपने पक्ष में कर लेंगे। हर सौदेबाज़ी की कुछ ऐसी सच्चाईयाँ होती हैं, जिन्हें बदला नहीं जा सकता। बेहद शक्तिशाली विपक्ष के सामने सौदेबाज़ी का कोई भी तरीका ज़्यादा से ज्यादा आपके दो उद्देश्य ही पूरा कर सकता है: पहला, आपको ऐसा कोई भी समझौता करने से रोकना, जो आपको नहीं करना चाहिए और दूसरा, अपने संसाधनों का अधिकतम लाभ उठाने में आपकी मदद करना ताकि आप दोनों के बीच जो भी आपसी सहमति बने, उससे जितना संभव हो, आपके हित पूरे हो सकें। आइए अब इन दोनों उद्देश्यों के बारे में विस्तार से जानते हैं।

अपनी सुरक्षा करना

अगर आपको कोई फ्लाइट पकड़नी हो और देर हो रही हो, तो उस समय फ्लाइट पकड़ने का लक्ष्य बहुत महत्वपूर्ण लग सकता है; लेकिन बाद में जब आप

पीछे मुड़कर इस घटना को देखते हैं, तो लगता है कि अगर फ्लाइट छूट भी जाती, तो आप बड़ी आसानी से अगली फ्लाइट ले सकते थे। सौदेबाज़ी भी आपके सामने ऐसी ही स्थिति लेकर आती है। उदाहरण के लिए आप ये सोचकर चिंता में पड़ जाएँगे कि अगर दूसरे पक्ष के साथ आपसी सहमति नहीं बन पाई, तो इस बिजनेस डील का क्या होगा, जिसके लिए आपने इतनी मेहनत की और अपना ढेर सारा समय निवेश किया। इन परिस्थितियों में एक बड़ा खतरा ये है कि आप मामले को बिगड़ने से बचाने के लिए दूसरे पक्ष के विचारों को बहुत जल्द स्वीकार कर लेंगे। फिर आपके मन में ये विचार हावी हो जाता है कि 'चलो मतभेदों को खत्म करने के लिए मैं हर चीज़ से सहमत हो जाता हूँ।' लेकिन ऐसा करने पर हो सकता है कि आप एक ऐसी डील कर लें, जो आपको नहीं करनी चाहिए थी।

बॉटम लाइन का उपयोग करने का खर्च

ऐसे परिणामों से खुद को बचाने के लिए सौदेबाज़ आमतौर पर उन्होंने स्वीकार किए हुए सबसे बदतर परिणाम – यानी बॉटम लाइन – पहले से ही तय कर लेते हैं। जैसे अगर आप कुछ खरीद रहे हैं, तो आपकी बॉटम लाइन होगी, वह अधिकतम कीमत जो आप देने के लिए तैयार हैं। इसी तरह अगर आप कुछ बेच रहे हैं, तो आपकी बॉटम लाइन होगी, वह न्यूनतम राशि जिसमें आप वह चीज़ बेचने को तैयार हैं। उदाहरण के लिए आप और आपका जीवनसाथी अपना मकान बेच रहे हैं, जिसकी कीमत आपने 2 लाख डॉलर रखी है। लेकिन आप दोनों आपस में ये तय करते हैं कि हम ये मकान 1 लाख 60 हज़ार डॉलर से कम में नहीं बेचेंगे।

आपने अपनी बॉटम लाइन तय कर रखी हो तो सौदेबाज़ी के दौरान दबाव का सामना करना और प्रलोभनों से बचना आसान हो जाता है। अगर एक बार फिर मकान बेचने का उदाहरण लें, तो हो सकता है कि उसके किसी खरीदार के लिए 1 लाख 44 हज़ार से ज़्यादा की कीमत चुकाना असंभव हो। हो सकता है कि इस सौदेबाज़ी में शामिल हर व्यक्ति को ये मालूम हो कि आपने ये मकान पिछले साल सिर्फ 1 लाख 35 हज़ार डॉलर में खरीदा था। हो सकता है कि इस स्थिति में – जहाँ अंतिम सहमति बनाने की शक्ति आपके पास है, न कि खरीदार के पास – ब्रोकर और इस सौदेबाज़ी से जुड़े अन्य लोग मदद के लिए आपका रुख करें। ऐसे में पहले से तय बॉटम लाइन आपको ऐसा कोई भी निर्णय लेने से बचाएगी, जिसके लिए आपको बाद में पछताना पड़े।

अगर आपके पक्ष में खड़े लोगों की संख्या एक से अधिक है, तो उनके साथ मिलकर एक बॉटम लाइन तय करने से ये सुनिश्चित होगा कि आपमें से कोई भी दूसरे पक्ष को जाने-अनजाने ये संकेत न दे कि आप कम कीमत पर सौदा करने को तैयार हैं। ऐसा करने से आपके पक्ष में खड़े वकील, ब्रोकर या अन्य किसी एजेंट के अधिकार सीमित हो जाते हैं। फिर आप उससे कह सकते हैं, 'तुम मुझे इस मकान की जितनी हो सके, उतनी अधिक कीमत दिलाओ, लेकिन 1 लाख 60 हज़ार डॉलर से कम का ग्राहक लेकर मेरे पास मत आना। इससे कम में मैं ये मकान नहीं बेचूँगा।' अगर आपका पक्ष अखबार यूनियनों का एक मुक्त समूह है, जो प्रकाशकों की एक समिति के साथ किसी मामले पर सौदेबाज़ी कर रहा है, तो बॉटम लाइन तय होने से ये जोखिम कम हो जाएगा कि कोई एक यूनियन आपके समूह से अलग होकर दूसरे पक्ष का प्रस्ताव स्वीकार कर ले।

लेकिन बॉटम लाइन अपनाने से मिलनेवाली सुरक्षा का खर्च काफी ज़्यादा होता है। किसी सौदेबाज़ी के दौरान आपको जो पता चलता है, उसका फायदा उठाने की आपकी क्षमता को ये खर्च सीमित कर देता है। परिभाषा के अनुसार बॉटम लाइन का अर्थ है, एक ऐसी पोजिशन जिसे बदला नहीं जाएगा। इस लिहाज से देखें, तो वास्तव में एक बॉटम लाइन तय करके आप अपने कान बंद कर लेते हैं क्योंकि आपने पहले से तय कर लिया है कि दूसरा पक्ष कुछ भी कहता रहे पर आप अपनी बॉटम लाइन को उसके लिए कम या ज़्यादा नहीं करनेवाले।

बॉटम लाइन में कल्पना भी अंतर्निहित होती है। यह एक ऐसा समाधान ढूँढ़ने का प्रलोभन कम कर देती है, जो विपरीत हितों के बीच ऐसा संतुलन स्थापित करता हो, जिससे दोनों पक्षों को अपेक्षाकृत कहीं अधिक लाभ हो। करीब-करीब हर सौदेबाज़ी में एक से अधिक वेरिएबल (चर) शामिल होते हैं। अपने मकान को सिर्फ 1 लाख 60 हज़ार डॉलर में बेचने के बजाय 1 लाख 35 हज़ार डॉलर पर सौदा पक्का करके, 'फर्स्ट रिफ्यूजल' का अधिकार लेने, डील को देर से पूरा करने, भंडारण के लिए दो साल तक मकान के भाड़े का उपयोग करने और चारागाह का दो एकड़ का हिस्सा वापस खरीदने का विकल्प सुरक्षित रखने से आपको कहीं ज़्यादा लाभ होगा। जबकि अगर आप किसी बॉटम लाइन पर जोर देते हैं, तो संभवत: ऐसा कोई कल्पनाशील समाधान नहीं सोच सकेंगे। एक बॉटम लाइन करीब-करीब हमेशा ही दृढ़ होती है क्योंकि दृढ़ता ही इसकी प्रकृति है।

इसके अलावा इस बात की भी काफी संभावना है कि बॉटम लाइन कुछ ज़्यादा ही ऊँची तय होगी। मान लीजिए आप अपने परिवार के साथ नाश्ते की टेबल पर ये चर्चा कर रहे हैं कि आपको अपना मकान न्यूनतम कितनी कीमत पर बेचना चाहिए। परिवार का एक सदस्य सुझाव देता है, 'मकान की न्यूनतम कीमत कम से कम 1 लाख डॉलर होनी चाहिए।' जबकि दूसरा सदस्य कहता है, 'इस सौदे से हमें कम से कम 1 लाख 40 हज़ार डॉलर तो मिलने ही चाहिए।' वहीं तीसरा सदस्य कहता है, 'सिर्फ 1 लाख 40 हज़ार? ये तो बहुत कम है। इस मकान की कीमत कम से कम 2 लाख डॉलर होनी चाहिए।' दरअसल मकान की ऊँची कीमत से उस टेबल पर बैठे हर व्यक्ति का फायदा है, तो ऐसे में भला उनमें से कौन इस पर आपत्ति करेगा? एक बार तय होने के बाद ऐसी किसी बॉटम लाइन को बदलना मुश्किल हो सकता है और संभव है कि मकान की बिक्री में यह तब बाधा बनने लगे, जब आपको मकान निश्चित तौर पर बेच देना चाहिए। अन्य परिस्थितियों में बॉटम लाइन बहुत कम या नीचे हो सकती है; इस कीमत पर बेचने के बजाय बेहतर होगा कि आप मकान को किराए पर दे दें।

संक्षेप में कहें, तो भले ही एक बॉटम लाइन अपनाने से आप कोई बुरा सौदा करने या कोई हानिकारक आपसी सहमति बनाने से बच जाएँ पर हो सकता है कि ये आपको कोई ऐसा समाधान तलाशने या स्वीकार करने से रोक दे, जो सचमुच बुद्धिमानी भरा समाधान हो। मनमाने ढंग से तय किए गए किसी आँकड़े को बॉटम लाइन बना लेना इस बात का पैमाना नहीं हो सकता कि आपको क्या स्वीकार करना चाहिए।

अब सवाल ये है कि क्या बॉटम लाइन का कोई और विकल्प भी है? क्या आपसी सहमतियों या समझौतों का कोई ऐसा पैमाना है, जो आपको ये दो गलत कदम उठाने से बचाता हो- पहला, कोई ऐसा सौदा या समझौता स्वीकार करना, जिसे आपको खारिज कर देना चाहिए और दूसरा, कोई ऐसा सौदा या समझौता खारिज कर देना, जिसे आपको स्वीकार कर लेना चाहिए था। जी हाँ, एक ऐसा पैमाना है।

आपसी सहमति के अपने सर्वश्रेष्ठ विकल्प को जानें

जब एक परिवार बिक्री के लिए अपने मकान की न्यूनतम कीमत तय कर रहा हो, तो उनके लिए ये तय करने के बजाय कि उन्हें कितना मिलना चाहिए इस

बात पर विचार करना बेहतर होगा कि अगर वे एक निश्चित समयसीमा में मकान न बेच सके, तो फिर वे क्या करेंगे। क्या वे अनिश्चित काल तक मकान बेचने में लगे रहेंगे? या फिर उसे किराए पर दे देंगे? या उसे तोड़कर जमीन को पार्किंग लॉट में बदल देंगे? या किसी को बिना किराए के इस शर्त पर रहने के लिए दे देंगे कि वह पूरे घर में पेंट कराए या फिर कुछ और? हर पहलू पर विचार करने के बाद देखें कि इनमें से कौन सा विकल्प सबसे आकर्षक है और वह विकल्प, मकान खरीदने के लिए ग्राहकों से मिले सर्वश्रेष्ठ प्रस्ताव की तुलना में कितना लाभप्रद है? हो सकता है कि इनमें से कोई एक विकल्प, मकान को 1 लाख 60 हज़ार डॉलर में बेचने से कहीं ज़्यादा आकर्षक हो। वहीं दूसरी ओर हो सकता है कि मकान को अनिश्चित काल तक न बेचने के बजाय, सिर्फ 1 लाख 24 हज़ार डॉलर जैसी कम कीमत पर बेचना बेहतर हो। जो भी हो, पर ये संभावना कम ही है कि मनमाने ढंग से तय की गई कोई भी बॉटम लाइन परिवार के हितों को दर्शाती हो।

आप सौदेबाज़ी इसलिए करते हैं ताकि ऐसे परिणाम हासिल कर सकें, जो बिना सौदेबाज़ी के मिले परिणामों से बेहतर हो। और वे परिणाम क्या हैं? वह विकल्प क्या है? आपके लिए आपसी सहमति का सर्वश्रेष्ठ विकल्प क्या है? यही वह मानक है, जिस पर किसी प्रस्ताव को आंका जाना चाहिए। यही वह इकलौता मानक है, जो आपको वे शर्तें स्वीकार करने से रोक सकता है, जो आपके हित में न हों और उन शर्तों को अस्वीकार करने से बचा सकता है, जिन्हें स्वीकार करने से आपके हित सधते हों।

आपसी सहमति का आपका सर्वश्रेष्ठ विकल्प न सिर्फ एक बेहतर पैमाना है बल्कि ये एक कल्पनाशील समाधान ढूँढ़ने के लिए पर्याप्त लचीलापन भी दिखाता है। ऐसे किसी भी समाधान को खारिज करने के बजाय, जो आपकी बॉटम लाइन के अनुरूप न हो, आप एक प्रस्ताव की तुलना आपसी सहमति के सर्वश्रेष्ठ विकल्प से भी कर सकते हैं ताकि ये देख सकें कि उससे आपके हित बेहतर ढंग से सधते हैं या नहीं।

आपसी सहमति का सर्वश्रेष्ठ विकल्प पता न होने की असुरक्षा

अगर आपने इस बारे में सावधानीपूर्वक सोच विचार नहीं किया है कि आपसी सहमति न बनने की स्थिति में आप क्या करेंगे, तो इसका अर्थ है कि आप आँखें मूँदकर सौदेबाज़ी कर रहे हैं। उदाहरण के लिए हो सकता है कि आप कुछ ज़्यादा

ही आशावादी हों और ये मान बैठें कि आपके पास कई अन्य विकल्प भी मौजूद हैं, जैसे बेचने के लिए अन्य मकान, अपनी सेकेंडहैंड कार के लिए अन्य खरीददार, अन्य प्लंबर, अन्य नौकरियाँ, अन्य थोक व्यापारी वगैरह। यहाँ तक कि जब अपने पास मौजूद अन्य विकल्पों में कोई बेहतर बदलाव करना संभव न हो, तब भी हो सकता है कि आप उन परिणामों को कुछ ज़्यादा ही अच्छा मान बैठें, जिनका सामना आपको आपसी सहमति न बनने की स्थिति में करना होगा। हो सकता है कि आप किसी कानूनी मुकदमें का सामना करने, किसी विवादित तलाक को झेलने, किसी हड़ताल को, हथियारों की प्रतिस्पर्धा को या किसी युद्ध को झेलने की पीड़ा को ठीक से समझ न रहे हों।

इसमें जो गलती सबसे आम है, वह है, अपने विकल्पों को मनोवैज्ञानिक रूप से एक समुच्चय या समूह के तौर पर देखना। हो सकता है कि आप खुद से कह रहे हों कि अगर इस नौकरी की सैलरी को लेकर बॉस से कोई सहमति नहीं बन पाती है, तो उस स्थिति में आप कैलीफोर्निया जा सकते हैं... दक्षिण की ओर जा सकते हैं... एक बार फिर से कॉलेज जाना शुरू कर सकते हैं... लेखन शुरू कर सकते हैं... किसी खेत में काम कर सकते हैं... पेरिस जा सकते हैं... या फिर कुछ और कर सकते हैं। इस बात की पूरी संभावना है कि अपने मन में इन विकल्पों का योग आपको एक तयशुदा वेतन पर नौकरी करने से कहीं ज़्यादा आकर्षक लगे। समस्या ये है कि आप इन सारे विकल्पों का चुनाव एक साथ नहीं कर सकते; अगर आप आपसी सहमति बनाने में विफल रहते हैं तो इनमें से सिर्फ एक ही विकल्प का चुनाव कर सकते हैं।

हालाँकि अधिकांश परिस्थितियों में इससे भी बड़ा खतरा ये है कि आप एक आपसी सहमति बनाने के प्रति कुछ ज़्यादा ही प्रतिबद्ध हों। सौदेबाज़ से निकले समाधान का कोई विकल्प पहले से ही तैयार करके न रखने के चलते आप इस बात को लेकर अनावश्यक रूप से निराशावादी होंगे कि अगर ये सौदा टूट गया तो क्या होगा।

भले ही आपसी सहमति का अपना सर्वश्रेष्ठ विकल्प पता होना बेहद महत्वपूर्ण हो, लेकिन हो सकता है कि आप नए विकल्पों का पता लगाने में संकोच महसूस करें। आपको 'उम्मीद' होगी कि ये खरीददार या फिर कोई अगला खरीददार आपका घर लेने के लिए ऊँची कीमतवाला आकर्षक प्रस्ताव देगा। हो सकता है कि आप

इस सवाल का जवाब देने से कतरा रहे हों कि आपसी सहमति न बनने की स्थिति में आप क्या करेंगे? हो सकता है कि आप खुद को ये कहकर फुसला रहे हों कि 'पहले सौदेबाज़ी करता हूँ और देखता हूँ कि क्या होता है। अगर सौदा नहीं हो पाता, तो उसके बाद तय करूँगा कि मुझे क्या करना है।' लेकिन अगर आप व्यावहारिक ढंग से सौदेबाज़ी करना चाहते हैं, तो इस सवाल का कम से कम एक अस्थाई जवाब होना नितांत आवश्यक है। किसी सौदेबाज़ी में आपको किसी चीज़ को लेकर सहमत होना चाहिए या नहीं, ये पूरी तरह इस बात पर निर्भर करता है कि उसका जो सर्वश्रेष्ठ विकल्प उपलब्ध है, वह आपके लिए कितना आकर्षक है।

एक ट्रिप वायर तैयार करें

हालाँकि आपसी सहमति का सर्वश्रेष्ठ विकल्प ही वह सच्चा पैमाना है, जिस पर आपको किसी भी प्रस्तावित आपसी सहमति का आंकलन करना चाहिए, लेकिन साथ ही आपको उसका आंकलन किसी और कसौटी पर भी करना चाहिए। कोई संभावित आपसी सहमति आपके लिए हानिकारक हो सकती है, इस बात की पूर्व चेतावनी देने के लिए किसी ऐसी आपसी सहमति की पहचान करना उपयोगी होता है, जो भले ही पूरी तरह उचित न हो, पर आपसी सहमति के आपके सर्वश्रेष्ठ विकल्प से बेहतर हो। किसी भी ऐसे समझौते को स्वीकार करने से पहले, जो इस ट्रिप वायर पैकेज से बदतर हो, आपको एक ब्रेक लेकर स्थिति का आंकलन दोबारा करना चाहिए। किसी बॉटम लाइन की तरह ही, एक ट्रिप वायर भी मकान के ब्रोकर के अधिकारों को सीमित कर सकता है। 'मुझसे पूछे बिना 1 लाख 58 हज़ार डॉलर से कम का कोई ग्राहक मत लाना। मैंने इस मकान के लिए यही कीमत चुकाई थी और साथ ही ब्याज भी।'

एक ट्रिप वायर को ऐसा होना चाहिए, जो आपको रिजर्व में थोड़ा मार्जिन उपलब्ध कराए। अपने ट्रिप वायर से जाहिर होनेवाले मानक तक पहुँचने के बाद भी अगर आप किसी मध्यस्थ को बुलाना चाहते हैं, तो कम से कम उसे आपकी ओर से काम करने की थोड़ी सी गुंजाइश तो मिलेगी। इस तरह आपके पास आगे बढ़ने की थोड़ी गुंजाइश रहेगी।

अपने संसाधनों का अधिकतम लाभ उठाना

एक बुरे समझौते से खुद को सुरक्षित रखना एक बात है, लेकिन एक अच्छा समझौता करने के लिए अपने पास मौजूद सभी संसाधनों का अधिकतम लाभ

उठाना इससे बिलकुल अलग है। आप ऐसा कैसे कर सकते हैं? एक बार फिर जवाब आपसी सहमति के आपके सर्वश्रेष्ठ विकल्प में ही है।

आपसी सहमति का आपका सर्वश्रेष्ठ विकल्प जितना बेहतर होगा, आपकी शक्ति उतनी ही अधिक होगी

लोगों को लगता है कि सौदेबाज़ी करने की शक्ति धन, राजनीतिक दबदबे, दोस्तों, शारीरिक शक्ति और सैन्य शक्ति जैसे संसाधनों से निर्धारित होती है। वास्तव में दो पक्षों की सौदेबाज़ी करने की सापेक्ष शक्ति मुख्य रूप से इस बात पर निर्भर करती है कि उन दोनों के लिए ही आपस में कोई सहमति न बनाना कितना आकर्षक विकल्प है।

ज़रा एक समृद्ध पर्यटक पर विचार करें, जो बॉम्बे रेलरोड स्टेशन में एक विक्रेता से एक छोटा सा पीतल का बर्तन सस्ते दाम पर खरीदना चाहता है। विक्रेता भले ही एक गरीब आदमी हो, लेकिन संभवत: उसको बाज़ार की समझ होगी। अगर विक्रेता वह बर्तन उस पर्यटक को नहीं बेचता, तो किसी और को बेच सकता है। वह अपने अनुभव के बल पर ये अनुमान लगा सकता है कि इस बर्तन को कब और किस कीमत पर किसी और ग्राहक को बेचा जा सकता है। पर्यटक भले ही एक समृद्ध व शक्तिशाली व्यक्ति हो, लेकिन इस सौदेबाज़ी में वह निश्चित रूप से तब तक कमजोर ही रहेगा, जब तक कि उसे ये न पता हो कि वह बर्तन खरीदना उसके लिए कितना खर्चीला सौदा होगा और बाज़ार में कहीं और ठीक वैसा ही दूसरा बर्तन ढूँढ़ना कितना मुश्किल होगा।

अब एक पल के लिए इस बात पर विचार करें कि एक नौकरी के इंटरव्यू के लिए जाते समय आप कैसा महसूस करेंगे, अगर आपके पास उसके अलावा किसी और नौकरी या इंटरव्यू का प्रस्ताव न हो। सोचिए कि इस इंटरव्यू में आपका वेतन तय करने के बारे में कैसी चर्चा होगी। अब इसकी तुलना उस स्थिति से करें, जहाँ आपके पास इसके अलावा दो अन्य नौकरियों का विकल्प भी हो। सोचिए कि ऐसे में आपका वेतन तय करने के विषय पर कैसी चर्चा होगी? आप देख सकते हैं कि दोनों स्थितियों में कितना अंतर है और ये अंतर है, शक्ति का अंतर।

दो व्यक्तियों के बीच की सौदेबाज़ी के मामले में जो बातें लागू होती हैं, ठीक वही बातें संगठनों के बीच होनेवाली सौदेबाज़ी पर भी लागू होती है। एक कारखाने पर टैक्स बढ़ाने की कोशिश कर रहे एक छोटे शहर और एक विशाल उद्योग के

बीच की सौदेबाज़ी में सापेक्ष रूप से कौन शक्तिशाली साबित होगा, ये इस बात पर निर्भर नहीं है कि दोनों में से किसका बजट ज़्यादा है या कौन ज़्यादा राजनीतिक दबदबा रखता है बल्कि इस बात पर निर्भर है कि दोनों के पास मौजूद सर्वश्रेष्ठ अन्य विकल्प क्या हैं। उदाहरण के लिए एक छोटे शहर ने अपनी भौगोलिक सीमा के ठीक बाहर स्थित कारखानेवाली एक कंपनी के साथ सौदेबाज़ी की और कंपनी से मिलनेवाले सालाना 3 लाख डॉलर के सद्भावना भुगतान को बढ़ाकर 23 लाख डॉलर सालाना करने में सफल रहा। पर कैसे?

शहर को ठीक-ठीक पता था कि इस सौदेबाजी में कोई आपसी सहमति न बनने की स्थिति में वह क्या करेगा: भौगौलिक सीमा का विस्तार करेगा ताकि कारखाना शहर की सीमा के अंदर आ जाए और फिर उस कारखाने पर पूरी आवासीय दर से लगभग 25 लाख डॉलर सालाना का टैक्स लगाएगा। कंपनी अपना कारखाना बचाने के लिए प्रतिबद्ध थी; लेकिन कंपनी ने अपने लिए ऐसा कोई अतिरिक्त विकल्प विकसित नहीं किया, जिसे वह शहर के साथ आपसी सहमति न बनने की स्थिति में अपना सके। पहली नज़र में ऐसा लगता है कि कंपनी बहुत शक्तिशाली है: तमाम आर्थिक समस्याओं से जूझ रहे इस शहर के निवासियों को अधिकांश नौकरियाँ इसी कंपनी ने उपलब्ध कराई हैं; ऐसे में कारखाने का बंद होना या शहर से हटकर कहीं और चले जाना, शहर के लिए किसी तबाही से कम नहीं होता। ऊपर से शहर को कंपनी से अब तक जो टैक्स मिल रहा था, उसी से उन अधिकारियों का वेतन दिया जाता था, जो कंपनी से अधिक टैक्स देने की माँग कर रहे थे। इसके बावजूद कंपनी के ये सारे संसाधन सौदेबाज़ी में उसके काम नहीं आ सके क्योंकि कंपनी ने उन्हें आपसी सहमति के अपने सर्वश्रेष्ठ विकल्प में तब्दील नहीं किया, जो उसके लिए उपयोगी साबित हो। वहीं दूसरी ओर शहर के पास आपसी सहमति का सर्वश्रेष्ठ विकल्प मौजूद होने से उसके लिए इस सौदेबाज़ी को अपने पक्ष में झुकाना आसान हो गया, जबकि वास्तव में शहर का सामना दुनिया की सबसे बड़ी कंपनियों में से एक के साथ हो रहा था।

अपने लिए आपसी सहमति का सर्वश्रेष्ठ विकल्प विकसित करें

कोई आपसी सहमति न बनने की स्थिति में आप क्या करेंगे, इसका निर्धारण ज़ोरदार ढंग से करके रखने से आपका पलड़ा भारी हो सकता है। आकर्षक विकल्प कहीं बैठकर आपके आने का इंतज़ार नहीं कर रहे होते बल्कि आपको उन्हें

विकसित करना होता है। आपसी सहमति का संभावित सर्वश्रेष्ठ विकल्प तैयार करने के लिए तीन अलग-अलग कदम उठाना जरूरी होता है: (1) आपसी सहमति न बनने की स्थिति में आप जो कदम उठा सकते हैं, उनकी एक सूची तैयार करना (2) अपने सर्वोत्तम विचारों को निखारते हुए उन्हें व्यावहारिक विकल्पों के रूप में विकसित करना और (3) अस्थाई रूप से एक ऐसे विकल्प का चयन करना, जो सर्वश्रेष्ठ नज़र आ रहा हो।

पहला कदम है, ईजाद करना। अगर महीने के अंत तक 'एक्स' नामक कंपनी आपको नौकरी का संतोषजनक प्रस्ताव नहीं देती है; तो उस स्थिति में आप क्या कदम उठा सकते हैं? 'वाई' नामक कंपनी में नौकरी कर सकते हैं? किसी दूसरे शहर में नौकरी ढूँढ़ सकते हैं? अपना कोई बिजनेस शुरू कर सकते हैं? या फिर कुछ और? इसी तरह कंपनी से सहमति न बनने की स्थिति में एक मजदूर यूनियन के लिए संभवत: ये विकल्प होंगे: हड़ताल करना, अनुबंध के बिना काम करना, हड़ताल के लिए 60 दिन का नोटिस देना, एक मध्यस्थ की माँग करना, यूनियन के सदस्यों से 'विरोधस्वरूप सिर्फ उतने ही घंटे काम करने का आवाहन करना, जितना नियमों के अनुसार तय हुआ है।'

दूसरा कदम है, अपने सर्वोत्तम विचारों को निखारना और उनमें से सबसे आशाजनक विचारों को सच्चे विकल्पों में तब्दील करना। अगर आप शिकागो में काम करने की सोच रहे हैं, तो इस विचार को उस स्थिति में तब्दील करें, जहाँ शिकागो में नौकरी करने का कम से कम एक प्रस्ताव आपके हाथ में हों। जब ऐसा एक प्रस्ताव आपके हाथ में होगा (या फिर अगर आपको ये पता चले कि आपके पास शिकागो में नौकरी का कोई प्रस्ताव नहीं है) तो आप न्यूयॉर्क में नौकरी करने के प्रस्ताव की मेरिट्स का आंकलन करने के लिए बेहतर ढंग से तैयार होंगे। जब एक मजदूर यूनियन कोई सौदेबाज़ी कर रही हो, तो उसी दौरान उसे एक मध्यस्थ की माँग करने और संचालन संबंधी स्पष्ट निर्णयों का मसौदा तैयार करने जैसे विचारों को अमली जामा पहना देना चाहिए। उदाहरण के लिए अगर अनुबंध की समयसीमा खत्म होने से पहले कोई सहमति नहीं बन पाती तो अधिकारिक रूप से हड़ताल बुलाने के लिए यूनियन अपने सदस्यों के बीच वोटिंग करा सकती है।

अपने लिए आपसी सहमति का सर्वश्रेष्ठ विकल्प विकसित करने का आखिरी कदम है, सभी उपलब्ध विकल्पों में से सर्वश्रेष्ठ विकल्प का चयन करना। अगर

सौदेबाज़ी में आपसी सहमति नहीं बन पाती है, तो आपके वे यथार्थवादी विकल्प कौन से हैं, जिन्हें आप अपनाने की सोच रहे हैं?

तो इस तरह आपसी सहमति का आपका सर्वश्रेष्ठ विकल्प तैयार हो जाएगा। अब आपको जो भी प्रस्ताव मिले, उसके साथ इसकी तुलना करें। आपसी सहमति का आपका सर्वश्रेष्ठ विकल्प जितना बेहतर होगा, सौदेबाज़ी में आपसी सहमति की शर्तों में सुधार करने की आपकी क्षमता उतनी ही अधिक होगी। दूसरे पक्ष के साथ आपसी सहमति न बनने की स्थिति में आप क्या करेंगे, ये पता होने से सौदेबाज़ी के दौरान आपको अतिरिक्त आत्म-विश्वास मिलेगा। अगर आपको अपनी दिशा और अपनी मंजिल पता हो, तो सौदा तोड़ना आसान हो जाता है। सौदा तोड़ने के लिए आप जितने अधिक तैयार होंगे, अपने हितों को उतनी ही प्रबलता से सामने रख सकेंगे और जिस चीज़ को आप समझौते का आधार बनाना चाहते हैं, उसे भी उतनी ही प्रबलता से प्रस्तुत कर सकेंगे।

आप दूसरे पक्ष के सामने आपसी सहमति के अपने सर्वश्रेष्ठ विकल्प का खुलासा करने के लिए कितने इच्छुक हैं, ये इस बात पर निर्भर है कि आपके मूल्यांकन के अनुसार सामनेवाले की सोच कैसी है। अगर आपसी सहमति का आपका सर्वश्रेष्ठ विकल्प बेहद आकर्षक है - अगर कोई अन्य ग्राहक दूसरे कमरे में आपका इंतज़ार कर रहा है - तो दूसरे पक्ष के सामने इस बात का खुलासा करना आपके हित में रहेगा। अगर आपके पास एक अच्छा विकल्प है और फिर भी सामनेवाले को लगता है कि आप विकल्पहीन हैं, तब तो आपको उसे निश्चित रूप से अपने विकल्प के बारे में बता देना चाहिए। लेकिन अगर आपसी सहमति का सर्वश्रेष्ठ विकल्प आपके लिए - जितना वे मानते हैं - उससे भी कहीं ज़्यादा बदतर है, तो उसका खुलासा करना आपके पक्ष को मजबूती देने के बजाय कमजोर बना देगा।

अब ज़रा दूसरे पक्ष के सर्वश्रेष्ठ विकल्प पर विचार करें

आपको आपसी सहमति के उन सर्वश्रेष्ठ विकल्पों के बारे में भी सोचना चाहिए, जो दूसरे पक्ष के पास उपलब्ध हैं। हो सकता है कि वे इस बारे में कुछ ज़्यादा ही आशावादी हों कि आपसी सहमति न बनने की स्थिति में वे क्या कर सकते हैं। हो सकता है कि उनकी धारणा हो कि उनके पास बहुत सारे विकल्प उपलब्ध हैं और वे अपने विकल्पों के योग से प्रभावित हों।

आपको उनके विकल्पों के बारे में जितनी अधिक जानकारी होगी, उनके साथ सौदेबाज़ी करने की आपकी तैयारी उतनी ही बेहतर होगी। उनके विकल्पों की जानकारी होने पर आप इस बात का यथार्थवादी अनुमान लगा सकते हैं कि ये सौदेबाज़ी करते समय आपको क्या अपेक्षाएँ रखनी चाहिए। अगर ऐसा लगता है कि वे आपसी सहमति के अपने सर्वश्रेष्ठ विकल्प को कुछ ज़्यादा ही अच्छा मान बैठे हैं, तो आप यही चाहेंगे कि आप उनकी इन उम्मीदों पर पानी फेर दें।

हो सकता है कि आपसी सहमति का उनका सर्वश्रेष्ठ विकल्प आपके द्वारा सोचे गए किसी भी उचित समाधान से बेहतर हो। मान लीजिए कि आप एक सामुदायिक समूह हैं, जो एक निर्माणाधीन बिजली संयंत्र से उत्सर्जित होनेवाली संभावित रूप से हानिकारण गैसों को लेकर चिंतित है। संयंत्र की निर्माता बिजली कंपनी के लिए आपसी सहमति का सर्वश्रेष्ठ विकल्प ये है कि या तो वह आपके विरोध को पूरी तरह नज़रअंदाज़ कर दे या फिर आपको चिंता जताने दे और इस दौरान संयंत्र का निर्माण पूरा कर ले। बिजली कंपनी आपकी चिंताओं को गंभीरता से ले, इसके लिए आपको उनका निर्माण परमिट रद्द करने के लिए मुकदमा दायर करना पड़ सकता है। दूसरे शब्दों में कहें, तो आपसी सहमति का उनका सर्वश्रेष्ठ विकल्प अगर इतना अच्छा है कि उन्हें मेरिट्स के आधार पर सौदेबाज़ी करना जरूरी नहीं लगता, तो उन चीज़ों पर विचार करें, जो इस स्थिति को बदल सकती हों।

अगर दोनों पक्षों के पास आपसी सहमति के अपने-अपने सर्वश्रेष्ठ विकल्प हों, तो आपस में कोई सहमति न बनाना ही - दोनों पक्षों के लिए - सौदेबाज़ी का सर्वश्रेष्ठ परिणाम होगा। ऐसे मामलों में एक सफल सौदेबाज़ी वही है, जहाँ आप और दूसरा पक्ष, दोनों को ही सौहार्दपूर्ण और दक्षतापूर्ण ढंग से समझ आ जाए कि आप दोनों के लिए अपने-अपने हितों को साधने का सर्वश्रेष्ठ तरीका है किसी और के साथ सौदेबाज़ी करना और आगे से एक-दूसरे के बीच सहमति बनाने की कोशिश न करना।

अगर दूसरा पक्ष बेहद शक्तिशाली हो

अगर उसके पास बड़ी-बड़ी बंदूकें हों, तो आप सौदेबाज़ी को गोलाबारी में तब्दील नहीं करना चाहेंगे। दूसरा पक्ष शारीरिक या आर्थिक रूप से जितना शक्तिशाली नज़र आता है, मेरिट्स के आधार पर सौदेबाज़ी करने का आपको उतना

ही अधिक लाभ मिलता है। उनके पास शक्ति है तो आपके पास सिद्धांत हैं। आप जितने विस्तृत ढंग से इस बात को स्थापित करेंगे कि सिद्धांतों की भूमिका बेहद अहम हैं, आप उतनी ही बेहतर स्थिति में रहेंगे।

जब आपके पास आपसी सहमति का सर्वश्रेष्ठ विकल्प उपलब्ध होता है, तो आपको मेरिट्स के आधार पर सौदेबाज़ी करने में मदद मिलती है। आपसी सहमति का अपना सर्वश्रेष्ठ विकल्प तैयार करके और उसमें सुधार करके आप अपने पास मौजूद इन संसाधनों को प्रभावी सौदेबाज़ी करने की शक्ति में तब्दील कर सकते हैं। अपने ज्ञान, समय, धन, लोगों, संपर्कों और बुद्धि का उपयोग करके ऐसे सर्वश्रेष्ठ समाधान ढूँढ़ें, जो दूसरे पक्ष के संसाधनों से मुक्त हो। किसी सौदेबाज़ी को आप जितनी आसानी और खुशी से छोड़ने में सक्षम होंगे, उसके परिणामों को प्रभावित करने की आपकी क्षमता उतनी ही अधिक होगी।

इस प्रकार अपने लिए आपसी सहमति का सर्वश्रेष्ठ विकल्प तैयार करना न केवल आपको ये निर्धारित करने में सक्षम बनाता है कि न्यूनतम स्वीकार्य समझौता क्या है बल्कि इसके साथ ही ये उस 'न्यूनतम' को बढ़ा भी देता है। अपने लिए आपसी सहमति का सर्वश्रेष्ठ विकल्प विकसित करना, अपने से अधिक शक्तिशाली सौदेबाज़ से निपटने का संभवत: सबसे प्रभावी कदम है।

7. अगर वे आपका खेल खेलने से इंकार कर दें तो?

(अपनी जूजुत्सु सौदेबाज़ी का उपयोग करें)

हितों, विकल्पों और मानकों के बारे में दूसरे पक्ष के साथ चर्चा करना भले ही एक प्रभावी व सौहार्दपूर्ण तरीका हो, पर अगर वे आपका ये खेल खेलने से इंकार कर दें तो? जब आप हितों पर चर्चा करने की कोशिश करें तो हो सकता है कि वे स्पष्ट शब्दों में अपनी पोजिशन आपके सामने रख दें। हो सकता है कि आप दोनों पक्षों के अधिकतम लाभ के लिए एक संभावित आपसी सहमति बनाने की कोशिश में हों; जबकि वे आपके प्रस्ताव में दोष ढूँढ़ रहे हों और सिर्फ अपना लाभ बढ़ाने की सोच रहे हों। हो सकता है कि आप समस्या की मेरिट के आधार पर उस पर धावा बोलें; जबकि वे आप पर धावा बोल रहे हों। ऐसे में आप उन्हें उनकी पोजिशन से मेरिट्स की ओर कैसे ला सकते हैं?

तीन बुनियादी रणनीतियों की मदद से आप उनका ध्यान मेरिट्स पर केंद्रित कर सकते हैं। पहली रणनीति इस बिंदु पर केंद्रित है कि 'आप क्या कर सकते हैं?' आप खुद पोजिशन के बजाय मेरिट्स पर ध्यान केंद्रित कर सकते हैं। ये प्रणाली – जो इस किताब का विषय भी है – संक्रामक है; जो लोग हितों, विकल्पों और मानदंड पर चर्चा करते हैं, ये उनके लिए सफलता की संभावनाएँ खोल देती है। तो इस तरह आप ये खेल बदल सकते हैं और वह भी सिर्फ एक नया खेल शुरू करके।

अगर ये रणनीति कारगर साबित नहीं होती और वे पोजिशन संबंधी मोलभाव जारी रखते हैं, तो आप दूसरी रणनीति का सहारा ले सकते हैं। ये इस बिंदु पर केंद्रित है कि 'वे क्या कर सकते हैं?' ये रणनीति पोजिशन संबंधी मोलभाव का जवाब कुछ इस तरह देती है, जिससे उनका ध्यान मेरिट्स की दिशा में केंद्रित होने लगता है। इस रणनीति को हम जूजुत्सु सौदेबाज़ी कहते हैं।

तीसरी रणनीति इस बिंदु पर केंद्रित है कि 'कोई तीसरा पक्ष क्या कर सकता है?' अगर सैद्धांतिक सौदेबाज़ी और जूजुत्सु सौदेबाज़ी, दोनों ही उन्हें ये खेल खेलने

की दिशा में नहीं ला पाते, तो इसमें किसी ऐसे तीसरे पक्ष को शामिल करने पर विचार करें, जो चर्चा को हितों, विकल्पों और मानदंड पर केंद्रित करने में प्रशिक्षित हो। इस कार्य में तीसरे पक्ष के लिए संभवत: सबसे कारगर टूल है, मध्यस्थता की एक-सूत्रीय प्रक्रिया।

पहली रणनीति - सैद्धांतिक सौदेबाज़ी - पर हम पहले ही चर्चा कर चुके हैं। जबकि इस अध्याय में जूजुत्सु सौदेबाज़ी और एक-सूत्रीय प्रक्रिया के बारे में समझाया गया है। ये अध्याय एक वास्तविक मकान-मालिक और किराएदार के बीच हुई सौदेबाज़ी पर आधारित बातचीत के साथ खत्म होता है। जिससे विस्तार से पता चलता है कि सैद्धांतिक सौदेबाज़ी और जूजुत्सु सौदेबाज़ी के संयोजन का उपयोग करके आप एक अनिच्छुक पक्ष को ये खेल खेलने के लिए कैसे राजी कर सकते हैं।

जूजुत्सु सौदेबाज़ी

अगर दूसरा पक्ष एक कठोर पोजिशन घोषित कर देता है, तो हो सकता है कि आप उसकी आलोचना करना और उसे खारिज करना चाहें। अगर वे आपके प्रस्ताव की आलोचना करते हैं, तो हो सकता है कि आप उसका बचाव करते हुए कड़ा रुख अपनाना चाहें। अगर वे आप पर हमला करते हैं या आपमें दोष निकालते हैं, तो हो सकता है कि आप खुद को बचाना और उन पर जवाबी हमला करना चाहें। संक्षेप में कहें, तो अगर वे कोई नकारात्मक प्रतिक्रिया देते हैं, तो हो सकता है कि बदले में आप भी ऐसा ही करें।

पर अगर आप ऐसा करते हैं, तो इसका अर्थ होगा कि आप भी पोजिशन संबंधी मोलभाव का खेल ही खेल रहे हैं। उनकी पोजिशन को खारिज करेंगे, तो वे उसे लेकर और ज़्यादा कड़ा रुख अपना लेंगे। और अगर आप अपना बचाव करेंगे, तो सौदेबाज़ी पटरी से उतरकर व्यक्तियों के टकराव में तब्दील हो जाएगी। फिर आप खुद को निरंतर हमले व बचाव के दुश्चक्र में फँसा पाएँगे। साथ ही उनकी नकारात्मकता का जवाब नकारात्मकता से ही देने के चक्कर में आपका बहुत सा कीमती समय और ऊर्जा भी बर्बाद होगी।

अगर उनकी नकारात्मकता का जवाब नकारात्मकता से ही देना कारगर नहीं है, तो फिर और क्या है, जो कारगर हो सकता है? भला आप क्रिया और प्रतिक्रिया के चक्र को कैसे रोक सकते हैं? जवाबी हमला न करें। अगर वे अपनी पोजिशन

पर जोर दें, तो उसे खारिज न करें। जब वे आपके विचारों में दोष निकालें, तो उनका बचाव न करें। जब वे आप पर हमला करें, तो उन पर जवाबी हमला न करें। इस दुश्चक्र को तोड़ने के लिए जरूरी है कि आप प्रतिक्रिया देने से इंकार कर दें। जवाबी हमला करने के बजाय उनके हमले को दरकिनार करके उसे समस्या को हल करने की दिशा में मोड़ दें। पूर्वी मार्शल आर्ट जूडो और जूजुत्सु की तरह ही अपनी शक्ति का इस्तेमाल सीधे तौर पर उनकी शक्ति के खिलाफ करने से बचें; इसके बजाय कौशल दिखाते हुए ज़रा किनारे हो जाएँ और फिर उनकी शक्ति को अपने लक्ष्य की दिशा में मोड़ दें। उनकी शक्ति का विरोध करने के बजाय उसे हितों की पहचान करने, पारस्परिक लाभ के विकल्प तलाशने और स्वतंत्र मानकों की पहचान करने की ओर मोड़ दें।

लेकिन व्यावहारिक जीवन में 'जूजुत्सु सौदेबाज़ी' कैसे काम करती है? आप उनके हमले को दरकिनार कैसे करेंगे और फिर उसे समस्या हल करने की दिशा में कैसे मोड़ेंगे?

आमतौर पर उनके 'हमले' में तीन पैतरें शामिल होंगे: अपनी पोजिशन पर बलपूर्वक जोर देना, आपके विचारों में दोष निकालना और आप पर हमला करना। आइए अब देखते हैं कि एक सैद्धांतिक सौदेबाज़ इन तीनों पैतरों से कैसे निपट सकता है।

उनकी पोजिशन पर हमला न करें बल्कि ये देखें कि उसके पीछे क्या है

जब दूसरा पक्ष अपनी पोजिशन को आपके सामने रखे, तो न उसे खारिज करें और न ही स्वीकार करें बल्कि उसे ऐसे लें, मानों वह सिर्फ एक संभावित विकल्प हो। उस पोजिशन के पीछे छिपे हितों पर गौर करें, उस सिद्धांत की तलाश करें, जिसे वह पोजिशन दर्शाती हो और फिर उसमें सुधार करने के तरीकों पर विचार करें।

मान लीजिए कि आप एक ऐसी शिक्षक समिति के प्रतिनिधि हैं, जो वेतन में बढ़ोत्तरी और वरिष्ठता को छंटनी का एक मात्र मानदंड बनाने के लिए हड़ताल कर रही है। स्कूल बोर्ड ने सभी को 2 हज़ार डालर की वेतन बढ़ोत्तरी के अलावा किसकी छंटनी करनी है, ये तय करने का अपना एकाधिकार बनाए रखने का प्रस्ताव दिया है। अब इस पोजिशन के पीछे छिपे हितों का पता लगाएँ। सैलरी में 2 हज़ार डॉलर से ज़्यादा की बढ़ोत्तरी करने में कौन से बजट संबंधी समझौते शामिल हैं? 'आप छंटनी पर अपना एकाधिकार रखने की जरूरत क्यों महसूस करते हैं?'

ये मानकर चलें कि वे जो भी पोजिशन लेते हैं, वह दोनों पक्षों के बुनियादी सरोकारों को पूरा करने की उनकी सच्ची कोशिश है; उनसे पूछें कि इससे हमारी मौजूदा समस्या कैसे हल होगी। उनकी पोजिशन को एक विकल्प के तौर पर लें और इस बात का निष्पक्ष आंकलन करें कि वह किस हद तक दोनों पक्षों के हितों को पूरा कर सकती है या ऐसा करने के लिए इसमें सुधार कैसे किया जा सकता है। 'सभी के वेतन में 2 हज़ार डॉलर की बढ़ोत्तरी करने से, इलाके के अन्य स्कूलों के वेतन के साथ प्रतिस्पर्धा कैसे बनी रहेगी ताकि ये सुनिश्चित हो सके कि छात्रों को उत्कृष्ट शिक्षक मिलें?' 'आप शिक्षकों को ये विश्वास कैसे दिलाएँगे कि छंटनी के लिए आपकी मूल्यांकन प्रक्रिया निष्पक्ष और उचित होगी? हमें विश्वास है कि आप व्यक्तिगत रूप से निष्पक्ष रहेंगे, लेकिन अगर आप चले गए तो क्या होगा? हम अपनी आजीविका और अपने परिवारों की भलाई को एक ऐसे निर्णय के भरोसे कैसे छोड़ सकते हैं, जो संभवत: मनमाने ढंग से लिया जाएगा?'

दूसरे पक्ष की पोजिशन में अंतर्निहित सिद्धांतों के बारे में पूछें। 'वेतन में 2000 डॉलर की बढ़ोत्तरी को उचित ठहराने के पीछे आपकी थ्योरी क्या है? क्या ये अन्य स्कूलों के वेतन पर आधारित है या फिर समान योग्यता रखनेवाले अन्य शिक्षकों के वेतन पर?' 'आपके अनुसार किसकी छंटनी सबसे पहले होनी चाहिए, शहर के सबसे कम अनुभवी शिक्षक की या फिर उस शिक्षक की, जो सबसे ज़्यादा अनुभवी है और जिसका वेतन स्वाभाविक रूप से अपेक्षाकृत अधिक है?'

उपलब्ध विकल्पों में सुधार की ओर उनका ध्यान आकर्षित करने के लिए उनसे ये चर्चा करें कि अगर उनकी एक पोजिशन स्वीकार कर ली जाती है, तो क्या होगा? 1970 में एक अमेरिकी वकील को अरब-इज़रायल संघर्ष के बारे में मिस्र के राष्ट्रपति जमान अब्देल नासेर का इंटरव्यू करने का मौका मिला। उसने नासेर से पूछा, 'आप क्या चाहते हैं कि इज़रायल की प्रधानमंत्री गोल्डा मेयर क्या करें?'

नासेर ने कहा, 'पीछे हट जाएँ!'

'पीछे हट जाएँ?' वकील ने पूछा।

'अरब इलाके की एक-एक जमीन छोड़कर पीछे हट जाएँ!'

'बिना किसी डील के? आपसे कुछ मिले बिना ही?' अमेरिकी वकील ने हैरानी से पूछा।

'हाँ, कुछ मिले बिना ही। ये हमारा इलाका है। उन्हें पीछे हटने का वचन देना चाहिए,' नासेर ने जवाब दिया।

अमेरिकी वकील ने पूछा, 'गोल्डा मेयर के साथ क्या होगा, अगर वे कल सुबह इज़रायली रेडियो और टेलीविजन पर आकर कहती हैं, 'इज़रायल के लोगों की ओर से मैं ये वचन देती हूँ कि हम उस जमीन का एक-एक इंच छोड़कर पीछे हट जाएँगे, जिस पर हमने १९६७ में कब्जा किया था: सिनाई, गाज़ा, वेस्ट बैंक, येरूशलम और गोलन हाइट्स। और मैं आपको बताना चाहती हूँ कि अभी तक इस बारे में किसी अरब नेता ने अपनी ओर से मुझे कोई वचन नहीं दिया है।'

नासेर ठहाका मारकर हँस पड़े और बोले, 'ओह, फिर तो उन्हें अपने देश में बड़ी मुश्किल झेलनी पड़ेगी!'

संभवत: इस बातचीत में ही नासेर को एहसास हुआ कि उन्होंने मिस्र की ओर से इज़रायल के सामने कितना अयथार्थवादी विकल्प रखा था। तभी तो उन्होंने उसी दिन इज़रायल के साथ संघर्ष-विराम को स्वीकार करने की इच्छा जताई।

अपने विचारों का बचाव न करें, आलोचना और सलाह को आमंत्रित करें

सौदेबाज़ी के दौरान बहुत सा समय अलोचना करने में निकल जाता है। दूसरे पक्ष द्वारा की गई आलोचना का विरोध करने के बजाय उसे आमंत्रित करें। उनसे किसी विचार को स्वीकार या अस्वीकार करने के लिए कहने के बजाय, ये पूछें कि इसमें गलत क्या है। 'वेतन संबंधी ये प्रस्ताव आपकी कौन सी चिंताओं को ध्यान में रखने में विफल रहा है?' उनके अंतर्निहित हितों का पता लगाने और उनके दृष्टिकोण के अनुसार अपने विचारों में सुधार करने के लिए उनके नकारात्मक आंकलन को परखें। आपको उनसे जो जानकारी मिले, उसके आधार पर अपने विचारों पर दोबारा काम करें। इससे आलोचना, आपसी सहमति बनाने की प्रक्रिया में बाधा बनने के बजाय उस प्रक्रिया का एक महत्वपूर्ण घटक बन जाएगी। 'अगर मैं आपकी बात को ठीक-ठीक समझ पा रहा हूँ, तो आप ये कह रहे हैं कि आप 750 शिक्षकों के वेतन में प्रति व्यक्ति 2000 डॉलर से ज़्यादा की बढ़ोत्तरी का खर्च नहीं उठा सकते। क्या हो, अगर हम आपका ये प्रस्ताव स्वीकार कर लें, लेकिन इस शर्त पर कि काम पर रखे जानेवाले पूर्णकालिक शिक्षकों की संख्या 750 से कम रहने पर जो भी पैसा बचेगा, वह मासिक बोनस के रूप में उन शिक्षकों को दिया जाएगा, जो काम कर रहे हैं?'

आलोचना को रचनात्मक दिशा की ओर ले जाने का दूसरा तरीका है, स्थिति को पलट देना यानी उनसे सलाह माँगना। उनसे पूछें कि अगर वे आपकी जगह होते तो क्या करते? 'अगर आपकी नौकरियाँ खतरे में होतीं, तो आप क्या करते? हमारे शिक्षक संघ के सदस्य अपनी नौकरियों को लेकर इतना असुरक्षित महसूस कर रहे हैं और अपनी कम कमाई को लेकर इतने निराश हैं कि अब वे अपना प्रतिनिधित्व करने के लिए एक उग्रवादी यूनियन को शामिल करने पर चर्चा कर रहे हैं। अगर आप इस शिक्षक समिति का नेतृत्व कर रहे होते, तो इस स्थिति में आप क्या करते?' इस तरह आप उन्हें आंशिक रूप से अपनी समस्या का सामना करने के लिए प्रेरित करते हैं। हो सकता है कि इससे वे एक ऐसा समाधान ढूँढ़ निकालें, जो आपके सरोकार भी पूरे करता हो। 'शायद समस्या ये है कि शिक्षकों को लगता है कि उनकी बात सुननेवाला कोई है ही नहीं। क्या ऐसे नियमित सत्रों का आयोजन मददगार साबित हो सकता है, जहाँ शिक्षक स्कूल बोर्ड के सदस्यों से मिल सकें?'

अपने ऊपर हमला हो तो उसे समस्या पर होनेवाले हमले में तब्दील कर दें

जब दूसरा पक्ष आपके ऊपर व्यक्तिगत हमला करे – जैसा कि अक्सर होता है – तो अपना बचाव करने या उन पर जवाबी हमला करने के प्रलोभन से बचें। शांत बैठें और उन्हें अपनी भड़ास निकालने का मौका दें। उन्हें सुनें और ये जताएँ कि आप उनकी बात को समझ रहे हैं और जब वे अपनी बात पूरी कर लें, तो अपने ऊपर हुए हमले को समस्या पर होनेवाले हमले में तब्दील कर दें। 'आपने कहा कि हमारी हड़ताल ये दर्शाती है कि हमें बच्चों की कोई फिक्र नहीं है, पर हम बच्चों की शिक्षा को लेकर आपकी चिंता समझते हैं। यकीन मानिए, हमारी भी यही चिंता है, वे हमारे छात्र हैं और हमारे अपने बच्चों जैसे हैं। हम भी चाहते हैं कि ये हड़ताल खत्म हो ताकि हम वापस काम पर जाएँ और बच्चों को पढ़ाने की अपनी जिम्मेदारी पूरी कर सकें। आपको क्या लगता है, जल्द से जल्द किसी समझौते पर पहुँचने के लिए फिलहाल हम दोनों क्या कर सकते हैं?'

सवाल पूछें और फिर ज़रा ठहरें

जूजुत्सु सौदेबाज़ी करनेवाले दो मुख्य टूल्स का उपयोग करते हैं। पहला है, कथनों के बजाय सवालों का उपयोग करना। कथनों से प्रतिरोध पैदा होता है, जबकि सवालों से जवाब पैदा होते हैं। सवाल सामनेवाले को अपनी बात रखने का और आपको उनकी बातें समझने का मौका देते हैं। सवाल चुनौतियाँ पेश करते हैं

और उनका उपयोग दूसरे पक्ष को समस्या का सामना करने की दिशा में ले जाने के लिए किया जा सकता है। सवाल दूसरे पक्ष को ऐसा कोई लक्ष्य नहीं देते, जिस पर वे निशाना साध सकें और न ही ऐसी कोई पोजिशन उपलब्ध कराते हैं, जिस पर वे हमला कर सकें। सवाल आलोचना नहीं करते बल्कि जानकारी बढ़ाते हैं – 'आपके अनुसार इन दोनों में से क्या बेहतर रहेगा? शिक्षकों द्वारा प्रक्रिया में सहयोग करना और ये महसूस करना कि वे इसमें भाग ले रहे हैं? या फिर प्रक्रिया का सक्रिय रूप से विरोध करना और ये महसूस करना कि ये प्रक्रिया उन पर थोपी जा रही है और उनकी चिंताओं का ध्यान नहीं रखती है?'

चुप्पी आपके सबसे अच्छे हथियारों में से एक है। इसका इस्तेमाल करें। अगर वे आपके सामने एक अनुचित प्रस्ताव रखते हैं या ऐसा हमला करते हैं, जो आपके अनुसार कतई उचित नहीं है, तो संभवत: सबसे बेहतर होगा, उनके सामने चुपचाप बैठे रहना और एक शब्द भी न कहना।

अगर आपने पूरी ईमानदारी से सवाल पूछा है और उन्होंने उसका ऐसा जवाब दिया हो जो बिलकुल नाकाफी हो, तो ज़रा ठहरें। लोग आमतौर पर चुप्पी से असहज हो जाते हैं, खासकर अगर उन्हें अपनी कही हुई बात की मेरिट्स पर संदेह हो। उदाहरण के लिए अगर शिक्षकों का कोई प्रतिनिधि पूछता है कि 'शिक्षकों के पास छंटनी की नीति पर अपनी बात रखने का अधिकार क्यों नहीं होना चाहिए?' तो हो सकता है कि स्कूल बोर्ड के चेयरमैन के लिए इसका जवाब देना ज़रा मुश्किल हो जाए, 'छंटनी पूरी तरह एक प्रशासनिक मामला है... हाँ, छंटनी संबंधी नीति से शिक्षकों के हित जरूर जुड़े हैं, लेकिन उनमें ये आंकलन करने की पर्याप्त योग्यता नहीं होती कि एक अच्छा शिक्षक कैसा होता है... मेरे कहने का मतलब है कि...'

चुप्पी अक्सर गतिरोध का आभास देती है। दूसरा पक्ष अपने जवाब से या फिर किसी नए सुझाव से इस चुप्पी को तोड़ने के लिए खुद को विवश महसूस करने लगता है। इसलिए जब भी आप दूसरे पक्ष से कोई सवाल पूछें, तो ज़रा ठहरें। एक सवाल के बाद तत्काल दूसरा सवाल पूछकर या अपनी ओर से कोई टिप्पणी देकर उनकी मुश्किल को आसान न बनाएँ। वास्तव में अपने जीवन की कुछ सबसे प्रभावी सौदेबाजियाँ आप तभी कर सकते हैं, जब आप सही समय पर चुप्पी साधना शुरू कर दें।

एक-सूत्रीय प्रक्रिया पर विचार करें

आप किसी तीसरे पक्ष को मध्यस्थता करने के लिए संभवत: तभी बुलाएँगे, जब इस खेल में पोजिशन संबंधी मोलभाव की जगह सैद्धांतिक सौदेबाज़ी को लाने की आपकी कोशिशें सफल न हुई हों। यहाँ आप जिस समस्या का सामना कर रहे हैं, उसे एक नया मकान बनवाने की योजना बना रहे पति-पत्नी के किस्से द्वारा दर्शाया जा सकता है।

पत्नी दो मंजिलवाला मकान चाहती है, जिसमें एक चिमनी और हरी-भरी पहाड़ी की ओर खुलनेवाली खिड़की हो। जबकि पति एक आधुनिक फार्म-हाउस शैलीवाले मकान पर विचार कर रहा है, जिसमें एक एकांत कमरा और एक विशाल गैरेज हो, जहाँ ढेर सारा सामान जमा करके रखने की जगह हो। इस बारे में चर्चा के दौरान दोनों एक-दूसरे से कुछ ऐसे सवाल पूछते हैं, 'लिविंग रूम के बारे में तुम्हारा क्या खयाल है?' और 'तो तुम सचमुच इसे अपने हिसाब से बनवाने पर जोर दे रहे हो?' ऐसे सवालों का जवाब देकर दोनों की अलग-अलग योजनाएँ और पुख्ता हो जाती हैं। वे दोनों एक आर्किटेक्ट के पास जाते हैं और उसे मकान का एक स्केच और फिर उसकी एक विस्तृत योजना बनाने को कहते हैं। इस तरह वे अपनी-अपनी पोजिशन को लेकर और सख्त हो जाते हैं। ज़रा लचीलापन दिखाने की पत्नी की माँग पर पति गैराज की लंबाई को एक फुट कम करने के लिए राज़ी हो जाता है। इसी तरह जब पति कुछ रियायतें देने पर जोर देता है, तो पत्नी मकान के पिछवाड़े में बरामदा बनवाने का इरादा छोड़ देती है और कहती है कि वह हमेशा से चाहती थी कि उसके मकान के पीछे एक बरामदा हो। जबकि उसने आर्किटेक्ट को मकान की अपनी जो योजना दी थी, उसमें इस बरामदे का कोई जिक्र तक नहीं था। वे दोनों मकान की एक योजना के समर्थन और दूसरी योजना के खिलाफ तर्क-वितर्क करते हैं। इस प्रक्रिया में दोनों एक-दूसरे को भावनात्मक चोट पहुँचाते हैं, जिससे आपसी संवाद मुश्किल हो जाता है। दोनों में से कोई भी सामनेवाले को कोई रियायत देना नहीं चाहता क्योंकि शायद इससे सामनेवाला और अधिक रियायतें पाने का अनुरोध करने लगेगा।

ये पोजिशन संबंधी मोलभाव का एक उत्कृष्ट उदाहरण है। अगर आप इस प्रक्रिया को मेरिट्स के आधार पर समाधान ढूँढ़नेवाली प्रक्रिया में तब्दील नहीं कर पाते हैं, तो शायद कोई तीसरा पक्ष ऐसा कर सके। एक मध्यस्थ - मामले

में सीधे तौर पर शामिल दो पक्षों की तुलना में कहीं अधिक आसानी से - लोगों और समस्या को एक-दूसरे से अलग-अलग कर सकता है और चर्चा को हितों व विकल्पों की दिशा में ले जा सकता है। इसके अलावा वह आपसी मतभेदों को सुलझाने के लिए एक निष्पक्ष आधार का सुझाव भी दे सकता है। तीसरा पक्ष विकल्प ढूँढ़ने और निर्णय लेने को एक-दूसरे से अलग कर सकता है, आपसी सहमति बनाने के लिए जरूरी निर्णयों की संख्या को कम कर सकता है और दोनों पक्षों को ये समझने में मदद कर सकता है कि जब वे सचमुच एक अंतिम निर्णय लेंगे तो उन्हें क्या मिलेगा। किसी तीसरे पक्ष को ये सब करने में सक्षम बनाने के लिए जो प्रक्रिया तैयार की गई है, उसे ही 'एक-सूत्रीय प्रकिया' कहते हैं।

पति-पत्नी के बीच मकान डिजाइन करने की इस सौदेबाज़ी में एक स्वतंत्र आर्किटेक्ट को बुलाया गया और उसे मकान की वे ताज़ा योजनाएँ दिखाई गईं, जो पति और पत्नी की वर्तमान पोजिशन को दर्शाती थीं। हालाँकि तीसरे पक्ष के रूप में बुलाया गया हर व्यक्ति समझदारी भरा व्यवहार नहीं करेगा। उदाहरण के लिए एक आर्किटेक्ट दोनों पक्षों से अपनी-अपनी पोजिशन स्पष्ट करने के लिए कह सकता है, ढेर सारी रियायतें देने के लिए दबाव डाल सकता है और उन्हें अपने-अपने समाधान के साथ भावनात्मक रूप से और अधिक आसक्त बना सकता है। लेकिन एक-सूत्रीय प्रक्रिया का उपयोग करनेवाले आर्किटेक्ट का व्यवहार बिलकुल अलग होगा। वह दोनों पति-पत्नी से उनकी पोजिशन के बारे में पूछने के बजाय, उनके हितों के बारे में पूछेगा: पत्नी हरी-भरी पहाड़ी की ओर खुलनेवाली खिड़की कितनी बड़ी बनवाना चाहती है, इसके बजाय वह पत्नी से पूछेगा कि उसे ऐसी खिड़की क्यों चाहिए। 'सुबह की धूप के लिए या दोपहर की धूप के लिए?' 'बाहर के नज़ारे देखने के लिए या कमरे के अंदर देखने के लिए?' इसी तरह वह पति से पूछेगा, 'आप मकान में गैरेज क्यों बनवाना चाहते हैं? आपको वहाँ किस प्रकार का सामान जमा करके रखना है? और आपको एकांत कमरा किस उद्देश्य के लिए चाहिए? शांति से पढ़ने के लिए? टीवी देखने के लिए? या दोस्तों के साथ समय बिताने के लिए? आप उस कमरे का उपयोग किस वक्त करेंगे? दिन में? शाम को? या सप्ताहांत में?' वगैरह।

आर्किटेक्ट ये स्पष्ट कर देगा कि वह दोनों में से किसी को भी अपनी पोजिशन छोड़ने के लिए नहीं कह रहा है। बल्कि वह दोनों को सही सुझाव देने की संभावनाएँ तलाश रहा है - लेकिन ये भी निश्चित नहीं है। इस स्तर पर वह सिर्फ उन दोनों की

ज़रूरतों और हितों के बारे में जितना संभव हो, उतना अधिक जानने की कोशिश करेगा।

इसके बाद आर्किटेक्ट दोनों पति-पत्नी की जरूरतों और हितों की एक सूची तैयार करता है (सुबह की धूप, खुली चिमनी, पढ़ने का सुविधाजनक स्थान, वर्कशॉप के लिए कमरा, स्नो-ब्लोअर और मध्यम आकार की कार रखने की जगह आदि।) फिर वह बारी-बारी से दोनों पति-पत्नी को इस सूची में कमियाँ निकालने और सुधार करने के सुझाव देने को कहता है... रियायतें देना मुश्किल होता है जबकि आलोचना करना बहुत आसान है...

कुछ दिन बाद वह आर्किटेक्ट एक रफ फ्लोर-प्लान बनाकर लाता है। 'मैं इससे व्यक्तिगत रूप से तो संतुष्ट नहीं हूँ, लेकिन इस पर आगे काम करने से पहले मैंने सोचा कि एक बार आप दोनों से पूछ लूँ कि इसमें आपको क्या कमी लग रही है?' इस पर पति ये कह सकता है, 'जहाँ तक कमी की बात है, तो सबसे पहले तो बाथरूम बेडरूम से बहुत दूर है। इसमें मुझे अपनी किताबें रखने के लिए भी पर्याप्त जगह नहीं दिख रही। और अगर कोई मेहमान हमारे यहाँ रात गुजारता है, तो वह सोएगा कहाँ?' पति की तरह ही आर्किटेक्ट पत्नी से भी पूछता है कि उसे इस फ्लोर-प्लान में क्या कमियाँ नज़र आ रही हैं?

कुछ समय बाद आर्किटेक्ट एक नया स्केच लेकर आता है और एक बार फिर दोनों पति-पत्नी से उसमें कमियाँ निकालने को कहता है। 'मैंने बेडरूम से बाथरूम की दूरी और किताबें रखने की जगह जैसी समस्याओं को सुलझाने की कोशिश की है। साथ ही मैंने एकांत कमरे को एक अतिरिक्त बेडरूम के रूप में उपयोग करने के विचार पर भी काम किया है। आपकी इस पर क्या राय है?' जैसे-जैसे ये फ्लोर-प्लान अंतिम रूप लेगा, दोनों पति-पत्नी मामूली डीटेल्स के बजाय वे मुद्दे उठाएँगे, जो उनके लिए सचमुच महत्त्व रखते हैं। उदाहरण के लिए पत्नी कुछ भी स्वीकार करने से पहले ये सुनिश्चित करना चाहेगी कि आर्किटेक्ट उसकी मुख्य जरूरतों को पूरी तरह समझें। फ्लोर-प्लान के किसी भी स्केच के साथ किसी का भी अहं, यहाँ तक कि आर्किटेक्ट का अहं भी नहीं जुड़ा हुआ है। वित्तीय बाधाओं के बावजूद दोनों के हितों के बीच संभावित रूप से सर्वश्रेष्ठ संतुलन स्थापित करने के तरीके ढूँढ़ना, न सिर्फ इस विषय पर निर्णय लेने से बिलकुल अलग है बल्कि जल्दबाज़ी में कोई प्रतिबद्धता जताने के डर से भी मुक्त है। पति-

पत्नी को अपनी-अपनी पोजिशन छोड़ने की कोई जरूरत नहीं है। अब वे कम से कम लाक्षणिक रूप से एक-दूसरे के साथ बैठ तो रहे हैं और अंतिम आकार ले रही योजनाओं की कमियों की ओर संयुक्त रूप से इशारा भी कर रहे हैं। इस तरह वे आर्किटेक्ट को ऐसे बिंदु तैयार करने में मदद करते हैं, जिनकी सिफारिश वह उनके सामने बाद में कर सकता है।

तो इस तरह तीसरा फ्लोर-प्लान बनाया जाता है, फिर चौथा, फिर पाँचवाँ। आखिरकार जब आर्किटेक्ट को ये लगने लगता है कि अब वह इस फ्लोर-प्लान को और बेहतर नहीं बना सकता, तो वह कहता है, 'मैं अपना सर्वश्रेष्ठ दे चुका हूँ। मैंने आपके विभिन्न हितों के बीच, जितना संभव था, उतना सामंजस्य बिठाने की कोशिश की है। कई समस्याओं को मैंने आर्किटेक्चर और इंजीनियरिंग के आम समाधानों, पिछले मामलों के उदाहरणों और अपने पेशेवर फैसलों का उपयोग करके हल किया है। तो ये रहा आपका फाइनल फ्लोर-प्लान। मेरी सिफारिश है कि आप इसे स्वीकार कर लें।'

अब दोनों पति-पत्नी को सिर्फ एक निर्णय लेना है: हाँ कहें या ना। यह निर्णय लेते समय दोनों को अच्छी तरह पता होगा कि इससे उन्हें क्या मिलनेवाला है। हाँ कहने का निर्णय लेना दूसरे पक्ष द्वारा हाँ कहने पर भी निर्भर हो सकता है। एक-सूत्रीय प्रक्रिया न सिर्फ इस खेल में पोजिशन संबंधी मोलभाव को दूर कर देती है बल्कि यह नए विकल्प तलाशने और किसी एक विकल्प पर संयुक्त निर्णय लेने जैसी प्रक्रियाओं को बेहद आसान भी बना देती है।

अन्य सौदेबाजियों में वह भूमिका कौन निभा सकता है, जो इस मामले में आर्किटेक्ट ने निभाई? आप किसी तीसरे पक्ष को मध्यस्थता करने के लिए बुला सकते हैं। या फिर दो पक्षों के बीच हो रही सौदेबाज़ी में एक स्वाभाविक तीसरा पक्ष भी शामिल हो सकता है, जिसका हित सौदेबाज़ी की विशिष्ट शर्तों को प्रभावित करने से ज़्यादा दोनों पक्षों के बीच आपसी सहमति बनाने पर निर्भर हो।

कई सौदेबाजियों में वह व्यक्ति आप हो सकते हैं। उदाहरण के लिए, आप एक प्लास्टिक निर्माण संयंत्र के सेल्स प्रतिनिधि हो सकते हैं, जो प्लास्टिक की बोतलें बनाने का कारखाना चलानेवाले ग्राहक से एक बड़े ऑर्डर के लिए सौदेबाज़ी कर रहा है। हो सकता है कि ये ग्राहक अपनी बोतलों के निर्माण के लिए एक विशेष किस्म का प्लास्टिक चाहता हो, लेकिन आप जिस संयंत्र के प्रतिनिधि हैं,

वह उस किस्म के प्लास्टिक के निर्माण के लिए जरूरी नई मशीनों की व्यवस्था करने से कतरा रही हो। एक सेल्स प्रतिनिधि के तौर पर आपका कमीशन सौदेबाज़ी की विशिष्ट शर्तों को प्रभावित करने से ज़्यादा, इस बात पर निर्भर है कि आपके प्लास्टिक संयंत्र और इस ग्राहक के बीच एक सहमति बने। इसी तरह हो सकता हैं कि आप एक ऐसे सीनेटर के कानूनी सहायक हों, जिसकी दिलचस्पी एक एप्रोपिएशन बिल (विनियोग विधेयक) पास कराने में ज़्यादा हो, बजाय इसके कि वह एप्रोपिएशन दस मिलियन डॉलर है या ग्यारह मिलियन डॉलर। या फिर शायद आप एक मैनेजर हों और आपके दो अधीनस्थों ने एक मामले को निपटाने के लिए दो अलग-अलग तरीके सुझाए हों और अब आप इस बारे में अंतिम निर्णय लेने की कोशिश कर रहे हों। यहाँ आप इन दोनों तरीकों में से सीधे-सीधे कोई एक तरीका चुनने के बजाय एक ऐसा निर्णय लेना चाहते हैं, जो आपके दोनों अधीनस्थों को उचित लगे। इन सभी मामलों में भले ही आप एक सक्रिय भागीदार हों, लेकिन फिर भी एक मध्यस्थ जैसा व्यवहार करना और एक-सूत्रीय प्रक्रिया का उपयोग करना आपके लिए अपेक्षाकृत अधिक हितकारी हो सकता है। अपने विवाद में आप खुद भी मध्यस्थ की भूमिका निभा सकते हैं।

एक-सूत्रीय प्रक्रिया के उपयोग की सबसे प्रसिद्ध घटना संभवत: 1978 में घटी थी, जब अमेरिका ने कैम्प डेविड में मिस्र और इज़रायल विवाद में मध्यस्थ की भूमिका निभाई थी। अमेरिका ने दोनों पक्षों की दलीलें सुनीं और एक मसौदा तैयार किया, जिसके प्रति दोनों में से कोई भी देश प्रतिबद्ध नहीं था। अमेरिका ने दोनों देशों से कहा कि वे इस मसौदे की कमियों की ओर इशारा करते हुए इसकी आलोचना करें। इस आलोचना के आधार पर अमेरिका मसौदे में तब तक सुधार करता रहा, जब तक मध्यस्थों को ये महसूस नहीं हुआ कि अब इसमें और कोई सुधार नहीं किया जा सकता। तेरह दिनों में मसौदे के तेईस संस्करण बनाने के बाद अमेरिका ने अंतत: एक ऐसा मसौदा तैयार कर लिया, जिसकी सिफारिश वह मिस्र और इज़रायल दोनों से करने को तैयार था। आखिरकार जब अमेरिकी राष्ट्रपति जिमी कार्टर ने इस मसौदे की सिफारिश की, तो इज़रायल और मिस्र, दोनों ने इसे स्वीकार कर लिया। निर्णयों की संख्या कम करने, हर निर्णय की अनिश्चितता कम करने और हर पक्ष को अपनी पोजिशन पर अड़ने से रोकने के लिए एक तकनीक के तौर पर एक-सूत्रीय प्रक्रिया उल्लेखनीय रूप से कारगर सिद्ध हुई।

दो पक्षों की सौदेबाज़ी - जिसमें एक मध्यस्थ भी शामिल हो - में एक-

सूत्रीय प्रक्रिया बड़ी सहायक होती है। बड़ी बहुपक्षीय सौदेबाजियों के लिए तो ये करीब-करीब अनिवार्य है। उदाहरण के लिए 150 देश एक-दूसरे के साथ 150 अलग-अलग प्रस्तावों पर रचनात्मक रूप से चर्चा नहीं कर सकते। और न ही वे अन्य सभी के द्वारा दी गई परस्पर रियायतों के आधार पर अपनी ओर से रियायतें दे सकते हैं। उन्हें कोई ऐसा तरीका चाहिए, जिससे वे निर्णय-प्रक्रिया को और सरल बना सकें। एक-सूत्रीय प्रक्रिया उनकी इसी जरूरत को पूरा करती है।

इस प्रक्रिया का उपयोग शुरू करने के लिए आपको हर किसी की सहमति की जरूरत नहीं है। बस एक मसौदा तैयार करें और सभी से उसकी कमियों की ओर इशारा करते हुए उसकी आलोचना करने को कहें। और हाँ, आप खेल को जब चाहें बदल भी सकते हैं और इसके लिए आपको सिर्फ एक नया खेल खेलना शुरू करना है। भले ही दूसरा पक्ष आपसे सीधे तौर पर बातचीत को तैयार न हो (या भले ही आप उनसे सीधी बातचीत करने को तैयार न हों) पर एक तीसरा पक्ष वह मसौदा लेकर चीज़ों को आगे बढ़ा सकता है।

अपना खेल खेलने के लिए दूसरे पक्ष को राज़ी करना :

जोन्स रियल्टी और फ्रैंक टर्नबुल का मामला

एक मकान-मालिक और किराएदार के बीच की सौदेबाज़ी का अगला उदाहरण असली जिंदगी से लिया गया है। संभवत: इससे आपको एहसास होगा कि आप एक ऐसे पक्ष के साथ किस हद तक सौदेबाज़ी की कोशिश कर सकते हैं, जो सैद्धांतिक सौदेबाज़ी में शामिल होने से कतरा रहा हो या अनिच्छुक हो। ये उदाहरण दर्शाता है कि खेल को बदलने के लिए एक नया खेल शुरू करने का मतलब क्या होता है।

तो संक्षेप में मामला कुछ इस प्रकार था- फ्रैंक टर्नबुल ने मार्च में जोन्स रियल्टी से 600 डॉलर प्रति महीना के किराए पर एक मकान लिया था। जब फ्रैंक और उसके फ्लैटमेट पॉल ने जुलाई में मकान खाली करना चाहा तो फ्रैंक को पता चला कि ये मकान तो रेंट-कंट्रोल (मकान मालिक द्वारा लिए जा रहे किराए की राशि पर सरकारी नियंत्रण) के तहत आता है। यानी कानूनी रूप से इस मकान का अधिकतम किराया सिर्फ 466 डॉलर प्रति महीने था यानी फ्रैंक अब तक हर महीने जो किराया दे रहा था, उससे 134 डॉलर कम। ज़्यादा किराए लिए जाने से नाराज फ्रैंक ने जोन्स रियल्टी की मिसेज जोन्स को फोन किया ताकि मामले पर चर्चा कर सके। शुरुआत

में मिसेज जोन्स फ्रैंक की बात सुनने को तैयार ही नहीं हुई और उनका रवैया ऐसा था, मानों वे बस झगड़ा करना चाहती हों। मिसेज जोन्स ने खुद को बिलकुल सही ठहराया और फ्रैंक पर ब्लैकमेल करने का आरोप लगाया। हालाँकि कई बार लंबी चर्चा करने के बाद मिसेज जोन्स फ्रैंक और उसके फ्लैटमेट पॉल को वह अतिरिक्त राशि वापस करने को तैयार हो गईं, जो उन्होंने दोनों से किराए के नाम पर वसूली थी। अंत में उनका लहज़ा दोस्ताना हो गया और उन्होंने अपनी हरकत पर खेद भी जताया।

इस मामले में फ्रैंक टर्नबुल ने सैद्धांतिक सौदेबाज़ी का उपयोग किया। सौदेबाज़ी के दौरान दोनों के बीच हुई चर्चा के कुछ अंश आगे दिए जा रहे हैं। हर चर्चा में एक ऐसा मूल वाक्य शामिल किया गया है, जिसे एक सैद्धांतिक सौदेबाज़ ऐसी किसी भी स्थिति में इस्तेमाल कर सकता है। हर चर्चा के बाद उसमें निहित सिद्धांत और उसके प्रभाव का विश्लेषण भी प्रस्तुत किया गया है।

अगर मैं गलत कह रहा हूँ, तो बताइए।

फ्रैंक टर्नबुल : मिसेज जोन्स, अगर मैं गलत कह रहा हूँ, तो बताइए। मुझे अभी-अभी पता चला कि हमारा ये मकान 'रेंट कंट्रोल' के तहत आता है। हमें बताया गया है कि कानूनी रूप से इसका अधिकतम किराया 466 डॉलर प्रति महीना है? क्या ये सच है?

विश्लेषण : सैद्धांतिक सौदेबाज़ी का सार वस्तुनिष्ठ तथ्यों और सिद्धांतों के प्रति खुला रवैया रखने में निहित होता है। वस्तुनिष्ठ तथ्यों के बारे में अपने दृष्टिकोण को कुछ इस प्रकार प्रस्तुत करके कि वे गलत भी हो सकते हैं और मिसेज जोन्स से ये कहकर कि अगर वह गलत कह रहा हो तो बताइए - फ्रैंक ने मिसेज जोन्स के साथ एक तर्क आधारित संवाद स्थापित किया। उसने मिसेज जोन्स को - प्रस्तुत किए गए तथ्यों से सहमत होकर या फिर उन्हें सुधारकर - इस संवाद में भाग लेने के लिए आमंत्रित किया। इस तरीके ने फ्रैंक और मिसेज जोन्स को दो ऐसे सहकर्मियों में तब्दील कर दिया, जो आपसी संवाद में तथ्यों को स्थापित करना चाहते हैं। इस तरह टकराव टल गया। जबकि अगर फ्रैंक ने तथ्यों को मिसेज जोन्स के सामने सिर्फ ऐसे ठोस तर्कों के रूप में रखा होता, जो गलत हो ही नहीं सकते, तो मिसेज जोन्स को लगता कि उन पर मौखिक हमला किया जा रहा है और फिर वे तत्काल रक्षात्मक रवैया अपना लेतीं। हो सकता है कि वे इन तथ्यों को सिरे से खारिज भी कर देतीं। अगर ऐसा होता तो

दोनों के बीच सौदेबाज़ी की रचनात्मक शुरुआत ही न हो पाती।

अगर फ्रैंक को मिली जानकारी सचमुच गलत होती, तो बातचीत की शुरुआत में ही अपनी गलती सुधारने के लिए कहना, उसके लिए चीज़ों को आसान बना देता। मिसेज जोन्स के सामने अपनी बात को तथ्य घोषित करना और फिर गलत साबित होना, फ्रैंक के लिए किसी बेज्जती से कम नहीं होता। इससे भी बदतर ये कि इसके बाद मिसेज जोन्स को उसकी हर बात पर शक होता और उनके बीच सौदेबाज़ी मुश्किल हो जाती।

अपनी गलती को सामनेवाले के द्वारा सुधारे जाने के प्रति और उनकी बात से राजी होने के प्रति खुला रवैया रखना सैद्धांतिक सौदेबाज़ी की रणनीति का एक मुख्य आधार है। आप जो वस्तुनिष्ठ तथ्य या सिद्धांत सामने रखते हैं, उनके प्रति दूसरे पक्ष को खुला रवैया रखने के लिए सिर्फ तभी राज़ी कर सकते हैं, जब आप खुद भी दूसरे पक्ष के तथ्यों और सिद्धांतों के प्रति खुला रवैया रखते हों।

आपने हमारे लिए जो भी किया उसके लिए हम आपके आभारी हैं।

फ्रैंक टर्नबुल : पॉल और मैं इस बात को समझते हैं कि हमें ये मकान किराए पर देकर आपने व्यक्तिगत रूप से हमारी मदद की थी। आपने इसके लिए समय निकाला और कानूनी औपचारिकताएँ पूरी करने के लिए भागदौड़ की, इसके लिए हम आपके आभारी हैं।

विश्लेषण : दूसरे पक्ष को व्यक्तिगत समर्थन देना, लोगों और समस्या को एक-दूसरे से अलग रखने के लिए जरूरी है। मिसेज जोन्स के अच्छे कार्यों के लिए उनका आभार व्यक्त करके फ्रैंक टर्नबुल दरअसल ये जता रहा था कि 'हम व्यक्तिगत रूप से आपके खिलाफ नहीं हैं। हमारा मानना है कि आप एक उदार महिला हैं।' ऐसा करके फ्रैंक खुद मिसेज जोन्स के पक्ष में खड़ा हो गया। उसने ऐसे किसी भी खतरे को कम कर दिया, जो मिसेज जोन्स अपनी आत्म-छवि के लिए महसूस कर सकती थी।

आभार जताना, सराहना और समर्थन करना यह दर्शाता है कि व्यक्ति आगे भी उनके योग्य बना रहेगा। सराहना पाने के बाद फ्रैंक से मान्यता पाना मिसेज जोन्स के लिए कुछ हद तक एक भावनात्मक मामला बन गया। यानी अब उनके पास खोने के लिए कुछ था, जिसके परिणामस्वरूप वे सुलह की दिशा में आगे बढ़ सकती थीं।

हमारा सरोकार बस इस बात से है कि सब कुछ न्यायसंगत हो।

फ्रैंक टर्नबुल : हम ये जानना चाहते हैं कि हमें जितना किराया देना चाहिए था, कहीं हमने उससे ज़्यादा तो नहीं दे दिया है? एक बार जब हम आश्वस्त हो जाएँगे कि हमने जितना किराया दिया है, उतना समय हम इस मकान में बिता चुके हैं, तो हम इसे खाली करके चले जाएँगे।

विश्लेषण : फ्रैंक टर्नबुल ने सिद्धांत के आधार पर एक बुनियादी स्टैंड लिया और ये इरादा भी जता दिया कि वह अपने स्टैंड से हटनेवाला नहीं है और उसे सिद्धांत के आधार पर ही आश्वस्त किया जा सकता है। इसके साथ ही उसने मिसेज जोन्स को यह भी बता दिया कि इस सिद्धांत की तर्ज पर आश्वस्त होने को लेकर वह खुला रवैया रखता है। इस प्रकार अब मिसेज जोन्स के पास अपने हितों को पूरा करने के लिए फ्रैंक के साथ तर्क-वितर्क करने के अलावा और कोई विकल्प नहीं बचा।

फ्रैंक ने सिद्धांत आधारित कोई ऐसा स्टैंड नहीं लिया, जो नेक-नीयत का दावा करता हो और अपनी मौजूदा शक्ति से उसे सबल बनाता हो। न सिर्फ उसका इरादा सिद्धांत आधारित है बल्कि वे तरीके भी, जिनका उपयोग करने पर उसने विचार किया। उसका दावा है कि उसका इरादा, मकान के लिए दिए गए किराए और मकान में बिताए गए समय के बीच एक उचित संतुलन रखने का है। अगर वह आश्वस्त हो जाता है कि उसने जो किराया दिया है, वह उस मकान में बिताए गए समय के अनुरूप ही है, तो वह तत्काल मकान खाली कर देगा। और अगर उससे ज़्यादा किराया ले लिया गया है, तो फिर ये उचित ही है कि वह तब तक उस मकान में रहे, जब तक कि दिया हुआ किराया वसूल न ले।

'हम इस विवाद को स्वतंत्र मानकों के आधार पर सुलझाना चाहते हैं, न कि इस आधार पर कि कौन किसके साथ क्या–क्या कर सकता है।'

मिसेज जोन्स : आश्चर्य की बात तो ये है कि तुम निष्पक्षता की बात कर रहे हो क्योंकि असल में तुम ये कह रहे हो कि तुम्हें और पॉल को सिर्फ पैसे चाहिए और चूँकि तुम लोग अब भी उस मकान में रह रहे हो इसलिए अब तुम इस बात का फायदा उठाकर हमसे पैसे हासिल करना चाहते हो। मुझे इस बात पर सचमुच बहुत गुस्सा आ रहा है। अगर मेरा बस चलता तो मैं तुम्हें और पॉल को आज ही उस मकान से बाहर कर देती।

फ्रैंक टर्नबुल (अपने गुस्से पर किसी तरह नियंत्रण रखते हुए): लगता है आपको मेरी बात समझ में नहीं आई। इसमें कोई दोराय नहीं कि कुछ पैसे मिलना मुझे और पॉल, दोनों को अच्छा लगेगा। और इसमें भी कोई दोराय नहीं है कि मैं और पॉल तब तक ये मकान छोड़कर नहीं जाएँगे, जब तक आप हमें यहाँ से बाहर नहीं कर देतीं। लेकिन ये तो असल मुद्दा है ही नहीं मिसेज जोन्स।

थोड़े-बहुत पैसे मिलने के बजाय हमारे लिए ये एहसास कहीं ज़्यादा महत्वपूर्ण है कि हमारे साथ उचित व्यवहार किया जा रहा है। ठगा हुआ महसूस करना किसी को पसंद नहीं आता। अगर हम इस बात को मुद्दा बना लेते हैं कि हममें से कौन ज़्यादा शक्तिशाली है और इस घर को खाली करने से इंकार कर देते हैं, तो फिर हमें ये विवाद सुलझाने के लिए कोर्ट जाना होगा, जिसमें पैसा और समय, दोनों बर्बाद होगा। फिर ये हमारे और आपके, दोनों के लिए एक बड़ा सरदर्द बन जाएगा। और कौन चाहता है कि ऐसा हो?

हम इस मामले को निष्पक्षता के साथ स्वतंत्र मानकों के आधार पर सुलझाना चाहते हैं मिसेज जोन्स, न कि इस आधार पर कि कौन किसके साथ क्या-क्या कर सकता है।

विश्लेषण: मिसेज जोन्स सिद्धांत आधारिक सौदेबाज़ी के विचार को चुनौती देते हुए उसे एक दिखावा करार देती है। इस तरह अब ये इच्छा का मामला बन जाता है और फ्रैंक टर्नबुल व उसके फ्लैटमेट पॉल को मकान से तत्काल बाहर निकालना ही मिसेज जोन्स की इच्छा है।

इस बिंदु पर आकर फ्रैंक टर्नबुल अपना आपा करीब-करीब खोने लगा - और इस तरह वह सौदेबाज़ी से अपना नियंत्रण भी खोने लगा। उसे लगा कि उसे भी पलटवार करना चाहिए: 'मैं भी देखता हूँ कि आप हमें इस मकान से बाहर कैसे निकालती हैं! हम कोर्ट में जाएँगे और रियल स्टेट एजेंट का आपका लाइसेंस रद्द करवा देंगे।' पर ऐसा करने से सौदेबाज़ी टूट जाती। इससे न सिर्फ फ्रैंक टर्नबुल व पॉल का बहुत सा कीमती समय व मेहनत खर्च होते बल्कि वे अपनी मानसिक शांति भी खो देते। लेकिन कोई आक्रामक प्रतिक्रिया देने के बजाय फ्रैंक टर्नबुल खुद पर नियंत्रण रखता है और सौदेबाज़ी को फिर से मेरिट्स पर वापस ले आता है। ये जूजुत्सु सौदेबाज़ी का एक अच्छा उदाहरण है। वह मिसेज जोन्स की गलत धारणाओं की जिम्मेदारी लेते हुए, उनके हमले को दरकिनार कर देता है। साथ ही सिद्धांतों के प्रति

अपनी प्रतिबद्धता से मिसेज जोन्स को आश्वस्त करने की कोशिश करता है। वह न तो अपने स्वार्थी हितों को छिपाने की कोशिश करता है और न ही इस बात से इंकार करता है कि वह हालात का फायदा उठाने की स्थिति में है; बल्कि वह तो इन दोनों ही चीज़ों को खुले तौर पर स्पष्ट कर देता है। एक बार इन दोनों चीज़ों को स्वीकार करने के बाद वह उन्हें मेरिट्स से अलग कर सकता है और फिर कोई मुद्‌दा ही नहीं रह जाता।

फ्रैंक टर्नबुल मिसेज जोन्स से ये कहकर सैद्धांतिक सौदेबाज़ी के खेल का महत्त्व भी स्पष्ट कर देता है कि ये उसका मूल नियम है - वह हमेशा इसी तरह खेलता है। इसका श्रेय वह ऊँचे इरादों को नहीं - जिन्हें अक्सर मूल वजह मान लिया जाता है - बल्कि अपने आम हितों को देता है।

'यहाँ सवाल भरोसे का नहीं है'

मिसेज जोन्स : मैंने तुम्हारे लिए कितना कुछ किया, फिर भी तुम्हें मुझ पर भरोसा नहीं है?

फ्रैंक टर्नबुल : मिसेज जोन्स, आपने हमारे लिए जो कुछ भी किया, उसके लिए हम आपके आभारी हैं। पर यहाँ सवाल भरोसे का है ही नहीं। सवाल तो सिद्धांत का है : हमें जितना किराया देना चाहिए था, क्या हमने उससे ज़्यादा किराया दिया है? आपके हिसाब से ये तय करते वक्त हमें किन बातों का ध्यान रखना चाहिए?

विश्लेषण : मिसेज जोन्स चालाकी दिखाकर फ्रैंक को कठिनाई में डालना चाहती हैं। ऐसे में या तो फ्रैंक अपनी बात पर टिका रह सकता है और मिसेज जोन्स पर भरोसा करता नज़र नहीं आएगा या फिर वह मिसेज जोन्स पर भरोसा करके हार मान सकता है। लेकिन फ्रैंक टर्नबुल एक बार फिर आभार व्यक्त करता है और भरोसा करने के सवाल को व्यर्थ बताकर मिसेज जोन्स की चालाकी के जाल में फँसने के बजाय साफ बच निकलता है। फ्रैंक टर्नबुल मिसेज जोन्स का आभार व्यक्त करता है, लेकिन अपने सिद्धांत पर टिका रहता है। इसके अलावा वह भरोसे के सवाल को सिर्फ दरकिनार ही नहीं करता बल्कि मिसेज जोन्स से ये पूछकर चर्चा को सक्रिय रूप से सिद्धांत की दिशा में भी मोड़ देता है कि उनके हिसाब से किन बातों पर ध्यान देना महत्वपूर्ण हो सकता है।

फ्रैंक टर्नबुल मिसेज जोन्स पर कोई दोषारोपण किए बिना ही अपने सिद्धांत पर टिका रहता है। वह मिसेज जोन्स को कभी बेईमान नहीं कहता। वह ये नहीं पूछता कि 'क्या आपने हमारा फायदा उठाया?' बल्कि इससे कहीं अधिक निरपेक्ष रूप से पूछताछ करता है। 'हमें जितना किराया देना चाहिए था, क्या हमने उससे ज़्यादा किराया दिया है? वह भले ही मिसेज जोन्स पर भरोसा न करता हो, लेकिन ये बात मिसेज जोन्स को साफ-साफ बता देना एक अच्छी रणनीति साबित नहीं होती। क्योंकि फिर शायद मिसेज जोन्स बचाव की मुद्रा में आ जातीं, नाराज हो जातीं या एक कठोर पोजिशन ले लेतीं या फिर सौदेबाज़ी ही तोड़ देतीं।

अगर आपके पास 'सवाल भरोसे का नहीं है' जैसे कुछ तयशुदा वाक्य होंगे, तो आप सामनेवाले की चालाकी के जाल में नहीं फँसेंगे। जैसे जब मिसेज जोन्स ने फ्रैंक से भरोसा करने को कहा, लेकिन फ्रैंक उनके इस जाल में फँसने के बजाय साफ बच निकला।

'अपने तथ्यों की जाँच के लिए क्या मैं आपसे कुछ सवाल पूछ सकता हूँ?'

फ्रैंक टर्नबुल : मिसेज जोन्स, क्या मैं आपसे कुछ सवाल पूछ सकता हूँ ताकि ये जाँच सकूँ कि मुझे जो तथ्य बताए गए हैं, वे सही हैं या नहीं?

क्या ये मकान सचमुच रेंट कंट्रोल के तहत आता है?

क्या कानूनी रूप से इसका अधिकतम किराया सचमुच सिर्फ 466 डॉलर है?

पॉल मुझसे पूछ रहा था कि क्या हमने तय सीमा से अधिक किराया देकर कानून तोड़ा है?

जब पॉल ने मकान की लीज़ पर साइन किए थे, तब क्या किसी ने उसे बताया था कि ये मकान रेंट कंट्रोल के तहत आता है और वह जितना किराया देने के लिए राजी हुआ है, कानूनी रूप से असली किराया उससे 134 डॉलर कम है?

विश्लेषण : तथ्यों को जस का तस कह देना सामनेवाले को धमकी जैसा लग सकता है। इसलिए जब भी संभव हो, तो तथ्यों को जस का तस सामने रखने के बजाय सवाल पूछें।

फ्रैंक चाहता तो सीधे ये घोषणा कर सकता था, 'कानूनी रूप से इस मकान का किराया 466 डॉलर है। आपने ज़्यादा किराया लेकर कानून तोड़ा है। इससे भी बदतर

ये कि आपने कानून तोड़ने में हमें भी अपने साथ शामिल कर लिया और वह भी हमें बिना बताए।' हो सकता है कि इस पर मिसेज जोन्स भी तीखी प्रतिक्रिया देतीं और फ्रैंक की बातों को मौखिक हमला करार देकर खारिज कर देतीं ताकि इस पूरी बातचीत में उनका पलड़ा भारी हो जाए।

हर जानकारी को एक सवाल के रूप में सामने रखने से मिसेज जोन्स को भी उसे सुनने, उसका मूल्यांकन करने और फिर उसे स्वीकार करने या उसमें सुधार करने का मौका मिला। फ्रैंक टर्नबुल भी उन्हें ऐसी ही जानकारी देता है, लेकिन उसका तरीका ऐसा है, जिसमें धमकी का भाव कम है। अपने सबसे तीखे सवाल को अपने अनुपस्थित फ्लैटमेट का सवाल बताकर फ्रैंक धमकी का ये भाव और कम कर देता है।

इस तरह फ्रैंक टर्नबुल उन तथ्यों की नींव रखने में मिसेज जोन्स की मदद करता है, जिन्हें लेकर वे दोनों आपस में सहमत हैं और जिनके आधार पर एक सैद्धांतिक समाधान ढूँढ़ा जा सकता है।

आपने जो भी किया, वह किस सिद्धांत के आधार पर किया?

फ्रैंक टर्नबुल : मैं समझ नहीं पा रहा हूँ कि आपने हमसे किराए के रूप में हर महीने 600 डॉलर क्यों लिए? इतना किराया लेने के पीछे आखिर क्या कारण था?

विश्लेषण : एक सैद्धांतिक सौदेबाज़ दूसरे पक्ष की पोजिशन को न तो स्वीकार करता है और न ही अस्वीकार करता है। चर्चा को मेरिट्स पर केंद्रित रखने के लिए फ्रैंक मिसेज जोन्स से उनकी पोजिशन के पीछे का कारण पूछता है, बजाय ये पूछने के कि क्या उनकी इस पोजिशन के पीछे कोई कारण था। क्योंकि वह खुद ही ये अनुमान लगा लेता है कि कोई न कोई उचित कारण तो रहा ही होगा। ऐसा चापलूसी भरा अनुमान लगाना, सामनेवाले को अपनी पोजिशन के पीछे का कारण ढूँढ़ने की दिशा में ले जाता है, भले ही वास्तव में कोई कारण न रहा हो। इस तरह सौदेबाज़ी आगे भी सिद्धांत पर ही आधारित रहती है।

आप जो कह रही हैं, क्या मैं उसे ठीक-ठीक समझ रहा हूँ?

फ्रैंक टर्नबुल : आइए देखते हैं कि आप जो कह रही हैं, क्या मैं उसे ठीक-ठीक समझ पा रहा हूँ? जहाँ तक मैं समझ पाया हूँ, उसके अनुसार आपका मानना है कि हमने जो किराया दिया, वह उचित ही था क्योंकि रेंट कंट्रोल बोर्ड

द्वारा पिछली बार मकान का मूल्यांकन करने के बाद आपने कई बार इसकी मरम्मत कराई और बहुत से सुधार किए। ऐसे में जब आपने हमें कुछ महीनों के लिए मकान किराए पर दिया तो किराया बढ़ाने का अनुरोध करने के लिए रेंट कंट्रोल बोर्ड के चक्कर लगाना आपको सार्थक नहीं लगा। बल्कि आपने तो सिर्फ पॉल की मदद करने के लिए ये मकान किराए पर दिया था। अब आपको ये चिंता है कि हम इस स्थिति का गलत फायदा उठा सकते हैं और घर खाली करने की कीमत के तौर पर आपसे पैसे ऐंठने की कोशिश कर सकते हैं। क्या ऐसा ही है? या फिर मैंने आपको गलत समझ लिया है?

विश्लेषण : सैद्धांतिक सौदेबाज़ी के लिए अच्छे संवाद की जरूरत होती है। मिसेज जोन्स के तर्कों का जवाब देने से पहले फ्रैंक टर्नबुल सकारात्मक शब्दों में फिर से दोहराता है कि उसने मिसेज जोन्स की बातों का क्या अर्थ समझा है ताकि यह सुनिश्चित कर सके कि उसे सचमुच समझ में आ गया है।

एक बार जब मिसेज जोन्स को ये महसूस हो जाता है कि उनकी बातों का सही अर्थ समझा गया है, तो वे शांत होकर समस्या पर रचनात्मक चर्चा कर सकती हैं। फिर वे फ्रैंक टर्नबुल के तर्कों को इस आधार पर खारिज नहीं कर सकतीं कि फ्रैंक ने उनके पक्ष पर ध्यान ही नहीं दिया। अब इस बात की पूरी संभावना है कि वे फ्रैंक को शांति से सुनेंगी और उनका रवैया पहले से कहीं अधिक ग्रहणशील होगा। अपने दृष्टिकोण का खुलासा करने की कोशिश में फ्रैंक एक सहकारी-खेल शुरू कर देता है, जिसमें दोनों पक्ष ये सुनिश्चित कर रहे हैं कि वह तथ्यों को ठीक से समझ लें।

'चलिए, मैं आपसे दोबारा बात करूँगा'

फ्रैंक टर्नबुल : मुझे लगता है कि मैंने आपका दृष्टिकोण समझ लिया है। तो अब मैं अपने फ्लैटमेट पॉल से इसके बारे में चर्चा करके उसे सब कुछ बता देता हूँ। चलिए, तो फिर मैं आपसे कल दोबारा बात करूँगा, ठीक है?

विश्लेषण : एक अच्छा सौदेबाज़ शायद ही कभी कोई महत्वपूर्ण निर्णय मौके पर ही लेता हो। क्योंकि उस समय शिष्टाचार पूर्वक व्यवहार करने और अपने कदम पीछे खीचने का मनोवैज्ञानिक दबाव बहुत ज़्यादा होता है। थोड़ा समय और फासला हो, तो लोगों को समस्या से अलग करना आसान हो जाता है।

एक अच्छा सौदेबाज़ जब सौदा करने आता है, तो अपनी मर्जी से जब चाहे

सौदेबाज़ी छोड़कर जाने के कई विश्वसनीय कारण अपने साथ लेकर आता है। ऐसे किसी कारण से सौदेबाज़ की निष्क्रियता का या निर्णय लेने में सक्षम न होने का संकेत नहीं मिलना चाहिए। यहाँ फ्रैंक टर्नबुल की बात से लगता है, जैसे उसे अच्छी तरह पता है कि वह क्या कर रहा है। और वह सौदेबाज़ी को एक समय पर आकर दोबारा शुरू करने का इंतज़ाम भी कर देता है। वह न सिर्फ निर्णय लेने में अपनी सक्षमता प्रदर्शित करता है बल्कि यह भी दर्शा देता है कि सौदेबाजी पर उसका अच्छा नियंत्रण है।

एक बार सौदेबाज़ी को विराम देकर दूर जाने के बाद, फ्रैंक टर्नबुल जानकारियों के एक-एक बिंदु की जाँच कर सकता है और अपने पक्ष के लोगों (यानी पॉल) से सलाह-मशवरा भी कर सकता है। वह निर्णय पर विचार कर सकता है और यह सुनिश्चित कर सकता है कि उसका दृष्टिकोण गलत तो नहीं है।

सौदेबाज़ी में बहुत ज़्यादा समय बिताना सैद्धांतिक सौदेबाज़ी के प्रति किसी की भी प्रतिबद्धता को कम कर सकता है। नए संकल्प के साथ सौदेबाज़ी की ओर वापस लौटकर फ्रैंक समस्या पर नर्म रुख अपनाए बिना, मिसेज जोन्स के साथ नर्म रुख अपना सकता है।

'अब मैं आपको बताता हूँ कि आपके कुछ तर्क मेरे गले क्यों नहीं उतर रहे'

फ्रैंक टर्नबुल : अब मैं आपको बताता हूँ कि 134 डॉलर प्रति महीने अतिरिक्त किराया लेने के पीछे आपके जो तर्क हैं, उनमें से कुछ तर्क मेरे गले क्यों नहीं उतर रहे हैं। पहला, आपके अनुसार अतिरिक्त किराया लेने का एक कारण था मकान में हुई मरम्मत और सुधार कार्य। रेंट कंट्रोल एग्ज़ामिनर का कहना है कि अगर मरम्मत और सुधार कार्य में कम से कम 15,000 डॉलर का खर्च हुआ हो, तो हर महीने 134 डॉलर का अतिरिक्त किराया सही ठहराया जा सकता है। तो अब सवाल ये है कि इस मकान की मरम्मत और सुधार कार्य में कितना पैसा खर्च हुआ था?

मुझे स्वीकार करना होगा कि मकान को देखकर मुझे और पॉल को तो ऐसा नहीं लगता कि इसकी मरम्मत में 15,000 डॉलर खर्च हुए होंगे। लिनोलियम (फर्श को ढकने के लिए लगाया गया कवर) के छेद को बंद कर उसकी मरम्मत का वादा आपने आज तक पूरा नहीं किया और न ही आज तक लिविंग रूम की फर्श का छेद भरा गया। टॉयलेट भी बार-बार खराब हो जाता है। ऐसी ही कई समस्याएँ हैं, जिनका सामना हम इस मकान में आने के बाद से हर रोज कर रहे हैं।

विश्लेषण : सैद्धांतिक सौदेबाज़ी में अपना प्रस्ताव सामने रखने से पहले आपको अपने सारे तर्क प्रस्तुत कर देने चाहिए। अगर सिद्धांत बाद में आते हैं, तो वे उन वस्तुनिष्ठ मानदंडों जैसे नहीं लगते, जो हर प्रस्ताव का आधार होने चाहिए बल्कि मनमानी पोजिशन को सही ठहरानेवाले तर्कों जैसे लगने लगते हैं।

फ्रैंक द्वारा अपने तर्कों की व्याख्या पहले ही कर देना, सामनेवाले को राजी करने के प्रति उसके खुले रवैये के साथ-साथ ये भी दर्शाता है कि वह मिसेज जोन्स को राजी करने की जरूरत को अच्छी तरह समझता है। अगर वह अपना प्रस्ताव पहले ही सामने रख देता, तो शायद मिसेज जोन्स उसके पीछे के सिद्धांतों को सुनने की ज़हमत भी नहीं उठातीं। फिर उनका ध्यान कहीं और होता। शायद वे ये सोच रही होतीं कि इस प्रस्ताव पर वे क्या आपत्तियाँ उठा सकती हैं और इसके जवाब में खुद ऐसा कौन सा प्रस्ताव रख सकती हैं, जो फ्रैंक के प्रस्ताव से बिलकुल विपरीत हो।

'एक उचित समाधान ये हो सकता है कि...'

फ्रैंक टर्नबुल : हमने अब तक जिन बातों पर चर्चा की है, उन्हें देखते हुए मुझे और पॉल को लगता है कि इसका एक उचित समाधान ये होगा कि हमने जितना अतिरिक्त किराया दिया है, वह हमें लौटा दिया जाए। क्या आपके अनुसार ये समाधान उचित है?

विश्लेषण : फ्रैंक टर्नबुल इस मामले का एक समाधान प्रस्तुत करता है। जिसे वह एक ऐसे उचित विकल्प के रूप में सामने रखता है, जिस पर मिलकर विचार किया जाना चाहिए। वह ये दावा नहीं करता कि इस मामले का यही इकलौता उचित समाधान है बल्कि वह इसे सिर्फ एक उचित समाधान के रूप में प्रस्तुत करता है। फ्रैंक स्पष्ट ढंग से अपनी बात रखता है और वह भी अपनी इस पोजिशन को लेकर ज़्यादा सख्त रवैया अपनाए बिना ताकि दूसरा पक्ष तत्काल उसे खारिज न कर दे।

'अगर हम इससे सहमत हैं तो... अगर हम इससे असहमत हैं तो...'

फ्रैंक टर्नबुल : अगर हम अभी आपस में एक आम सहमति बना लेते हैं, तो मैं और पॉल तत्काल ये मकान खाली करने को तैयार हैं। और अगर हम कोई सहमति नहीं बना पाते, तो रेंट कंट्रोल बोर्ड के अधिकारी का सुझाव था कि इस स्थिति में हम मकान में रहना जारी रखें और किराया देना बंद कर दें या फिर आपसे अपने अतिरिक्त पैसे वापस पाने के लिए, मुआवजे के लिए और कानूनी कार्रवाई का

खर्च वसूलने के लिए आप पर मुकदमा कर दें। लेकिन पॉल और मैं ये सब करना नहीं चाहते। हमें विश्वास है कि हम इस मामले का एक ऐसा निष्पक्ष समाधान ढूँढ़ सकते हैं, जो आपके और हमारे, दोनों के लिए संतोषजनक हो।

विश्लेषण : फ्रैंक टर्नबुल मिसेज जोन्स के लिए अपने प्रस्ताव पर सहमति देने को आसान बनाने की कोशिश कर रहा है। वह अपनी बात ये कहते हुए शुरू करता है कि अगर मिसेज जोन्स एक बार अपनी सहमति दे दें, तो ये पूरी समस्या तत्काल खत्म हो जाएगी।

मिसेज जोन्स को दिए गए इस संदेश का सबसे पेचीदा हिस्सा था, आपसी सहमति न बनने की स्थिति में उपलब्ध दूसरे विकल्प के बारे में बताना। फ्रैंक इस बात को कैसे बताता? सौदेबाज़ी को बिना जोखिम में डाले, वह चाहता था कि आखिरी निर्णय लेते समय मिसेज जोन्स संदेश के इस हिस्से को याद रखें। वह दूसरे विकल्प को रेंट कंट्रोल बोर्ड के अधिकारी का सुझाव बताकर उसे एक वस्तुनिष्ठ सिद्धांत का आधार दे देता है। इस तरह वह उस सुझाव से खुद को व्यक्तिगत रूप से अलग कर लेता है। फ्रैंक ये भी नहीं कहता कि वह रेंट कंट्रोल बोर्ड के अधिकारी का सुझाव मानकर मिसेज जोन्स पर कार्रवाई करेगा। बल्कि वह इसे एक संभावित निर्णय की तरह सामने रखता है और इस बात पर जोर देता है कि वह ऐसा कोई कठोर कदम उठाना नहीं चाहता। और अंत में वह ये विश्वास जताते हुए अपनी बात पूरी करता है कि वे आपस में पारस्परिक रूप से संतोषजनक सहमति बना लेंगे।

उस मकान में रहना जारी रखना या फिर कोर्ट जाना, ये दोनों ही संभवतः फ्रैंक के लिए आपसी सहमति का सर्वश्रेष्ठ विकल्प नहीं हैं। उसने और पॉल ने पहले ही एक नया मकान किराए पर ले लिया है और वे यही चाहेंगे कि इस मकान को खाली कर अपने नए मकान में चले जाएँ। उनके लिए मिसेज जोन्स पर मुकदमा करना भी किसी झंझट से कम नहीं होगा क्योंकि अपने काम में व्यस्त रहने के चलते उनके पास कोर्ट-कचहरी के लिए ज़्यादा समय नहीं होगा। और अगर वे मुकदमा जीत भी जाते हैं, तब भी शायद वे अपना अतिरिक्त पैसा इकट्ठा न कर सकें। फ्रैंक टर्नबुल के लिए आपसी सहमति का सर्वश्रेष्ठ विकल्प संभवतः ये होगा कि वह ये मकान खाली कर दे और 670 डॉलर की उस राशि की चिंता छोड़ दे, जो उसने और पॉल ने अतिरिक्त किराए के रूप में दे दी है। चूँकि उसके लिए आपसी सहमति का जो सर्वश्रेष्ठ विकल्प है, वह मिसेज जोन्स की उम्मीद से कम आकर्षक है, इसीलिए मिसेज जोन्स के सामने

फ्रैंक उसका खुलासा नहीं करता है।

'आपके लिए जब भी सुविधाजनक हो, हम उसी समय मकान खाली कर देंगे'

मिसेज जोन्स : तुम लोग ये मकान कब खाली करने की सोच रहे हो?

फ्रैंक टर्नबुल : अगर हम एक बार आपस में ये सहमति बना लेते हैं कि हम इस मकान में जितने समय रहे हैं, उसका उचित किराया कितना होना चाहिए, तो फिर आपके लिए जब भी सुविधाजनक हो, हम उसी समय ये मकान खाली कर देंगे। तो बताइए, आप क्या चाहती हैं?

विश्लेषण : एक संयुक्त लाभ की संभावना को भांपते हुए, फ्रैंक टर्नबुल ये संकेत देता है कि वह मिसेज जोन्स के हित पूरे करनेवाले तरीकों पर चर्चा के लिए तैयार है। जैसा कि स्पष्ट होता है, इस घर को जल्द से जल्द खाली करना, फ्रैंक और मिसेज जोन्स, दोनों के हित में है।

आपसी सहमति में मिसेज जोन्स के हितों को शामिल करने से न केवल उनके लिए ये और अधिक महत्वपूर्ण हो जाता है बल्कि इससे मिसेज जोन्स को अपनी प्रतिष्ठा बचाने का मौका भी मिलता है। एक ओर तो मिसेज जोन्स ये सोचकर अच्छा महसूस कर सकती हैं कि उन्होंने एक उचित समाधान पर सहमति दी, भले ही इससे उन्हें थोड़ा-बहुत आर्थिक नुकसान हुआ हो। दूसरे ओर वे ये भी कह सकती हैं, वे किराएदारों को जल्द ही मकान से बाहर करने में सफल रहीं।

'मुझे खुशी है कि हम सौहर्दपूर्ण ढंग से सब कुछ निपटाने में सफल रहे'

फ्रैंक टर्नबुल : आपने हमारे लिए जो कुछ भी किया, मैं और पॉल उसके लिए आपके आभारी हैं, मिसेज जोन्स। मेरे लिए ये खुशी की बात है कि हम इस आखिरी समस्या को भी उचित और सौहार्दपूर्ण ढंग से सुलझाने में सफल रहे।

मिसेज जोन्स : थैंक यू मिस्टर टर्नबुल। गुड डे।

विश्लेषण : फ्रैंक मिसेज जोन्स से एक आखिरी विनम्र वाक्य बोलकर इस सौदेबाज़ी को पूरा करता है। क्योंकि वे इस समस्या को सुलझाने में सचमुच सफल रहे। दोनों पक्षों में से कोई भी खुद को ठगा हुआ महसूस नहीं कर रहा। कोई किसी से नाराज नहीं है। और न ही आगे चलकर दोनों पक्षों में से कोई भी आपस में बनी सहमति को तोड़ना या अनदेखा करना चाहता है। भविष्य के लिए दोनों पक्षों के बीच कामकाजी संबंध बने रहेंगे।

चाहे आप सैद्धांतिक सौदेबाज़ी का उपयोग करें, फ्रैंक टर्नबुल की तरह जूजुत्सु सौदेबाज़ी का या फिर एक-सूत्रीय प्रक्रिया के साथ किसी तीसरे पक्ष की मदद लें, निष्कर्ष समान ही रहता है: सैद्धांतिक सौदेबाज़ी का खेल खेलने के लिए आप संभवत: दूसरे पक्ष को राजी कर ही लेंगे, भले ही शुरुआत में वह अनिच्छुक दिख रहा हो।

8. अगर वे गंदी चालें चलते हैं तो?

(कठोर सौदेबाज़ को नियंत्रित करना)

सैद्धांतिक सौदेबाज़ी वगैरह सब अच्छा है पर अगर दूसरा पक्ष आपको धोखा देता है या आपका संतुलन बिगाड़ने की कोशिश करता है तो? और जब आपके बीच आपसी सहमति बनने ही वाली हो, तभी अगर वह अचानक और बड़ी माँगें करने लगे तो?

ऐसी चालों और तरकीबों की कोई कमी नहीं है, जिनका उपयोग करके लोग आपका फायदा उठाने की कोशिश कर सकते हैं। ऐसी कुछ चालों से तो हर कोई परिचित होता है। झूठ बोलने से लेकर मनोवैज्ञानिक शोषण करने और दबाव डालने की विभिन्न रणनीतियों तक, ऐसी चालों का इस्तेमाल आम है। ये चालें अवैध या अनैतिक भी हो सकती है या फिर सिर्फ अप्रिय भी। इनका उद्देश्य यही होता है कि चालें चलनेवाला व्यक्ति इच्छाओं की गैर-सैद्धांतिक प्रतिस्पर्धा में किसी न किसी प्रकार का लाभ हासिल कर सके। ऐसी रणनीति को सीधे शब्दों में मोलभाव की धूर्त चाल भी कहा जा सकता है।

जब लोगों को लगता है कि उनके खिलाफ मोलभाव की धूर्त चालें चली जा रही है, तो अधिकांश लोगों की प्रतिक्रिया दो प्रकार की होती है। पहली आम प्रतिक्रिया है, दूसरे पक्ष की चालबाजी को सहते रहना। क्योंकि विरोध जताकर मामले को बिगाड़ना एक अप्रिय अनुभव साबित हो सकता है। शायद आप दूसरे पक्ष को संदेह का लाभ दे देंगे या फिर हो सकता है कि आप भड़क जाएँ और खुद से वादा करें कि आप दोबारा कभी इस व्यक्ति के साथ कोई सौदेबाज़ी नहीं करेंगे। लेकिन फिलहाल के लिए आप चुप रहते हैं और उम्मीद करते हैं कि सब कुछ अच्छा हो। अधिकांश लोगों की प्रतिक्रिया ऐसी ही होती है। वे उम्मीद करते हैं कि अगर वे थोड़ा समय देंगे, तो दूसरा पक्ष खुश हो जाएगा और फिर हमारे सामने ज़्यादा माँगें नहीं रखेगा। कभी-कभी ये तरीका कारगर भी रहता है, लेकिन अधिकांश मौकों पर ये तरीका काम नहीं करता। सन 1938 में तत्कालीन ब्रिटिश

प्रधानमंत्री नेविल चेम्बरलेन ने हिटलर की सौदेबाजी की रणनीतियों का जवाब इसी प्रकार दिया था। जब चेम्बरलेन को लगा कि उनके बीच आपसी सहमति बन गई है, तभी अचानक हिटलर ने बड़ी माँगें करना शुरू कर दिया। युद्ध से बचने की उम्मीद में चेम्बरलेन ने म्यूनिख में उन्हें भी स्वीकार कर लिया। लेकिन इसके एक साल बाद ही दूसरा विश्व शुरू हो गया।

दूसरी आम प्रतिक्रिया है कि सामनेवाला जो भी करे, उसके जवाब में खुद भी वही करना। अगर वे आक्रामक अंदाज में सौदेबाज़ी की शुरुआत करते हैं, तो बदले में आप भी आक्रामकता दिखाएँगे। अगर वे धोखा देते हैं, तो आप भी धोखा देंगे। अगर वे धमकियाँ देते हैं, तो आप भी जवाबी धमकियाँ देंगे। अगर वे अपनी पोजिशन पर अड़ जाते हैं तो बदले में आप अपनी पोजिशन पर और ज़्यादा अड़ जाएँगे। इस तरह अंत में या तो एक पक्ष दूसरे पक्ष के सामने समर्पण कर देता है या फिर सौदा बीच में ही टूट जाता है।

ऐसी धूर्त चालें इसलिए अनुचित होती हैं क्योंकि ये पारस्परिक आदान-प्रदान की कसौटी पर खरी नहीं उतर पातीं। ऐसी रणनीतियाँ सिर्फ एक ही पक्ष के इस्तेमाल करने के लिए बनी होती हैं; दूसरे पक्ष को या तो वे रणनीतियाँ पता ही नहीं होनी चाहिए या फिर ये अपेक्षा की जाती है कि दूसरा पक्ष सब कुछ जानते-बूझते भी उन्हें सहन करता रहे। इससे पहले हमने इस बात पर चर्चा की थी कि किसी एकतरफा मूल प्रस्ताव का प्रभावी जवाब होता है, उस सिद्धांत की जाँच करना, जिसे वह प्रस्ताव दर्शा रहा हो। धूर्त चालें चलने की रणनीति वास्तव में सौदेबाज़ी की प्रक्रिया का या उस खेल का एकतरफा प्रस्ताव होती हैं, जो दोनों पक्ष खेलनेवाले हैं। इसका मुकाबला करने के लिए आपको सैद्धांतिक सौदेबाज़ी करनी होगी।

आप खेल के नियमों के बारे में सौदेबाज़ी कैसे करेंगे?

अगर ऐसा लगे कि दूसरा पक्ष धूर्त चालें चल रहा है, तो सौदेबाज़ी के इस खेल के नियम तय करने के तीन चरण हैं: उनकी चालों की पहचान करना, इस मुद्‌दे को स्पष्टता के साथ उठाना और उनकी चालों की वैधता व वांछनीयता पर सवाल उठाना - इस पर सौदेबाज़ी करें।

आपको पता होना चाहिए कि वास्तव में क्या चल रहा है, तभी आप उसे लेकर कुछ कर सकते हैं। धोखे का संकेत देनेवाली विशेष चालों की पहचान करना सीखें। आपको असहज करने के लिए चली जा रही चालों को पहचानना सीखें और

साथ ही उन चालों को भी, जिनके चलते दूसरा पक्ष अपनी पोजिशन पर अड़ जाता है। आमतौर पर उनकी चालों की पहचान करके ही उन्हें बेअसर किया जा सकता है। उदाहरण के लिए अगर दूसरा पक्ष आपकी निर्णय लेने की क्षमता पर नकारात्मक प्रभाव डालने के लिए आप पर व्यक्तिगत हमले कर रहा है, तो जैसे ही आपको इस बात का एहसास होगा, उसकी ये कोशिशें विफल होने लगेंगी।

ऐसी किसी चाल की पहचान करने के बाद उसे दूसरे पक्ष के सामने लेकर आएँ : 'हो सकता है कि मैं गलत सोच रहा हूँ, लेकिन मुझे ऐसा लग रहा है कि तुम और टेड मेरे साथ गुड कॉप/बैड कॉप वाला खेल खेल रहे हो। अगर तुम दोनों अपने आपसी मतभेद सुलझाने के लिए थोड़ा समय चाहते हो, तो मुझे स्पष्ट शब्दों में बता सकते हो।' उनकी धूर्त चालों पर स्पष्ट शब्दों में बात करना न सिर्फ उन्हें कम प्रभावी बना देगा बल्कि इससे दूसरे पक्ष को ये चिंता भी हो सकती है कि कहीं आप खुद को इससे पूरी तरह अलग न कर लें। किसी धूर्त चाल के बारे में सीधे तौर पर सवाल उठाना मात्र ही संभवतः इस बात के लिए काफी होगा कि वे वह चाल चलना बंद कर दें।

हालाँकि दूसरे पक्ष की किसी धूर्त चाल को स्पष्ट शब्दों में सामने लाने का सबसे महत्वपूर्ण उद्देश्य होता है, खेल के नियमों पर सौदेबाज़ी करने का मौका हासिल करना। ये तीसरा चरण है। ये सौदेबाज़ी मूल सार के बजाय प्रक्रिया पर केंद्रित होती है, लेकिन इसका उद्देश्य दक्षतापूर्ण और सौहर्दपूर्ण ढंग से (इस बार प्रक्रिया के बारे में) एक व्यावहारिक आपसी सहमति बनाना ही होता है। इसमें कोई आश्चर्य नहीं कि तरीका वही रहता है।

लोगों और समस्याओं को अलग-अलग रखें

सिर्फ इसलिए किसी पर व्यक्तिगत हमला न करें क्योंकि उसने धूर्त चाल चलने की जो रणनीति अपनाई, उसे आप अवैध मानते हैं। क्योंकि अगर आपके हमले के चलते उन्होंने रक्षात्मक रुख अपना लिया, तो फिर उनके लिए ये रणनीति त्यागना और मुश्किल हो जाएगा। जिससे शायद उनके मन में ऐसा गुस्सा भड़केगा, जो भविष्य में और तीव्र होता जाएगा और फिर अन्य मुद्दों पर निकलेगा। इसलिए सिर्फ उनकी चाल पर सवाल उठाएँ, न कि उनकी व्यक्तिगत सत्यनिष्ठा पर। ये कहने के बजाय कि 'तुमने मुझे जानबूझकर मुसीबत में डाल दिया' समस्या पर हमला करें, 'मेरे सामने एक मुसीबत खड़ी हो गई है, जिसके चलते मेरा ध्यान भटका हुआ

है। अगर हम अभी इसका हल नहीं ढूँढ़ रहे हैं, तो मैं थोड़ा आराम करने के लिए जल्दी जाना चाहूँगा। क्या हम अपना शेड्यूल बदल सकते हैं?' दरअसल आप जिनके साथ सौदेबाज़ी कर रहे हैं, उनके अंदर सुधार लाने के बजाय सौदेबाज़ी में सुधार लाना आपके लिए कहीं ज़्यादा आसान साबित होगा। सामनेवाले को सबक सिखाने के चक्कर में अपना ध्यान सौदेबाज़ी से भटकने न दें।

हितों पर ध्यान केंद्रित करें, न कि पोजिशंस पर

'तुम मीडिया के सामने जाकर एक अतिवादी पोजिशन के प्रति अपनी प्रतिबद्धता क्यों जता रहे हो? क्या तुम आलोचना से बचने की कोशिश कर रहे हो? या फिर अपनी पोजिशन बदलने से? अगर हम दोनों ही ये रणनीति अपना लेते हैं, तो क्या ये हम दोनों के हित में होगा?'

पारस्परिक लाभ के विकल्प तलाशें

कोई वैकल्पिक खेल खेलने का सुझाव दें। 'जब तक हमारे बीच आपसी सहमति नहीं बन जाती या फिर हम ये सौदेबाज़ी तोड़ नहीं देते, तब तक अगर हम मीडिया के सामने जाकर कोई बयान न दें तो कैसा रहेगा?'

वस्तुनिष्ठ मानदंड के उपयोग पर ज़ोर दें

सबसे बढ़कर, सिद्धांत को लेकर दृढ़ता बनाए रखें। 'क्या मुझे एक नीची कुर्सी पर बिठाने और मेरे पीछे का दरवाजा खुला रखने के पीछे भी कोई थ्योरी है?' सामनेवाले पर पारस्परिकता का सिद्धांत आज़माकर देखें। 'कल जब हमारी मीटिंग होगी तो शायद इस नीची कुर्सी पर तुम खुद बैठोगे, है ना?' उनकी हर चाल के पीछे जो भी सिद्धांत काम कर रहा हो, उसे सौदेबाज़ी के खेल के एक प्रस्तावित 'नियम' के रूप में प्रस्तुत करें। 'क्या हम हर रोज बारी-बारी से एक-दूसरे पर कॉफी गिराएँगे?'

अपने अंतिम उपाय के रूप में आपसी सहमति के सर्वश्रेष्ठ विकल्प का उपयोग करें और फिर वहाँ से निकल जाएँ। 'मुझे लगता है कि इस सौदेबाज़ी में तुम्हारी ऐसी कोई दिलचस्पी नहीं है, जिससे हम दोनों के मनमुताबिक कोई परिणाम निकलें। लेकिन अगर तुम ये सौदेबाज़ी फिर शुरू करना चाहो, तो बस मुझे एक फोन कर देना। ये रहा मेरा नंबर। और जब तक ऐसा नहीं होता, तब तक के लिए हम कोर्ट जाने का विकल्प चुनेंगे।' इस तरह सौदेबाज़ी छोड़ने के पीछे आपके पास स्पष्ट

रूप से एक वैध आधार होना चाहिए - जैसे तथ्यों या अपने अधिकारों को लेकर आपको जानबूझकर धोखे में रखा जाना - फिर अगर उन्हें आपसी सहमति बनाने में सचमुच दिलचस्पी होगी, तो वे खुद ही आपको वापस बुलाने के लिए आपसे संपर्क करेंगे।

कुछ आम धूर्त चालें

दूसरे पक्ष की धूर्त चालों को तीन श्रेणियों में विभाजित किया जा सकता है: जानबूझकर धोखा देना, मनोवैज्ञानिक संघर्ष और पोजिशन संबंधी दबाव डालने वाली चालें... आपको इन तीनों श्रेणियों की चालों का मुकाबला करने के लिए तैयार रहना चाहिए। इनमें से हर श्रेणी की चालों के कुछ आम उदाहरण आगे दिए जा रहे हैं: इन उदाहरणों के साथ ये भी बताया गया है कि उस श्रेणी की चालों का मुकाबला करने के लिए सैद्धांतिक सौदेबाज़ी का उपयोग कैसे किया जा सकता है।

जानबूझकर धोखा देना -

गंदी चालें चलने का संभवत: सबसे आम रूप है, तथ्यों के बारे में और अपने इरादों या अधिकारों के बारे में झूठ बोलना।

नकली तथ्य : सौदेबाज़ी में चालबाज़ी करने का सबसे पुराना तरीका है, जानबूझकर झूठ बोलना। जैसे 'ये कार अब तक सिर्फ 5 हज़ार मील चली है और पेसाडेना निवासी इसकी बुजुर्ग मालकिन ने इसे कभी भी 35 मील प्रति घंटा से ज़्यादा की गति से नहीं चलाया।' सौदेबाज़ी में ऐसी झूठी बातों पर भरोसा कर लेने का जोखिम बहुत ज़्यादा होता है। ऐसे में आप क्या कर सकते हैं?

लोगों और समस्याओं को अलग-अलग रखें। जब तक आपके पास किसी पर भरोसा करने का ठोस कारण न हो, तब तक उस पर भरोसा न करें। लेकिन इसका मतलब ये नहीं है कि आप उससे जाकर कहें कि वह एक झूठा व्यक्ति है; बल्कि इसका अर्थ है, सौदेबाज़ी की प्रक्रिया को भरोसे से मुक्त रखना। किसी को ये मौका न दें कि वह आपकी शंकाओं को अपने ऊपर किए जा रहे व्यक्तिगत हमले के रूप में देखे। कोई भी विक्रेता सिर्फ इसलिए आपको एक घड़ी या कार नहीं दे देगा क्योंकि आपका कहना है कि मेरे बैंक अकाउंट में काफी पैसा है। जिस तरह कोई विक्रेता आपकी आर्थिक साख को परखता है (क्योंकि ऐसे लोगों की कोई कमी नहीं है, जिन पर भरोसा नहीं किया जा सकता) उसी प्रकार आप भी दूसरे पक्ष

के कथनों या दावों को जाँच सकते हैं। तथ्यात्मक कथनों की जाँच करने से ठगे जाने का खतरा और लोगों की धोखेबाज़ी करने की प्रवृत्ति कम हो जाती है।

अस्पष्ट अधिकार : हो सकता है कि दूसरा पक्ष आपको ये भरोसा दिला दे कि आपकी तरह उनके पास भी आपसी सहमति बनाने का पूरा अधिकार है, जबकि वास्तव में ऐसा न हो। जैसे आपस में सहमति बनाने के लिए वे आप पर हर संभव दबाव डालते हैं और आप भी एक ठोस आपसी सहमति बनाने के लिए सभी जरूरी कदम उठाते हैं, लेकिन फिर वे अचानक आपसे कहते हैं कि उन्हें इस सहमति को अंतिम रूप देने से पहले किसी और से अनुमति लेनी होगी। लोग ये तरीका इसलिए अपनाते हैं ताकि 'दूसरा मौका हासिल कर सकें।'

ऐसी किसी स्थिति में पड़ना सचमुच बुरा होता है। अगर केवल आपके पास रियायतें देने का अधिकार है, तो केवल आप ही रियायतें देंगे। सिर्फ इसलिए कि दूसरे पक्षवाले आकर आपसे सौदेबाज़ी कर रहे हैं, ये न मान लें कि उनके पास निर्णय लेने का पूरा अधिकार है। एक इंश्योरेंस एडजस्टर, एक वकील या एक सेल्समैन के साथ सौदेबाज़ी करते समय संभवत: आपको ऐसा लग सकता है कि मामले को लेकर आप जितना लचीला रवैया अपना रहे हैं, वह भी उतना ही लचीला रवैया अपना रहा है। लेकिन हो सकता है कि बाद में जाकर आपको पता लगे कि जिसे आप आपसी सहमति मान रहे थे, वह दूसरे पक्ष के लिए सौदेबाज़ी को आगे ले जानेवाली एक सीढ़ी मात्र थी।

कोई भी आदान-प्रदान शुरू करने से पहले ये पता लगाएँ कि दूसरे पक्ष के पास अंतिम निर्णय लेने का अधिकार कितना है। ये पूछना पूर्णत: उचित है, 'इस सौदेबाज़ी में आपके पास निर्णय लेने का कितना अधिकार है?' अगर इस पर उसका जवाब अस्पष्ट किस्म का हो, तो फिर शायद आपको ऐसे व्यक्ति से जाकर बात करनी चाहिए, जिसके पास सचमुच अंतिम निर्णय लेने का अधिकार हो या फिर आपको स्पष्ट शब्दों में बता देना चाहिए कि सामनेवाले की तरह ही आप भी अपनी तरफ से किसी भी बिंदु पर पुनर्विचार करने के लिए पूरी तरह आज़ाद हैं।

अगर वे अप्रत्याशित रूप से ये घोषणा कर देते हैं कि जिसे आप आपसी सहमति मान रहे थे, उसे वे सौदेबाज़ी को आगे ले जानेवाली सिर्फ एक सीढ़ी की तरह देखते हैं, तो फिर पारस्परिकता पर ज़ोर दें। 'ठीक है। अब हम दोनों इसे एक ऐसे संयुक्त मसौदे के रूप में देखेंगे, जिसके प्रति कोई भी पक्ष प्रतिबद्ध नहीं है।

आप अपने बॉस से उनकी राय पूछ लीजिए और मैं भी इस पर आगे विचार करता हूँ और देखता हूँ कि क्या मैं इसमें कोई बदलाव चाहता हूँ, जिन्हें मैं कल आकर सामने रख सकूँ।' या फिर आप ये कह सकते हैं, 'अगर आपके बॉस इस मसौदे को कल तक मंजूर कर लेते हैं, तो मैं भी इसी के हिसाब से आगे बढ़ूँगा। वरना फिर हम दोनों ही इसमें बदलाव करने का प्रस्ताव रखने के लिए आज़ाद होंगे।'

संदिग्ध इरादे : जहाँ आपसी सहमति या समझौते का पालन करने के उनके इरादे की एक संभावित गलत व्याख्या ही मसला हो, तो समझौते में ही उसके पालन की शर्त जोड़ देना अक्सर संभव हो जाता है।

मान लीजिए आप एक वकील हैं, जो तलाक के एक मामले में पत्नी का पक्ष रख रहे हैं। आपकी मुवक्किल को नहीं लगता कि उसका पति चाइल्ड सपोर्ट (बच्चे के लिए भरण-पोषण) देगा, भले ही वह इसके लिए अपनी मौखिक सहमति ही क्यों न दे दे। चाइल्ड सपोर्ट न मिलने पर हर महीने कोर्ट का दरवाज़ा खटखटाने में जो समय और ऊर्जा खर्च होगी, उसके बजाय हो सकता है कि वह चाइल्ड सपोर्ट पाने की कोशिश करना ही बंद कर दे। ऐसे में आप क्या कर सकते हैं? समस्या को पूरी स्पष्टता के सामने रखें और उनकी आपत्ति को गारंटी पाने के लिए इस्तेमाल करें। आप पति के वकील से कह सकते हैं, 'देखो, मेरी मुवक्किल को डर है कि चाइल्ड सपोर्ट नहीं मिलेगा। तो मासिक चाइल्ड सपोर्ट के बजाय अगर आप उसे मकान में हिस्सेदारी दे दें, तो कैसा रहेगा?' इस पर पति का वकील कह सकता है, 'मेरा मुवक्किल भरोसेवाला आदमी है। हम लिखकर दे देंगे कि वह नियमित रूप से चाइल्ड सपोर्ट का पेमेंट करेगा।' इस पर आपकी प्रतिक्रिया ये हो सकती है, 'बात भरोसे की नहीं है। क्या आप निश्चित तौर पर कह सकते हैं कि आपका मुवक्किल चाइल्ड सपोर्ट देगा?'

'बेशक।'

'शत-प्रतिशत?'

'जी हाँ, मैं शत-प्रतिशत निश्चित तौर पर कह रहा हूँ।'

'तो फिर एक आकस्मिक समझौता करना आपके लिए कोई परेशानी की बात नहीं होगी। आपका मुवक्किल चाइल्ड सपोर्ट पेमेंट देने के लिए सहमत होगा। हम भी इसके लिए तैयार हैं, लेकिन अगर किसी भी कारण से – जिसकी संभावना

आपके अनुसार शून्य है - वह दो महीने तक चाइल्ड सपोर्ट पेमेंट नहीं देता है, तो मेरी मुवक्किल को मकान में हिस्सेदारी मिल जाएगी (और उसमें से वह राशि घट जाएगी, जो वह तब तक चाइल्ड सपोर्ट के तौर पर दे चुका होगा)। फिर आपके मुवक्किल को आगे कोई चाइल्ड सपोर्ट नहीं देना होगा।' पति के वकील के लिए इस पर आपत्ति उठाना आसान नहीं होगा।

पूरा खुलासा न करने का मतलब धोखा देना नहीं है

तथ्यों या अपने इरादों को लेकर सामनेवाले को धोखे में रखना, अपनी मौजूदा सोच का पूरा खुलासा न करने से बिलकुल अलग है। अच्छी नीयत से की जा रही सौदेबाज़ी में हर चीज़ का पूरा खुलासा करने की जरूरत नहीं होती। 'आप अधिकतम कितना भुगतान कर सकते हैं?' जैसे सवालों का शायद सबसे अच्छा जवाब कुछ इस प्रकार होगा: 'देखिए, हम एक-दूसरे को गुमराह करने के प्रलोभन में न पड़ें, तो ही बेहतर होगा। अगर आपको लगता है कि हमारे बीच कोई आपसी सहमति या समझौता संभव नहीं है और हम एक-दूसरे का समय बर्बाद कर रहे हैं, तो फिर शायद हमें अपनी सोच का खुलासा किसी भरोसेमंद तीसरे पक्ष के सामने ही करना चाहिए, जो हमें ये बता सके कि हमारे बीच संभावित आपसी सहमति की गुंजाइश है भी या नहीं।' इस तरह हमारे लिए उस जानकारी के मामले में स्पष्टवादी व्यवहार करना संभव हो जाएगा, जिसका खुलासा नहीं किया जा रहा है।

मनोवैज्ञानिक संघर्ष -

इस श्रेणी की चालें आपको असहज करने के लिए ही बनाई गई हैं ताकि आपके मन में सौदेबाज़ी को जल्द से जल्द खत्म करने की एक अवचेतन इच्छा पैदा की जा सके।

तनावपूर्ण स्थितियाँ

जिन भौतिक परिस्थितियों में सौदेबाजी होती है, उनके बारे में काफी कुछ लिखा जा चुका है। आपको मामूली सवालों के प्रति भी संवेदनशील होना चाहिए, जैसे 'मीटिंग आपके घर पर होगी, दूसरे पक्ष के घर पर या फिर एक तटस्थ स्थान पर?' आम समझ के विपरीत कभी-कभी दूसरे पक्ष के इलाके में मुलाकात करने का प्रस्ताव स्वीकार करना फायदेमंद साबित होता है। इससे दूसरा पक्ष आपके साथ सहज हो जाता है और आपके सुझावों के प्रति अधिक खुला रवैया अपना लेता

है। अगर जरूरत पड़े, तो ऐसे में आपके लिए सौदेबाज़ी छोड़कर जाना भी आसान हो जाता है। हालाँकि अगर आप दूसरे पक्ष को भौतिक वातावरण का चुनाव करने का मौका देते हैं, तो इस बात को लेकर जागरुक रहें कि वह चुनाव क्या है और उसका क्या प्रभाव हो सकता है।

खुद से पूछें कि क्या आप तनाव महसूस कर रहे हैं और अगर इसका जवाब हाँ है, तो पूछें कि तनाव क्यों है? अगर कमरे में बहुत शोर हो रहा है, अगर तापमान बहुत ज़्यादा या कम है, अगर किसी सहकर्मी के साथ व्यक्तिगत बैठक करने की कोई जगह नहीं है, तो ये याद रखें कि संभवत: ये सब जानबूझकर ऐसा रखा गया है ताकि आप सौदेबाज़ी को जल्द से जल्द निपटाना चाहें। और अगर जरूरत पड़े, तो आपका तनाव इतना बढ़ाया जा सके कि आप तत्काल सौदेबाजी निपटाकर वहाँ से निकलना चाहें।

अगर आपको सौदेबाज़ी का भौतिक परिवेश प्रतिकूल महसूस होता है, तो ऐसा कहने में कोई संकोच न करें। आप कुर्सियाँ बदलने, एक ब्रेक लेने या फिर मीटिंग को तब तक के लिए स्थगित करने का सुझाव भी दे सकते हैं, जब तक उसके लिए कोई और स्थान या समय तय नहीं कर लिया जाता। जो भी हो, आपका काम है, समस्या की पहचान करना, दूसरे पक्ष के सामने उस समस्या को उठाने के लिए तैयार रहना और फिर एक वस्तुनिष्ठ एवं सैद्धांतिक ढंग से बेहतर भौतिक परिवेश निश्चित करने के लिए सौदेबाज़ी करना।

व्यक्तिगत हमले

भौतिक परिवेश में हेरफेर करने के अलावा, दूसरे पक्ष के पास मौखिक और गैर-मौखिक संवाद करने के ऐसे तरीके भी होते हैं, जिनके कारण आप असहज महसूस करने लगें। वे आपके रंग-रूप या वेशभूषा पर टिप्पणी कर सकते हैं। 'लगता है, आप रातभर सोए नहीं। ऑफिस में आपके साथ कोई समस्या तो नहीं चल रही है?' हो सकता है कि वे आपको इंतजार कराकर या अन्य लोगों से मिलने या बात करने के लिए सौदेबाज़ी को कुछ देर के लिए टालकर आपको आपकी हैसियत का एहसास करने की कोशिश करें। हो सकता है कि वे यह जताएँ कि आप अज्ञानी हैं। हो सकता है कि वे आपकी बात ठीक से न सुनें ताकि आपको बार-बार अपनी बात दोहरानी पड़े। हो सकता है कि वे जानबूझकर आपकी आँखों में देखने से बचें। (छात्रों के साथ किए गए साधारण प्रयोगों से यह स्पष्ट हुआ है कि जिसके साथ ये

चालें चली जाती है, वह ज़रा बेचैन महसूस करने लगता है, लेकिन ये नहीं समझ पाता कि उसे ऐसा क्यों महसूस हो रहा है।) मामला जो भी हो, दूसरे पक्ष की चाल की पहचान करने से उसके प्रभाव को कम करने में मदद मिलती है; और दूसरे पक्ष के सामने स्पष्ट शब्दों में उनकी चाल का उल्लेख करने से संभवत: उन्हें दोबारा वह चाल चलने से रोका जा सकता है।

गुड कॉप/बैड कॉप का खेल

मनोवैज्ञानिक दबाव डालने का एक तरीका – जिसमें धोखा भी शामिल है – गुड कॉप/बैड कॉप का खेल खेलना है। पुरानी पुलिसिया फिल्मों में इस चाल को बड़े ही स्पष्ट ढंग से दिखाया जाता था। पुलिस को जिस व्यक्ति पर संदेह होता, उसे एक पुलिसवाला तेज रोशनी फेंक रहे बल्ब के ठीक नीचे बिठाता, उसे डराता-धमकाता और कहता कि पुलिस के पास उसके हर अपराध का सबूत है और जल्द ही वह जेल की चक्की पीसेगा। ये सब करके वह पुलिसवाला वहाँ से चला जाता। फिर अच्छा पुलिसवाला आता और उस संदिग्ध व्यक्ति के ऊपर पड़ रही तेज रोशनी को बंद करता, उसे एक सिगरेट पीने को देता और पिछले पुलिसवाले के सख्त रवैये के लिए खेद जताकर कहता कि वह उसके इस सख्त रवैये पर नियंत्रण रखना चाहता है, लेकिन वह तब तक ऐसा नहीं कर सकता, जब तक कि संदिग्ध व्यक्ति जाँच में सहयोग करना शुरू नहीं कर देता। परिणामस्वरूप संदिग्ध व्यक्ति पुलिस को वह सब बता देता, जो उसे पता होता।

ठीक इसी तरह सौदेबाज़ी के दौरान भी किसी एक पक्ष के दो लोग आपस में झगड़ा करने का नाटक कर सकते हैं। उनमें से एक का रवैया ज़रा सख्त होगा: 'इन किताबों की कीमत 8,000 डॉलर है और मैं इससे एक डॉलर भी कम नहीं लूँगा।' ये सुनकर उसका साथी ज़रा दुःखी और शर्मिंदा नज़र आएगा: 'बेकार की बात मत करो फ्रैंक। भले ही इन किताबों का ज़्यादा उपयोग न हुआ हो, लेकिन ये दो साल पुरानी हैं।' फिर वह दूसरे पक्ष की ओर मुड़ेगा और कहेगा, 'क्या आप इन किताबों के लिए 7600 डॉलर दे सकते हैं?' ये कोई बड़ी रियायत नहीं है, लेकिन फिर भी ऐसा लगेगा, मानो किताबों की कीमत में 400 डॉलर घटाकर वह आप पर एहसान कर रहा हो।

गुड कॉप/बैड कॉप का खेल खेलना मनोवैज्ञानिक हेरफेर का ही एक रूप है। अगर आप इसकी पहचान कर लेते हैं, तो आप उनके इस जाल में नहीं फँसेंगे। जब

गुड कॉप होने का नाटक कर रहा व्यक्ति अपनी बात आपके सामने रखे, तो उससे भी वही सवाल पूछें, जो आपने बैड कॉप से पूछा था, 'मैं इस बात की सराहना करता हूँ कि तुम तर्कसंगत व्यवहार की कोशिश कर रहे हो, लेकिन फिर भी मैं ये जानना चाहूँगा कि तुम्हें ऐसा क्यों लगता है कि किताबों की ये कीमत उचित है? अगर तुम मुझे ये समझा सको कि ये सबसे उचित कीमत क्यों है, तो मैं इन किताबों के 8,000 डॉलर देने के लिए भी तैयार हूँ।'

धमकियाँ

सौदेबाज़ी में इस चाल का सबसे ज़्यादा दुरुपयोग किया जाता है। धमकी देना बड़ा आसान लगता है – एक प्रस्ताव देने से भी कहीं ज़्यादा आसान। इसके लिए सिर्फ कुछ शब्दों की जरूरत होती है और अगर ये कारगर रहा, तो फिर आपको वह करने की जरूरत भी नहीं होती, जो करने की आप धमकी दे रहे थे। लेकिन हो सकता है कि धमकी देने पर सामनेवाला भी जवाबी धमकी देते हुए ऐसी आक्रामकता दिखाए कि बात बढ़ जाए और सौदेबाज़ी पटरी से उतर जाए या आपसी संबंध ही खत्म हो जाएँ।

धमकियाँ दबाव बनाती हैं। आमतौर पर धमकियों का परिणाम आपकी अपेक्षाओं के विपरीत होता है; धमकी से सामनेवाले पर एक अलग ही तरीके से दबाव बढ़ने लगता है। दूसरे पक्ष के लिए निर्णय लेने को आसान बनाने के बजाय धमकी अक्सर उसे और मुश्किल बना देती है। बाहरी दबाव के जवाब में, कोई यूनियन, कोई कमेटी, कोई कंपनी या कोई सरकार अपनी एकता बनाए रखने के लिए अतिरिक्त प्रयास शुरू कर सकती है। नरमपंथी और चरमपंथी, दोनों ही किस्म के लोग अपने साथ हो रही ज़्यादती की अनुचित कोशिशों के विरोध में एक-दूसरे से हाथ मिला सकते हैं। फिर सवाल ये नहीं रह जाता कि 'क्या हमें ये निर्णय लेना चाहिए?' बल्कि ये हो जाता है, 'क्या हम बाहरी दबाव के आगे घुटने टेक देंगे?'

अच्छे सौदेबाज़ शायद ही कभी धमकी का सहारा लेते हों। क्योंकि उन्हें इसकी जरूरत ही नहीं पड़ती; दूसरे पक्ष के साथ संवाद करने के अन्य तरीके भी तो हैं। अगर दूसरे पक्ष के कार्यों के परिणामों को रेखांकित करना उचित लगे, तो उन्हीं परिणामों की बात करें, जो आपकी इच्छा से पूरी तरह मुक्त हों, न कि उनकी, जिन्हें आप हासिल करने का चुनाव कर सकते हैं। चेतावनी, धमकी से कहीं अधिक वैध होती है और दूसरे पक्ष द्वारा जवाबी चेतावनी दिए जाने की संभावना भी कम

ही होती है: 'अगर हम आपसी सहमति नहीं बना पाते हैं, तो पूरी संभावना है कि न्यूज मीडिया इस पूरी अप्रिय कहानी का खुलासा करने के लिए उतावला रहेगा। ये जनहित से जुड़ा मामला है और मुझे नहीं पता कि हम सूचनाओं को वैध तरीके से कैसे दबाएँगे। क्या तुम्हें पता है?'

धमकियाँ तभी प्रभावी होती हैं, जब वे विश्वसनीय ढंग से दी जाएँ। कभी-कभी आप इस संवाद प्रक्रिया में हस्तक्षेप भी कर सकते हैं। आप धमकियों को अनदेखा कर सकते हैं और उन्हें जल्दबाज़ी में बोली गई अनधिकृत बात के रूप में देख सकते हैं या बस उन्हें अप्रासंगिक मान सकते हैं। आप धमकी देने को दूसरे पक्ष के लिए जोखिमभरा भी बना सकते हैं। एक कोयला खदान के मामले में - जिसकी हालिया सौदेबाज़ी में हममें से एक लेखक भी शामिल था - बम से उड़ाने की कई झूठी धमकियाँ दी गईं, जो महँगी पड़ सकती थीं। दरअसल ये धमकियाँ नाटकीय रूप से तब दी गईं, जब कंपनी की रिसेप्शनिस्ट ने सभी फोन कॉल्स का जवाब कुछ इस तरह देना शुरू किया, 'आपकी आवाज रिकॉर्ड की जा रही है। आप किस नंबर पर बात करना चाहते हैं?'

कभी-कभी आप धमकियों का राजनीतिक फायदा भी उठा सकते हैं। कोई यूनियन मीडिया के सामने आकर ये घोषणा कर सकती है: 'प्रबंधन का केस इतना कमजोर है कि अब वे हमें धमकियाँ देने पर उतर आए हैं।' हालाँकि किसी धमकी पर संभवत: सबसे सही प्रतिक्रिया है, सैद्धांतिक बने रहना। 'हमने प्रबंधन की सभी जानी-पहचानी धमकियों पर जवाबी प्रतिक्रियाओं की एक श्रृंखला तैयार की है। हालाँकि हमने कोई कार्रवाई करना तब तक टाल रखा है, जब तक हम ये न देख लें कि क्या हम इस बात से सहमत हो सकते हैं कि धमकियाँ देना कोई रचनात्मक चीज़ नहीं है, जो हमें अभी करनी चाहिए।' या फिर 'मैं सिर्फ मेरिट्स के आधार पर सौदेबाज़ी करता हूँ। मेरी साख धमकियों का जवाब न देनेवाले व्यक्ति के रूप में बनी है।'

पोजिशन संबंधी दबाव डालनेवाली चालें -

सौदेबाज़ी या मोलभाव करने की ये चाल परिस्थिति को ऐसा रूप देने के लिए बनाई गई है कि सिर्फ एक पक्ष ही प्रभावी ढंग से रियायतें दे।

सौदेबाज़ी से इंकार करना

सन 1979 में जब अमेरिकी राजनयिकों और दूतावास कर्मचारियों को तेहरान में बंधक बना लिया गया, तो ईरानी सरकार ने अपनी माँगों की घोषणा करते हुए कोई बातचीत या सौदेबाज़ी करने से इंकार कर दिया। एक वकील भी अक्सर ऐसा ही करता है और विपक्षी वकील से कह देता है कि 'तुम्हें तो मैं अदालत में देख लूँगा।' जब दूसरा पक्ष सौदेबाज़ी करने से ही साफ इंकार कर दे, तो इस स्थिति में आप क्या कर सकते हैं?

पहले तो इस सच्चाई को पहचानें कि ये उनकी एक चाल भी हो सकती है: सौदेबाज़ी करने के लिए राज़ी होने को मोलभाव के एक बिंदु के रूप में इस्तेमाल करने की कोशिश ताकि मूल मामले में कुछ रियायतें हासिल की जा सकें। इसी चाल का एक और रूप है, सौदेबाज़ी से पहले ही कुछ शर्तें रख देना।

दूसरा, सौदेबाज़ी से इंकार करने के बारे में उनसे बातचीत करें। या तो सीधे संवाद करके अपनी बात रखें या फिर किसी तीसरे पक्ष के जरिए। सौदेबाज़ी से इंकार करने के लिए उन पर हमला न करें बल्कि पता करें कि सौदेबाज़ी न करने से उनके कौन से हित सध रहे हैं। क्या वे इस बात को लेकर चिंतित हैं कि अगर वे आपसे बात करेंगे, तो आपकी साख बढ़ जाएगी? क्या आपसे बात करनेवालों को हमेशा इस आलोचना का सामना करना पड़ता है कि वे आपके सामने कुछ ज़्यादा ही 'नरम' पड़ गए? क्या उन्हें ऐसा लगता है कि ये सौदेबाज़ी करने से उनकी भीतरी एकता – जो पहले से ही खतरे में है – खत्म हो जाएगी? या फिर उन्हें सीधे तौर पर ऐसा लगता है कि आपके और उनके बीच कोई आपसी सहमति बनना असंभव है?

कुछ विकल्प सुझाएँ, जैसे – तीसरे पक्ष के जरिए सौदेबाज़ी करना, पत्र भेजना या फिर पत्रकारों या ऐसे ही अन्य लोगों को मामले पर चर्चा के लिए प्रोत्साहित करना (जैसा कि ईरान के मामले में हुआ था)।

और अंत में, सिद्धांतों का उपयोग करने पर ज़ोर दें। क्या वे यही चाहते हैं कि आप ये खेल इस तरह खेलें? क्या वे चाहते हैं कि आप भी सौदेबाज़ी शुरू करने से पहले अपनी शर्तें सामने रख दें? क्या वे चाहते हैं कि अन्य लोग भी उनके साथ सौदेबाज़ी करने से इंकार कर दें? उनके अनुसार, इस स्थिति में कौन से सिद्धांत लागू होने चाहिए?

अतिवादी माँगें

सौदेबाज़ अक्सर अतिवादी प्रस्ताव रखते हुए सौदेबाज़ी शुरू करते हैं, जैसे आपका 2 लाख डॉलर का मकान 75 हज़ार डॉलर में खरीदने का प्रस्ताव देना। इसका उद्‌देश्य होता है, आपकी अपेक्षाओं को कम करना। उन्हें ये भरोसा भी होता है कि अगर उनका शुरुआती प्रस्ताव ही अतिवादी होगा, तो उन्हें आखिरकार बेहतर परिणाम मिलेंगे। इस भरोसे के पीछे ये थ्योरी है कि दोनों पक्षों की पोजिशन में जो अंतर है, उसे अंतत: दोनों ही आपस में बाँट लेंगे। हालाँकि इस तरीके के अपने कुछ दोष भी हैं, जिनका नुकसान कठोर सौदेबाज़ों को भी उठाना पड़ता है। एक ऐसी अतिवादी माँग रखना – जिसके बारे में दोनों पक्ष जानते हैं कि अंतत: इसे त्याग दिया जाएगा – उनकी विश्वसनीयता घटा देता है। इस तरह शुरुआत करने से सौदेबाज़ी में कड़वाहट भी आ सकती है; अगर वे बहुत छोटा प्रस्ताव रखते हैं, तो संभवत: आपको लग सकता है कि उनसे बात करना भी व्यर्थ है।

यहाँ इस चाल को उनके ध्यान में लाना कारगर साबित होता है। उनसे उनकी पोजिशन का सैद्धांतिक औचित्य बताने को कहें, लेकिन सिर्फ तभी तक, जब तक कि वह खुद उन्हें ही हास्यास्पद न लगने लगे।

माँगें बढ़ाना

किसी एक माँग पर रियायत देने के बदले सौदेबाज़ अपनी कोई दूसरी माँग बढ़ा सकता है। वह उन मामलों को दोबारा उठा सकता है, जिनके बारे में आपको लगता हो कि उन्हें पहले ही सुलझाया जा चुका है। इस चाल का फायदा रियायतों को समग्र रूप से कम करने में निहित होता है। आपके ऊपर इस चाल का ऐसा मनोवैज्ञानिक प्रभाव पड़ता है कि फिर आप ये चाहते हैं कि दूसरे पक्ष द्वारा अपनी माँगें और बढ़ाने से पहले ही आप उससे सहमति जताकर सौदेबाज़ी निपटा दें। इसमें भी उसी का फायदा निहित होता है।

सन 1971 में माल्टा के प्रधानमंत्री ने नौसेना के पोतगाह और वायुसेना के हवाई अड्डों पर अधिकार की कीमत पर ब्रिटेन के साथ सौदेबाज़ी करते हुए इस चाल का इस्तेमाल किया था। हर बार जब भी ब्रिटिश प्रतिनिधियों को लगता कि एक सहमति बन गई है, तो माल्टा के प्रधानमंत्री कहते, 'जी हाँ, मैं सहमत हूँ, लेकिन एक छोटी सी समस्या और है।' फिर ये छोटी सी समस्या 10 मिलियन यूरो के नकद एडवांस या फिर डॉकयार्ड (पोतगाह) और वायुसेना के हवाई अड्डों के

कर्मचारियों को आजीवन नौकरी पर रखने की अग्रिम गारंटी जैसी माँगों के रूप में सामने आती।

इस चाल की पहचान करने के बाद इसे उनके ध्यान में लाएँ। इसके बाद संभवत: आपको एक ब्रेक लेना चाहिए ताकि ये विचार कर सकें कि क्या अब भी आप इस सौदेबाज़ी को जारी रखना चाहते हैं और अगर हाँ, तो किस आधार पर। इससे आप बिना सोचे-समझे कोई प्रतिक्रिया देने से बच जाएँगे और उनका ऐसा व्यवहार करना कितनी गंभीर बात है, इसकी ओर सफलतापूर्वक इशारा भी कर देंगे। एक बार फिर, सिद्धांत पर जोर दें। इसके बाद जब आप सौदेबाज़ी की मेज पर वापस आएँगे तो मामले को निपटाने में दिलचस्पी रखनेवाले हर व्यक्ति का रवैया पहले से कहीं अधिक गंभीर होगा।

अपनी पोजिशन पर अड़े रहना

इस चाल को थॉमस शेलिंग द्वारा दिए गए इस प्रसिद्ध उदाहरण में स्पष्ट देखा जा सकता है: डायनामाइट से लदे हुए दो ट्रक एक सिंगल-लेन रोड पर तेज रफ्तार में एक-दूसरे की ओर दौड़ते चले आ रहे हैं। अब सवाल ये उठता है कि दोनों में से कौन सा ट्रक एक्सीडेंट से बचने के लिए सड़क से उतरेगा। जैसे ही दोनों ट्रक एक-दूसरे के करीब आते हैं, तो पहले ट्रक का ड्राइवर अचानक अपने स्टीयरिंग व्हील को खींचकर निकाल लेता है और उसे खिड़की से बाहर फेंक देता है। दूसरे ट्रक का ड्राइवर ये देखता है और अब उसके पास सिर्फ दो विकल्प हैं। पहला कि दोनों ट्रकों को आपस में भिड़ने दे और डायनामाइट का विस्फोट होने दे और दूसरा कि अपने ट्रक को सड़क से उतार ले और खाई में गिरने दे। ये अतिवादी प्रतिबद्धतावाली चाल का एक उदाहरण है, जो कुछ इस तरह तैयार की गई है कि पीछे हटना असंभव हो जाए। स्थिति पर से अपना नियंत्रण कम करके आप अपनी मोलभाव करने की पोजिशन को मजबूत बना लेते हैं, जो अपने आपमें एक विरोधाभास है। श्रम-प्रबंधन और अंतर्राष्ट्रीय सौदेबाजियों में ये चाल आम बात है। एक यूनियन का प्रेसिडेंट अपने लोगों के सामने एक जोरदार भाषण देता है और वचन देता है कि वह कर्मचारियों के वेतन में 15 फीसदी से कम की वृद्धि को कभी स्वीकार नहीं करेगा। अब अगर वह किसी कारण से अपना ये वचन पूरा नहीं करता, तो उसकी इज़्ज़त और साख, दोनों मिट्‌टी में मिल जाएँगी - इसलिए इस बात को लेकर आश्वस्त हुआ जा सकता है कि वह प्रबंधन को कम से कम 15 फीसदी वेतन वृद्धि के लिए

राजी करने की कोशिश अधिक प्रभावी तरीके से करेगा।

लेकिन अपनी पोजिशन पर अड़े रहने की चाल किसी जुए से कम नहीं होती। आप दूसरे पक्ष के ब्लफ (झांसे) को पहचानकर उसे साफ-साफ बता सकते हैं और साथ ही उन्हें एक रियायत देने के लिए मजबूर कर सकते हैं, जिसे लेकर उन्हें बाद में अपने पक्ष के लोगों को सफाई देनी पड़ेगी।

धमकियों की ही तरह अपनी पोजिशन पर अड़े रहने की चाल भी संवाद पर निर्भर करती है। अगर दूसरा ट्रकवाला ये नहीं देख पाता कि पहले ट्रकवाले ने अपना स्टीयरिंग व्हील निकालकर खिड़की से बाहर फेंक दिया है या फिर अगर उसे ये लगता है कि सामनेवाले ट्रक में कोई इमरजेंसी स्टीयरिंग सिस्टम होगा, तो स्टीयरिंग व्हील को निकालकर खिड़की से बाहर फेंकने का उस पर इच्छित प्रभाव नहीं पड़ेगा। ट्रकों को आपस में भिड़ने से बचाने का दबाव दोनों ड्राइवरों को बराबर महसूस होगा।

इसलिए एक प्रतिबद्धतावाली चाल के जवाब में आप संभवतः संवाद को बाधित कर सकते हैं। आप संवाद को इस तरह ले सकते हैं कि उसे कमजोर कर दें। 'ओह, तो तुमने मीडिया से कह दिया कि तुम 2 लाख डॉलर में मान जाओगे। अच्छी बात है, आखिर हम सबकी अपनी-अपनी कुछ आकांक्षाएँ हैं। तो क्या तुम जानना चाहोगे कि मेरी आकांक्षा क्या है?' हालाँकि कभी-कभार आप मज़ाक भी कर सकते हैं और तब अपनी पोजिशन पर अड़े रहने की चाल को गंभीरता से लेने की कोई जरूरत नहीं है।

अपनी पोजिशन पर अड़े रहने की चाल का विरोध आप सिद्धांत के आधार पर भी कर सकते हैं: 'तो तुमने सार्वजनिक रूप से वह बयान दे ही दिया बॉब। ठीक है। लेकिन मैं सिर्फ सिद्धांतों के आगे ही झुकता हूँ, दबाव के आगे नहीं। बेहतर होगा कि अब हम समस्या की मेरिट्स पर चर्चा कर लें।' जो भी करें, पर प्रतिबद्धता को मुख्य सवाल बनाने से बचें। इसे अधिक महत्त्व ही न दें ताकि दूसरा पक्ष गारिमापूर्ण ढंग से पीछे हट सके।

निष्ठुर साथी

आपके अनुरोधों को स्वीकार न करने को सही ठहराने के लिए दूसरे पक्ष द्वारा उपयोग की जानेवाली सबसे आम चाल है, ये कहना कि उसे व्यक्तिगत रूप

से आपका अनुरोध स्वीकारने में कोई आपत्ति नहीं है, लेकिन उसका निष्ठुर साथी उसे ऐसा नहीं करने देगा। 'मेरा मानना है कि आपका अनुरोध पूरी तरह उचित है। लेकिन मेरी पत्नी इसे लेकर मुझसे कतई सहमत नहीं है।'

चाल की पहचान करना

इस चाल के बारे में दूसरे सौदेबाज़ के साथ चर्चा करने के बजाय बेहतर होगा कि पहले आप इस मामले पर लागू सिद्धांत पर उसकी सहमति लें - संभवत: लिखित में - और इसके बाद अगर संभव हो, तो उस 'निष्ठुर साथी' से सीधी बात करें।

जानबूझकर देर करना

अक्सर एक पक्ष आपस में कोई अंतिम निर्णय लेने को तब तक टालता रहता है, जब तक कि समय पूरी तरह उसके अनुकूल नहीं हो जाता। श्रम सौदेबाज़ अक्सर निर्णय लेने में इतनी देर करते हैं कि हड़ताल की डेडलाइन बिलकुल करीब आ जाए। दरअसल इस तरह वे प्रबंधन पर मनोवैज्ञानिक दबाव बना रहे होते हैं ताकि उसके रवैये को और लचीला बनाया जा सके। दुर्भाग्य से ऐसे मामलों में अक्सर गड़बड़ हो जाती है और हड़ताल की डेडलाइन गुजर जाती है। एक बार हड़ताल शुरू होने के बाद प्रबंधन तब तक इंतजार करने का निर्णय ले सकता है, जब तक कि समय उनके अनुकूल नहीं हो जाता, उदाहरण के लिए यूनियन का हड़ताल फंड खत्म होने तक इंतजार करना। हालाँकि सही समय का इंतजार करना एक खर्चीला खेल है।

देर करने की स्पष्ट चाल चलने और उस पर सौदेबाज़ी करने के साथ ही, दूसरे पक्ष के लिए एक ऐसा अवसर तलाशने पर भी विचार करें, जो लुप्त होनेवाला हो। जैसे अगर आप एक ऐसी कंपनी के प्रतिनिधि हैं, जो दूसरी कंपनी में विलय करने पर सौदेबाज़ी कर रही है, तो इस विषय पर किसी तीसरी कंपनी के साथ भी बातचीत शुरू कर दें और उस दूसरी कंपनी के बजाय इस तीसरी कंपनी में विलय की संभावनाएँ तलाशें। ऐसी वस्तुनिष्ठ स्थितियों की पहचान करें, जिनका इस्तेमाल कर डेडलाइन्स दी जा सकें, जैसे टैक्स देने की आखिरी तारीख, ट्रस्टियों की सालाना मीटिंग का दिन, कॉन्ट्रैक्ट समाप्ति का दिन या विधान-सभा सत्र का आखिरी दिन।

'अगर आप राज़ी हैं तो ठीक है, वरना कोई बात नहीं'

एक दृढ़ विकल्प के साथ दूसरे पक्ष से आमना-सामना करने में कोई बुराई नहीं है। वास्तव में अधिकांश अमेरिकी व्यवसाय इसी तरह चलाए जाते हैं। जैसे अगर आप एक सुपर मार्केट में जाते हैं और वहाँ बीन्स के डिब्बे की कीमत ७५ सेंट है, तो आप सुपर मार्केट के मैनेजर से इस कीमत पर कोई मोलभाव या सौदेबाज़ी नहीं करते। ये व्यवसाय करने का एक कारगर तरीका है, लेकिन ये कोई सौदेबाज़ी नहीं है। यह परस्पर संवाद करने के बाद निर्णय लेना नहीं है। और एक लंबी सौदेबाज़ी के बाद ये कहकर उसका समापन करने में भी कोई बुराई नहीं है कि 'अगर आप राज़ी हैं तो ठीक है, वरना कोई बात नहीं।' बस आपको ये बात शायद ज़रा और शिष्ट तरीके से कहनी चाहिए।

'अगर आप राज़ी हैं तो ठीक है, वरना कोई बात नहीं' वाली चाल की पहचान करने और उस पर सौदेबाज़ी करने के विकल्प के तौर पर पहले इसे अनदेखा करने पर विचार करें। बातचीत जारी रखें, मानों आप उनके ये शब्द सुन ही न पाए हों या फिर अन्य समाधानों का सुझाव देकर विषय ही बदल दें। अगर आप इस चाल को स्पष्ट रूप से सामने लेकर आते हैं, तो उन्हें ये बता दें कि आपसी सहमति न बनने की स्थिति में वे क्या-क्या गंवा सकते हैं। इसके बाद उनकी प्रतिष्ठा बचाने का कोई तरीका ढूँढ़ें, जैसे परिस्थितियों में बदलाव करना ताकि वे इस स्थिति से निकल सकें। प्रबंधन द्वारा अपना अंतिम प्रस्ताव सामने रखने के बाद यूनियन उनसे ये कह सकती है, 'संयंत्र को और उत्पादक बनाने के लिए मिलकर प्रयास करने पर हमारी जो चर्चा हुई थी, उससे पहले भी वेतन में 1.69 डॉलर की बढ़ोत्तरी ही आपका अंतिम प्रस्ताव था।'

पीड़ित न बनें

ये तय करना अक्सर काफी मुश्किल होता है कि 'अच्छी नीयत' के साथ सौदेबाज़ी करने का अर्थ क्या है। लोग अलग-अलग किस्म की सीमाओं का निर्धारण कर लेते हैं। खुद से ऐसे सवाल पूछना मददगार हो सकता है: 'अगर मैं अपने किसी अच्छे दोस्त या परिवार के सदस्य के साथ सौदेबाज़ी कर रहा होता, तब भी क्या मैं इसी तरीके का उपयोग करता?' 'मैंने जो कहा या किया, अगर उसका पूरा लेखा-जोखा किसी अखबार में छप जाए, तो क्या मुझे शर्मिंदगी महसूस होगी?' 'मैंने जैसा व्यवहार किया किसी कहानी में वैसा व्यवहार एक नायक का

व्यवहार होगा या फिर एक खलनायक का?' अपने आपसे ये सवाल पूछने का उद्देश्य अपने आंतरिक मूल्यों पर रोशनी डालना है, न कि अपने बारे में दूसरों के मतों को आमंत्रित करना। ये आपको खुद ही तय करना होगा कि क्या आप ऐसी चालें चलना चाहते हैं, जिन्हें अगर कोई आपके खिलाफ चले, तो आप उन्हें अनुचित और बुरी नीयत से चली गई चालें करार देंगे?

किसी सौदेबाज़ी की शुरुआत में ये कहना उपयोगी साबित हो सकता है कि 'देखो, मैं जानता हूँ कि ये शायद ज़रा अजीब लगेगा, लेकिन हम जो खेल खेलनेवाले हैं, मैं उसके नियम जानना चाहता हूँ। क्या हम दोनों कम से कम मेहनत करके आपस में जल्द से जल्द एक व्यावहारिक सहमति बनाने की कोशिश कर रहे हैं? या फिर हम 'कठोर मोलभाव' का खेल खेलनेवाले हैं, जिसमें उसी की जीत होगी, जो ज़्यादा जिद्दी होगा?' आप जो भी करें, बस मोलभाव की गंदी चालों का मुकाबला करने के लिए तैयार रहें। जितनी दृढ़ता उनमें है, आप भी उतनी ही दृढ़ता दिखा सकते हैं या उससे ज़्यादा भी। एक अवैध चाल के मुकाबले अपने सिद्धांत का बचाव करना कहीं ज़्यादा आसान होता है। बस पीड़ित न बनें।

4
निष्कर्ष

तीन बिंदु

आपको हमेशा से पता था

इस किताब में संभवत: ऐसा कुछ भी नहीं है, जिसके बारे में आपको पहले से पता न रहा हो। अपने अनुभवों के चलते किसी न किसी स्तर पर आपको इन चीज़ों की जानकारी पहले से ही रही होगी। हमारी कोशिश बस ये है कि सहज ज्ञान और अनुभव को इस प्रकार व्यवस्थित करके पाठकों के सामने रखा जाए, जिससे उन्हें सोच-विचार करने और कर्म करने के लिए एक उपयोगी ढाँचा मिल सके। ये सारे विचार आपकी जानकारियों और अंतर्ज्ञान के जितने अनुरूप होंगे, उतना बेहतर होगा। कुशल वकीलों और सालों का अनुभव रखनेवाले कारोबारियों को ये प्रणाली सिखाते समय हमें उनसे कुछ ऐसी बातें सुनने को मिलीं कि 'ओह, अब मुझे समझ में आया कि मैं अब तक क्या कर रहा था और ये कभी-कभी कारगर क्यों साबित होता है' और 'मुझे पता था कि आप जो कह रहे हैं, वह सही है क्योंकि मैं इसके बारे में पहले से जानता था।'

कर्म करके सीखें

किताबें आपको आशाजनक दिशा की ओर ले जाती हैं। वे आपको नए विचारों से अवगत कराती हैं और आप जो कर रहे हैं, उसके बारे में आपको जागरूक बनाती हैं। इस तरह वे सीखने की प्रक्रिया में आपकी मदद करती हैं। हालाँकि, अगर कोई आपको कुशल बना सकता है, तो वह है सिर्फ आप, न कि कोई और। कनाडा की वायु सेना के सैन्य अभ्यास के बारे में कोई पैम्फलेट पढ़ने मात्र से आप शारीरिक रूप से चुस्त-दुरूस्त नहीं हो सकते। टेनिस, तैराकी, साइकिल चलाने या घुड़सवारी करने के बारे में किताबें पढ़कर आप इनके विशेषज्ञ नहीं बन सकते। सौदेबाज़ी भी इससे अलग नहीं है।

'जीतना'

सन 1964 में एक अमेरिकी पिता और उसका बारह वर्षीय बेटा लंदन के हाइड पार्क में फ्रिसबी (प्लास्टिक से बनी हल्की-फुल्की गोल तश्तरी) खेलते

हुए मजे से अपना शनिवार का दिन बिता रहे थे। उस समय इंग्लैंड के लोगों के लिए फ्रिसबी एक नई चीज़ थी। हवा में फ्रिसबी उड़ाते और पकड़ते बाप-बेटे को देखकर कई लोग वहाँ इकट्ठे हो गए और उनका ये अजीब सा खेल देखने लगे। आखिरकार सिर पर हैट पहने एक लंदनवासी उस पिता के पास आया और बोला, 'माफ कीजिएगा, पिछले 15 मिनट से मैं आप लोगों का ये खेल देख रहा हूँ। क्या आप बता सकते हैं कि आप दोनों में से कौन जीत रहा है?'

अधिकांश मामलों में किसी सौदेबाज़ से ये पूछना कि 'कौन जीत रहा है?' उतना ही अनुचित है, जितना किसी शादी में जाकर नए-नवेले जोड़े से पूछना कि 'आपमें से कौन जीत रहा है?' अगर आपने सचमुच ये सवाल पूछ लिया, तो इसका अर्थ है कि आप उस सौदेबाज़ी में पहले ही हार गए हैं, जो इससे कहीं अधिक महत्वपूर्ण है - और वह सौदेबाज़ी इस बात से जुड़ी है कि आपको कैसा खेल खेलना चाहिए, एक-दूसरे के साथ कैसे निपटना चाहिए और अपने साझा एवं विरोधी हितों को कैसे साधना चाहिए।

ये किताब इस बारे में हैं कि 'आपसी मतभेदों या अंतरों से निपटने के लिए एक बेहतर प्रक्रिया अपनाने' के खेल में जीत कैसे हासिल की जाए। स्वाभाविक है कि इस प्रक्रिया द्वारा आपको मौलिक रूप से अच्छे परिणाम मिलने चाहिए; भले ही मेरिट्स के आधार पर जीत हासिल करना इकलौता उद्देश्य नहीं हो सकता, लेकिन निश्चित रूप से इसका ये मतलब नहीं है कि तत्काल हार मान ली जाए। सैद्धांतिक और व्यावहारिक, दोनों ही तरीकों से देखने पर ये स्पष्ट है कि सैद्धांतिक सौदेबाज़ी की पद्धति द्वारा दीर्घकालिक रूप से मौलिक परिणाम हासिल होंगे, जो सौदेबाज़ी की किसी भी अन्य रणनीति के उपयोग से मिले परिणामों जैसे या आमतौर पर उससे बेहतर होंगे। इसके अलावा इंसानी संबंधों के मामले में ये पद्धति कहीं अधिक कुशल या कम महँगी साबित होती है। हमारा मानना है कि इस पद्धति का उपयोग सहज और आसान है और हम आशा करते हैं कि आपके लिए भी ऐसा ही हो।

लेकिन इसका अर्थ ये नहीं है कि आदतों में बदलाव लाना, मेरिट्स से भावनाओं को अलग करना और एक साझा समस्या का व्यावहारिक समाधान ढूँढ़ने के कार्य में दूसरों को शामिल करना कोई आसान बात है। समय-समय पर खुद को ये याद दिलाना जरूरी है कि सबसे पहले तो आप सौदेबाज़ी का एक आसान तरीका लागू करना चाहते हैं - एक ऐसा तरीका जिसमें आपको शालीन व्यवहार करने और अपनी योग्यता अनुसार परिणाम हासिल करने के बीच किसी एक का चुनाव न करना पड़े। एक ऐसा तरीका, जिसमें आपके लिए ये दोनों चीज़ें संभव हों।

5

आपसी सहमति बनाने के बारे में

लोगों के दस सवाल

निष्पक्षता और सैद्धांतिक सौदेबाज़ी के बारे में सवाल

1 क्या पोजिशन संबंधी मोलभाव कभी तर्कसंगत होता है?

2 अगर दूसरा पक्ष निष्पक्षता के एक अलग ही मानक को मानता हो तो?

3 अगर जरूरी न हो, तब भी क्या मुझे निष्पक्ष रहना चाहिए?

लोगों के साथ व्यवहार करने के बारे में सवाल

4 अगर लोग ही समस्या हों, तो फिर मुझे क्या करना चाहिए?

5 क्या मुझे आतंकवादियों या हिटलर जैसे किसी व्यक्ति के साथ भी सौदेबाज़ी करनी चाहिए? सौदेबाज़ी न करना कब तर्कसंगत होता है?

6 विभिन्न व्यक्तित्वों, संस्कृतियों और लिंग के बीच के अंतर को देखते हुए मुझे सौदेबाज़ी के अपने तरीके में कैसे बदलाव लाने चाहिए?

चालों के बारे में सवाल

7 मैं कैसे तय करूँ कि 'हमें एक-दूसरे से कहाँ मिलना चाहिए?' 'पहला प्रस्ताव किसे देना चाहिए?' और 'मुझे कितनी ऊँची शुरुआत करनी चाहिए?'

8 मैं 'विकल्प ढूँढ़ने' से 'प्रतिबद्धता जताने' की ओर कैसे जाऊँ?

9 मैं बहुत अधिक जोखिम लिए बिना इन विचारों को कैसे आजमाऊँ?

शक्ति के बारे में सवाल

10 'अगर दूसरा पक्ष अपेक्षाकृत अधिक शक्तिशाली हो, तब भी क्या सौदेबाज़ी करने के मेरे तरीके से सचमुच कोई फर्क पड़ता है?' और 'मैं सौदेबाज़ी करने की अपनी शक्ति को कैसे बढ़ा सकता हूँ?'

निष्पक्षता और सैद्धांतिक सौदेबाज़ी के बारे में सवाल

सवाल 1: 'क्या पोजिशन संबंधी मोलभाव कभी तर्कसंगत होता है?'

पोजिशन संबंधी मोलभाव करना आसान होता है इसलिए ये कोई आश्चर्य की बात नहीं है कि लोग अक्सर इस किस्म का मोलभाव करते हैं। इसके लिए कोई तैयारी करने की जरूरत नहीं होती, इसे हर कोई अच्छी तरह समझता है, चाहे वह दुनिया के किसी भी हिस्से में रहता हो। (अगर दूसरा पक्ष आपकी और आप उसकी भाषा न समझते हों, तो ये मोलभाव सिर्फ अपनी उँगलियों से इशारे करते हुए भी किया जा सकता है) और कुछ मौकों व संदर्भों में ये अपेक्षित भी होता है और उसमें निहित भी। इसके विपरीत पोजिशन के पीछे छिपे हित को देखने, पारस्परिक लाभ के लिए विकल्प ढूँढ़ने और वस्तुनिष्ठ मानदंड तय करके उनका उपयोग करने के लिए मेहनत की जरूरत होती है। जब दूसरा पक्ष अड़ियल रवैयेवाला हो, तो भावनात्मक संयम व परिपक्वता भी दिखाना जरूरी हो जाता है।

वस्तुत: हर मामले में दोनों पक्षों को बेहतर परिणाम मिलते हैं, बशर्तें सौदेबाज़ी सैद्धांतिक हो। बस मुद्दा ये है कि क्या यह इस योग्य है कि इसके लिए अतिरिक्त प्रयास किए जाएँ। ये रहे कुछ सवाल जिन पर विचार किया जाना चाहिए :

एक मनमाने परिणाम से बचना कितना महत्वपूर्ण है? अध्याय-5 में वर्णित मकान का निर्माण करानेवाले की तरह अगर आप इस बारे में सौदेबाज़ी कर रहे हैं कि मकान की नींव की गहराई कितनी रखनी चाहिए, तो आप मनमानी पोजिशनों पर मोलभाव करना नहीं चाहेंगे, फिर चाहे ऐसा करके आपसी सहमति बनाना कितना भी आसान हो। भले ही आप एक एंटीक टॉयलेट बनवाने के लिए सौदेबाज़ी कर रहे हों, जहाँ वस्तुनिष्ठ मानदंड तय करना एक मुश्किल काम हो, पर वहाँ डीलर के हितों की पहचान करना और रचनात्मक विकल्पों की खोज करना संभवत: एक अच्छा कदम साबित होगा। फिर भी अपनी सौदेबाज़ी की प्रणाली चुनते समय इस बात पर विचार किया जाना चाहिए कि समस्या का एक ऐसा समाधान ढूँढ़ने में आपकी कितनी दिलचस्पी है, जो मेरिट्स के आधार पर तर्कसंगत हो। जैसे एक टूल-शेड के बजाय एक ऑफिस-बिल्डिंग की नींव बनवाने के बारे में सौदेबाज़ी करते समय आपका बहुत कुछ दाँव पर लगा होगा। ये दाँव और भी बड़ा होगा, अगर ये लेन-देन भविष्य के लेन-देन के लिए मिसाल कायम करनेवाला हो।

मामला कितना जटिल है? विषय जितना जटिल हो, पोजिशन संबंधी मोलभाव

करना उतनी ही बड़ी नासमझी होगी। जब मामला जटिल हो, तो उन हितों का, जिनके बीच रचनात्मक संतुलन बनाने की जरूरत होती है व साझा हितों का सावधानीपूर्वक विश्लेषण करने और फिर मंथन करने की जरूरत होती है। ये दोनों कार्य उतने ही आसान साबित होंगे, जितना दोनों पक्ष एक-दूसरे को समस्या का साझा समाधान ढूँढ़नेवालों की तरह देखेंगे।

अच्छे कामकाजी संबंध बनाकर रखना कितना महत्वपूर्ण है? अगर दूसरा पक्ष एक मूल्यवान ग्राहक है, तो ये संबंध बनाकर रखना आपके लिए किसी सौदे के परिणाम से कहीं ज़्यादा महत्वपूर्ण होगा। इसका ये अर्थ नहीं है कि अपने हितों को पूरा करने के लिए आपको कम ज़ोर लगाना चाहिए, लेकिन इससे ये संकेत जरूर मिलता है कि धमकी या अल्टीमेटम देने जैसी रणनीतियों के उपयोग से बचना चाहिए क्योंकि इससे आपके आपसी संबंध बिगड़ सकते हैं। मेरिट्स के आधार पर सौदेबाज़ी करने से आपको दूसरे पक्ष के सामने हार मानने या उसे नाराज करने में से किसी एक विकल्प का चुनाव करने से बचने में मदद मिलती है।

अजनबियों के बीच एकल-मुद्देवाली सौदेबाज़ी में - जहाँ हितों की पहचान करना काफी महँगा कार्य है और जहाँ दोनों पक्षों के पास प्रतिस्पर्धी अवसर भी उपलब्ध होते हैं - पोजिशन पर सीधे-सादे ढंग से मोलभाव करना संभवत: कारगर हो सकता है। पर अगर आप दोनों के बीच की चर्चा किसी बिंदु पर आकर अटकने लगे तो अपना तरीका बदलने के लिए तैयार रहें। अंतर्निहित हितों को स्पष्ट करना शुरू कर दें...।

आपको इस बारे में भी विचार करना चाहिए कि दूसरों के साथ आपके मौजूदा संबंधों पर इस सौदेबाज़ी का क्या प्रभाव पड़ेगा। क्या इसके चलते एक सौदेबाज़ के तौर पर आपकी प्रतिष्ठा पर प्रभाव पड़ेगा? क्या इसके परिणामस्वरूप आपके साथ सौदेबाज़ी करने का लोगों का तरीका बदल जाएगा? अगर हाँ, तो आप इस सौदेबाज़ी का कैसा प्रभाव पड़ते देखना चाहेंगे?

दूसरे पक्ष की अपेक्षाएँ क्या हैं और उन्हें बदलना कितना मुश्किल होगा? श्रमिक प्रबंधन और ऐसे ही अन्य मामलों में दोनों पक्षों के बीच आपसी संघर्ष का अपना एक लंबा इतिहास और पोजिशन संबंधी मोलभाव करने का रिवाज होता है। दोनों पक्ष एक-दूसरे को अपने 'दुश्मन' की तरह व स्थिति को जीरो-सम गेम - जब एक हारेगा, तभी दूसरा जीतेगा - की तरह देखते हैं। वे ये भूल जाते हैं कि हड़तालें,

बंद और नकारात्मक भावनाएँ दोनों पक्षों को कितनी महँगी पड़ती हैं। ऐसे हालात में संयुक्त रूप से समस्या का समाधान ढूंढ़ने का प्रयास करना मुश्किल हो जाता है, जबकि ये कहीं अधिक महत्वपूर्ण है। यहाँ तक कि जो पक्ष खुद में बदलाव लाना चाहता है, उसके लिए भी अपनी पुरानी आदतें छोड़ना अक्सर काफी मुश्किल होता है – जैसे दूसरे पक्ष पर हमला करने के बजाय उसकी बात सुनना, झगड़ा करने के बजाय विचार मंथन करना और प्रतिबद्धता जताने से पहले हितों की पहचान करना आदि। कभी-कभी एक पक्ष, जो हर बात पर दूसरे पक्ष का विरोध करने की आदत से ग्रस्त होता है, जब तक परस्पर विनाश की कगार पर नहीं पहुँच जाता, तब तक कोई वैकल्पिक तरीका अपनाने में असमर्थ ही नज़र आता है और कुछ लोग तो विनाश की कगार पर पहुँचने के बाद भी अपने तरीकों में कोई बदलाव नहीं लाते। ऐसे मामलों में ये जरूरी है कि आप बदलाव लाने के लिए एक ऐसी यथार्थवादी समय सारिणी तैयार कर लें, जिसका उपयोग कई सौदेबाजियों में किया जाए। जैसे जनरल मोटर्स और यूनाइटेड ऑटो वर्कर्स को अपनी सौदेबाजियों का बुनियादी ढाँचा बदलने की प्रक्रिया पूरी करने में चार अनुबंधों की जरूरत पड़ी। ऊपर से दोनों पक्षों के अपने लोग भी होते हैं, जो नए बदलावों के साथ सहज महसूस नहीं करते।

सौदेबाज़ी में आप किस स्थिति में हैं? पोजिशन संबंधी मोलभाव में आमतौर पर दोनों पक्ष संयुक्त लाभ प्राप्त करने की कोशिश कर रहे होते हैं। इस तरह की सौदेबाजियों में दोनों पक्षों को कई बार ऐसे परिणाम मिलते हैं, जो दोनों के लिए बेहद लाभकारी सिद्ध होते हैं। अगर दोनों पक्षों ने एक-दूसरे के हितों की पहचान कर ली हो, पारस्परिक लाभ के विकल्प ढूँढ़ लिए हों और निष्पक्षता के प्रासंगिक मानकों पर चर्चा कर ली हो तो इसके बाद पोजिशन संबंधी मोलभाव करना बहुत कम हानिकारक होता है।

सवाल 2: 'अगर दूसरा पक्ष निष्पक्षता के एक अलग ही मानक को मानता हो तो?'

अधिकांश सौदेबाजियों में कोई एक जवाब ही 'सही' या 'निष्पक्ष' नहीं होता; लोग विभिन्न मानकों को आगे बढ़ाते हैं, जिनसे इस बात का मूल्यांकन होता है कि क्या निष्पक्ष होगा। फिर भी बाहरी मानकों का उपयोग करने से मोलभाव की प्रक्रिया में तीन प्रकार से सुधार होता है: एक ऐसा परिणाम, जो भले ही निष्पक्षता के विरोधी मानकों और सामुदायिक परंपरा से आया हो, पर वह एक मनमाने परिणाम से कहीं अधिक व्यावहारिक होगा। दूसरा, मानकों का उपयोग करने से 'पीछे हटने'

से होनेवाला नुकसान कम हो जाता है - दूसरे पक्ष की पोजिशन संबंधी माँग के सामने हार मानने की तुलना में किसी सिद्धांत या स्वतंत्र मानक का पालन करना कहीं ज़्यादा आसान होता है। और आखिरकार, मनमानी पोजिशन के विपरीत, कुछ मानक, अन्य मानकों की तुलना में कहीं अधिक प्रेरक होते हैं।

उदाहरण के लिए एक युवा वकील और वॉल स्ट्रीट स्थित एक लॉ फर्म के बीच वेतन को लेकर होनेवाली सौदेबाज़ी में एचआर अधिकारी द्वारा ये कहना बिलकुल बेतुका होगा कि 'मुझे नहीं लगता कि तुम खुद को मुझसे ज़्यादा स्मार्ट मानते होंगे, तो हम तुम्हें उतने ही वेतन का प्रस्ताव देते हैं, जो मुझे चालीस साल पहले अपने कॅरियर की शुरुआत में मिलता था यानी 4,000 डॉलर प्रति माह।' इस पर वह युवा वकील पिछले चालीस सालों में बढ़ी महँगाई का हवाला देगा और वर्तमान वेतन मानकों के उपयोग का सुझाव सामने रखेगा। इसके जवाब में अगर एचआर अधिकारी डेटन या डेस मॉयनेस जैसे शहरों में कार्यरत युवा वकीलों के वर्तमान वेतन जितना वेतन देने का प्रस्ताव रखता है, तो वह युवा वकील ये संकेत दे सकता है कि मैनहट्टन स्थित लॉ फर्मों में युवा वकीलों का वर्तमान औसत वेतन अपेक्षाकृत अधिक उपयुक्त मानक होगा।

आमतौर पर एक मानक दूसरे मानक की अपेक्षा अधिक प्रेरक होगा क्योंकि समय, स्थान और परिस्थितियों के संदर्भ में उसकी सटीकता, स्वीकार्यता और प्रासंगिकता अधिक होगी।

'सर्वश्रेष्ठ' मानक पर आपसी सहमति जरूरी नहीं है। मूल्यों, संस्कृति, अनुभवों और धारणाओं में अंतर के चलते दो पक्षों के बीच विभिन्न मानकों की मेरिट को लेकर असहमति हो सकती है। अगर इस बारे में आपसी सहमति बनाना जरूरी होता कि कौन सा मानक 'सर्वश्रेष्ठ' है, तो शायद कोई सौदेबाज़ी पूरी ही न हो पाती। लेकिन मानदंड पर आपसी सहमति आवश्यक नहीं है। मानदंड सिर्फ एक उपकरण है, जो पारस्परिक रूप से लाभप्रद आपसी सहमति बनाने में दोनों पक्षों के लिए मददगार साबित हो सकता है। बाहरी मानकों का उपयोग करने से अकसर असहमतियों को सीमित करने में और संभावित सहमति के क्षेत्र का विस्तार करने में मदद मिल सकती है। जब मानकों को इस हद तक परिष्कृत कर दिया गया हो कि सामनेवाले को यह तर्क देकर राजी करना मुश्किल हो जाए कि एक मानक, दूसरे मानक के मुकाबले कहीं अधिक उपयोगी होगा, तो दोनों पक्ष आपस में सामंजस्य

बिठाने की संभावनाएँ तलाश कर सकते हैं या फिर शेष मतभेदों को निपटाने के लिए उचित प्रक्रियाओं का सहारा ले सकते हैं। वे चाहें तो एक सिक्का उछालकर टॉस कर सकते हैं, किसी मध्यस्थ की मदद ले सकते हैं या फिर अपने मतभेदों या अंतरों को आपस में विभाजित कर सकते हैं।

सवाल 3: 'अगर जरूरी न हो, तब भी क्या मुझे निष्पक्ष रहना चाहिए?'

इस किताब का उद्देश्य सही और गलत की नैतिकता पर कोई उपदेश देना नहीं है; बल्कि सिर्फ ये बताना है कि सौदेबाज़ी करते समय सही निर्णय कैसे लिए जाएँ। हम आपको ये सुझाव नहीं देते कि आपको सिर्फ अच्छा बनने के लिए अच्छा बनना है (न ही हम ऐसा करने के लिए आपको हतोत्साहित करते हैं)। हम आपको ये सुझाव नहीं देते कि आपको निष्पक्ष नज़र आनेवाला जो भी पहला प्रस्ताव मिले, उसे स्वीकार कर लें। न ही हम ये सुझाव देते हैं कि एक जज या ज्युरी जिसे निष्पक्ष मानते हैं, आप उससे ज़्यादा की माँग न करें। हमारा तर्क तो बस ये है कि किसी प्रस्ताव की निष्पक्षता पर चर्चा के लिए स्वतंत्र मानकों का उपयोग करना एक ऐसा विचार है, जो आपको वह पाने में मदद कर सकता है, जिसके आप हकदार हैं और साथ ही ये आपको धोखा खाने या मूर्ख बनने से भी बचा सकता है।

हमें ये जरूर लगता है कि किसी सौदेबाज़ी में आप जो चाहते हैं, उसे पाने की एक कारगर पद्धति होने के साथ-साथ सैद्धांतिक सौदेबाज़ी दुनिया को बेहतर बनाने में भी सहायक हो सकती है। ये लोगों के बीच आपसी समझ विकसित करने को बढ़ावा देती है, जैसे बच्चों और अभिभावक के बीच, श्रमिक और मैनेजर के बीच या अरबों और इज़राइलियों के बीच। हितों और रचनात्मक विकल्पों पर ध्यान केंद्रित करने से संतुष्टि बढ़ाने और अपव्यय को कम करने में मदद मिलती है। निष्पक्षता के मानकों पर भरोसा करना और दोनों पक्षों के हित पूरे करने की कोशिश करना ऐसे परिणाम लाने में सहायक होता है, जो टिकाऊ हों, अच्छी मिसाल कायम करते हों और स्थाई संबंध बनाते हों। सौदेबाज़ी में व्यक्तियों या राष्ट्रों के बीच के आपसी मतभेदों से निपटने के लिए समस्या का समाधान ढूँढ़नेवाले दृष्टिकोण को जितना आदर्श माना जाता है, टकराव या संघर्ष उतना ही कम हानिकारक साबित होता है। और ऐसे सामाजिक लाभों से परे आप देखेंगे कि ये दृष्टिकोण रखने से एक-दूसरे की परवाह करने और न्यायसंगत व्यवहार करने जैसे मूल्यों की रक्षा भी

कुछ इस तरह होती है, जो अपने आपमें व्यक्तिगत रूप से संतोषजनक है।

अगर आपकी अपेक्षाएँ इतनी बड़ी हैं कि उन्हें उचित ठहरा पाना मुश्किल हो और फिर भी अगर आप उन्हें पूरा करने के लिए आमतौर पर दूसरे पक्ष को राजी कर लेते हैं, तो शायद इस किताब में दिए गए सुझाव आपको बहुत उपयोगी न लगे। लेकिन जो सौदेबाज़ हमारे संपर्क में आते हैं, उन्हें अक्सर ये डर होता है कि एक सौदेबाज़ी में उन्हें जितना मिलना चाहिए, उससे कम मिलेगा और अगर वे अपना हक पाने पर ज़्यादा ज़ोर देंगे, तो शायद उनके आपसी संबंध बिगड़ जाएँगे। इस किताब में प्रस्तुत विचारों का उद्‌देश्य आपको ये समझाना है कि दूसरे पक्ष के साथ अपने संबंधों को बनाए रखते हुए उतना कैसे हासिल करें, जितने के आप हकदार हैं।

फिर भी, कभी-कभी आपको उससे भी ज़्यादा पाने का मौका मिल जाता है, जितना आपको निष्पक्ष या न्यायसंगत लगता है। क्या आपको उसे स्वीकार कर लेना चाहिए? हमारी राय में, सावधानीपूर्वक विचार किए बिना नहीं। क्योंकि इस स्थिति में सिर्फ आपकी नैतिक आत्म-परिभाषा ही नहीं बल्कि और भी बहुत कुछ दाँव पर लगा होगा। (हालाँकि अपनी नैतिक आत्म-परिभाषा पर विचार करना भी महत्वपूर्ण है, लेकिन यहाँ इस मसले पर कोई सलाह देना हमारा उद्‌देश्य नहीं है।) जब भी आपको उससे भी ज़्यादा पाने का मौका मिले, जितना आपको निष्पक्ष या न्यायसंगत लगता हो, तो आपको उसके संभावित लाभ की तुलना इस बात से करनी चाहिए कि ये अप्रत्याशित लाभ स्वीकार करना आपको कितना महँगा पड़ सकता है।

आपके लिए ये अंतर कितना मायने रखता है? आप जिसे अपने सामने न्यायसंगत ठहरा सकें, वह अधिकतम कितना है? उस मानक से ऊपर आपको जो मिल रहा है, वह आपके लिए कितना महत्वपूर्ण है? इस लाभ की तुलना नीचे दिए गए कुछ खर्चों को उठाने के जोखिम से करें और फिर ये विचार करें कि क्या इससे बेहतर कोई और विकल्प नहीं है। (उदाहरण के लिए क्या प्रस्तावित लेन-देन का ढाँचा कुछ इस तरह तैयार किया जा सकता है कि दूसरे पक्ष को लगे कि वह आप पर एहसान कर रहा है, बजाय उसे ये लगने के कि उसे धोखा दिया जा रहा है?)

यहाँ इस बारे में विचार करना भी बुद्धिमानी होगी कि आपको ये संभावित लाभ प्राप्त होने का कितना यकीन है। कहीं आप किसी महत्वपूर्ण चीज़ को

नज़रअंदाज तो नहीं कर रहे हैं? क्या दूसरा पक्ष सचमुच इतने भुलावे में है कि ये नहीं देख पा रहा है कि आपको उम्मीद से ज़्यादा लाभ मिल रहा है? बहुत से सौदेबाज़ अक्सर खुद को अपने समकक्षों से ज़्यादा चतुर मान बैठते हैं।

क्या ये पक्षपाती परिणाम टिकाऊ साबित होंगे? अगर बाद में दूसरा पक्ष इस निष्कर्ष पर पहुँचता है कि आप दोनों के बीच हुए समझौते पक्षपाती या अनुचित हैं, तो शायद वह उसे लागू करने से इंकार कर दे। ऐसे में समझौते को लागू करना या उसमें बदलाव लाना आपको कितना महँगा पड़ सकता है? संभव है कि अदालत भी इस समझौते को लागू करने से इंकार कर दे क्योंकि ये 'अनुचित' है।

आपको इस बारे में भी विचार करना चाहिए कि सौदेबाज़ी में आप किस स्थिति में हैं? अगर दूसरा पक्ष अचानक होश में आकर समझौते को अंतिम रूप दिए जाने से पहले ही ठुकरा देता है, तो फिर इस बात से कोई फर्क नहीं पड़ता कि वह अस्थाई समझौता आपके लिए कितना अनुकूल था। और फिर अगर इस घटना से दूसरे पक्ष ये निष्कर्ष निकाल लेता है कि आप पर भरोसा नहीं किया जा सकता और आप तो बस उनका फायदा उठाने निकले हैं, तो फिर शायद ये आपके लिए काफी महँगा पड़ सकता है।

एक पक्षपाती परिणाम इस संबंध या किसी अन्य संबंध को क्या नुकसान पहुँचा सकता है? इस बात की कितनी संभावना है कि भविष्य में आपको दोबारा कभी इसी व्यक्ति या समूह के साथ सौदेबाज़ी करनी पड़ सकती है? और अगर आप वह सौदेबाज़ी करते हैं, तो संभवत: ये व्यक्ति आपसे पिछली बातों का बदला लेना चाहेगा। ऐसे में आपके लिए क्या-क्या जोखिम हो सकता है? दूसरों के बीच आपकी प्रतिष्ठा पर क्या प्रभाव पड़ेगा? खासकर लोगों के साथ ईमानदार और न्यायसंगत व्यवहार करने की आपकी प्रतिष्ठा का क्या होगा? क्या आपकी इस प्रतिष्ठा पर नकारात्मक प्रभाव पड़ेगा, जो शायद आपको मिल रहे तात्कालिक लाभ के मुकाबले कहीं ज़्यादा होगा?

आपकी ये प्रतिष्ठा कि आप दूसरों के साथ सौदा करते समय हमेशा ईमानदारी बरतते हैं, आपके लिए एक असाधारण गुण साबित हो सकती है। इससे रचनात्मक समझौतों और सहमतियों का एक रास्ता खुल सकता है, जो पूरी तरह असंभव होता, अगर दूसरे पक्ष को आप पर भरोसा न होता। ऐसी प्रतिष्ठा बनाना बहुत मुश्किल होता है और नष्ट करना बहुत आसान।

क्या आपका विवेक आपके चुनाव पर सवाल उठाएगा? क्या आपको बाद में समझौते पर पछताना पड़ सकता है क्योंकि आपने किसी का अनुचित लाभ उठाया है? एक सुंदर कश्मीरी गलीचा खरीदनेवाले पर्यटक पर विचार कीजिए। उसने वह गलीचा एक ऐसे परिवार से खरीदा, जिसने सालभर मेहनत करने के बाद वह गलीचा तैयार किया था। पर्यटक ने चालाकी दिखाते हुए उस परिवार को जर्मन मार्क (जर्मनी की मुद्रा) में भुगतान करने का प्रस्ताव दिया। फिर उसने उस कश्मीरी परिवार को द्वितीय विश्वयुद्ध से पहले वीमर के दौर में चलन में रहे मार्क में भुगतान किया, जिनकी आधुनिक जमाने में कोई कीमत नहीं है। फिर जब उसने अपने देश वापस लौटकर दोस्तों को अपनी इस करतूत की कहानी सुनाई, तब जाकर उसे एहसास हुआ कि उसने कितना गलत किया। समय के साथ स्थिति ऐसी हो गई कि जब भी उसकी नज़र उस कश्मीरी गलीचे पर नज़र पड़ती, तो वह पछतावे में डूब जाता। इस पर्यटक की ही तरह बहुत से लोगों को ऐसी किसी घटना के बाद ही ये एहसास होता है कि वे पैसों और दूसरे पक्ष का फायदा उठाने से ज़्यादा अपने जीवन में अन्य चीज़ों की परवाह करते हैं।

लोगों के साथ व्यवहार करने के बारे में सवाल

सवाल 4: 'अगर लोग ही समस्या हों, तो फिर मुझे क्या करना चाहिए?'

'लोगों और समस्याओं को अलग-अलग रखें' इस सलाह का अर्थ कुछ लोगों ने ये समझ लिया है कि लोगों से जुड़ी समस्याओं को भूल जाना। जबकि इस सलाह के पीछे हमारा ये मतलब कतई नहीं था। आमतौर पर लोगों से जुड़ी समस्याओं पर मूल समस्याओं से ज़्यादा ध्यान देने की जरूरत होती है। जिन सौदेबाजियों में आपसी सहमति बनाना उन्हें तोड़ने के मुकाबले कहीं ज़्यादा सार्थक होता है, उनमें से अधिकांश के टूटने के पीछे रक्षात्मक और प्रतिक्रियात्मक व्यवहार करने की इंसानी प्रवृत्ति एक बड़ी वजह होती है। सौदेबाज़ी में लोगों की समस्याओं - जैसे कि आप दूसरे पक्ष के साथ कैसा व्यवहार कर रहे हैं - को अनदेखा करने का नुकसान आपको ही उठाना पड़ेगा। लोगों से जुड़ी समस्याएँ चाहे आपके लिए एक सरोकार मात्र हो या फिर आपकी सौदेबाज़ी का मुख्य फोकस हों, हमारी बुनियादी सलाह वही है:

एक ऐसा कामकाजी संबंध बनाएँ, जो आपसी सहमति या असहमति से मुक्त हो। आप किसी से जितनी गंभीरता से असहमत होते हैं, उतना ही महत्वपूर्ण ये है कि

आप उस असहमति से अच्छी तरह निपट सकें। एक अच्छा कामकाजी संबंध वह होता है, जो आपसी मतभेदों का सामना कर सके। ऐसा संबंध मूल रियायतें देकर या ये दिखावा करके नहीं बनाया जा सकता कि आपके बीच कोई असहमति है ही नहीं। हमारा अनुभव बताता है कि तुष्टिकरण कारगर साबित नहीं होता। वर्तमान में कोई अनुचित रियायत देने से भविष्य के मतभेदों को निपटाना आसान नहीं हो जाता; बल्कि हो सकता है कि अगली बार आप ये सोचें कि अब रियायत देने की बारी दूसरे पक्ष की है; जबकि शायद वे यह सोच रहे होंगे कि अगर वे अड़ियल रवैया दिखाएँगे, तो पिछली बार की तरह इस बार भी आप हार मानकर रियायत दे देंगे। (तत्कालीन ब्रिटिश प्रधानमंत्री नेविल चेम्बरलेन, सुडेटेनलैंड पर जर्मन कब्जे से सहमत हो गए थे और उसके बाद पूरे चेकोस्लोवाकिया पर हिटलर द्वारा कब्जा करने पर भी उन्होंने कोई खास सैन्य प्रतिक्रिया नहीं दी, संभवत: इसीलिए नाजियों ने ये मान लिया था कि पोलैंड पर आक्रमण करने से भी युद्ध शुरू नहीं होगा।)

किसी मूल रियायत के लिए ज़बरदस्ती करते हुए आपको आपसी संबंधों को खत्म करने की धमकी नहीं देनी चाहिए। ('अगर तुम्हें सचमुच मेरी परवाह होती... तो तुम अब तक मान गए होते' या 'अगर तुम मुझसे सहमत नहीं हो सकते... तो आज से हमारे संबंध खत्म।') ये चाल उस समय रियायत पाने में कारगर साबित हो या नहीं, लेकिन इससे संबंधों को हानि पहुँचना तय है। जिससे भविष्य में आपसी मतभेदों को निपटाना दोनों के लिए और मुश्किल हो सकता है।

मूल मुद्दों को संबधों से और प्रक्रिया संबंधित मसलों से अलग रखना चाहिए। एक संभावित आपसी समझौते की सामग्री को इस सवाल से अलग रखना जरूरी होता है कि आप उसके बारे में कैसे बात करेंगे और दूसरे पक्ष के साथ कैसे निपटेंगे। हर मसले पर उसकी मेरिट के अनुसार सौदेबाजी की जानी चाहिए। आगे दी गई सूची इसी फर्क को दर्शाती है।

संबंधों से जुड़े मसले

भावना और तर्क का संतुलन

संवाद में आसानी

साख और विश्वसनीयता

स्वीकार्यता (या अस्वीकार्यता) का रवैया

राज़ी करने (या ज़बरदस्ती करने) पर ज़ोर

आपसी समझ

<u>मूल मसले</u>

नियम

शर्तें

कीमतें

तारीखें

आँकड़े

देनदारी

लोग अक्सर ये मान लेते हैं कि एक अच्छा मूल परिणाम पाने के लिए दूसरे पक्ष को राजी करना और उनके साथ अपने संबंध बनाकर रखना, दो विपरीत बातें हैं। लेकिन हम ऐसा नहीं मानते। अच्छे कामकाजी संबंध होने से दोनों पक्षों के लिए अच्छे मूल परिणाम हासिल करना आमतौर पर आसान हो जाता है। अच्छे मूल परिणाम एक अच्छे कामकाजी संबंध को आमतौर पर और बेहतर बना देते हैं।

कभी-कभी आपस में सहमत होने के लिए कुछ अच्छे कारण मौजूद होते हैं, भले ही आपको ये लगता हो कि निष्पक्षता बरतने का परिणाम कुछ और ही होगा। उदाहरण के लिए अगर आप दोनों के बीच पहले से अच्छे कामकाजी संबंध हों, तो हो सकता है कि किसी विशेष मसले पर आप दो कदम पीछे हटने को तैयार हो जाएँ क्योंकि आपको इस बात का विश्वास होगा कि सामनेवाला आपके इस एहसान को याद रखेगा और भविष्य में ऐसा ही कोई और मौका आने पर खुद दो कदम पीछे हटने को तैयार रहेगा। या फिर हो सकता है कि सभी चीज़ों को ध्यान में रखते हुए आप यथोचित रूप से ये निर्णय लें कि ऐसे मसलों पर एक-दूसरे से संघर्ष करना सार्थक नहीं होगा। कुल मिलाकर हमारे कहने का मतलब है कि किसी संबंध को बेहतर बनाने के चक्कर में आपको सौदेबाज़ी में अपने कदम पीछे नहीं हटाने चाहिए या हार नहीं माननी चाहिए।

संबंधों को लेकर सौदेबाज़ी करें। एक कामकाजी संबंध बनाने और मेरिट्स के आधार पर मूल मतभेदों पर सौदेबाज़ी करने के आपके प्रयासों के बावजूद भी अगर लोगों से जुड़ी समस्याएँ आपके रास्ते में बाधा बनकर खड़ी हों, तो उन पर

भी उनकी मेरिट के आधार पर ही सौदेबाज़ी करें। दूसरे पक्ष के व्यवहार पर अपनी चिंता जाहिर करें और उस पर वैसे ही चर्चा करें, जैसे आप किसी मूल मतभेद पर चर्चा करते। लेकिन उन्हें जज करने या उनकी प्रेरणाओं को खारिज करने से बचें। इसके बजाय अपनी धारणाओं और भावनाओं को उनके सामने रखें और उनकी धारणाओं व भावनाओं के बारे में जानने का प्रयास करें। एक-दूसरे के साथ कैसा व्यवहार करना है, ये निर्धारित करने के लिए बाहरी मानकों और निष्पक्ष सिद्धांतों का प्रस्ताव रखें और दबाव बनानेवाली चालों में फँसने से इंकार कर दें। भविष्य की ओर देखते हुए चर्चा करें, न कि अतीत की ओर देखते हुए। इस धारणा के साथ काम करें कि आपको जो भी परिणाम मिल रहे हैं, जरूरी नहीं है कि वे दूसरे पक्ष के चलते ही मिल रहे हों और अगर उन्हें जरूरत महसूस होगी तो वे अपना दृष्टिकोण बदल लेंगे।

हमेशा की तरह सौदेबाज़ी में ये जरूरी है कि आपने 'आपसी सहमति का अपना सर्वश्रेष्ठ विकल्प' पहले ही सोचकर रखा हो। हो सकता है कि कुछ मामलों में दूसरा पक्ष आपकी चिंताओं और सरोकारों को एक साझा समस्या के रूप में देखें, लेकिन सिर्फ तभी, जब संतोषजनक समाधान न मिलने की स्थिति में आपसी सहमति का आपका सर्वश्रेष्ठ विकल्प उनके लिए बहुत लाभप्रद न हो।

आप उनके साथ कैसा व्यवहार करते हैं और वे आपके साथ कैसा व्यवहार करते हैं, इसके बीच के अंतर को पहचानें।

आपको अनुचित व्यवहार का अनुकरण करने की कोई जरूरत नहीं है। हालाँकि ऐसा व्यवहार करके आप उन्हें सबक तो सिखा सकते हैं, लेकिन आमतौर पर यह ऐसा सबक नहीं होता, जो हमें पसंद आए। अधिकांश मामलों में ऐसी प्रतिक्रिया उसी व्यवहार को बढ़ावा देती है, जो हमें पसंद नहीं होता। इससे दूसरे पक्ष को ये लगने लगता है कि हर कोई ऐसा अनुचित व्यवहार ही करता है और खुद को बचाकर रखने का यही एक तरीका है कि सामनेवाले के साथ अनुचित व्यवहार किया जाए। दरअसल हमें दूसरों से वैसा ही व्यवहार करना चाहिए, जैसा व्यवहार हम उन्हें हमारे साथ करते देखना चाहते हों। साथ ही जो व्यवहार हमें नापसंद हो, सामनेवाले को उसका प्रतिफल देने से भी बचना चाहिए। और ये दोनों ही चीज़ें हमें अपने मूल हितों के साथ कोई समझौता किए बिना करनी चाहिए।

तर्कहीनता के साथ तर्कसंगत ढंग से निपटें। इस संसार में किया जानेवाला

अधिकांश व्यवहार बहुत तर्कसंगत नहीं होता। जैसा कि हमने अध्याय-2 में कहा था, 'सौदेबाज़ सबसे पहले इंसान होते हैं।' हम अक्सर आवेश में आकर कार्य करते हैं और बिना सोचे-समझे प्रतिक्रिया देते हैं, खासकर तब, जब हम गुस्से में हों या फिर भयभीत अथवा निराश हों। और हम सब ऐसे किसी न किसी व्यक्ति को जानते हैं, जो हमेशा तर्कहीन व्यवहार करता है, चाहे स्थिति कोई भी हो। पर ऐसे व्यवहार से कैसे निपटा जाए?

सबसे पहले तो ये स्वीकार कर लें कि लोग अक्सर तर्कसंगत व्यवहार नहीं करते, लेकिन इसके बावजूद हमें खुद तर्कसंगत व्यवहार करने का प्रयास जरूर करना चाहिए। आखिर हम ये तो नहीं चाहेंगे कि पागलों के अस्पताल के डॉक्टर भी पागल ही हों। इसी तरह दूसरे सौदेबाज़ों के तर्कहीन व्यवहार से निपटते समय आपको भी यथासंभव तर्कसंगत व्यवहार करना होगा।

दूसरा ये कि अपनी इस धारणा पर सवाल उठाएँ कि अन्य लोग तर्कहीन व्यवहार कर रहे हैं। हो सकता है कि वे स्थिति को दूसरे ढंग से देख रहे हों। अधिकांश संघर्षों में हर पक्ष ये मानकर चलता है कि सामनेवाला जो माँग कर रहा है, उसके लिए 'ना' कहना उचित है। लेकिन हो सकता है कि सुरक्षित ढंग से प्रस्तुत की गई आपकी शुरुआती पोजिशन सामनेवाले को मेरिट के आधार पर अनुचित लग रही हो; हो सकता है कि वे चीज़ों को अलग ढंग से महत्त्व देते हों; या फिर हो सकता है कि आप दोनों के बीच का संवाद विफल रहा हो।

कभी-कभी लोगों की मान्यताएँ ऐसी होती हैं, जिन्हें हममें से अधिकांश लोग 'तर्कहीन' ही कहेंगे, जैसे हवाई सफर करने से डरना। हालाँकि भीतरी रूप से ये लोग तर्कसंगत प्रतिक्रिया ही दे रहे होते हैं, जो उनके अपने अनुभवों पर आधारित होती है। कहीं न कहीं उनके मन में सचमुच ये विचार होता है कि उनका विमान दुर्घटनाग्रस्त हो जाएगा। अब अगर हम भी उनकी ये बात मान लें, तो फिर हम भी हवाई सफर नहीं करेंगे। तो यहाँ धारणा ही गड़बड़ है, न कि धारणा पर दी जानेवाली प्रतिक्रिया। ऐसे लोगों को गलत ठहराने से (चाहे आप इसके लिए उन्हें कितने भी वैज्ञानिक अध्ययनों का हवाला दें) या फिर उनकी मान्यताओं के लिए उन्हें बुरा-भला कहने से उनकी भावनाएँ बदल नहीं जाएँगी। जबकि दूसरी ओर अगर आप उनकी भावनाओं को गंभीरता से लेते हुए सहानुभूतिपूर्ण ढंग से उनकी मान्यताओं की पड़ताल करेंगे और उनके तर्कों की जड़ में जाने की कोशिश

करेंगे, तो हो सकता है कि बदलाव लाना संभव हो जाए। उनके साथ काम करते हुए संभवत: आपको एहसास होगा कि शायद वे तर्क की सीमा से आगे चले गए हैं या तथ्यात्मक रूप से गलत धारणा के शिकार हैं या फिर अतीत की किसी दर्दनाक घटना के प्रभाव में हैं। एक बार जब उनकी तर्कहीन मान्यताओं के पीछे का वास्तविक कारण सामने आ जाएगा, तो वे खुद ही उनकी जाँच-पड़ताल करके उसमें संशोधन कर सकते हैं। संक्षेप में कहें, तो आपको उनकी पोजिशन के पीछे के मनोवैज्ञानिक हितों पर गौर करना चाहिए ताकि उन्हें अपने हितों को अधिक प्रभावी ढंग से पूरा करने में मदद मिले।

सवाल 5: 'क्या मुझे आतंकियों या हिटलर जैसे किसी व्यक्ति के साथ भी सौदेबाज़ी करनी चाहिए? सौदेबाज़ी न करना कब तर्कसंगत होता है?'

अगर आपके पास आपसी सहमति का सर्वश्रेष्ठ विकल्प नहीं है, तो दूसरा पक्ष भले ही कितना भी बुरा हो पर आपके सामने खड़ा असली सवाल ये नहीं है कि आपको सौदेबाज़ी करनी है या नहीं बल्कि असली सवाल तो ये है कि ये सौदेबाज़ी कैसे करनी है।

आतंकियों से सौदेबाज़ी? जी हाँ, एक तरह से देखें, तो आप उनके निर्णयों को प्रभावित करने की कोशिश कर रहे हैं और वे आपके - इस तरह आप उनसे सौदेबाज़ी तो कर ही रहे हैं, भले ही उनसे बात न कर रहे हों। सवाल ये है कि क्या एक दूरी बनाए रखते हुए अपने शब्दों और कर्मों के माध्यम से ऐसा करना है (जैसे 'हम आंतकियों से कभी कोई सौदेबाज़ी नहीं करेंगे!') या फिर अपेक्षाकृत अधिक सीधे तौर पर ऐसा करना है। आमतौर पर दोनों पक्षों के बीच जितना अच्छा संवाद होगा, आपको अपना प्रभाव डालने के उतने ही बेहतर मौके मिलेंगे। अगर व्यक्तिगत सुरक्षा की समस्या को हल किया जा सकता है, तो आंतकियों के साथ संवाद स्थापित करना सार्थक होगा, फिर चाहे उन्होंने किसी को बंधक बना रखा हो या फिर वे हिंसा करने की धमकी दे रहे हों। अगर आपके पास अपनी बात को सही साबित करने के लिए अच्छे तर्क हैं, तो संभव है कि वे आपको जितना प्रभावित करेंगे, उससे कहीं ज़्यादा आप उन्हें प्रभावित कर लेंगे। (ठीक यही तर्क सौदेबाज़ी के 'आतंकियों' से निपटने पर भी लागू होता है यानी वे सौदेबाज़ जो गंदी और धूर्त चालें चलने की कोशिश करते हैं।)

सौदेबाज़ी करने का अर्थ हार मान लेना नहीं है। ब्लैकमेल करनेवाले की माँगें

स्वीकार करना या फिरौती देना बड़ा महँगा होता है। अपहरणकर्ताओं को फिरौती देने से उन्हें भविष्य में और लोगों का अपहरण करने का प्रोत्साहन मिलता है। लेकिन संवाद के माध्यम से आतंकियों को (और भविष्य के आतंकियों को) इस बात के लिए राज़ी करना भी संभव है कि उन्हें कोई फिरौती नहीं मिलनेवाली है। इसके साथ ही उनके वैध हितों का पता लगाना और ऐसा समझौता करना भी संभव है, जिसमें दोनों पक्षों में से किसी को भी हार न माननी पड़े।

अल्जीरियाई मध्यस्थों की मदद से जनवरी 1981 में अमेरिका और ईरान के बीच हुई सौदेबाज़ी से उन अमेरिकी राजनयिकों की रिहाई संभव हो सकी, जिन्हें पिछले एक साल से भी ज़्यादा समय से तेहरान के अमेरिकी दूतावास में बंधक बनाकर रखा गया था। इस समझौते का आधार ये था कि दोनों पक्षों को उससे ज़्यादा नहीं मिलेगा, जिसके वे हकदार हैं: बंधकों को रिहा किया जाना; ईरान द्वारा अपना कर्ज चुकाना; उस धनराशि का निपटारा होने के बाद अमेरिका द्वारा ज़ब्त शेष राशि ईरान को लौटा देना; अमेरिका द्वारा ईरान की सरकार को मान्यता देना और उसके आंतरिक मामलों में हस्तक्षेप न करना। इस सौदेबाजी के बिना किसी समझौते तक पहुँचना असंभव नहीं, तो कम से कम मुश्किल जरूर होता। और अमेरिकी दूतावास को कब्जे में करने जैसी अवैध हरकत के बावजूद अंततः 1980 की शरद ऋतु में हुई इस सौदेबाज़ी से दोनों पक्षों को लाभ हुआ।

कहते हैं कि अधिकारियों को राजनीतिक आतंकियों से बातचीत करने से इंकार कर देना चाहिए क्योंकि बातचीत करने से उन आतंकियों के गैरकानूनी कार्यों को मान्यता मिलती है और उनकी हैसियत बढ़ जाती है: ये सच है कि जब कोई उच्च अधिकारी आतंकियों से जाकर मिलता है, तो आमतौर पर उन आतंकियों का महत्त्व बढ़ जाता है, जो उस मुलाकात से होनेवाले संभावित लाभ के मुकाबले भारी पड़ता है। लेकिन पेशेवर स्तर पर ऐसी मुलाकात करना बिलकुल अलग बात है। जैसे शहरी पुलिस के सौदेबाज़ों (वार्ताकारों) का अनुभव कहता है कि किसी ऐसे अपराधी – जिसने मासूम लोगों को बंधक बनाकर रखा हो – के साथ सीधा और व्यक्तिगत संवाद करने का परिणाम अक्सर बंधकों की रिहाई और अपराधी की गिरफ्तारी के रूप में सामने आता है।

सन 1988 में कुवैत एयरवेज के विमान नं. 422 के अपहरण के बाद अपहरणकर्ताओं के साथ व्यापक स्तर पर सौदेबाज़ी हुई, लेकिन बहुत ही छोटे-मोटे

मुद्दों पर। इस घटना की शुरुआत में ही कुवैती सरकार ने दो–टूक कह दिया कि कुवैत की जेल में बंद शिया आंतकियों को रिहा नहीं किया जाएगा और फिर वे अपने इस मौलिक सिद्धांत से एक बार भी पीछे नहीं हटे। लेकिन साइप्रस और अल्जीरिया में स्थानीय अधिकारियों ने विमान को लैंड करने की अनुमति देने, अतिरिक्त ईंधन देने का अनुरोध स्वीकार करने, मीडिया से बात करने और खाद्य सामग्री उपलब्ध कराने जैसी चीज़ों पर लगातार सौदेबाज़ी की। ऐसे हर लेन–देन के बदले इन अधिकारियों ने अपहरणकर्ताओं से अधिक से अधिक बंधकों को रिहाई की माँग की, जो पूरी भी हुई। इसके अलावा ये अधिकारी मुस्लिम होने के नाते अपहरणकर्ताओं से दया दिखाने जैसे इस्लामी आदर्शों की अपील करते रहे और लोगों को बंधक बनाकर रखने के खिलाफ पैगंबर मोहम्मद की नसीहतों का हवाला भी देते रहे। आखिरकार एक–एक करके सारे बंधक रिहा हो गए। अपहरणकर्ताओं को भी अल्जीरिया छोड़कर जाने की अनुमति दे दी गई, लेकिन अपने घोषित लक्ष्यों को हासिल करने में उनकी शर्मनाक विफलता के चलते भविष्य में आतंकी अपहरण की ऐसी घटनाओं में भारी कमी देखने को मिली।

हिटलर जैसे किसी व्यक्ति के साथ सौदेबाज़ी? ये विकल्प पर निर्भर करता है। हो सकता है कि आपके कुछ हित इतने महत्वपूर्ण हों, जिनके लिए संघर्ष करना तो क्या, आप जान देने के लिए भी तैयार हों। हममें से अधिकांश लोगों को लगता है कि दुनिया को फासीवाद से मुक्ति दिलाना, क्षेत्रवादी आक्रामकता के खिलाफ खड़े होना और नरसंहार रोकना इसी श्रेणी में आता है। अगर ऐसे हित दांव पर लगे हों और उन्हें कम खर्चीले साधनों की मदद से पूरा करना संभव न हो, तो आपको संघर्ष करने के लिए तैयार रहना चाहिए, फिर चाहे वह संघर्ष पूरी तरह कारगर साबित हो या नहीं।

वहीं दूसरी ओर युद्ध बहुत ही भयानक होता है, जबकि लोग इसे लेकर बड़ा रूमानी रवैया रखते हैं। अगर आप अपने अधिकांश हितों को अहिंसक साधनों की मदद से काफी हद तक पूरा कर सकते हैं, तो आपको ऐसा ही करना चाहिए। कुछ युद्ध बड़े इकतरफा होते हैं – जैसे संयुक्त राष्ट्र द्वारा कुवैत को आज़ाद कराने का मामला। हालाँकि वहाँ भी अगर कुवैत से ईराकी सेना की वापसी को लेकर सौदेबाज़ी होती, तो कुवैत के तेल के कुँओं में लगी आग, फारस की खाड़ी को हुई पर्यावरणीय क्षति और युद्ध की भयावह पीड़ा जैसी चीज़ों से बचा जा सकता था।

और सबसे महत्वपूर्ण बात कि युद्ध ऐसे किसी परिणाम की गारंटी नहीं देता, जो अन्य तरीकों द्वारा हासिल किए गए परिणामों से बेहतर हों। सोवियत यूनियन के प्रधानमंत्री के रूप में जोसेफ स्टालिन से दुनिया को उतनी ही आपत्ति थी, जितनी हिटलर से थी। स्टालिन ने कई प्रकार से क्षेत्रवादी आक्रामकता दिखाई, नरसंहार कराया और एक ऐसी राज्य-केंद्रित विचारधारा को बढ़ावा दिया, जो व्यावहारिक रूप से काफी हद तक राष्ट्रीय-समाजवाद जैसी नज़र आती थी। लेकिन जिस तरह एलाइड फोर्सेस (द्वितीय विश्वयुद्ध में ब्रिटेन अमेरिका और अन्य साथी देशों का सैन्य गठबंधन) ने जर्मनी पर विजय प्राप्त की थी, सोवियत यूनियन पर भी वैसी ही विजय प्राप्त करना - और वह भी हाइड्रोजन बम के युग में - एक व्यावहारिक विकल्प नहीं था। इसके साथ ही जो सिद्धांत दांव पर लगे थे, वे एक-दूसरे का विनाश करने को सही नहीं ठहराते थे। इसीलिए सोवियत साम्यवाद के साथ अपनी नैतिक लड़ाई में पश्चिमी देशों ने दृढ़ता का परिचय देते हुए तब तक धैर्यपूर्वक इंतजार किया, जब तक सोवियत यूनियन का पतन स्वत: ही शुरू नहीं हो गया।

हमें हिटलर या स्टालिन जैसे लोगों से भी सौदेबाज़ी करनी चाहिए, बशर्ते उस सौदेबाज़ी से कोई ऐसा परिणाम मिलने की उम्मीद हो, जो हमारे हितों को हमारे आपसी सहमति के सर्वश्रेष्ठ विकल्प के मुकाबले बेहतर ढंग से पूरे करता हो। जब सचमुच कोई युद्ध होता है, तो आमतौर पर वह एक सौदेबाज़ी के दौरान उठाया गया कदम ही होता है। युद्ध में हिंसा का उद्‌देश्य होता है, दूसरे पक्ष के आपसी सहमति के सर्वश्रेष्ठ विकल्प को या उसे लेकर दूसरे पक्ष की धारणाओं को बदल देना ताकि वे शांति स्थापित करने की हमारी शर्तों से आसानी से सहमत हो जाएँ। ऐसे मामलों में सौदेबाज़ी के संदर्भ में सोच-विचार करना महत्वपूर्ण होता है ताकि हम दूसरे पक्ष को ऐसा प्रस्ताव देने में सक्षम हों कि वह उसे स्वीकार कर ले।

धार्मिक विश्वासों के आधार पर व्यवहार करनेवाले लोगों के बीच सौदेबाज़ी? जी हाँ। हालाँकि इस बात की संभावना कम ही है कि सौदेबाज़ी से लोगों के धार्मिक विश्वासों में बदलाव आएगा, लेकिन अपने विश्वासों के आधार पर वे जो कर्म करते हैं, संभवत: उन्हें प्रभावित किया जा सकता है। कुवैत एयरवेज के विमान अपहरण के मामले में कुछ ऐसा ही देखने को मिला था। इसमें एक मुख्य बिंदु - जो सचमुच दोहराने योग्य है - ये है कि सौदेबाज़ी के लिए अपने सिद्धांतों से समझौता करने की जरूरत नहीं है। आमतौर पर एक ऐसा समाधान ढूँढ़ने से ही सफलता मिलती है, जो दोनों पक्षों के सिद्धांतों के अनुरूप हो।

कई स्थितियाँ 'धार्मिक' संघर्ष जैसी सिर्फ दिखाई देती हैं। जैसे उत्तरी आयरलैंड में प्रोटेस्टेंट और कैथोलिक ईसाइयों के बीच का संघर्ष या लेबनान में ईसाइयों और मुसलमानों के बीच का संघर्ष, कोई धार्मिक संघर्ष नहीं है। इन मामलों में धर्म दरअसल एक समूह को दूसरे समूह से विभाजित करनेवाली मात्र एक दरार की तरह कार्य करता है। इस दरार को मजबूत किया जाता है क्योंकि इससे ये विभाजन स्पष्ट होता है कि लोग कहाँ के वासी हैं, कहाँ काम करते हैं, उनके दोस्त कौन हैं और वे चुनावों में वोट किसे देते हैं। ऐसे समूहों के बीच सौदेबाज़ी अत्यंत वांछनीय है क्योंकि इस बात की संभावना बढ़ जाती है कि दोनों समूह ऐसे व्यावहारिक समझौते करने में सक्षम होंगे, जिनसे दोनों के पारस्परिक हित पूरे होते हों।

सौदेबाज़ी न करना कब तर्कसंगत होता है? सौदेबाज़ी करना तर्कसंगत होगा या नहीं और उसके लिए कितनी मेहनत करनी चाहिए, ये इस बात पर निर्भर करता है कि आपसी सहमति का सर्वश्रेष्ठ विकल्प आपको कितना संतोषजनक लगता है और सौदेबाज़ी से बेहतर परिणाम आने की आपको कितनी उम्मीद है। अगर आपका आपसी सहमति का सर्वश्रेष्ठ विकल्प ठीक है और सौदेबाज़ी निराशाजनक प्रतीत होती है, तो फिर उस सौदेबाज़ी में अपना कीमती समय खर्च करने का कोई मतलब नहीं है। लेकिन अगर आपसी सहमति का आपका सर्वश्रेष्ठ विकल्प बेकार है, भले ही सौदेबाज़ी निराशजनक प्रतीत हो रही हो, तो आपको उसमें और समय देने के लिए तैयार रहना चाहिए ताकि ये देखा जा सके कि क्या कुछ ऐसा किया जा सकता है, जो अपेक्षाकृत अधिक संतोषजनक हो।

ये विश्लेषण करने के लिए जरूरी है कि अपने और दूसरे पक्ष के, आपसी सहमति के सर्वश्रेष्ठ विकल्प पर आपने गहन सोच-विचार किया हो। यहाँ आपको वह गलती नहीं करनी चाहिए, जो एक दिवालिया ऊर्जा कंपनी के साथ सौदेबाज़ी कर रहे बैंक ने की थी। कानूनी तौर पर, बैंक उस ऊर्जा कंपनी का स्वामित्व अपने हाथों में लेने का हकदार था। लेकिन जिस कोर्ट में ये मामला चल रहा था, उसके जज ने कहा कि दोनों पक्ष आपस में समझौता कर लें। बैंक ने कंपनी के 51 फीसदी शेयर खरीदने और कर्ज की ब्याज दर कम करने का प्रस्ताव दिया, लेकिन कंपनी (जिसका स्वामित्व प्रबंधन के पास था) ने इसमें बाधा डाल दी। इससे हताश होकर बैंक महीनों तक इस बात का इंतजार करता रहा कि कंपनी सौदेबाज़ी में दिलचस्पी दिखाए। स्वाभाविक है कि कंपनी ने ऐसा करने से इंकार कर दिया - क्योंकि यहाँ कंपनी के लिए आपसी सहमति बनाने का सर्वश्रेष्ठ विकल्प यही था कि वह तेल

की कीमतों में उछाल आने का इंतजार करे। क्योंकि तेल की कीमतें बढ़ने से कंपनी अपना कर्ज चुकाने में सक्षम हो जाती और कंपनी का पूरा मालिकाना हक प्रबंधन के पास ही रहता। यहाँ बैंक न सिर्फ आपसी सहमति के अपने सर्वश्रेष्ठ विकल्प पर विचार करने में विफल रहा बल्कि कंपनी के सर्वश्रेष्ठ विकल्प को भी भाँप नहीं पाया। दरअसल बैंक को जज से बातचीत करके उसे ये समझाना चाहिए था कि कैसे ये स्थिति बिलकुल अनुचित है और इस पर पुनर्विचार किया जाना चाहिए। लेकिन बैंक को लगा कि उसके पास एक मात्र विकल्प यही है कि वह कंपनी से सौदेबाज़ी करे।

सरकारें हमेशा आपसी सहमति के अपने सर्वश्रेष्ठ विकल्प को जरूरत से ज़्यादा अच्छा मानने की गलती कर बैठती हैं। उदाहरण के लिए जब वे ये जताती हैं कि अगर किसी विशेष स्थिति में राजनीतिक और आर्थिक साधन विफल हो जाते हैं, तब भी उनके पास 'सैन्य विकल्प' तो मौजूद रहेगा ही। जबकि वास्तव में 'सैन्य विकल्प' हमेशा व्यावहारिक नहीं होता। (जैसे जब कोई आतंकी समूह अपनी माँगें मनवाने के लिए मासूम लोगों को बंधक बना लेता है, तो उस स्थिति में ऐसा कोई सैन्य विकल्प उपलब्ध नहीं होता, जो यथार्थवादी रूप से इस बात की गारंटी दे सके कि बंधकों को बिना किसी हानि के रिहा करा लिया जाएगा। युगांडा के एंटेबे शहर के एयरपोर्ट – जिसे इजरायली इंजीरियरों द्वारा डिजाइन और निर्मित किया था – पर इजरायली सेना द्वारा छापामार कार्रवाई करके बंधकों को सफलतापूर्वक आज़ाद कराने जैसे मामले अपवाद ही हैं, जो हर सफलता के बाद और मुश्किल हो जाते हैं क्योंकि आतंकी समूह इन घटनाओं से सीख लेकर अगली बार नई रणनीतियों का उपयोग करते हैं।) ये परिस्थिति पर निर्भर करता है कि हमारे पास स्व-सहायता का विकल्प है या नहीं: क्या उद्देश्य को सिर्फ अपने प्रयासों से हासिल किया जाएगा? या फिर इसके लिए दूसरे पक्ष को भी कोई निर्णय लेना होगा? अगर दूसरे पक्ष का निर्णय जरूरी है तो फिर हमें किसके निर्णय को प्रभावित करना होगा, हम कैसा निर्णय चाहते हैं और अगर जरूरत पड़े, तो सैन्य बल उस निर्णय को प्रभावित करने में कैसे मदद कर सकता है?

यह मानकर न बैठें कि आपके पास आपसी सहमति का एक ऐसा सर्वश्रेष्ठ विकल्प उपलब्ध है (या उपलब्ध नहीं है) जो सौदेबाज़ी करने से बेहतर हो। इस पर गहन विचार करें और फिर तय करें कि सौदेबाज़ी करना तर्कसंगत होगा या नहीं।

सवाल 6: विभिन्न व्यक्तित्वों, संस्कृतियों और लिंग के बीच के अंतर को देखते हुए मुझे सौदेबाज़ी के अपने तरीके में कैसे बदलाव लाने चाहिए?

लोग किसी भी जगह के हों, वे कई मायनों में एक समान ही होते हैं। हम चाहते हैं कि लोग हमसे प्रेमभाव रखें, हम अपने और दूसरों के सम्मान की परवाह करते हैं और हम नहीं चाहते कि कोई हमारा फायदा उठाए। वहीं दूसरी ओर लोग - यहाँ तक कि एक समान पृष्ठभूमि से आए लोग भी - कई मायने में एक-दूसरे से अलग भी होते हैं। कुछ लोग बड़े मिलनसार होते हैं, जबकि कुछ शर्मीले; कुछ लोग बड़े ही बातूनी और तर्क-वितर्क व कुतर्क करनेवाले होते हैं, जबकि कुछ लोग भावुक स्वभाव के होते हैं; कुछ लोग बिलकुल सीधी और स्पष्ट बात करते हैं, जबकि कुछ लोग घुमा-फिराकर चतुराई से या अप्रत्यक्ष ढंग से बात करते हैं; कुछ लोगों को टकराव या विपरीत परिस्थितियों का सामना करने में बड़ा आनंद आता है, जबकि कुछ लोग किसी भी कीमत पर इससे बचना चाहते हैं। सौदेबाज़ के रूप में हर किसी के हित और संवाद की शैली अलग-अलग होती है। उनके निर्णय लेने के तरीके एक-दूसरे से अलग हो सकते हैं। उन्हें किसी बात के लिए प्रेरित करने या राज़ी करने में कारगर चीज़ें भी अलग-अलग हो सकती हैं। विभिन्न लोगों के साथ सौदेबाज़ी करते समय हम उनकी इन समानताओं और भिन्नताओं को समायोजित कैसे कर सकते हैं? इसके लिए आगे कुछ दिशानिर्देश प्रस्तुत किए गए हैं।

सामनेवाले के साथ तालमेल बिठाना : किसी भी सौदेबाज़ी में दूसरे पक्ष के मूल्यों, धारणाओं, सरोकारों, व्यवहार के मानदंडों और उनके मूड के प्रति संवेदनशील रवैया रखना बहुत महत्वपूर्ण होता है। अपने व्यवहार को आवश्यकता के अनुकूल बनाएँ। किसी के साथ सौदेबाज़ी करते समय आप दरअसल उसे प्रभावित करने की कोशिश ही कर रहे होते हैं। आप जितनी सफलतापूर्वक उस व्यक्ति के सोच-विचार के तरीकों के साथ तालमेल बिठाएँगे, उसके साथ एक समझौता करने की आपकी संभावना उतनी ही अधिक बढ़ जाएगी। सौदेबाज़ी पर प्रभाव डालनेवाले कुछ आम अंतर इस प्रकार हैं:

- गति : तेज या धीमी?
- औपचारिकता : कम या अधिक?
- बातचीत के दौरान शारीरिक निकटता : दूर या पास?

- मौखिक या लिखित आपसी सहमति : दोनों में से क्या अधिक बाध्यकारी व समावेशी है?
- संवाद में स्पष्टता : सीधी बात करना या घुमा-फिराकर बात करना?
- समयसीमा : अल्पकालिक या दीर्घकालिक?
- संबंध का दायरा : केवल पेशेवर या व्यापक?
- व्यवसाय करने का संभावित स्थान : निजी या सार्वजनिक?
- सौदेबाज़ी कौन करेगा : बराबरी की हैसियत रखनेवाला या वह जो उस काम में सबसे सक्षम होगा?
- प्रतिबद्धताओं की दृढ़ता : अपरिवर्तनशील या लचीली?

किसी विशेष स्थिति में हमारी सामान्य सलाह का पालन करें। ये समान्य सलाहें देनेवाली किताब है। जो हर व्यक्ति के साथ हर मामले में एक ही तरीके से लागू नहीं होगी। लेकिन इसकी बुनियादी बातें आमतौर पर उचित ही सिद्ध होती हैं। अगर आपके पास ऐसा न करने का कोई ठोस कारण नहीं है, तो हमारी सलाह है कि हर सौदेबाज़ी में अपना दृष्टिकोण इन बुनियादी बातों के आधार पर ही तय करें। इन सामान्य सिद्धांतों को लागू करने का सबसे अच्छा तरीका क्या होगा, ये संदर्भ विशेष पर निर्भर करता है। इसलिए किसी परिस्थिति के अनुकूल दृष्टिकोण तय करने के लिए आपको इन बिंदुओं पर विचार करना चाहिए कि आप कहाँ हैं किसके साथ सौदेबाज़ी कर रहे हैं, उद्योग के रीति-रिवाज क्या हैं और इस सौदेबाज़ के साथ आपका पिछला अनुभव कैसा रहा है आदि।

आस्था और रिवाज के बीच के अंतरों पर ध्यान जरूर दें, लेकिन लोगों को स्टीरियोटाइप (रूढ़िबद्ध) करने से बचें। हर समूह की आस्थाएँ व रीति-रिवाज अलग होते हैं। उनके बारे में जानें और उनका सम्मान करें लेकिन उनके आधार पर लोगों के बारे में धारणाएँ बनाने से बचें।

किसी व्यक्ति का दृष्टिकोण, उसकी रुचियाँ और ऐसी ही अन्य विशेषताएँ अक्सर उस समूह से काफी अलग होती हैं, जिससे वह व्यक्ति संबंधित होता है। उदाहरण के लिए जापानी लोग आमतौर पर संवाद व सौदेबाज़ी के मामले में ज़रा अप्रत्यक्ष तरीके अपनाते हैं यानी सीधी बात करने के बजाय ज़रा घुमा-फिराकर बात

करते हैं। लेकिन एक आम जापानी व्यक्ति सौदेबाज़ी की हर शैली के लिए तैयार रहता है। जैसे जापानी सरकार के एक प्रमुख मंत्री को सौदेबाज़ी की अपनी ढीठ 'अमेरिकी शैली' के लिए जाना जाता है – जबकि वह शैली अमेरिकी सौदेबाज़ों के बीच भी आम नहीं है। कुछ अध्ययनों के अनुसार, पुरुषों की तुलना में महिलाएँ अधिक खुले रवैये के साथ कम संरचित ढंग से सूचनाएँ इकट्ठा करती हैं, संबंधों को लेकर अधिक संवेदनशील होती हैं और उस नैतिकता के अनुसार कार्य करती हैं, जो नियम-कायदों और व्यक्तिगत अधिकारों से ज़्यादा दूसरों की परवाह करने और उनके प्रति अपने दायित्वों को पूरा करने पर आधारित हो। जबकि इन्हीं अध्ययनों का डाटा ये संकेत भी देता है कि ऐसी महिलाओं और पुरुषों की भी कोई कमी नहीं है, जिनकी प्रवृत्ति इसके बिलकुल विपरीत होती है।[1]

किसी के समूह की विशेषताओं के आधार पर उस व्यक्ति के बारे में धारणाएँ बनाना अपमानजनक होने के साथ-साथ तथ्यात्मक रूप से जोखिमभरा भी होता है। ऐसा करके आप उस इंसान को उसकी वैयक्तिकता से वंचित कर देते हैं। हम अपने बारे में ये नहीं मानते कि हमारी आस्थाएँ, विश्वास और आदतें उन समूहों द्वारा निर्धारित होती हैं, जिनमें हम फिट होते हों; दूसरों के बारे में भी ऐसी धारणा बना लेना उन्हें नीचा दिखाने के बराबर है। हम सब अपने परिवेश, अपनी परवरिश, अपनी सांस्कृतिक और सामूहिक पहचान के असंख्य पहलुओं से प्रभावित होते हैं, लेकिन व्यक्तिगत रूप से उसका कोई अनुमान नहीं लगाया जा सकता।

अपनी धारणाओं पर सवाल उठाएँ; दूसरे पक्ष की बात सक्रियता के साथ सुनें। आप दूसरों के बारे में जो भी धारणाएँ बनाते हैं – चाहे आप ये मानते हों कि वे बिलकुल आप जैसे हैं या आपसे बिलकुल अलग हैं – उन पर सवाल जरूर उठाएँ। इस बात को स्वीकार करने को लेकर अपना रवैया खुला रखें कि वे आपकी धारणा से बिलकुल विपरीत हैं। संस्कृतियों के बीच व्यापक विविधताएँ दरअसल उन अंतरों का सुराग देती हैं, जिनकी आपको तलाश करनी चाहिए। बस ये याद रखें कि हम सबके अपने-अपने विशिष्ट हित और गुण होते हैं, जो किसी एक सांचे में फिट नहीं होते।

---

[1] इसके शुरुआती संदर्भ के तौर पर देखें, कैरल गिलिगन की किताब इन अ डिफरेंट वॉयस (हार्वर्ड यूनिवर्सिटी प्रेस 1982)

चालों के बारे में सवाल

सवाल 7: मैं कैसे तय करूँ कि 'हमें एक-दूसरे से कहाँ मिलना चाहिए?' 'पहला प्रस्ताव किसे देना चाहिए?' और 'मुझे कितनी ऊँची शुरुआत करनी चाहिए?'

इससे पहले कि एक डॉक्टर किसी मरीज के ऐसे सवालों का जवाब दे सके कि 'मुझे कौन सी दवा लेनी चाहिए' या 'किस प्रकार के भोजन से परहेज करना चाहिए,' वह उस मरीज की बीमारी के लक्षण जानना चाहेगा और उसके संभावित कारणों की पहचान करना चाहेगा। इसके बाद ही कोई डॉक्टर इलाज की एक सामान्य रणनीति बना सकता है। ठीक यही बात सौदेबाज़ी के विशेषज्ञों पर भी लागू होती है। ऐसी कोई दवा उपलब्ध नहीं है, जो हर बीमारी में कारगर हो। एक अच्छी रणनीतिक सलाह के लिए स्थिति विशेष की विस्तृत जानकारी लेना आवश्यक होता है। इसे तीन विशिष्ट उदाहरणों पर विचार करके स्पष्ट किया जा सकता है:

हमें एक-दूसरे से कहाँ मिलना चाहिए? हम किस बात की चिंता है? अगर दोनों पक्ष बहुत व्यस्त रहते हैं और लगातार व्यवधान झेलते हैं, तो संभवत: एकांत जगह के बारे में विचार करना सबसे जरूरी होगा। अगर सामनेवाला असुरक्षित महसूस करता है या उसे अपने स्टाफ के सहयोग की जरूरत पड़ती है, तो शायद वह अपने ऑफिस में मिलने में ज़्यादा सहज महसूस करेगा। अगर आप चाहते हैं कि आप किसी भी समय मीटिंग छोड़कर जा सकें, तो संभवत: आप दूसरे पक्ष के ऑफिस में मिलना चाहेंगे। क्या आपको सौदेबाज़ी के दौरान चाट्‌र्स, फाइल्स या किसी तकनीकी विशेषज्ञ के परामर्श की जरूरत पड़ सकती है? अगर आप फ्लिप चार्ट, व्हाइट बोर्ड या ओवरहेड प्रोजेक्टर जैसी चीज़ों का उपयोग करना चाहते हैं, तो आप किसी ऐसे कॉन्फ्रेंस रूम में मिलना चाहेंगे, जहाँ ये सब सुविधाएँ उपलब्ध हों।

पहला प्रस्ताव किसे देना चाहिए? ये मानना गलत होगा कि एक ठोस आंकड़ा सामने रखने का सबसे अच्छा तरीका है दूसरे पक्ष को एक प्रस्ताव देना। आमतौर पर कोई प्रस्ताव देने से पहले आप कुछ समय तक हितों, विकल्पों और मानदंडों का पता लगाते हैं। तत्काल कोई प्रस्ताव सामने रख देने से दूसरे पक्ष को लग सकता है कि आप उन्हें जबरन राज़ी करने की कोशिश कर रहे हैं। एक बार जब दोनों पक्षों को समस्या समझ में आ जाती है, तो ऐसा प्रस्ताव जो अग्रिम हितों और मानकों के बीच सामंजस्य बिठाने का प्रयास करता है, उसे सही दिशा में आगे बढ़नेवाले एक रचनात्मक कदम के तौर पर देखने की संभावना बढ़ जाती है।

आप कोई प्रस्ताव दें या न दें, लेकिन आप चर्चा को शुरू से ही एक ऐसे दृष्टिकोण पर आधारित रखना चाहेंगे, जो आपके अनुकूल हो। वहीं दूसरी ओर अगर आपकी तैयारी अधूरी है और आपको नहीं पता कि क्या उचित होगा, तो संभवत: आप कोई विचार या प्रस्ताव सामने रखने में हिचकिचाहट महसूस करेंगे क्योंकि शायद आप ये उम्मीद कर रहे होंगे कि संभवत: दूसरा पक्ष पहले ही आकर आपके सामने कोई उदार प्रस्ताव रख देगा। लेकिन आपको सावधान रहना चाहिए। दूसरे पक्ष द्वारा दिए गए पहले प्रस्ताव या आंकड़े के आधार पर किसी चीज़ के मूल्य का आंकलन करना बेहद जोखिमभरा होता है। अगर आप किसी चीज़ के मूल्य के बारे में इतना कम जानते हैं, तो सौदेबाज़ी शुरू करने से पहले आपको उस चीज़ के बारे में और विस्तृत जानकारी इकट्ठी करनी चाहिए।

कीमत के बारे में होनेवाली सौदेबाज़ी में दोनों पक्षों की तैयारी जितनी अच्छी होगी, इस बात से उतना ही कम फर्क पड़ेगा कि पहला प्रस्ताव कौन देगा। दरअसल पहला प्रस्ताव किसे देना चाहिए, इसके नियम–कायदे सीखने के बजाय, मूल्य का आंकलन करने के बाहरी साधनों के साथ पूरी तरह तैयार रहने का नियम सीखना ज़्यादा बेहतर होगा।

मुझे कितनी ऊँची शुरुआत करनी चाहिए? बहुत से लोग सफलता का मूल्यांकन इस आधार पर करते हैं कि दूसरा पक्ष अपनी शुरुआती कीमत को कितना कम करता है। भले ही शुरुआती कीमत एक मनमाना आंकड़ा हो, जिसका महत्त्व एक 'स्टिकर मूल्य' या 'खुदरा मूल्य' से ज़्यादा न हो, लेकिन खरीदार अक्सर यही सोचकर खुश हो जाते हैं कि वे विक्रेता द्वारा बताई गई शुरुआती कीमत को कम कराने में सफल रहे। वे बाज़ार में उसकी असली कीमत की जाँच नहीं करते। वे ये नहीं जानते कि उनके सर्वश्रेष्ठ विकल्प की कीमत क्या होगी इसलिए वे 'शुरुआत में बताई गई कीमत' से कम में खरीदकर ही संतुष्ट हो जाते हैं।

अगर इन परिस्थितियों में विक्रेता आप हैं, तो आप एक ऐसे उच्चतम आंकड़े के साथ शुरुआत करना चाहेंगे, जिसे आप बिना शर्मिंदा महसूस किए उचित ठहरा सकें। दूसरे शब्दों में कहें, तो एक ऐसे उच्चतम आंकड़े से शुरुआत करें, जिसे आप एक तटस्थ तीसरे पक्ष के सामने उचित ठहरा सकें। ऐसा कोई आंकड़ा सामने रखने से पहले आप उसके पीछे के तर्क की व्याख्या करेंगे और उसके बाद उस कीमत को सामने रखेंगे। (अगर उन्हें ये कीमत पसंद नहीं आती है, तो हो सकता है कि

वे उसके पीछे का तर्क सुनना ही न चाहें।)

ऐसे शुरुआती आंकड़े को एक दृढ़ पोजिशन के रूप में प्रस्तुत नहीं करना चाहिए। क्योंकि शुरुआती आंकड़ों को आप जितनी दृढ़ता से सामने रखेंगे, बाद में उनमें बदलाव लाने से आपकी विश्वसनीयता को उतना ही नुकसान पहुँचेगा। इसलिए अपनी बात को कुछ इस तरह सामने रखना न सिर्फ सुरक्षित बल्कि प्रभावी भी होगा कि 'इस बारे में भी विचार करना चाहिए कि ऐसे ही काम के लिए अन्य लोग कितना भुगतान कर रहे हैं? उदाहरण के लिए न्यू यॉर्क में इसके लिए 18 डॉलर प्रतिघंटा का भुगतान किया जाता है। आपका क्या विचार है?' यहाँ आपने एक मानक और एक आंकड़ा (कीमत) सामने रख दिया है, जिसके प्रति आपने अभी तक कोई प्रतिबद्धता नहीं जताई है।

रणनीति तैयारी पर निर्भर करती है। रणनीति के बारे में दो सामान्यीकरण ऐसे हैं, जो आपको बताए जाने योग्य हैं। पहला, करीब-करीब सभी मामलों में रणनीति वास्तव में तैयारी का परिणाम होती है। अगर आप पूरी तरह तैयार हैं, तो रणनीति स्वत: ही उभर आएगी। अगर आप उन मानकों से अच्छी तरह परिचित हैं, जो आपकी सौदेबाज़ी में प्रासंगिक हैं, तो ये स्पष्ट होगा कि किन पर चर्चा करनी है और किन्हें दूसरा पक्ष सौदेबाज़ी के दौरान उठा सकता है। अगर आपने अपने हितों पर अच्छी तरह विचार किया है, तो आपके सामने ये स्पष्ट हो जाएगा कि किनका उल्लेख पहले करना है, किनका बाद में और किनका उल्लेख नहीं करना है। अगर आपने आपसी सहमति का अपना सर्वश्रेष्ठ विकल्प पहले ही तैयार कर लिया है, तो आपको पता चला जाएगा कि सौदेबाज़ी छोड़कर कब जाना है।

दूसरा, एक चतुर रणनीति अधूरी तैयारी का विकल्प नहीं बन सकती। अगर आपने चरण-दर-चरण एक ऐसी रणनीति तैयार की है, जो निश्चित रूप से सामनेवाले के पैरों तले ज़मीन खिसका देगी, तो ऐसे में अगर वे किसी और ही तैयारी के साथ सौदेबाज़ी करने आते हैं, तो आप मुसीबत में पड़ सकते हैं। हो सकता है कि आपकी रणनीति सौदेबाज़ी की शुरुआत में ही संबंधों से जुड़े मुद्दों पर चर्चा करने पर आधारित हो, जबकि वे आपसी सहमति के सर्वश्रेष्ठ विकल्पों पर चर्चा करना चाहते हों। चूँकि आप कभी भी यकीन से नहीं कह सकते कि उनकी रणनीति क्या होगी इसलिए बेहतर होगा कि सिर्फ एक विशेष दिशा में आगे बढ़ने की योजना बनाने के बजाय, पूरे परिदृश्य के बारे में जानने का प्रयास करें।

सवाल 8: मैं 'विकल्प ढूँढ़ने' से 'प्रतिबद्धता जताने' की ओर कैसे जाऊँ?

हमने इस बारे में काफी परामर्श दिया है कि सौदेबाज़ी में व्यावहारिक और पारस्परिक रूप से संतोषजनक विकल्प कैसे विकसित करें और लोगों से संबंधित विभिन्न समस्याओं से कैसे बचें या उनसे कैसे पार पाएँ। पर सवाल ये है कि आप मुद्दों को खत्म कैसे करेंगे? हम नहीं मानते कि इसकी कोई एक सर्वश्रेष्ठ प्रक्रिया होती है। लेकिन आगे कुछ सामान्य सिद्धांत दिए जा रहे हैं, जो विचार करने योग्य हैं :

मुद्दों के खात्मे के बारे में शुरुआत से ही सोचें। सौदेबाज़ी शुरू करने से पहले ही ये कल्पना करना तर्कसंगत है कि एक सफल आपसी सहमति कैसी होगी। इससे आपको ये समझने में मदद मिलेगी कि सौदेबाज़ी में कौन से मुद्दों से निपटने की जरूरत पड़ेगी – और उन्हें हल करने के लिए क्या करना होगा। कल्पना कीजिए कि एक आपसी सहमति को लागू करना कैसा होगा। कौन से मुद्दों को हल करना होगा? और फिर पीछे मुड़कर काम करें। खुद से पूछें कि दूसरा पक्ष अपने साथ के लोगों को एक आपसी सहमति के बारे में कैसे समझाएगा और उसे कैसे उचित ठहराएगा। ('हमारी गिनती ओंटारियो के शीर्ष १० फीसदी बिजली कर्मचारियों में होगी।' 'हम तीन में से दो मूल्यांकनकर्ताओं द्वारा प्रस्तावित मूल्य से कम का भुगतान कर रहे हैं।') अब यह विचार करें कि आपको भी ठीक ऐसा ही करने के लिए क्या कदम उठाने होंगे। फिर खुद से पूछें कि आप दोनों ही ये सब कहने में सक्षम हों, इसके लिए आपको किस तरह की आपसी सहमति बनानी होगी। अंत में इस बात पर विचार करें कि सौदेबाज़ी जारी रखने के बजाय, दूसरे पक्ष को मनाने के लिए और प्रस्तावित सहमति को खुद स्वीकार करने के लिए आपको क्या करना होगा।

सौदेबाज़ी को आगे बढ़ाते समय इन सवालों को याद रखें और जैसे-जैसे आपको और अधिक जानकारियाँ मिलें, अपने विज़न को उसके अनुसार संशोधित करें। अपने उद्देश्य पर इस तरह ध्यान केंद्रित करने से आपको अपनी सौदेबाज़ी को उत्पादक दिशा की ओर रखने में मदद मिलेगी।

रूपरेखा संबंधी आपसी समझौते को तैयार करने पर विचार करें। ऐसी सौदेबाजियों में जहाँ एक लिखित समझौता होना हो, वहाँ अपनी तैयारी के रूप में उस समझौते की रूपरेखा तय करना एक अच्छा विचार है। रूपरेखा संबंधी ऐसा समझौता, एक

दस्तावेज होता है, जिसमें खाली स्थान छोड़कर रखा जाता है ताकि विभिन्न चीज़ों को सौदेबाज़ी द्वारा तय करके वहाँ दर्ज किया जा सके। रियल स्टेट ब्रोकर्स के पास उपलब्ध खरीद-बिक्री का फॉर्म, रूपरेखा संबंधी विस्तृत समझौते का अच्छा उदारहण है। वहीं कुछ मामलों में शीर्षकों की सूची ही काफी होती है। रूपरेखा संबंधी विस्तृत आपसी समझौता तैयार करना यह सुनिश्चित करता है कि सौदेबाज़ी के दौरान महत्वपूर्ण मुद्दे अनदेखे न रह जाएँ। ऐसा कोई भी समझौता सौदेबाज़ी के शुरुआती बिंदु व एक स्पष्ट एजेंडे के रूप में भी कार्य कर सकता है, जिससे आपको अपने समय का कुशलतापूर्वक इस्तेमाल करने में मदद मिलेगी।

आप सौदेबाज़ी की शुरुआत एक रूपरेखा संबंधी समझौते से करें या न करें, लेकिन समझौते की संभावित शर्तों का मसौदा तैयार करना तर्कसंगत होता है। ऐसे मसौदे पर काम करना आपस की चर्चाओं को केंद्रित रखता है, अक्सर अनदेखे रह जानेवाले मुद्दों को सामने लाता है और प्रगति का एहसास देता है। जैसे-जैसे आप आगे बढ़ते हैं, वैसे-वैसे मसौदे को तैयार करने से चर्चा का एक रिकार्ड बनने लगता है, जिससे बाद में कोई गलतफहमी होने की संभावना कम हो जाती है। अगर आप एक रूपरेखा संबंधी समझौते के साथ काम कर रहे हैं, तो उसका मसौदा तैयार करने के लिए आपको एक-एक शर्त पर चर्चा करते हुए रिक्त स्थानों को भरने के अतिरिक्त और कुछ नहीं करना है; या फिर अगर अभी तक आप एक-दूसरे से सहमत नहीं हो पाए हैं, तो हो सकता है आपको वैकल्पिक प्रावधानों का मसौदा तैयार करना पड़े।

प्रतिबद्धता की ओर धीरे-धीरे बढ़ें। जैसे-जैसे सौदेबाज़ी आगे बढ़े और आप हर मुद्दे पर विकल्पों व मानकों पर चर्चा करें, तो आप आम सहमति का ऐसा प्रस्ताव प्राप्त करना चाहेंगे, जो सभी बिंदुओं को दर्शाता हो और उस मुद्दे पर जिस हद तक संभव हो, हर पक्ष के हितों को पूरा करता हो। अगर आप अब भी किसी एक विकल्प पर एक-दूसरे से सहमत नहीं हो पाए हैं, तो कम से कम विचाराधीन विकल्पों की श्रेणियों को सीमित करने का प्रयास करें और इसके बाद ही दूसरे मुद्दों पर विचार करें। इस तरह बाद में एक बेहतर विकल्प या फिर आपसी सामंजस्य बनाने की संभावना पैदा हो सकती है। (ठीक है, तो संभवत: 28 से 30 हज़ार की सैलरी उचित होगी। तो काम कब से शुरू करना है?)

विचार-मंथन को प्रोत्साहित करने के लिए, इस बात पर स्पष्ट सहमति बनाना

कारगर होगा कि सभी प्रतिबद्धताएँ संभावित हैं और प्रयोगात्मक तौर पर की जा रही हैं। इससे आपको अपनी चर्चाओं के दौरान प्रगति का एहसास होगा, साथ ही इस बात की चिंता भी कम होगी कि जिन विकल्पों पर चर्चा हुई है, उन्हें कहीं प्रतिबद्धता की तरह तो नहीं लिया जा रहा है। संभावित प्रतिबद्धताएँ ठीक हैं और बिना किसी ठोस कारण के उनमें बदलाव नहीं लाना चाहिए। लेकिन ये भी स्पष्ट कर दें कि जब तक आप चीज़ों को पूरी तरह देख-समझ नहीं लेते, तब तक आप किसी भी चीज़ के प्रति प्रतिबद्ध नहीं हैं। उदाहरण के लिए आप रूपरेखा संबंधी समझौते के शीर्ष पर लिख सकते हैं: 'संभावित मसौदा - बिना प्रतिबद्धता के।'

समझौते की ओर बढ़ने की प्रक्रिया शायद ही कभी रैखिक होती हो। मुद्दों की सूची पर कई बार गौर करने के लिए तैयार रहें। पहले किसी विशेष मुद्दे को देखना, फिर पूरे पैकेज पर गौर करना, ये आपको बार-बार करना होगा। कठिन मुद्दों पर बार-बार गौर करें या फिर उन्हें किनारे रख दें, ताकि बाद में सुलझा सकें। ये इस बात पर निर्भर होगा कि क्रमिक प्रगति संभव लग रही है या नहीं। इस तरह आगे बढ़ते हुए माँगों को अनदेखा कर दें और अपनी पोजिशन पर अटकने से बचें। इसके बजाय विकल्प दें और सामनेवाले से उन विकल्पों का मूल्यांकन व आलोचना करने को कहें। ('इस मसौदे की तर्ज पर समझौता करने के बारे में आपका क्या खयाल है? मैं यकीन से नहीं कह सकता कि इसके लिए मैं अपने पक्ष के लोगों को राजी कर पाऊँगा, लेकिन संभवत: इस पर विचार करने को तो कहा ही जा सकता है। क्या ये आपके लिए उचित रहेगा? अगर नहीं, तो आपके अनुसार इससे क्या गड़बड़ हो सकती है?')

अपने हितों को पूरा करने को लेकर दृढ़ रहें, लेकिन कोई विशेष समाधान निकालने के लिए सख्त रवैया न दिखाएँ। अपनी पोजिशन पर अड़े बिना दृढ़ता बनाकर रखने का एक तरीका है, अपने हितों को और उन्हें पूरा करनेवाले तरीकों को एक-दूसरे से अलग-अलग रखना। जब किसी प्रस्ताव को चुनौती दी जाए, तो उस प्रस्ताव का बचाव न करें बल्कि एक बार फिर अपने अंतर्निहित हितों की व्याख्या करें। दूसरे पक्ष से पूछें कि क्या उसके पास आपके इन हितों को और अपने हितों को पूरा करने का कोई और बेहतर तरीका है। अगर कोई ऐसा द्वंद्व हो, जिसे निपटाना असंभव लग रहा हो, तो सामनेवाले से पूछें कि एक पक्ष के हितों को, दूसरे पक्ष के हितों से ज़्यादा प्राथमिकता क्यों दी जानी चाहिए?

जब तक दूसरा पक्ष इस बारे में कोई ठोस तर्क नहीं देता कि आपकी सोच अधूरी क्यों है और उसमें बदलाव क्यों जरूरी है, तब तक अपने विश्लेषण पर टिके रहें। अगर सामनेवाला आपको अपनी बात से राजी करने की कोशिश करे, तो भले ही आप उसके हिसाब से अपनी सोच में संशोधन करें, लेकिन पहले उसके पीछे का तर्क जरूर पेश करें। (ये एक अच्छा बिंदु है। इस कारक का मूल्यांकन करने का एक तरीका ये हो सकता है कि...) अगर आपने अच्छी तैयारी की होगी, तो सामनेवाले के अधिकांश तर्कों का अनुमान आपने पहले ही लगा लिया होगा और यह भी सोच लिया होगा कि वे परिणामों को किस प्रकार प्रभावित कर सकते हैं।

इस दौरान लक्ष्य ये होगा कि व्यर्थ के टकराव से बचा जाए। जहाँ आपस में असहमति बनी रहे, वहाँ दूसरे क्रम का समझौता - यानी आप किन बातों पर असहमत हैं, इसे लेकर आपसी सहमति - बनाने का प्रयास करें। सुनिश्चित करें कि हर पक्ष के हित और तर्क स्पष्ट हों। फिर उन्हें परखने के लिए अलग-अलग धारणाओं और अनुमानों का सहारा लें। हमेशा की तरह विरोधी हितों के बीच सामंजस्य बिठाने के लिए बाहरी मानकों या रचनात्मक विकल्पों की मदद लें। इसी तरह विरोधी मानकों के बीच सामंजस्य बिठाने के लिए मूल्यांकन के उन मानदंडों की मदद लें, जो अधिक उपयुक्त हों या फिर रचनात्मक लेन-देन का उपयोग करें। निरंतरता बनाए रखें।

एक प्रस्ताव दें। हितों को स्पष्ट करना, विकल्प तलाशना और मानकों का विश्लेषण करना एक बिंदु पर आकर काफी फायदेमंद होता है। एक बार किसी मुद्दे या मुद्दों के समूह को अच्छी तरह देख-समझ लेने के बाद आपको एक प्रस्ताव देने के लिए तैयार रहना चाहिए। एक शुरुआती प्रस्ताव कुछ मुख्य मुद्दों की जोड़ियाँ बनाने तक भी सीमित हो सकता है (अगर डाउन पेमेंट 50 हज़ार डॉलर से ज़्यादा का न हो, तो मैं इसे 30 जून तक क्लोज़ करने के लिए तैयार हूँ।) बाद में ऐसे आंशिक प्रस्तावों को आपस में जोड़कर एक विस्तृत प्रस्ताव तैयार किया जा सकता है।

आमतौर पर प्रस्ताव हैरान करनेवाला नहीं होना चाहिए बल्कि यह अब तक हुई चर्चा का एक स्वाभाविक परिणाम होना चाहिए। ये भी जरूरी नहीं है कि प्रस्ताव 'अगर आप राजी हैं तो ठीक है वरना कोई बात नहीं' की श्रेणी का हो, लेकिन साथ ही यह प्रस्ताव अपनी शुरुआती पोजिशन सामने रखनेवाला भी नहीं होना चाहिए।

वास्तव में प्रस्ताव ऐसा होना चाहिए, जो आपके हिसाब से दोनों पक्षों को तर्कसंगत लगे। अधिकांश सौदेबाजियाँ एक संपूर्ण प्रस्ताव सामने रखते ही पूरी हो जाती हैं।

आपको इस बारे में थोड़ा विचार करना चाहिए कि आप अपना प्रस्ताव कहाँ और कैसे देंगे। अगर अब तक की चर्चाएँ सार्वजनिक रूप से या एक बड़े समूह के साथ होती रही हैं, तो बेहतर होगा कि अंतिम टिप्पणी करने के लिए आप किसी एकांत स्थान का चुनाव करें। अधिकांश मौकों पर आपसी सहमति और समझौते तब होते हैं, जब दोनों पक्षों के शीर्ष सौदेबाज़ एक-दूसरे से आमने-सामने मिलते हैं, हालाँकि सौदेबाज़ी का औपचारिक समापन इसके बाद आमतौर पर किसी सार्वजनिक मंच पर किया जाता है।

अगर आपसी सहमति या समझौता तर्कसंगत लग रहा हो, लेकिन फिर भी कुछ मुद्दे अब भी जस के तस हो, तो समापन को आसान बनाने के लिए उचित प्रक्रियाएँ तय करें। अंतरों (मतभेदों) को मनमाने आंकड़ों के बीच विभाजित करने से मनमाने परिणाम ही मिलते हैं। लेकिन इन्हीं अंतरों को वैध व प्रेरक मानकों पर आधारित आंकड़ों के बीच विभाजित करना, उचित परिणाम पाने का एक अच्छा तरीका है। जहाँ दोनों पक्षों के बीच अंतर (मतभेद) हों, वहाँ एक और कारगर दृष्टिकोण ये है कि एक या दोनों पक्ष किसी तीसरे पक्ष को आमंत्रित करें, जो हर पक्ष से आकर बातचीत करें और संभवत: निरंतर परामर्श के बाद 'आखिरी मौके' के रूप में अपनी निर्णायक सिफारिश करें।

अंत में उदारता दिखाएँ। जब आपको लगे कि अब दोनों पक्षों के बीच समझौता होने ही वाला है, तो दूसरे पक्ष को कुछ ऐसा देने पर विचार करें, जो उनके लिए सचमुच मूल्यवान हो और आपके प्रस्ताव के मूल तर्क के अनुरूप भी हो। उनके सामने स्पष्ट कर दें कि ये ऐसी अंतिम चीज़ है, जो आप उन्हें दे रहे हैं; उन्हें ये नहीं लगना चाहिए कि वे आगे भी आपसे कोई रियायत पाने की अपेक्षा रख सकते हैं। ऐसा कोई भी महत्वपूर्ण प्रस्ताव अक्सर अंत में उभरनेवाले संदेहों को खत्म करके सौदा पूरा कर देता है।

आप यही चाहेंगे कि सौदेबाज़ी के अंत में दूसरा पक्ष संतुष्ट महसूस करे। उसे महसूस होना चाहिए कि उसके साथ उचित व्यवहार हुआ है। संतुष्टि का उसका यह एहसास, आप दोनों के बीच हुए समझौते को लागू करने में और भविष्य की सौदेबाजियों में बहुत लाभप्रद साबित हो सकता है।

सवाल 9: मैं बहुत अधिक जोखिम लिए बिना इन विचारों को कैसे आज़माऊँ?

हो सकता है कि आप इस बात को लेकर आश्वस्त हों कि ये दृष्टिकोण तर्कसंगत है, लेकिन साथ ही ये सोचकर चिंतित भी हों कि आप इसे इतनी अच्छी तरह क्रियान्वित नहीं कर पाएँ कि आपके वर्तमान दृष्टिकोण से आनेवाले परिणाम और बेहतर हो जाएँ। आप ऐसा क्या कर सकते हैं कि बहुत अधिक जोखिम लिए बिना इन विचारों को आज़मा सकें?

छोटी शुरुआत करें। जब आपका बहुत कुछ दांव पर न लगा हो, जब आपके पास आपसी सहमति का एक अच्छा विकल्प हो, जब ऐसे वस्तुनिष्ठ मानक उपलब्ध हों, जो आपके अनुकूल होने के साथ-साथ प्रासंगिक भी हों, जब ये संभावना हो कि दूसरा पक्ष इस दृष्टिकोण के प्रति उत्तरदायी होगा, तो सौदेबाज़ी में नए-नए प्रयोग करें। शुरुआत ऐसे विचार से करें, जो आपके वर्तमान हुनर पर आधारित हो और इसके बाद एक-एक करके नए विचारों को आज़माएँ। जैसे-जैसे आपका अनुभव और आत्मविश्वास बढ़े, तो धीरे-धीरे और अधिक प्रासंगिक व चुनौतीपूर्ण संदर्भों में नई तकनीक का इस्तेमाल करते हुए अपना दांव बढ़ाते जाएँ। आपको हर चीज़ एक ही बार में आज़माने की जरूरत नहीं है। एक-एक करके आज़माएँ।

एक निवेश करें। कुछ लोग जिंदगीभर टेनिस खेलने के बाद भी अच्छा प्रदर्शन नहीं कर पाते। क्योंकि वे अपने कार्यों को नए नज़रिए से देखने के लिए या उनमें बदलाव लाने पर विचार करने लिए तैयार नहीं होते। अच्छे खिलाड़ी ये बात जानते हैं कि बेहतर प्रदर्शन करने के लिए जरूरी है कि नए दृष्टिकोणों में निवेश किया जाए। हो सकता है कि कोई नया दृष्टिकोण अपनाने पर शुरुआत में नई व अपरिचित तकनीकों के साथ थोड़ा संघर्ष करना पड़े और उनका प्रदर्शन अपेक्षाकृत बदतर हो जाए। लेकिन आखिरकार वे इन सभी बाधाओं को पार करके और बेहतर खिलाड़ी बन जाते हैं। नई तकनीकें उन्हें दीर्घकालिक क्षमता प्रदान करती हैं। आपको भी सौदेबाज़ी के मामले में ठीक ऐसा ही करना है।

अपने प्रदर्शन की समीक्षा करें। हर सौदेबाज़ी के बाद इस बात पर विचार करने के लिए एक समय निर्धारित करें कि आपका प्रदर्शन कैसा रहा। क्या कारगर साबित हुआ? क्या कारगर नहीं रहा? वह क्या है, जिसे आप ज़रा अलग तरीके से भी कर सकते थे? हो सके तो सौदेबाज़ी से जुड़ी एक डायरी बना लें, जिसे आप

समय-समय पर फिर से पढ़ सकें।

तैयारी करें! जैसा कि आगे बताया गया है, सौदेबाज़ी की शक्ति कोई ऐसी चीज़ नहीं है, जो आपके पास एक निश्चित मात्रा में हो और जिसे किसी भी उद्देश्य के लिए किसी भी जगह इस्तेमाल किया जा सके। इसके लिए पहले से कड़ी मेहनत करने की जरूरत होती है ताकि आप किसी विशेष परिस्थिति में दूसरे पक्ष को राज़ी करने के लिए अपने संसाधनों का सही उपयोग कर सकें। दूसरे शब्दों में कहें, तो इसके लिए तैयारी की जरूरत होती है। अच्छी तैयारी करके रखने में कोई समस्या या जोखिम नहीं है। बस इसमें थोड़ा समय लगता है। आपकी तैयारी जितनी अच्छी होगी, इन विचारों का उपयोग करने की और इनके महत्त्व को पहचानने की आपकी संभावना भी उतनी ही अधिक होगी।

इस बारे में योजना बनाएँ कि दूसरे पक्ष के साथ एक अच्छा कामकाजी संबंध कैसे बनाकर रखा जाए। अपने और दूसरे पक्ष के हितों की एक सूची तैयार करें। फिर ऐसे विकल्पों की एक सूची बनाएँ, जो इनमें से अधिक से अधिक हितों को पूरा कर सकें। ऐसे विभिन्न प्रकार के बाहरी बेंचमार्क्स या मानदंडों का पता लगाएँ, जो एक तीसरे पक्ष को इस बारे में प्रेरित कर सकें कि क्या किया जाना चाहिए। खुद से पूछें कि आप कौन से तर्क रखना चाहेंगे और फिर गौर करें कि कहीं ऐसा तो नहीं कि आपको वे तथ्य और सूचनाएँ नहीं मिल पा रही हैं, जो उन तर्कों को सामने रखने के लिए जरूरी हैं। इस बारे में भी विचार करें कि आपके समकक्ष को अपने पक्ष के लोगों के सामने किसी समझौते को उचित ठहराने के लिए कौन से बेंचमार्क्स प्रेरक लग सकते हैं। अगर दूसरे पक्ष के सौदेबाज़ को अपने लोगों के सामने समझौते की शर्तें उचित ठहराना मुश्किल लगता है, तो उन शर्तों पर समझौता होने की कोई संभावना नहीं है। और विचार करें कि आप दोनों पक्षों को कौन से तर्क सामने रखते हुए देखना चाहेंगे? रूपरेखा संबंधी एक संभावित समझौते का खाका तैयार करें।

कुछ मामलों में आप किसी दोस्त की मदद भी ले सकते हैं। आप उसके साथ सौदेबाज़ी का अभ्यास कर सकते हैं। इस अभ्यास में आपका दोस्त दूसरे पक्ष की भूमिका निभा सकता है और आप अपनी। या फिर वह (थोड़े प्रशिक्षण के बाद) आपकी भूमिका निभा सकता है और आप दूसरे पक्ष की। (दूसरे पक्ष की भूमिका निभाते हुए अपने ही तर्कों का जवाब सुनना अपने मामले को परखने की

एक शक्तिशाली तकनीक है।) आप चाहें तो अपने दोस्तों से, अधिक अनुभवी सौदेबाज़ों से या फिर सौदेबाजी के पेशेवर सलाहकारों से भी प्रशिक्षण ले सकते हैं।

कई मायनों में सौदेबाज़ी 'एथलेटिक्स' की तरह होती है: कुछ लोग कुदरती रूप से अपेक्षाकृत अधिक प्रतिभाशाली होते हैं और सर्वश्रेष्ठ एथलीट्स की तरह ही वे भी अच्छी तैयारी, अभ्यास और प्रशिक्षण की मदद से बहुत कुछ हासिल कर सकते हैं। हालाँकि जिनके पास कुदरती प्रतिभा कम होती है, उन्हें तैयारी, अभ्यास और प्रशिक्षण की ज़्यादा जरूरत होती है और इसी से वे बहुत कुछ हासिल भी कर पाते हैं। आप इन दोनों में से किसी भी श्रेणी में आते हों, आपको बहुत कुछ सीखना है और अगर आप कड़ी मेहनत करेंगे, तो फल जरूर मिलेगा। अब यह आप पर निर्भर है कि आप ऐसा करते हैं या नहीं।

शक्ति के बारे में सवाल

सवाल 10: 'अगर दूसरा पक्ष अपेक्षाकृत अधिक शक्तिशाली हो, तब भी क्या सौदेबाज़ी करने के मेरे तरीके से सचमुच कोई फर्क पड़ता है?' और 'मैं सौदेबाज़ी करने की अपनी शक्ति को कैसे बढ़ा सकता हूँ?'

आप सौदेबाज़ी कैसे करते हैं (और सौदेबाज़ी की तैयारी कैसे करते हैं) इससे बहुत फर्क पड़ता है, फिर चाहे दोनों पक्षों की सापेक्षित शक्ति कुछ भी हो।

कुछ चीज़ें ऐसी होती हैं, जो आपको नहीं मिल सकतीं

बेशक, आप कितने भी कुशल क्यों न हों, एक सौदेबाज़ी से आप क्या हासिल कर सकते हैं, इसकी अपनी एक सीमा है। दुनिया की सर्वश्रेष्ठ सौदेबाज़ी करके भी अमेरिकी व्हाइट हाउस को खरीदा नहीं जा सकता। किसी सौदेबाज़ी में आपको तब तक सफलता की उम्मीद नहीं करनी चाहिए, जब तक आप दूसरे पक्ष को कोई ऐसा प्रस्ताव देने में सक्षम न हों, जो उसके लिए आपसी सहमति के सर्वश्रेष्ठ विकल्प से अधिक आकर्षक हो। अगर ऐसा कोई प्रस्ताव देना आपको असंभव लग रहा है, तो सौदेबाज़ी करने का कोई मतलब नहीं है। इसके बजाय आपसी सहमति के अपने सर्वश्रेष्ठ विकल्प को बेहतर बनाने और दूसरे पक्ष के सर्वश्रेष्ठ विकल्प को बदलने पर ध्यान केंद्रित करें।

आप सौदेबाज़ी कैसे करते हैं, इससे बहुत फर्क पड़ता है

एक ऐसी स्थिति में, जहाँ आपसी सहमति बनाने या समझौता करने का

अवसर हो, वहाँ इस बात से बहुत फर्क पड़ता है कि आप सौदेबाजी कैसे करते हैं। उसी से तय होगा कि आप चीज़ों को स्वीकार कर उनसे निपटेंगे या नहीं, या फिर आपको अपने अनुकूल परिणाम मिलेंगे या नहीं या फिर ऐसे परिणाम मिलेंगे जो आपको बस कुछ हद तक ही स्वीकार्य हों। आप सौदेबाजी कैसे करते हैं, इससे तय होगा कि आपको ज़्यादा लाभ मिलेगा या कम और दूसरे पक्ष के साथ आपके संबंध अच्छे होंगे या तनावपूर्ण। जब ऐसा लगे कि सारे पत्ते दूसरे पक्ष के हाथों में हैं, तब यह बेहद महत्वपूर्ण हो जाता है कि आप सौदेबाज़ी कैसे करेंगे। उदाहरण के लिए मान लीजिए कि आप किसी नियम या नौकरी के प्रस्ताव को अपवाद स्वरूप लेने पर सौदेबाज़ी कर रहे हैं। अगर ऐसे में दूसरा पक्ष आपके अनुरोध को अस्वीकार कर देता है, तो फिर आपके पास कोई चारा नहीं होगा। और अगर वह आपका अनुरोध मान लेता है, तो आपके पास उसे देने के लिए भी कुछ ज़्यादा नहीं होगा। इस स्थिति में सौदेबाज़ी का आपका हुनर ही सब कुछ है। सफलता पाने का अवसर कितना भी छोटा हो पर आप जिस तरीके से सौदेबाज़ी करेंगे, उसी से तय होगा कि आप उस अवसर का लाभ उठाने में सक्षम होंगे या नहीं।

'संसाधन' होने का अर्थ 'सौदेबाज़ी की शक्ति' होना नहीं है

सौदेबाज़ी की शक्ति का अर्थ है किसी को कुछ करने के लिए राज़ी करने की क्षमता। अमेरिका एक अमीर देश है, जिसके पास बहुत से न्यूक्लियर बम भी हैं, लेकिन आतंकी घटनाओं को रोकने या बेरूत जैसे किसी देश में आतंकियों द्वारा बंधक बनाए गए लोगों को रिहा कराने में अब तक इससे कोई खास मदद नहीं मिली है। दरअसल आपके संसाधनों से आपको सौदेबाज़ी की शक्ति मिलेगी या नहीं, ये संदर्भ पर निर्भर करता है – यानी आप किन्हें राज़ी करने की कोशिश कर रहे हैं और उनसे क्या कराना चाहते हैं।

ये न पूछें कि 'कौन ज़्यादा शक्तिशाली है?'

यह अनुमान लगाने का प्रयास जोखिमभरा हो सकता है कि आप और आपके समकक्ष में कौन अधिक 'शक्तिशाली' है। अगर आपका निष्कर्ष ये है कि आप अधिक शक्तिशाली हैं, तो हो सकता है कि आप कुछ ज़्यादा ही सहज हो जाएँ और उतनी अच्छी तैयारी न करें, जितनी आपको करनी चाहिए। वहीं दूसरी ओर अगर आपका निष्कर्ष ये है कि आप दूसरे पक्ष के मुकाबले कमजोर हैं, तो इससे आपके हताश होने का और इस बात पर पर्याप्त ध्यान न देने का जोखिम पैदा हो

सकता है कि सामनेवाले को कैसे राज़ी किया जाए। यानी आपका निष्कर्ष जो भी हो, उससे आपको ये तय करने में कोई मदद नहीं मिलनेवाली कि आपको कैसे आगे बढ़ना है।

भले ही दोनों पक्षों के बीच संसाधनों का संतुलन इकतरफा हो, लेकिन फिर भी आपकी सौदेबाज़ी की शक्ति बढ़ाने के लिए बहुत कुछ किया जा सकता है। कुछ सौदेबाज़ियों में, कम से कम अल्पावधि के लिए, निश्चित रूप से ऐसा होगा, जहाँ सारे अच्छे पत्ते दूसरे पक्ष के हाथों में होंगे। लेकिन पारस्परिक रूप से एक-दूसरे पर निर्भर इस दुनिया में करीब-करीब हमेशा ही ऐसे कुछ संसाधन और संभावित सहयोगी उपलब्ध होते हैं, जिनका उपयोग करके एक कुशल और दृढ़ संकल्पवाला सौदेबाज़, भले ही शक्ति का संतुलन अपने पक्ष में न कर सके पर कम से कम आधारबिंदु को तो हिला ही सकता है। जब तक आप कोशिश नहीं करेंगे, तब तक ये पता नहीं लगा सकेंगे कि क्या-क्या संभव हो सकता है।

कभी-कभी लोग शक्तिहीन महसूस करना पसंद करते हैं और ये मानकर बैठ जाते हैं कि स्थिति को बदलने के लिए वे कुछ नहीं कर सकते। इससे उन्हें अपनी निष्क्रियता के लिए खुद को जिम्मेदार ठहराने या दोषी महसूस करने से बचने में मदद मिलती है। साथ ही इससे स्थिति को बदलने और विफल होने का जोखिम उठाने की लागत से बचने में भी मदद मिलती है। हम समझ सकते हैं कि लोग ऐसा क्यों महसूस करते हैं, लेकिन इससे ये सच नहीं बदला जा सकता कि प्रभावी सौदेबाज़ी करके व्यक्ति क्या-क्या हासिल कर सकता है। वास्तव में ये आत्म-पराजयवाला दृष्टिकोण है।

जीवन में आशावादी होना हमेशा बेहतर होता है - ताकि आपकी पहुँच आपकी क्षमता से भी आगे तक हो। इससे पहले कि आप अपने संसाधनों को निराशाजनक चीज़ों पर बर्बाद करें, एक बात अच्छी तरह समझ लें कि कई चीज़ें ऐसी हैं, जो प्रयास करने योग्य हैं, भले ही आपको उनमें सफलता हाथ न लगे। आप किसी चीज़ के लिए जितना प्रयास करेंगे, उसे पाने की आपकी संभावना उतनी ही बढ़ जाएगी। सौदेबाज़ी पर हुए तमाम अध्ययनों से लगातार ये पता चला है कि आकांक्षाओं और परिणामों के बीच गहरा संबंध होता है। तर्कपूर्ण दायरे में सकारात्मक दृष्टिकोण बनाए रखना फायदेमंद साबित होता है।

सौदेबाज़ी की शक्ति के कई स्रोत होते हैं

आप अपनी सौदेबाज़ी की शक्ति कैसे बढ़ा सकते हैं? ये किताब दरअसल इसी सवाल का जवाब देने का प्रयास करती है। सौदेबाज़ी की शक्ति के कई स्रोत होते हैं। इनमें से एक स्रोत है, आपसी सहमति का सर्वश्रेष्ठ विकल्प उपलब्ध होना। अगर दूसरा पक्ष आप पर विश्वास करता है, तो उन्हें ये बताना आपके काफी काम आ सकता है कि आपके पास एक बेहतर विकल्प भी उपलब्ध है। लेकिन इस प्रणाली के चारों तत्त्व – लोग, हित, विकल्प और वस्तुनिष्ठ मानदंड जिनका उल्लेख इस किताब के खंड–२ में किया गया है – भी सौदेबाज़ी की शक्ति का एक स्रोत हैं। अगर दूसरा पक्ष किसी एक चीज़ में अधिक शक्तिशाली है, तो आप किसी और चीज़ में अपनी शक्ति बढ़ाने की कोशिश कर सकते हैं। अब इन पाँचों में हम एक छठा भी जोड़ रहे हैं – प्रतिबद्धता की शक्ति।

सौदेबाज़ी कर रहे लोगों के बीच एक अच्छा कामकाजी संबंध बनाने की अपनी एक शक्ति होती है। अगर आप दूसरे पक्ष को समझते हैं और वे आपको समझते हैं; अगर भावनाओं को स्वीकृति मिले और असहमति होने के बावजूद लोगों के साथ सम्मानपूर्वक व्यवहार किया जाए; अगर स्पष्ट और दोतरफा संवाद हो, जिसे अच्छी तरह सुना जाए; और मूल चीज़ पर कोई रियायत माँगने या देने के बजाय अगर लोगों की समस्याओं के साथ सीधे तौर पर निपटा जाए, तो दोनों पक्षों के लिए सौदेबाजी और आसान व अधिक सफल होने की संभावना बढ़ जाती है। इस अर्थ में, सौदेबाज़ी की शक्ति कोई जीरो–सम गेम – जहाँ एक की हार ही दूसरे की जीत हो – नहीं है। ये जरूरी नहीं है कि दूसरे पक्ष के पास सौदेबाज़ी की शक्ति अधिक होने का अर्थ ये हो कि आपकी शक्ति कम होगी। आप दोनों के कामकाजी संबंध जितने अच्छे होंगे, आप दोनों एक–दूसरे को प्रभावित करने में उतने ही सक्षम होंगे।

आम समझ के विपरीत, जब आपको प्रभावित करने की दूसरे पक्ष की क्षमता बढ़ती है, तो ये आपके लिए हमेशा फायदेमंद होता है। दो बेईमान लोगों के बजाय, दो ईमानदार लोग एक–दूसरे को प्रभावित करने में अधिक सक्षम होते हैं। आप दूसरे पक्ष पर भरोसा कर सकते हैं, जो आपको प्रभावित करने की क्षमता विकसित कर रहा है। इससे आपको भी फायदा होता है। आप सुरक्षित रूप से ऐसे समझौते कर सकते हैं, जिनसे दोनों पक्षों के लाभ हो।

अच्छा संवाद सौदेबाज़ी की शक्ति का एक ऐसा स्रोत है, जो खासतौर पर प्रासंगिक है। अपने संदेश को रोचकता के साथ तैयार करने, दूसरे पक्ष की बात सुनने और ये जताने से कि आपने उनकी बात सुन ली है, उन्हें राजी करने की आपकी क्षमता बढ़ जाती है। जॉन एफ. कैनेडी इनमें से पहले कौशल के लिए जाने जाते थे। उनके पास अपने संदेश को रोचक व तीव्र बनाने का अद्भुत कौशल था: 'हमें कभी किसी डर के कारण सौदेबाज़ी नहीं करनी चाहिए। लेकिन हमें कभी सौदेबाज़ी करने से डरना भी नहीं चाहिए।'

किसी संदेश के स्पष्ट और प्रभावी होने के लिए ये जरूरी नहीं है कि उसका सिर्फ एक ही अर्थ हो। भले ही कोई बात ऐसी हो, जिसके बारे में आप दो राय रखते हों, लेकिन बहुत से मामलों में अपनी सोच को समझने में दूसरे पक्ष की मदद करने से न सिर्फ डर कम हो जाता है बल्कि गलत धारणाएँ भी दूर हो जाती हैं और समस्याओं का समाधान मिलकर करने की प्रवृत्ति को भी बढ़ावा मिलता है। अब एक ऐसे सप्लायर पर विचार करें, जो एक सप्लाई कॉन्ट्रैक्ट के लिए बोली लगाता है। खरीददार को वह बोली व बोली लगानेवाला, दोनों पसंद आ जाते हैं, लेकिन उसे डर होता है कि बोली लगानेवाले की फर्म – जो अभी बाज़ार में नई ही है – चरम स्थितियों में उसकी जरूरत के हिसाब से सप्लाई नहीं कर सकेगी। अब अगर वह खरीददार स्पष्ट शब्दों में 'जी नहीं, आपका धन्यवाद' कहकर उस सप्लायर को कॉन्ट्रैक्ट देने से साफ इंकार कर देता है और फिर ज़्यादा भुगतान करके किसी दूसरी फर्म को कॉन्ट्रैक्ट दे देता है, तो हो सकता है कि बोली लगानेवाले उस सप्लायर को ये गलतफहमी हो जाए कि खरीददार को उसकी लगाई बोली पसंद नहीं आई। ऐसे में बोली लगानेवाले के पास खरीददार को इस बात के लिए राजी करने का कोई अवसर नहीं होगा कि वह खरीददार की चरम स्थितियों के हिसाब से सप्लाई कर सकता है। लेकिन अगर खरीददार ने उस बोली को लेकर अपनी चिंता और अपने हित, दोनों ही साझा कर दिए होते, तो ये दोनों ही पक्षों के लिए बेहतर साबित होता।

सामनेवाले की बात को एक अच्छे श्रोता की तरह सुनना आपकी सौदेबाज़ी की शक्ति बढ़ा सकता है क्योंकि अच्छे श्रोता की तरह सुनने से आपके पास दूसरे पक्ष के हितों या संभावित विकल्पों के बारे में बेहतर जानकारी होगी। एक बार दूसरे पक्ष की भावनाओं और सरोकारों को समझ लेने के बाद आप उन्हें संबोधित कर सकते हैं, आपसी सहमति या असहमति की संभावनाएँ तलाश सकते हैं और

भविष्य में आगे बढ़ने के उचित तरीके विकसित कर सकते हैं। उदाहरण के लिए एक बुजुर्ग मरीज पर विचार करें। वह जिस अस्पताल में भर्ती था, उसका डॉक्टर उसे वहाँ से हटाकर विशेष सुविधाओंवाले दूसरे अस्पताल में भर्ती कराना चाहता था। डॉक्टर ने उस बुजुर्ग को बार-बार समझाया कि विशेष सुविधाओंवाला ये दूसरा अस्पताल उसके लिए कहीं बेहतर रहेगा, लेकिन उसने डॉक्टर की सलाह मानने से साफ इंकार कर दिया। डॉक्टर जानता था कि उसकी सलाह न मानकर ये बुजुर्ग मरीज अपना ही नुकसान कर रहा है। इसलिए दूसरे अस्पताल न जाने के उसके कारणों को डॉक्टर ने तर्कहीन बताते हुए खारिज कर दिया। लेकिन डॉक्टर के एक इंटर्न ने उस बुजुर्ग को गंभीरता से लेते हुए उसकी बातों को ध्यान से सुना कि वह दूसरे अस्पताल में भर्ती होने के लिए क्यों तैयार नहीं है। बुजुर्ग मरीज का कहना था कि 'उसे जीवन में बहुत से लोगों ने त्यागा है और उसे डर है कि दूसरे अस्पताल में जाने से एक बार फिर उसके साथ ऐसा ही होगा।' ये जानने के बाद इंटर्न ने उसकी इस चिंता को सीधे तौर पर दूर करने का निर्णय लिया, जिसके बाद वह बुजुर्ग मरीज खुशी-खुशी दूसरे अस्पताल जाने के लिए तैयार हो गया।

ये जताने से कि आपने दूसरे पक्ष की बात को गंभीरतापूर्वक सुना है, दूसरे पक्ष को राज़ी करने की आपकी क्षमता बढ़ जाती है। जब दूसरे पक्ष को लगता है कि आपने उसकी बात को ध्यान से सुना है, तो वे आपकी बात को और ध्यान से सुनने के लिए तैयार हो जाते हैं। आप दूसरे पक्ष की जिन बातों से सहमत होते हैं, उन्हें सुनना आसान होता है। जबकि उनकी जिन बातों से आप सहमत न हो, उन्हें सुनना मुश्किल होता है, लेकिन इन्हीं बातों को ध्यान से सुनना सबसे प्रभावी साबित होता है। उनकी बात का खंडन करने से पहले उन्हें गंभीरतापूर्वक सुनें। पूछताछ करें। सुनिश्चित करें कि आपने उनकी बात को अच्छी तरह समझ लिया है; और ये भी सुनिश्चित करें कि उन्हें पता हो कि आप उनकी बात को अच्छी तरह समझ गए हैं। जब दूसरे पक्ष को यह पता चलता है कि उन्होंने जो कहा, आप उसे समझ गए हैं, तो फिर वे आपकी असहमति को ये कहकर खारिज नहीं कर सकते कि आप उनकी बात को समझ ही नहीं पाए हैं।

हितों को समझने की अपनी एक शक्ति होती है। दूसरे पक्ष के सरोकारों और चिंताओं को आप जितनी स्पष्टता से समझ लेते हैं, उन्हें संतुष्ट करने में उतने ही अधिक सक्षम हो जाते हैं और वह भी कम से कम मेहनत में। ऐसे अमूर्त या छिपे हुए हितों की पहचान करें, जो महत्वपूर्ण हों। धन जैसे ठोस हितों के मामले में उनसे

पूछे कि ऐसे हितों के पीछे क्या है? ('धन का इस्तेमाल कैसे किया जाएगा?') कभी-कभी दृढ़तापूर्वक घोषित की गई ऐसी पोजिशन, जो स्वीकार्य न हो, वास्तव में एक ऐसे अंतर्निहित हित को दर्शाती है, जो आपके हितों के अनुकूल हो।

अब एक ऐसे व्यवसायी पर विचार करें, जो एक रेडियो स्टेशन खरीदने की कोशिश कर रहा था। इस रेडियो स्टेशन का मालिकाना हक दो लोगों के पास था। उनमें से एक व्यक्ति, रेडियो स्टेशन के दो-तिहाई हिस्से का मालिक था, जबकि दूसरा व्यक्ति एक-तिहाई हिस्से का। दो-तिहाई हिस्से का मालिक अपना पूरा हिस्सा इस व्यवसायी को उचित कीमत पर बेचने को तैयार था। लेकिन एक-तिहाई हिस्सेवाला (जो रेडियो स्टेशन का मैनेजर भी था) अपने हिस्से की बहुत ऊँची कीमत माँग रहा था। व्यवसायी ने कई बार कीमत बढ़ाकर वह एक-तिहाई हिस्सा खरीदने का प्रस्ताव दिया, लेकिन उस एक-तिहाई हिस्से का मालिक अब भी संतुष्ट नहीं था। आखिरकार व्यवसायी ने इस दूसरे मालिक के हितों को और गहराई से जानने की कोशिश की। उसे पता चला कि इस दूसरे मालिक को पैसे से ज़्यादा इस बात में दिलचस्पी है कि वह अपना हिस्सा बेचने के बाद भी रेडियो स्टेशन का मैनेजर बना रहे। इसके बाद व्यवसायी ने दूसरे मालिक को यह प्रस्ताव दिया कि वह रेडियो स्टेशन का मैनेजर बना रहे और अपने एक-तिहाई हिस्से में से उसे सिर्फ उतना हिस्सा बेच दे, जितने की जरूरत उस व्यवसायी को टैक्स संबंधी कारणों के चलते थी। दूसरे मालिक ने इस प्रस्ताव को स्वीकार कर लिया और वह भी उस कीमत पर, जिससे उस व्यवसायी को करीब एक मिलियन डॉलर की बचत हुई। इस तरह विक्रेता के अंतिर्निहित हितों को समझने से खरीददार की सौदेबाज़ी की शक्ति में काफी वृद्धि हुई।

सहज विकल्प तलाशने की अपनी एक शक्ति होती है। सफलतापूर्वक विचार-मंथन करने से दूसरों को प्रभावित करने की आपकी क्षमता बढ़ा जाती है। जब आप हर पक्ष के हितों को समझ लेते हैं, तो - रेडियो स्टेशन के उदाहरण की तरह ही - उन हितों को एक-दूसरे से जोड़ने का एक चतुर तरीका ईजाद करना संभव हो जाता है। कभी-कभी एक सरल प्रक्रिया का विकल्प तैयार करके भी ऐसा किया जा सकता है।

अब स्टाम्प की एक मुहर-बंद नीलामी पर विचार करें। नीलामी करनेवाले चाहते थे कि खरीददार स्टाम्प के लिए ऊँची से ऊँची बोली लगाएँ। वहीं कोई भी

संभावित खरीददार ये नहीं चाहता था कि उसे जरूरत से ज़्यादा कीमत देनी पड़े। एक आम मुहर–बंद बोली में हर खरीददार दूसरों द्वारा लगाई जानेवाली बोली का अनुमान लगाकर उससे थोड़ी ऊँची बोली लगाने की कोशिश करता है, जो अक्सर उस कीमत से कम ही होती है, जो वह उस स्टाम्प के लिए खर्च करने को तैयार हो। लेकिन स्टाम्प की नीलामी के नियमों के अनुसार सबसे ऊँची बोली लगानेवाले को वह स्टाम्प दूसरी सबसे ऊँची बोली की कीमत पर मिलना था। यानी हर खरीददार सुरक्षित रूप से उतने की ही बोली लगा सकता था, जितना वह उस स्टाम्प के लिए खर्च करने को तैयार हो क्योंकि नीलामी करनेवाले ये गारंटी दे रहे थे कि उसे वह कीमत देनी ही नहीं है बल्कि उससे कम यानी दूसरी सबसे ऊँची बोली की कीमत देनी है! यानी इस नीलामी के बाद किसी भी खरीदार को ये मलाल न रहता कि काश उसने थोड़ी और ऊँची बोली लगाई होती। और सबसे ऊँची बोली लगानेवाला इस बात से खुश होता कि उसने जितने की बोली लगाई, उससे कम कीमत पर ही उसे वह स्टाम्प मिल गया। वहीं नीलामी करनेवाले इस बात से खुश होते कि इस व्यवस्था के तहत लगाई गई बोलियों के स्तर में जो बढ़ोत्तरी देखने को मिली, उसके मुकाबले सबसे ऊँची बोली और दूसरी सबसे ऊँची बोली के बीच का अंतर आमतौर पर बहुत छोटा है।[2]

वैधता के बाहरी मानकों का उपयोग करने की अपनी एक शक्ति होती है। आप वैधता के मानकों का उपयोग दो प्रकार से कर सकते हैं। पहला, दूसरों को राज़ी करने के हथियार के तौर पर और दूसरा, मनमाने ढंग से डाले जा रहे दबाव के आगे झुकने से बचने के लिए एक ढाल के रूप में। ('मैं आपको छूट देना चाहता हूँ, लेकिन इसका दाम फिक्स है। पिछले हफ्ते जनरल मोटर्स ने भी ये प्रोडक्ट इसी दाम पर खरीदा था; ये रहा उस बिक्री का बिल।') जिस तरह एक वकील प्रासंगिक मिसालों (पिछले मामलों) और सिद्धांतों का पता लगाकर जज को अपने पक्ष में निर्णय देने के लिए राज़ी करने की अपनी क्षमता बढ़ा लेता है, उसी तरह एक सौदेबाज़ भी उचित मिसालों, सिद्धांतों और निष्पक्षता के अन्य बाहरी मानदंडों

---

[2] ऐसी प्रक्रिया का उपयोग सभी प्रकार के बटवारे संबंधी निर्णयों में किया जा सकता है, भले ही मामला 'खतरनाक अपशिष्ट प्रबंधन केंद्र' स्थापित करने के लिए जगह का चुनाव करने जितना संवेदनशील हो। इस बारे में अधिक जानकारी के लिए हार्वर्ड लॉ स्कूल के वर्किंग पेपर नं. 85-5 में सौदेबाज़ी का हॉवर्ड राइफ़ा प्रोग्राम – ए हाइपोथेटकल स्पीच टू ए हाइपोथेटकल ऑडियंस अबाउट ए वैरी रियल प्रॉब्लम – देखें।

का पता लगाकर और उन्हें स्पष्ट व ज़ोरदार ढंग से प्रस्तुत करने के तरीकों पर विचार करके, सौदबाज़ी की अपनी शक्ति बढ़ा सकता है : 'आप इसी किस्म के काम के लिए दूसरों को जितना भुगतान करते हैं, मैं आपसे उतना ही माँग रहा हूँ, न उससे एक पैसा कम और न एक पैसा ज़्यादा।' 'हम इस मकान के लिए उतनी ही कीमत देंगे, जितनी देने योग्य है। हम इसे उसी कीमत पर खरीदने का प्रस्ताव देते हैं, जिस कीमत पर पिछले सप्ताह पड़ोस में स्थित एक अन्य मकान बिका था, जो इस मकान जैसा ही था। अगर आप इस बात का कोई ठोस कारण दे सकें कि इस मकान के लिए इससे ज़्यादा कीमत क्यों दी जानी चाहिए, तो हमारा प्रस्ताव बदल भी सकता है। लेकिन जब तक ऐसा नहीं होता, तब तक हमारा प्रस्ताव यही रहेगा।' आपकी माँग पूरी तरह उचित और निष्पक्ष है, इसके लिए दूसरे पक्ष को राज़ी करना, आपका सबसे शक्तिशाली तर्क साबित हो सकता है।

आपसी सहमति का अपना सर्वश्रेष्ठ विकल्प तैयार करने की अपनी एक शक्ति होती है। जैसा कि अध्याय-6 में बताया गया था, अपनी सौदेबाज़ी की शक्ति बढ़ाने का एक मूल तरीका है, एक ऐसा विकल्प तैयार करना, जिसके बूते आप जब चाहें सौदेबाज़ी बीच में छोड़कर जा सकें। आपसी सहमति का एक आकर्षक सर्वश्रेष्ठ विकल्प वास्तव में एक मजबूत तर्क जैसा होता है, जिससे दूसरे पक्ष को इस बात के लिए राजी किया जा सकता है कि वह आपको और बड़ा प्रस्ताव दे। (एक अन्य फर्म ने मुझे मेरे मौजूदा वेतन से 20 फीसदी ज़्यादा का प्रस्ताव दिया है। यूँ तो मैं वहाँ जाने के बजाय यहीं रहना पसंद करूँगा, लेकिन जिस तरह महँगाई बढ़ रही है, अगर आपने मेरा वेतन नहीं बढ़ाया तो मुझे ये नौकरी छोड़कर उस फर्म के प्रस्ताव को स्वीकार करने के बारे में सोचना पड़ेगा। आपको क्या लगता है, इस बारे में क्या किया जा सकता है?)

आपसी सहमति के अपने सर्वश्रेष्ठ विकल्प (यानी सौदेबाज़ी द्वारा आपसी सहमति नहीं बन पाने की स्थिति में आप जो करेंगे) में सुधार करने के अलावा आपको 'सौदेबाज़ी का अपना सूक्ष्म सर्वश्रेष्ठ विकल्प' (यानी अगर इस मीटिंग में कोई सहमति नहीं बन पाई, तो सर्वश्रेष्ठ परिणाम क्या हो सकता है?) भी तैयार कर लेना चाहिए। अगर आप ऐसा करते हैं, तो आपको पहले से ही ये तय करके रखने में मदद मिलेगी कि मीटिंग के अनिर्णायक रहने पर आप क्या कहकर उससे बाहर निकलेंगे। (अपने विचार साझा करने के लिए और मेरे विचार सुनने के लिए आपका धन्यवाद। अगर मैं आपके साथ आगे बढ़ने का निर्णय लेता हूँ, तो संभवत: एक

नए प्रस्ताव के साथ आपसे दोबारा संपर्क करूँगा।)

कभी–कभी दूसरे पक्ष के आपसी सहमति के सर्वश्रेष्ठ विकल्प को जायज ढंग से बदतर बनाना भी संभव होता है। उदाहरण के लिए एक पिता इस कोशिश में था कि उसका बेटा घर के बगीचे की घास काट दे। उसने इस काम के लिए बेटे को पैसे देने का प्रस्ताव भी दिया, लेकिन बेटा तैयार नहीं हुआ। आखिरकार बेटे ने आपसी सहमति के अपने सर्वश्रेष्ठ विकल्प का खुलासा किया : 'लेकिन डैड, मुझे पैसों के लिए बगीचे की घास काटने की जरूरत नहीं है। क्योंकि आप हर वीकेंड में अपना बटुआ अलमारी में ही छोड़ जाते हैं...' इसके बाद पिता ने तत्काल निर्णय लिया कि अब से वह अपने बटुए को कभी अलमारी में छोड़कर नहीं जाएगा और साथ ही बेटे से कहा कि वह दोबारा बिना पूछे उसके बटुए से पैसे निकालने की जुर्रत न करे। यानी इस तरह उसने आपसी सहमति के बेटे के सर्वश्रेष्ठ विकल्प को बदल दिया और अंततः बेटे को बगीचे की घास काटनी पड़ी। दूसरे पक्ष के आपसी सहमति के सर्वश्रेष्ठ विकल्प को बदतर बनाने की ये चाल दूसरे पक्ष क़े साथ जबर्दस्ती करने या उसका शोषण करने के लिए भी इस्तेमाल की जा सकती है, लेकिन साथ ही ये एक निष्पक्ष परिणाम लाने में सहायक भी हो सकती है। अपने विकल्पों को बेहतर बनाना और ये कोशिश करना कि दूसरा पक्ष उन विकल्पों को कम करके आँके, अपनी सौदेबाज़ी की शक्ति बढ़ाने के महत्वपूर्ण तरीके हैं।

सावधानी से गढ़ी गई प्रतिबद्धता जताने की भी अपनी एक शक्ति होती है। दूसरे को राज़ी करने की शक्ति का एक और स्रोत है, जो ध्यान देने योग्य है: प्रतिबद्धता जताने की शक्ति। प्रतिबद्धता का इस्तेमाल कर अपनी सौदेबाज़ी की शक्ति बढ़ाने के तीन तरीके होते हैं: इस बात को लेकर प्रतिबद्धता जताना कि आप क्या करेंगे, उदाहरण के लिए, एक पक्का प्रस्ताव देना। सावधानीपूर्वक यह नकारात्मक प्रतिबद्धता जताना कि आप क्या नहीं करेंगे। और दूसरे पक्ष के सामने ये स्पष्ट करना कि आप दूसरे पक्ष को कौन सी प्रतिबद्धताएँ जताने देना चाहेंगे।

स्पष्ट करें कि आप क्या करेंगे। अपनी सौदेबाज़ी की शक्ति को बढ़ाने का एक तरीका है, सही समय पर एक ठोस प्रस्ताव देना। जब आप एक ठोस प्रस्ताव देते हैं, तो आप एक ऐसा विकल्प सामने रखते हैं, जिसे आप स्वीकार करने के लिए तैयार हैं। लेकिन इसके साथ ही आप ये भी स्पष्ट कर देते हैं कि आप दूसरे विकल्पों पर चर्चा बंद नहीं कर रहे हैं। अगर आप किसी को एक नौकरी स्वीकार

करने के लिए राज़ी करना चाहते हैं, तो उसके बारे में सिर्फ बात न करें; बल्कि एक प्रस्ताव दें। प्रस्ताव देकर आप बेहतर शर्तों के लिए मोलभाव करने का मौका तो छोड़ देते हैं, लेकिन दूसरे पक्ष के विकल्पों को स्पष्ट करके व उनके लिए प्रतिबद्धता जताना आसान बनाकर आप काफी कुछ हासिल कर लेते हैं। इसके बाद आप दोनों के बीच आपसी सहमति बनाने के लिए उन्हें सिर्फ 'हाँ' कहना होता है।

अगर दूसरा पक्ष शर्तों से सहमत हैं, तो आप क्या करेंगे, इसका प्रस्ताव सामने रखकर आप उन्हें एक तरह से इस डर से मुक्त कर देते हैं कि कहीं इससे उनका कोई नुकसान तो नहीं होगा। एक स्पष्ट प्रस्ताव के बिना किसी तकलीफदेह समाधान को स्वीकार करना भी बेहतर चुनाव लग सकता है, खासकर अगर दूसरे पक्ष को इस बात का डर हो कि अगर उन्होंने कोई सकारात्मक संकेत दिया, तो आप अपनी माँगे बढ़ा सकते हैं। सन 1990 में यू.एन. सुरक्षा परिषद ने ईराक पर कड़े प्रतिबंध लगाकर उस पर दबाव बनाने की कोशिश की ताकि ईराक कुवैत से अपनी सेनाएँ पीछे हटा ले। सुरक्षा परिषद ने स्पष्ट कहा कि ईराक को पीछे हटना ही होगा, लेकिन ये नहीं कहा कि पीछे हटने पर उस पर लगे कड़े प्रतिबंध हटा लिए जाएँगे। अगर सद्दाम हुसैन को ये लगता कि कुवैत से पीछे हटने के बाद भी कड़े प्रतिबंध जारी रहेंगे, तो इन प्रतिबंधों से – जो भले ही ईराक को बेहद नापसंद थे – उसे पीछे हटने का कोई प्रोत्साहन न मिलता।

प्रस्ताव जितना ठोस होगा, दूसरे पक्ष को उतना ही प्रोत्साहित करेगा। इसीलिए मौखिक प्रस्ताव के मुकाबले एक लिखित प्रस्ताव अधिक विश्वसनीय साबित हो सकता है। (हमारी जान-पहचान का एक रियल इस्टेट एजेंट हमेशा ऐसा ग्राहक चाहता है, जो सौ डॉलर के नोटों की गड्डियों को टेबल पर रखकर अपना प्रस्ताव दे।) आप अपने प्रस्ताव को एक 'लुप्त होते अवसर' के रूप में भी सामने रख सकते हैं, इसके लिए बस आपको ये संकेत देना है कि यह प्रस्ताव कब तक के लिए है और कैसे खत्म होगा। उदाहरण के लिए जब 1981 में रोनाल्ड रीगन अमेरिका के राष्ट्रपति बने, तो ईरान में अमेरिकी राजनयिक बंधकों की रिहाई का एक 'लुप्त होता अवसर' पैदा हो गया। दरअसल ईरानी नहीं चाहते थे कि उन्हें अमेरिका के नए प्रशासन के साथ इस मामले में नए सिरे से सौदेबाज़ी शुरू करनी पड़े।

कुछ मामलों में आप ये भी स्पष्ट करना चाहेंगे कि अगर दूसरा पक्ष आपका प्रस्ताव स्वीकार नहीं करता है, तो उस स्थिति में आप क्या करेंगे। हो सकता है कि

उन्हें ये एहसास न हो कि आपसी सहमति के आपके सर्वश्रेष्ठ विकल्प का उनके लिए क्या परिणाम होगा। (अगर आपने हमारे अपार्टमेंट में आज शाम तक हीटर का इंतजाम नहीं किया, तो मैं हेल्थ डिपार्टमेंट की इमरजेंसी लाइन पर कॉल करके आपकी शिकायत कर दूँगा। क्या आप जानते हैं कि मकान मालिक द्वारा नियमों की अनदेखी करने पर स्वास्थ्य विभाग उस पर 250 डॉलर का जुर्माना लगा देता है?)

यह प्रतिबद्धता जताने पर विचार करें कि आप क्या नहीं करेंगे। कभी-कभी आप दूसरे पक्ष को ये विश्वास दिलाकर अपना प्रस्ताव - जो आपसी सहमति के उनके सर्वश्रेष्ठ विकल्प से बेहतर हो - स्वीकार करने के लिए राज़ी कर सकते हैं कि आप उन्हें इससे बड़ा कोई और प्रस्ताव नहीं देंगे ('अगर आप राज़ी हैं तो ठीक है वरना कोई बात नहीं।') इस तरह आप न सिर्फ एक प्रस्ताव देते हैं बल्कि उस प्रस्ताव में कोई बदलाव न लाने के लिए खुद को मजबूर भी कर देते हैं। जैसा कि अध्याय-१ में बताया गया था किसी पोजिशन पर अड़ने की एक महत्वपूर्ण कीमत चुकानी पड़ती है; शुरुआत में ही अड़ जाने से संवाद सीमित हो जाता है और आपसी संबंधों को नुकसान भी पहुँचता है क्योंकि आपके अड़ने से दूसरे पक्ष को लगता है कि उसे उपेक्षित किया जा रहा है या उसके साथ जबर्दस्ती की जा रही है। लेकिन दूसरे पक्ष के हितों को समझने और संयुक्त लाभ के विकल्पों का पता लगाने के बाद अपनी पोजिशन पर अड़ने में कम जोखिम होता है और इससे आपसी संबंधों को नुकसान भी कम होता है, बशर्ते आप अपने अड़ने को उचित ठहरानेवाला कोई ऐसा विश्वसनीय कारण दे सकें, जो आपकी इच्छा से मुक्त हो।

एक बिंदु पर आने के बाद बेहतर होगा कि आप सामनेवाले को एक अंतिम प्रस्ताव दें, जिसमें बदलाव की कोई गुंजाइश न हो। इसका दूसरे पक्ष पर गहरा प्रभाव पड़ता है क्योंकि इससे आपसी सहमति का उनका सूक्ष्म सर्वश्रेष्ठ विकल्प बदतर होने लगता है। इसके बाद भी अगर वे 'ना' कर देते हैं, तो इसका अर्थ होगा कि अब वे आपके साथ एक बेहतर आपसी सहमति बनाने की कोई संभावना खुली नहीं छोड़ रहे हैं।

स्पष्ट करें कि आप उन्हें क्या करते देखना चाहते हैं। आप दूसरे पक्ष से जो प्रतिबद्धता चाहते हैं, उसकी शर्तों पर स्पष्ट सोच-विचार कर लेना फायदेमंद होता है। इससे ये सुनिश्चित होता है कि आपकी माँगें तर्कसंगत हों। 'सूजन, मुझसे वादा करो कि फोन पर बात करते समय तुम मुझे दोबारा कभी नहीं टोकोगी।' अगर

सूजन ने किसी आपातकालीन स्थिति में भी इस वादे को गंभीरता से लिया, तो ये सचमुच विनाशकारी साबित हो सकता है। दरअसल आप ऐसी किसी भी अतिवादी प्रतिबद्धता से बचना चाहेंगे, जो दूसरे पक्ष को बाध्य करने में विफल हो, महत्वपूर्ण जानकारी पर ध्यान न देती हो या क्रियाशील न हो।

जब आप दूसरे पक्ष से खासतौर पर कुछ कराना चाहते हैं, तो उन्हें इसके बारे में स्पष्ट शब्दों में बता देना ही तर्कसंगत होता है। वरना हो सकता है कि वे कुछ न करें क्योंकि जो करना जरूरी है, उसके अतिरिक्त वे कुछ और करना चाहते ही न हों। उदाहरण के लिए सन 1990 की शरद ऋतु में सद्दाम हुसैन को प्रभावित करने की अमेरिका की क्षमता इसलिए कम हो गई क्योंकि इस बात को लेकर कोई स्पष्टता नहीं थी कि अमेरिका कैसे संतुष्ट होगा। कुवैत से ईराकी सैनिकों की वापसी, ईराकी परमाणु केंद्रों को नष्ट करना, ईराक की सैन्य क्षमता को खत्म करना और सद्दाम हुसैन की सत्ता को उखाड़ फेंकना, ये सब अलग-अलग समय पर अमेरिका के संभावित उद्देश्यों जैसे प्रतीत हो रहे थे।

अपनी संभावित शक्ति का अधिकतम लाभ उठाएँ

सौदेबाज़ी की अपनी संभावित शक्ति का अधिकतम लाभ उठाने के लिए आपको शक्ति के सभी स्रोतों का उपयोग सामंजस्यपूर्ण ढंग से करना चाहिए। कभी-कभी सौदेबाज़ अपनी शक्ति के सबसे मजबूत स्रोत की पहचान करते हैं और फिर सिर्फ उसी का उपयोग करने की कोशिश करते हैं। उदाहरण के लिए अगर एक सौदेबाज़ के पास आपसी सहमति का सर्वश्रेष्ठ विकल्प है, तो वह उसके साथ दूसरे पक्ष का सामना कर सकता है और पिछले प्रस्ताव को स्वीकार न किए जाने की स्थिति में सौदेबाज़ी छोड़कर जाने की धमकी दे सकता है। हालाँकि ऐसा करने से सौदेबाज़ के इस तर्क की शक्ति घट सकती है कि यह प्रस्ताव उचित क्यों है। अगर आप आपसी सहमति के अपने सर्वश्रेष्ठ विकल्प को दूसरे पक्ष के सामने रख रहे हैं, तो बेहतर होगा कि आपसी संबंधों को सम्मान देते हुए, दो-तरफा संवाद की संभावना को खुला रखते हुए, अपने पिछले प्रस्ताव की वैधता को रेखांकित करते हुए और ये बताते हुए ऐसा करें कि ये प्रस्ताव दूसरे पक्ष के हितों को कैसे पूरा कर रहा है। यदि हर तत्त्व का उपयोग इस तरह किया जाए, जो दूसरों को सुदृढ़ करता हो, तो सौदेबाज़ी की इस शक्ति का समग्र प्रभाव अपेक्षाकृत कहीं अधिक होगा।

आप जो कह रहे हैं या जो कर रहे हैं, अगर आपको उस पर पूरा विश्वास

हो, तो एक सौदेबाज़ के रूप में आप अधिक प्रभावी साबित होंगे। इस किताब में प्रस्तुत विचारों का आप जैसा भी उपयोग करें, बस इस तरह न करें, मानों वे आपके नहीं बल्कि किसी और के विचार हों। यहाँ प्रस्तुत हमारी बातों को आप अपने अनुसार तब तक ढाल सकते हैं, जब तक वे आपको पूरी तरह तर्कसंगत और सहज न लगने लगें। हो सकता है कि इसके लिए आपको कुछ प्रयोग करने पड़ें। इन विचारों को अपने अनुसार समायोजित करने में आपको थोड़ा समय भी लग सकता है और शायद वह समयावधि आपके लिए बहुत सहज भी न हो। लेकिन ये तय है कि आखिरकार आप अपनी सौदेबाज़ी की शक्ति का अधिकतम लाभ उठा सकेंगे, बशर्तें आप जो कहें, उस पर आपको विश्वास हो और जिस पर आपको विश्वास हो, आप सिर्फ वही कहें।

हार्वर्ड नेगोसिएशन प्रोजेक्ट पर एक टिप्पणी

हार्वर्ड नेगोसिएशन प्रोजेक्ट, हार्वर्ड यूनिवर्सिटी की एक अनुसंधान परियोजना है, जिसके तहत सौदेबाज़ी संबंधी समस्याओं पर काम किया जाता है और सौदेबाज़ी व मध्यस्थता प्रणालियों का विकास एवं प्रचार-प्रसार किया जाता है। यह हार्वर्ड लॉ स्कूल के 'प्रोग्राम ऑन नेगोसिएशन ' का एक भाग है, जो हार्वर्ड, एमआईटी, सीमन्स और टफ्ट्स के विद्वानों और परियोजनाओं का एक समूह है। यह समूह संघर्षों के समाधान में सैद्धांतिक और व्यावहारिक सुधार के लिए काम करता है। इस परियोजना के तहत होनेवाली गतिविधियाँ इस प्रकार हैं:

सिद्धांतों का प्रतिपादन : इस परियोजना ने एक-सूत्रीय मध्यस्थता प्रणाली जैसे विचारों को विकसित करने में मदद की है, जिसका उपयोग अमेरिका ने सितंबर 1978 में कैंप डेविड में मध्य-पूर्व शांति वार्ता में किया था। साथ ही इस किताब में प्रस्तुत सैद्धांतिक सौदेबाज़ी की प्रणाली को भी इसी परियोजना के तहत विकसित किया गया था।

शिक्षा और प्रशिक्षण : इस परियोजना के तहत वकीलों, व्यवसाईयों, राजनयिकों, पत्रकारों, सरकारी अधिकारियों, यूनियन के नेताओं और सैन्य अधिकारियों जैसे पेशेवरों के अलावा ग्रेजुएट और अंडरग्रेजुएट छात्रों के लिए कार्यक्रम विकसित किए जाते हैं। इसके अलावा इसी परियोजना के तहत हाई-स्कूल के छात्रों के लिए एक पायलट-पाठ्यक्रम भी विकसित किया गया है। इस परियोजना के तहत, वकीलों और आम लोगों को हार्वर्ड लॉ स्कूल के 'प्रोग्राम ऑफ इंस्ट्रक्शन फॉर लॉयर्स' के एक भाग के तौर पर हर साल दो-सप्ताह का सौदेबाज़ी का कोर्स भी कराया जाता है। ये कोर्स करने के इच्छुक लोग 'प्रोग्राम ऑफ इंस्ट्रक्शन फॉर लॉयर्स, हार्वर्ड लॉ स्कूल, कैम्ब्रिज, एमए 01238' पर संपर्क कर सकते हैं।

प्रकाशन : इस परियोजना के तहत विभिन्न प्रकार की अभ्यास-सामग्री भी तैयार की जाती है, जैसे अंतर्राष्ट्रीय मध्यस्थता : एक कार्यकारी मार्गदर्शिका, सौदेबाज़ों के लिए चेकलिस्ट, केस स्टडीज, सौदेबाज़ी के अभ्यास, शिक्षकों के लिए मार्गदर्शिका और ऐसे फॉर्म, जिन्हें डॉक्टरों, शिक्षकों और छात्रों द्वारा उपयोग करने के लिए तैयार किया गया हो। शिक्षण-सामग्री (जिसमें हमारे कॉलेज के कोर्स 'कोपिंग विद इंटरनेशनल कॉन्फ्लिक्ट' की सामग्री भी शामिल है) के वितरण संबंधी

किसी भी जानकारी के लिए 'प्रोग्राम ऑन नेगोसिएशन क्लियरिंगहाउस, पाउंड हॉल 513, हार्वर्ड लॉ स्कूल, कैम्ब्रिज, एमए 01238' पर संपर्क करें।

एक्शन रिसर्च : सार्वजनिक सरोकारों से जुड़े मौजूदा संघर्षों में सक्रिय भूमिका निभानेवालों को भी इस परियोजना में आमंत्रित किया जाता है ताकि परियोजना के सदस्य सौदेबाज़ी की प्रक्रिया के बारे में और विस्तृत जानकारी हासिल कर सकें और संघर्षों में सक्रिय भूमिका निभानेवाले लोग यहाँ के पेशेवर परामर्श का लाभ उठा सकें।

यह पुस्तक पढ़ने के बाद आप अपना अभिप्राय (विचार सेवा) books.feedback@tejgyan.org इस पर भेज सकते हैं।

तेजज्ञान फाउण्डेशन - परिचय

तेजज्ञान फाउण्डेशन आत्मविकास से आत्मसाक्षात्कार प्राप्त करने का एक रास्ता है। इसके लिए सरश्री द्वारा एक अनूठी बोध पद्धति (System for Wisdom) का सृजन हुआ है। इस पद्धति को अन्तर्राष्ट्रीय मानक ISO 9001:2015 के आवश्यकताओं एवं निर्देशों के अनुरूप ढालकर सरल, व्यावहारिक एवं प्रभावी बनाया गया है।

इस संस्था की बोध पद्धति के विभिन्न पहलुओं (शिक्षण, निरीक्षण व गुणवत्ता) को स्वतंत्र गुणवत्ता परीक्षकों (Quality Auditors) द्वारा क्रमबद्ध तरीके से जाँचा गया। जिसके बाद इन पहलुओं को ISO 9001:2015 के अनुरूप पाकर, इस बोध पद्धति को प्रमाणित किया गया है।

फाउण्डेशन का लक्ष्य आपको नकारात्मक विचार से सकारात्मक विचार की ओर बढ़ाना है। सकारात्मक विचार से शुभ विचार यानी हॅपी थॉट्स (विधायक आनंदपूर्ण विचार) और शुभ विचार से निर्विचार की ओर बढ़ा जा सकता है। निर्विचार से ही आत्मसाक्षात्कार संभव है। शुभ विचार (Happy Thoughts) यानी यह विचार कि 'मैं हर विचार से मुक्त हो जाऊँ।' शुभ इच्छा यानी यह इच्छा कि 'मैं हर इच्छा से मुक्त हो जाऊँ।'

यदि आप ऐसा ज्ञान चाहते हैं, जो सामान्य ज्ञान के परे हो, जो हर समस्या का समाधान हो, जो सभी मान्यताओं से आपको मुक्त करे, जो आपको ईश्वर का साक्षात्कार कराए, जो आपको सत्य पर स्थापित करे तो समय आ गया है तेजज्ञान को जानने का। समय आ गया है शब्दोंवाले सामान्य ज्ञान से उठकर तेजज्ञान का अनुभव करने का।

तेजज्ञान फाउण्डेशन – परिचय

हॅपी थॉट्स तेजज्ञान यूटयूब चैनल

महाआसमानी - अल्प परिचय
Self Delelopment to Self Realization
Towords Self Stabilizaion

क्या आपको उच्चतम आनंद पाने की इच्छा है? ऐसा आनंद, जो किसी कारण पर निर्भर नहीं है, जिसमें समय के साथ केवल बढ़ोतरी ही होती है? क्या आप इसी जीवन में प्रेम, विश्वास, शांति, समृद्धि और परमसंतुष्टि पाना चाहते हैं? क्या आप शारीरिक, मानसिक, सामाजिक, आर्थिक और आध्यात्मिक इन सभी स्तरों पर सफलता हासिल करना चाहते हैं? क्या आप 'मैं कौन हूँ' इस सवाल का जवाब अनुभव से जानना चाहते हैं?

यदि आपके अंदर इन सवालों के जवाब जानने और 'अंतिम सत्य' पाने की प्यास जगी है तो तेजज्ञान फाउण्डेशन द्वारा आयोजित 'महाआसमानी परम ज्ञान शिविर' में आपका स्वागत है। यह शिविर पूर्णतः सरश्री की शिक्षाओं पर आधारित है।

महाआसमानी परम ज्ञान शिविर का उद्देश्य :

इस शिविर का उद्देश्य है, विश्व का हर इंसान 'मैं कौन हूँ' इस सवाल का जवाब जानकर सर्वोच्च आनंद में स्थापित हो जाए। उसे ऐसा ज्ञान मिले, जिससे वह हर पल वर्तमान में जीने की कला प्राप्त करे। भूतकाल का बोझ और भविष्य की चिंता इन दोनों से मुक्त हो जाए। हर इंसान को जीवन में स्थाई खुशी और सही समझ मिले। साथ ही उसे समस्याओं को विलीन करने की कला आ जाए। मनुष्य जीवन का उद्देश्य पूर्ण हो। 'मैं कौन हूँ? मैं यहाँ क्यों हूँ? मोक्ष का अर्थ क्या है? क्या इसी जन्म में मोक्ष प्राप्ति संभव है?' यदि ये सवाल आपके अंदर हैं तो महाआसमानी परम ज्ञान शिविर इसका जवाब है।

महाआसमानी– अल्प परिचय

हैपी थॉट्स सरश्री (इंग्लिश) यूट्यूब चैनल

सरश्री द्वारा रचित पुस्तकों की जानकारी

सरश्री ने विविध विषयों पर 150 से अधिक पुस्तकों का लेखन किया है, जिनमें से 'विचार नियम', 'विश्वास नियम' 'स्वसंवाद का जादू', 'स्वयं का सामना', 'स्वीकार का जादू', 'निर्णय और ज़िम्मेदारी', 'निःशब्द संवाद का जादू', 'संपूर्ण ध्यान' आदि पुस्तकें बेस्टसेलर बन चुकी हैं। इनमें से कुछ पुस्तकें दस से अधिक भाषाओं में अनुवादित की जा चुकी हैं और प्रमुख प्रकाशकों द्वारा प्रकाशित की गई हैं, जैसे पेंगुइन बुक्स, जैको बुक्स, मंजुल पब्लिशिंग हाऊस, प्रभात प्रकाशन, राजपाल ऍण्ड सन्स, पेंटागॉन प्रेस, सकाळ प्रकाशन इत्यादि।

विचार नियम
आपकी कामयाबी का रहस्य

विश्वास नियम
सर्वोच्च शक्ति के सात नियम

मौन नियम
स्वयं को जानने का निःशब्द उपाय

पुस्तकें ऑर्डर करने के लिए लॉग इन करें

- www.gethappythoughts.org

पुस्तकों की अधिक जानकारी के लिए संपर्क करें-

फोन नं.: 09011013210

तेजज्ञान फाउण्डेशन द्वारा प्रस्तुत सोशल मीडिया ऐक्टिविटिज

तेजज्ञान इंटरनेट रेडियो

२४ घंटे और ३६५ दिन सरश्री के प्रवचन

और भजनों का लाभ लें, तेजज्ञान इंटरनेट रेडियो द्वारा। देखें लिंक

http://www.tejgyan.org internetradio.aspx

Tejgyan Internet Radio on all platforms like
Android, iPhone, iPad and Amazon

यू टयूब द्वारा प्रार्थना में शामिल हो सकते हैं

गुड मॉर्निंग प्रेयर हर रोज़ सुबह 6.15am-6.25am

ध्यान प्रार्थना बीज :

3.30pm-3.45pm & 9pm -9.15pm

शिविर - Train & Boost Your Immunity

जितनी हमारी इम्यूनिटी स्ट्राँगर, उतना हमारा स्वास्थ्य बेहतर

शिविर – श्राद्ध और पितृदोष युक्ति

पूर्वजों के लिए मुक्ति प्रार्थना कैसे करें

Liberation from Ancestral Karmic Bondage

शिविर – हॅपीवाले रिश्ते

जीवित रिश्तों का लक्ष्य

– जितृ पक्ष

यू ट्यूब पर सरश्री के प्रवचनों का लाभ लेने के लिए आज ही यू ट्यूब चैनल को सबस्क्राइब करें।

YouTube channels

Happy Thoughts - Tejgyan

Sirshree - Tejgyan

Happy Thoughts - Parma Gyan

*****Voice of Happy Thoughts App**

Registration link : https://happythoughts.co/

Contact No. : 7447797317

Follow Us

www.ingramcontent.com/pod-product-compliance
Lightning Source LLC
LaVergne TN
LVHW040424051026
849517LV00002B/455
* 9 7 8 9 3 9 0 6 0 7 6 2 4 *